国家社会科学基金项目：

大数据时代侵权责任法的理论阐释与制度创新（批准号：

■ 主编 马新彦

法学理念·实践·创新丛书

大数据时代侵权责任法的理论阐释与制度创新

撰稿人：马新彦 孙政伟 姜 昕

邓冰宁 吴晓晨

中国人民大学出版社

·北京·

目　　录

第一章　大数据时代侵权责任法的基本功能

一、大数据时代侵权责任法基本功能的应然定位

《中华人民共和国侵权责任法》（以下简称《侵权责任法》）第1条将侵权法的功能定位于保护民事主体合法权益，明确侵权责任，预防和制裁侵权行为以及促进社会和谐稳定。尽管我国《民法典》第七编"侵权责任"已经将《侵权责任法》第1条关于侵权法功能定位的内容删除，但对功能定位的研究是大数据时代构建侵权法制度规则的前提，应当作为大数据时代侵权法理论阐释与制度创新的首要问题加以讨论。

（一）传统侵权责任法的功能体系

任何规则的形成都不是一蹴而就的，都是在漫长的社会变迁的过程中因应社会的变动，不断修正嬗变的结果。哈耶克认为："并不是先有一个社会，而后这个社会再为它自己制定规则；相反，正是共同规则存在，才

使得那些类似一盘散沙的小群体结合起来并组成了社会。"① 侵权责任法的功能是由一系列的规则共同实施产生的效果，功能体系的形成随着规则体系不断修正嬗变而渐呈端倪。

1. 古代法时期侵权责任法的功能

在古代法时期，即前工业社会时期②，以责任形式的样态为依据，可以将侵权法功能的发展划分为以下三个时期。第一，同态复仇时期。在原始社会，人类在自然面前显得极其渺小，个人的力量根本不足以抗衡恶劣的环境以及野兽的袭击。同时，在食物短缺的状态下，人与人之间关于食物的血腥争夺也必然是常态。人类面临同类之间以及自然界所带来的双重威胁，孤立的个体行动无异于自取灭亡。这些促使人类必须组成团体并互相协作才有可能生存。这应当是人类理性觉醒的一个重要时期。事实证明这种协作方式的发生不仅有益于促进分工，使得人类更容易完成建造房屋、获取食物以及其他生活必需品的行为，还会进而促成在团体内部形成新的有别于血腥争斗的食物分配规则。这些规则不仅会降低血腥争斗方式所带来的巨大社会成本，降低争斗前对于争斗结果的不稳定预期，更有利于团体的协作发展与人类的繁衍。但是在古代法时期，人类社会还没有发展出国家、法庭、军队等现代社会治理工具，因此形成团体的第一股动力来源于对血缘的认同。人类文化的进步就是建立在对血缘认同上的融合。两性结合为夫妻，有夫妻就有父母子女，有父母子女就有家庭，同宗者成一族，多个族群成一国。人类就如此通过团结、通过分工协作，形成了精神文化和物质文化。终究文明就是个体性和联合性的同化，是个体的社会化。③ 从各国的发展历程来看，都是如此。基于血缘关系发展起来的氏族关系成为第一个维系人类群体发展的纽带。然而可以想见，氏族内部的规则尽管相对文明，但由于缺乏现代文明的熏陶，人类依然无法逃脱深深镶

---

① 弗里德利希·冯·哈耶克. 法律、立法与自由. 北京：中国大百科全书出版社，2000：60.

② 一般认为，以工业时代的到来为标志，人类社会可以划分为古代社会和近现代社会。近现代社会由于生产工具的快速革新使得时代的更替越来越频繁，但工业时代以前的社会特征却相对稳定，该时期为古代法时期。

③ 穗积陈重. 复仇与法律. 曾玉婷，魏磊杰，译. 北京：中国法制出版社，2013：2.

嵌在基因当中的对于复仇快感的追求。因此，无论是在氏族内部的个体之间，还是在氏族与氏族之间，只要发生侵害对方身体及财产的行为，血腥复仇依然是能够最直接有效满足受害人受到损害后精神上快感的方式。虽然限于人类社会初期文字的发展水平，当时的法律文本很少流传下来，但可以确定的是复仇在当时应当非但不会遭到禁止，相反应该是受到社会观念鼓励的一种制度。这种说法可以由后来发展到成文法时期被记录下来的法律制度所印证。在我国和日本这样的中华法系国家，一直到近几百年，复仇的形式都是受到法律所容忍甚至是鼓励的。在我国，《礼记·曲礼》曾记载："父之仇，不共戴天；兄弟之仇，不反兵；交游之仇，不同国。"《礼记·檀弓》也曾记载，子夏问于孔子曰："居父母之仇，如之何？"夫子曰："寝苫，枕干不仕，弗与共天下也。遇诸市朝，不反兵而斗。"可见，儒教中复仇乃为子弟朋友相互间之义务，复仇行为是孝悌之表现。[①]换句话说，复仇是家庭成员彼此之间的义务，如果拒绝复仇可能导致道德上的谴责甚至是法律上的制裁。家庭成员以及氏族成员之间靠复仇制度维系对亲缘关系的认同感。发展到后来，随着理性的进一步发展，人类逐渐发现同态复仇的观念不但会刺激冤冤相报的故事不断上演，降低用于生产劳作的有效时间，同时还会大大减少劳动力的数量，不利于社会经济发展。这显然不利于团体内部协作关系的持续，会损害到整个氏族社会的利益。因此，人类开始反思复仇制度并对其适用加以限制。这一过程经历了漫长的时期，人类始终在和自己血液里流淌的对复仇快感的追求抗衡。在德国法的历史上，一直持续到中世纪的古日耳曼法时期，复仇制度终于得到了逐步控制。[②]总的来说，在这一时期针对侵害他人财产以及人身行为的制度规制方面，复仇制度不具备任何损害填补的功能，而是主要以课以程度对等的惩罚来实现控制侵害行为及损害发生的目的。可以说，这一时期还没有明确的侵权法概念，现代法学意义上的侵权法更多的是和刑法混在一起，共同起到遏制损害发生的作用。同时，作为情绪的宣泄出口，复仇制度能够很好地抚平被害人以及血亲的情绪，是一种现代精神损害赔偿

---

① 穗积陈重.复仇与法律.曾玉婷，魏磊杰，译.北京：中国法制出版社，2013：3.

② 李宜琛.日耳曼法概说.北京：中国政法大学出版社，2003：126.

制度的古代替代制度。第二，赎金制度及复仇限制时期。终于，随着理性计算能力的进一步发展，人类社会终于放弃了同态复仇这种最原始的控制损害发生的制度模式，开始寻求替代规则，遂有了赎金（Suehnegeld）制度。后经由成文法的记载，在历史文献当中有大量的关于造成何种程度的损害需要支付多少赎金或罚金的记载。① 然而这些记载明确表明，此时的侵权行为依然没有与犯罪行为区分开。许多现代法学意义上的犯罪行为的法律后果是赔偿；同样，许多现代法学意义上的侵权行为却可能导致加害人被处死。赔偿的数额也常常高于实际损失数额。因此可以看出，赎金制度依然含有复仇的因素，报复主义的思想依然大行其道。对于这一点，美国学者伯尔曼认为，赎金制度下的赔偿在本质上依然是惩罚性质的，其所体现出来的补偿性只具有从属意义。从本质意义上来说，这种"赔偿"依然是一个家庭或亲属团体加之于另一个家庭或亲属团体的报复。② 因此，这一时期独立的侵权法概念并未形成，依然与刑法混为一体的侵权法的主要功能是惩罚，仅兼顾补偿。第三，罗马法时期。进入罗马法时期之后，人类迎来了法学发展的一座高峰，涌现出了对现代法律制度产生重要影响的一批文献，诸如《学说汇编》、《十二铜表法》以及《阿奎利亚法》等。其中最具代表性的，已经具备民法典性质的《十二铜表法》③ 虽仍然未将侵权行为与犯罪行为作出明确的区分，但其第八表中关于"私犯"的规定已经显现出侵权法的雏形。其将私犯的后果规定为同态复仇与罚金并存的责任形式。其中，罚金一改最初的赎罪金由当事人团体之间谈判确定的传统，而改由法律制度来规定，它在性质上被看作是被害人放弃复仇的替代，具有经济惩罚的性质，与现代刑法上的罚金有本质的区别。④ 这种由当事人在复仇与经济赔偿之间进行自由选择的制度并没有改变其针对侵害

---

① 在著名的《汉谟拉比法典》（共 282 个条文）当中，规定处死的有 38 条，规定赔偿的有 31 条，规定伤身的有 13 条。麻昌华 . 侵权行为法地位研究 . 北京：中国政法大学出版社，2003：37. 关于赎金或罚金的规定还可参见《乌尔纳姆法典》第 16 条、第 17 条及第 18 条和《十二铜表法》第八表第 2 条、第 10 条及第 26 条等。

② 哈罗德·J. 伯尔曼 . 法律与革命——西方法律传统的形成 . 北京：中国大百科全书出版社，1993.

③ 麻昌华 . 侵权行为法地位研究 . 北京：中国政法大学出版社，2003：66 - 67.

④ 王利明 . 侵权行为法研究：上卷 . 北京：中国人民大学出版社，2004：121.

私人权益行为的惩罚性质。惩罚功能依然是这一时期侵权法的基础性功能。

　　综上，无论是在彻底奉行复仇制度的时期，还是人类经过理性计算选择了赎金制度的时期，或是赋予当事人自由选择执行复仇还是罚金制度的权利的罗马法时期，都没有独立的侵权法制度。无论是赎金还是罚金，都是复仇制度的变相替代品，其存在的价值都是以一种更加和缓的非暴力的形式体现人类报复的本性以及惩罚的属性。这只是变换了一种遏制加害行为再次发生的手段而已，根本无从谈起是为了对受害人提供适当的补偿。① 这个时期现代意义上的侵权法还没有作为一个独立的法律部门得以确立，它更多的是作为整体的法的一部分发挥稳定社会秩序的主要功能。② 因此，这一时期规制损害发生的法律制度体系具有较强的惩罚功能，补偿功能仅仅具有从属意义。通过惩罚加害人，遏制加害行为再次发生，因此古代法时期侵权责任法还具有预防功能。只是该时期的预防功能和补偿功能一样，仅仅居于从属性地位。

　　2. 近代法时期侵权责任法的功能

　　在近代法时期，即工业社会时期，以工业革命为代表的科学技术上的突飞猛进，开启了人类工业社会的序幕。日新月异的技术革新使得整个人类社会处于一种向上的趋势，同时也改变了社会的组织结构与形式，新的社会因素肆意滋生，开始影响法律制度的建构。

　　在大陆法系的法国，以资产阶级革命和工业社会的到来为契机，资产阶级创造了新的人身及财产关系，平等、自由的价值取向开始受到人们追捧，通过竞争促进社会发展的理念成为新的社会趋势。伴随着法国资产阶级革命的胜利，为实现这些价值和保护新形成的社会关系，《法国民法典》继承并发展了罗马法上阿奎利亚法时期的侵权过错责任原则，确立了过错原则。法国学者吸收了教会法的思想，并将罗马法上的过错概念加以发展，使早期含混不清的过错概念得到纠正，使过错责任成为法国侵权法的

---

　　① G. L. Williams, "The Aims of the law of Torts", *Current Legal Problems*, p. 138, 1951//张民安，梅伟. 侵权法. 2版. 广州：中山大学出版社，2005：12.

　　② 孙玉红. 侵权法功能研究. 北京：法律出版社，2010：53.

核心。① 这个时期，侵权法不但终于从刑法体系中独立出来单独发展，而且确立了"行为—损害"的结构模式。② 这种模式决定了侵权法以行为作为归责的起点，以损害的发生作为归责的落点的制度结构。该模式对于行为违法性的考察决定了其价值取向，这明确了过错在道德上以及伦理上的可非难性。可以说，对于过错的强调，使得《法国民法典》第1382条的规定看上去不是对特定权利被侵害予以救济的法，而是对特定行为过错致人损害予以制裁的法，其关注的是损害他人利益的行为在道德上的可非难性和对受害人损害的赔偿，而不是对受害人主观权利受到侵害的救济③，也最终决定了损害在侵权法制度中的重要地位。对于损害的考察决定了侵权法终于将补偿功能确立为基础性功能，并最终将侵权法定位于一种救济法。因此，可以说这一时期的侵权法的补偿功能已经取代惩罚功能成为基础性功能。而通过对过错的强调，在道德与伦理上的否定的态度，使得遏制损害发生的功能与补偿功能一起相伴相生。经由社会的发展，现代的社会样态、结构与组织关系得以确立。比较明显的几个方面包括：学校的建立，资本家与劳工之间雇佣劳动关系的建立，大型超高建筑物所带来的负面影响也日益明显。因此，尽管法国侵权法采取了大的一般性概括条款的侵权法构成模式，但《法国民法典》第1384条—第1386条依然以列举的方式规定了雇主对雇佣人致人损害、学校教师与工艺师对学生与学徒致人损害、所有人对动物致人损害以及建筑物所有人对建筑物因保管不善而损毁时的责任问题。损失分担和平衡社会利益的功能开始显现。

无可否认，资本主义初期给予个人最大限度的自由，法律将干涉的范围限缩到最小的价值取向为经济的发展提供了动力，营造了充满活力的社会环境。当社会在科技的推动下进一步发展时，迎来了高风险社会的基本样态。大规模工业致损、机动车致人损害以及环境污染等现代社会的特征

---

① 孙玉红. 侵权法功能研究. 北京：法律出版社，2010：61.
② "行为—损害"是法国法的侵权模式，"行为—民事权益—损害"是德国法的侵权模式。该观点的有力论证参见曹险峰. 我国侵权责任法的侵权构成模式——以"民事权益"的定位与功能分析为中心. 法学研究，2013（6）。
③ 蒋战军. 侵权构成的非限定性与限定性及其价值. 法学研究，2006（5）：33.

开始显现。为了应对这种社会的转变，侵权法的过错归责原则一统江湖的主导性地位开始出现变化。传统社会环境下比较容易判断的"过错"在现实案例中表现出越来越复杂的特征，尤其是风险事故中，因适用主观过错标准而使得损害常常得不到补偿。在这种背景下，法国通过司法、立法以及学说三方的共同努力，达成了以下几项重要的理论成果：第一是为了应对日益频繁发生的危险性工业活动以及危险产品造成的损害，对过错的判断标准由主观过错标准过度到了客观过错标准。尽管对客观过错标准的判定有不同的理论，但通说基本认为应当采纳某种基于社会生活共同需要而提出的客观标准①，只是对何谓"社会生活共同需要"，各学说之间仍有争论。第二是最终发展了危险责任理论，即将被告承担侵权责任的根据建立在危险的基础上，使被告就其开发的危险对受害人承担侵权责任，即便它们对此损害发生不具有过错。② 这使得严格责任制度得到发展。尽管有学者认为"严格责任的一个重要功能就是着眼于对风险的控制，预防损害的发生"③。但究其本质，预防损害发生的功能依然依附于补偿功能的有效实现。一系列立法上的成果皆以提高损害得到有效填补的概率为目的。立法者认为，更好地实现了侵权法的补偿功能，随之而来的也就能更好地预防损害的发生。补偿功能依旧在侵权法的功能体系当中占据主导性地位。

相比于法国法，德国法上采取"行为—民事权益—损害"的侵权结构模式，其在法律上所确定认可的赔偿范围上明显没那么宽泛。如此规定，或许是立法者认为过于宽泛的赔偿范围不仅会导致赔偿金额难以估算，而且会导致权力的滥用。④ 其实，这可以看作是在坚持过错归责原则的同时对自由的一种止向激励。换句话说，德国法与法国法就风险社会的做法，不同之处在于，其通过明确限制侵权法所保护的权利范围来保护行动的自

---

① 程啸. 侵权行为法总论. 北京：中国人民大学出版社，2007：347.

② 张民安：现代法国侵权责任制度研究. 北京：法律出版社，2007：89.

③ 马克西米利安·福克斯. 侵权行为法：5版. 齐晓琨，译. 北京：法律出版社，2006：7.

④ 刘海鸥. 当代侵权法发展趋势——以德国侵权法的变革为视角. 求索，2007（2）：107.

由。同时，德国法还通过正当防卫、自助行为、紧急避险等违法性阻却事由①限制赔偿行为。因此，相对于与法国法来说，德国法在保护自由的价值取向，促进社会竞争方面仅仅是选取了一条不同的理论道路而已。这样做的后果可能正如学者所认为的那样，相对法国法来讲，德国侵权法的补偿功能相对较弱②，但无可否认的是其同样在德国侵权法的功能体系当中居于基础性地位。

与大陆法系不同，英美法系上的侵权法除秉持对损害进行完全填补的原则外，还发展出了惩罚性赔偿制度。学界一直以来认为产生这一重要区别的原因在于英美法系没有大陆法系那么严格的公私法的划分。学界也一般不认为此种语境下的惩罚性赔偿具有惩罚功能，只是由于法律体系的不同，惩罚性赔偿制度与原始社会当中的罚金有根本性的区别。为了反驳因惩罚性赔偿制度冠以"惩罚"的名头，而经常被人误以为是违反了私法上的完全赔偿原则和得利禁止原则的观点，马新彦教授经过考证已经证实，产生这一现象的根源皆来自"其迷惑性的名称"③。"尽管具有'惩罚性'的修饰词，这一概念的基础和本源依然是'赔偿'。"从根源上讲，这一起源于普通法的制度在美国侵权法当中从一开始就"始终将填补损害作为惩罚性赔偿的本源，或者准确地说惩罚性赔偿制度就是为了填补侵权法一般损害赔偿责任无法救济的损害而产生的"④。"目前美国康涅狄格州、密歇根州与新罕布什尔州法院仍承认，惩罚性赔偿金之性质在于填补损害，而将判决金额限于实际损害之填补，例如诉讼费用之花费与情感之受损等。"⑤ 因此，惩罚性赔偿制度并不具有惩罚功能，其"本质在于通过填补侵权行为的全部损害实现惩罚和阻却的目的。"其所谓的惩罚并非惩罚，而是"指侵权人主观恶意，行为极端恶劣，对受害人的权益或者社会的整体利益造成一般赔偿责任无法救济，且无法用金钱衡量的无形损害，以可

---

① 《德国民法典》第 227 条、第 228 条、第 229 条及第 904 条。

②④ 孙玉红．侵权法功能研究．北京：法律出版社，2010：67.

③ 马新彦，邓冰宁．论惩罚性赔偿的损害填补功能——以美国侵权法惩罚性赔偿制度为启示的研究．吉林大学社会科学学报，2012（3）.

⑤ Mallor et al.，supra note 7，at 973，n.28//陈聪富．侵权归责原则与损害赔偿．北京：北京大学出版社，2005：200.

见损害的合理倍数计算损害数额，并责令侵权人予以全部赔偿的制度"[1]。该制度有助于弥补精神损害案件受害人无法获得经济赔偿的不足，有助于遏制故意或者不能容忍的加害行为。[2] 换句话说，惩罚性赔偿制度所承担的制度功能是填补法律暂时没有规定的社会性损害以及那些无法计算或者难以计算的损害。它与一般性损害赔偿一道构成了侵权损害填补体系的两根支柱。因此，惩罚性赔偿制度与补偿性赔偿相异，但又有存在的正当性基础。立法唯有借助"惩罚"术语表明它是补偿性赔偿的例外且又比补偿性赔偿严厉。由以上观点可以看出，在侵权法的论域下，对加害者施以"惩罚"并不具有私法上的单独目的，侵权法并没有因此而获得类似于公法上的惩戒功能。惩罚性赔偿制度的存在价值也绝不是为了使受害人获得额外的赔偿，惩罚仅仅是作为一种手段，其真正目的在于对特定加害行为的遏制。[3]

从以上分析可知，既然惩罚性赔偿制度并不具有惩罚性，侵权法也就无从谈起具有惩罚功能。其根本的制度功能在于更好地填补损害，遏制加害行为的发生。由此可见，英美法系上的侵权法基本秉持与大陆法系相同的立场，补偿功能构成了侵权法功能体系最坚硬的内核，是基础性功能。同时，遏制功能作为与补偿功能相伴相生的副产品而存在。

3. 现代法时期侵权责任法的功能

现代法时期，即后工业社会时期，社会结构虽剧烈变动，但基于近代法思想所产生的制度元规则并未被摒弃。将各项侵权法制度加以修正，依然能够因应社会变革所提出的挑战。

自网络技术飞速发展以来，社会结构不断改变，由此产生了自工业社会以来的一种全新的社会形态。信息科学将以不同网络技术所代表的不同阶段划分为 Web 1.0 时代、Web 2.0 时代乃至 Web 3.0 时代。Web 1.0 时代是指通过建立网站，传播和分享信息的时代，时期跨度基本处于 20 世纪 90 年代。这时的信息传播与分享模式是以网站为轴心收集并散布信息，网络服务提供者是主要的信息传播者。人类的新型社交模式

---

①② 马新彦，邓冰宁. 论惩罚性赔偿的损害填补功能——以美国侵权法惩罚性赔偿制度为启示的研究. 吉林大学社会科学学报，2012（3）.

③ 孙玉红. 侵权法功能研究. 北京：法律出版社，2010：75.

为以互联网所创造的虚拟空间为依托产生的一种以网站为中间节点的网状结构。Web 2.0 时代则是指 21 世纪初出现的以推特（Twitter）、脸书（Facebook）网站为代表的，把基于社交网站人与人之间互相交流、协同互动演绎得淋漓尽致的时代。网络用户可以借助网络服务提供者提供的平台上传海量信息。① 每个人都可以成为信息的发布者，使得信息的集散速度更快，信息所涉及的内容范围更广，甚至包括个人隐私等信息内容。这一方面为数据和信息的生成、传播与交流提供了无穷的动力，另一方面却也将个人信息通过各种"晒"的方式主动暴露给了他人，从而催生了一系列新型的侵权类型，诸如"人肉搜索"等。但这种技术环境下的信息传播模式与 Web 1.0 时代并无本质上的不同，依然区别于大数据时代的"去中心化特征"，网络服务提供者依然保留了其作为信息传播中心的地位。因此，以补偿功能为核心基本功能的侵权法功能体系，以及由此建构起来的侵权法制度规则依然可以有效规制侵权行为。

经学者建议，2010 年实施的《侵权责任法》第 36 条正式确立了针对网络服务提供者以"知道"和"应知"的判断为核心内容的"通知规则"，将居于信息传播中心地位的网络服务提供者确立为责任主体之一。《民法典》侵权责任编中的相关条文继承并进一步完善了这一规则。《民法典》第 1195 条第 1 款规定："网络用户利用网络服务实施侵权行为的，权利人有权通知网络服务提供者采取删除、屏蔽、断开链接等必要措施。通知应当包括构成侵权的初步证据及权利人的真实身份信息。"第 2 款规定："网络服务提供者接到通知后，应当及时将该通知转送相关网络用户，并根据构成侵权的初步证据和服务类型采取必要措施；未及时采取必要措施的，对损害的扩大部分与该网络用户承担连带责任。"在满足一定要件的前提下规定网络服务提供者为侵权行为承担连带责任，这不仅增加了侵权责任承担主体的数量，更因网络服务提供者大多"财大气粗"而大大提高了损害填补责任人的承担能力。很明显，"通知规则"的引入能够更好地实现

---

① 马新彦，姜昕. 网络侵权中转发者责任考察. 社会科学辑刊，2015（2）：53.

对损害的扩大部分的有效填补，更好地实现侵权法的补偿功能。① 总的来说，后工业社会时期到大数据时代以前的时代的侵权法并没有超出工业社会时代为侵权法的功能体系所定下的基调，补偿功能依然是侵权法的基础性功能，侵权法依旧首先被定义为救济法。制度的嬗变也依然围绕着如何更好地实现补偿功能而展开。

综上，侵权法的功能历经了这样一个发展过程：在人类社会早期，侵权法以惩罚功能为主；到近代法时期，补偿功能取而代之成为基础性功能；再到 Web 2.0 时代，侵权法依然秉持对补偿功能基础性地位的坚持。虽然王泽鉴教授认为："侵权行为法的功能在其历史发展中迭经变迁，例如赎罪、惩罚、威吓、教育、填补损害及预防损害等，因时而异，因果而不同，反映着当时社会经济状态和伦理道德观念。"② 亦有德国学者认为："侵权法的功能是随着历史的发展有所不同的。抚慰、实现正义、惩罚、威慑、赔偿以及损失分散等都曾位列其中，它们中没有一种能够作为侵权法的全部的正当性基础……在侵权法的不同历史阶段上某一种功能会比其他功能更占据主导地位。而且，每一种功能的历史地位都揭示了那个时代的某些社会经济与哲学的发展趋势。"③ 但依旧可以确信补偿功能在侵权法功能体系当中的核心性、基础性地位。这充分反映了现代侵权法上将侵权责任定义为损害赔偿责任的核心本质。因此，侵权行为在本质上只能是债的发生原因。

---

① 事实上，"通知规则"的理论基础和运行效果都遭到了学者的严重质疑，徐伟博士直接批评道："法律规定网络服务提供者与网络用户承担连带责任的理论基础是共同侵权理论，但其与共同侵权的构成要件并不相符。同时在司法实践当中网络服务提供者在收到受害人的通知后选择删除网络信息及链接的实例并不多见。""网络服务提供者甚于自身利益的需要，在权衡守法和违法的成本与收益后，往往选择宁可违法，也不愿移除侵权内容。""对网络服务提供者提出的应知要求与其不负审查义务相冲突。"徐伟. 网络服务提供者连带责任之质疑. 法学，2012（5）. 徐伟. 网络服务提供者"知道"认定新诠——兼驳网络服务提供者"应知"论. 法律科学，2014（2）. 徐伟. 网络侵权治理中通知移除制度的局限性及其破解. 法学，2015（1）.

② 此处原文中王泽鉴教授使用的是"机能"一词，但根据其所阐述的内容，并从该节开头"试从填补损害及预防损害的观点检视侵权行为法的功能及其存在的意义"的表述来看，其所意指的应为"功能"这一概念。为了行文流畅这里在引用时作了修改。王泽鉴. 侵权行为. 北京：北京大学出版社，2009：7-8.

③ Markesinis & Deakin, *Tort Law*，at 36//程啸. 侵权责任法. 2 版. 北京：法律出版社，2015：22.

　　因此，总的来说，人类社会摆脱了蒙昧时期以来，补偿功能一直是侵权法最基本的功能。在制度嬗变的过程中，侵权法的功能定位及制度结构始终以因应社会的变动因素为最终皈依。侵权法的一切理论都是围绕着如何填补损害这一主题展开的，侵权责任构成要件理论事实上就是确定损害填补责任主体的思维过程。在社会的发展过程中不断有新的社会因素涌现，并朝着悖于有效填补损害的方向阻碍了侵权法补偿功能的实现。在侵权法制度与社会结构的这种张力中，制度的建构目的就是回应这种撕扯，提高损害得到有效填补的概率，强化补偿功能。因此，在大数据时代开启以前，侵权责任法基本形成了一套以补偿功能为核心的基本功能体系，其他基本功能皆以补偿功能的实现为前提，皆为补偿功能的"副产品"，具有相当强的依附性，是名副其实的"影子"功能。

　　（二）大数据时代侵权责任法功能体系的应然定位

　　大数据时代的侵权责任法制度的转型取决于对基本功能体系的整体认识的转向，而对基本功能体系认识的转向又取决于对侵权责任法基本功能的重新定位。换句话说，大数据时代的侵权责任法新的基本功能体系能否确立，取决于能否对补偿功能、惩罚功能和预防功能有新的认识。如果能够证明这三大基本功能在基本功能体系构成上的新的定位，就能够为有效规制大数据侵权现象释放极为可观的制度容量。这与之前依据历史考察法从侵权责任法历史制度的规律中总结基本功能定位的方法有所不同。为了发现侵权责任法基本功能定位及体系的规律，自然要从制度的发展变化中去总结，而为了因应大数据时代变革，在完整、成熟且恰当的制度体系还未被建构的当下，自然又可以通过对基本功能定位的正当性思索，寻找制度建构的明确方向。

　　1. 补偿功能

　　补偿功能无疑是任何社会、时代背景下侵权责任法的重要功能，在这里我们需要探讨的是在大数据时代补偿功能是否依然是侵权法的基础性核心功能，是否应该继续坚持以补偿功能为核心建构起来的功能体系及制度群。大数据侵权现象在近年来处于高发状态。基于一直以来矫正正义于侵权责任法的重要性，首先应当反思的是补偿功能是否仍然是大数据时代侵权法的重要基础性功能。只有对补偿功能的定位给出确切的答案，才能为

有效应对大数据侵权的制度建构确立确切的前置性假设。而侵权法补偿功能的定位又决定于大数据侵权不同于以往的诸多时代特征，遵循这一逻辑路径，我们将基于大数据侵权的现象总结抽取出其不同于以往的诸多特征，进而以此为背景，在探讨侵权法制度的价值基础上，对侵权法补偿功能在大数据时代的应然定位给出答案。

网络虚拟技术首先催生出了与传统形式大不相同的新型财产样态。比如游戏世界里的所谓"装备"，即用户通过付费的方式所获得的游戏技能的升级。这种新型财产与存在于物理世界中的物质财产样态不同，它是虚拟的，超脱于真实物理世界以外仅在网络世界存在的财产样态。它有价格，并能够在特定人群中流转。货币虚拟化的发展方向也越来越明显。立志深耕于网络技术开发的科技公司都在抢占的市场之一就是支付软件的开发。微信支付、支付宝甚至是华为钱包都正在或已经越来越多地代替了现金支付的功能。货币正在由纸币这种物质世界的符号进一步虚化为网络世界里的一组数字，和一串存储在运营商存储器或者云端的一段二进制符号。

正是基于这种技术上的发展，大数据侵权中对财产权的损害正逐渐呈现出碎片化的趋势。比如，近几年全国屡见报端的"蹭网"事件就可以很好地说明这一点。所谓"蹭网"，是指未经他人许可，在没有支付合理对价的前提下使用他人合法无线网络信号的行为。[①] 由于一般合法的无线网络信号都是在付费的前提下使用的，因此在传统侵权法的视角下，"蹭网"行为侵害了他人的财产利益，加害人应对受害人所受到的损害进行 赔偿。然而现实是，这种类型的事件中所产生的损害一般无法得到有效计算，原因在于无法有效证明加害人的"蹭网"行为进行了多长时间以及获得了多少利益。退一步讲，即便有证据能够证明损害的大小，也一定是非常微小的。这与受害人要实现自身损害得到有效填补所要付出的诉讼成本是极不成比例的。以上两点直接导致目前为止在现实的审判实务中没有一例以"蹭网"行为为对象的诉讼案件产生。虽然单个的利益损害是极其微小的，但由于受害人群体的数量可能是极其庞大的，加害人基于此加害行为获得

---

① 侯芳."蹭网"行为惩罚性赔偿制度的构建.长春：吉林大学，2015.

的利益也是巨大的。正是以上这几点原因催生出了一个完整的"蹭网"产业利益链的产生。在利益的刺激下，制作、贩卖甚至是提供上门安装蹭网工具的都大有人在。这种损害被分散化、单个损害微小化的特点正是大数据时代为侵权法所带来的挑战。

相比于财产权，大数据技术的应用所引发的人身权所遭到的侵害程度似乎更加严重。基于数据与信息之间的关系，论及大数据时代遭到侵害最严重的权益类型，信息法领域的权益是重灾区。换句话说，大数据时代遭受严重侵害的权益就是信息权及与其有关的其他权利及利益。这种现象伴随着我国《民法典》中人格权法的独立成编而显得更加引人注目。

对于个人信息遭到严重侵害的担忧要早于大数据时代的到来。在美国，早在1965年，白宫的行政管理预算局（OMB）就曾建议联邦政府成立一个统一的"数据中心"，建立一个大型的数据库。预算局将这个大型数据库称为"中央数据银行"。当时就分成了截然对立的两派观点。支持的一派以经济学家和技术专家为主，认为现代经济依赖于大规模的数据整合和交换，统一集成的中央数据库，将提高经济效率，方便大众的生活，是现代社会发展的必然，是社会进步的不二选择。反对的一派则是隐私至上的信奉者。他们认为，在信息时代，无论是个人的日常消费等琐碎小事，还是事关健康、教育的重大决策，都会在各种各样的信息系统当中留下"数据脚印"。这些"数据脚印"保存在不同的系统中，可能无伤大雅。但如果建立起中央数据银行，通过数据整合和信息加总，互相作用，个人隐私就无所遁形。①因此在1967年1月，美国著名隐私权专家帕卡德（Vance Packard）在《纽约时报》上发表了文章《不能告诉计算机》。他写道："当政府把我们每一个人的信息和日常生活的细节都装进一个中央级的数据银行，我们将受控于坐在电脑机器前面的那个人和他的按钮。这令人不安，这是一种危险。"②

隐私权的提出最早可追溯到17世纪的英国。1647年，英国的法典就

---

① 涂子沛．大数据：正在到来的数据革命，以及它如何改变政府、商业与我们的生活．桂林：广西师范大学出版社，2015：160-161.

② Vance Packard, "Don't tell it to computer", *New York Time Magazine*, January, 1967//涂子沛．大数据：正在到来的数据革命，以及它如何改变政府、商业与我们的生活．桂林：广西师范大学出版社，2015：160-161.

规定："一个人的房子，对他和他的家人来说，就是他的城堡。"在美国，关于隐私权的提出始于美国著名大法官路易斯·布兰代斯（Louis Brande-is），其与沃伦（Samuel Warren）在《哈佛法律评论》上共同发表的《隐私权》（*Right to Privacy*）被视为美国隐私权的奠基之作。美国最早意义上的隐私权，集中在以住宅为代表的物理空间之上。随着技术的发展，美国社会对隐私权的保护也在发生深刻的变化，其中心不断转移，经历了从住宅到人，再到信息的转变。① 布兰代斯大法官在 1928 年美国隐私权史上著名的奥姆斯泰德诉美国政府一案中，表达了他著名的"异见"（Dissention Opinion）："对于新技术的产生和发展，对隐私权的侵犯已经不需要物理的强制性的侵入，这种新的侵犯正在以微妙的方式广泛地衍生。这种侵犯即使是国家行为，如果没有合法的审批，也应当被视为违宪。"② 虽然后来在该案中奥姆斯泰德败诉，但布兰代斯的意见在 1967 年的凯兹诉美国政府一案中最终获得了美国最高法院的采纳。美国最高法院在判决中明确写道："人类的隐私权，不仅仅限于住宅，无论何时何地，即使在公共场所，个人也享有隐私权，对其谈话，通讯的侵犯，就是对其个人隐私领域的侵犯。"③ 这意味着，美国隐私权的保护从以"住宅"为重心切换到了以"人"为重心。哥伦比亚大学教授阿伦·韦斯廷（Alan Westin）将信息社会的隐私权定义为："个人控制、编辑、管理和删除关于他们自己的信息，并决定何时何地、以何种方式公开这种信息的权利。"④ 伴随着著名的"水门事件"，1974 年 12 月，美国国会终于通过了《隐私法》（Privacy Act of 1974）。该法规定：行政机关收集保存的公民个人信息，只能用于信息收集时的既定目的；未经本人许可，不得用于其他目的；个人有权知道其信息的使用情况，还可以查询、核对、修改自己被行政机关收集记录的个人信息。⑤ 而掩藏在数据和个人隐私之间的一个问题是，并

　　① 涂子沛.大数据：正在到来的数据革命，以及它如何改变政府、商业与我们的生活.桂林：广西师范大学出版社，2015：122.

　　② Olmstead v. United States，277 U. S. 438（1928）.

　　③ Katz v. United States，389 U. S. 347（1967）.

　　④ 同①124.

　　⑤ 同①125.

非所有的个人数据都和个人隐私有关，因此赋予个人的究竟是隐私信息权还是数据控制权非无疑问。当然，要确立何种数据才能算是隐私并不容易。比如美国最高法院通过 1972 年的联邦政府诉米勒案正式明确个人的消费记录不算隐私。美国联邦最高法院最终于 1976 年判定，银行的交易记录不属于个人隐私的范围，因为个人的消费记录必须在各个银行、商家之间流动、交换，就像电话号码一样，无法保密，所以不能算是隐私。①

　　如果说在大数据分析工具发明以前，于海量信息中对有效信息进行挑选，再将信息还原为数据，然后再重新组合、分析并最终产生新的信息有困难的话，那么以上的种种担忧还有些杞人忧天的味道，但在大数据分析工具被越来越广泛应用在各个领域的今天，这种担忧越来越有道理。1989年 3 月，美国最高法院在一则判词当中写道："在一个有组织的社会里，几乎每一则信息都在不同的时候以不同的形式公开过。但是，就个人隐私而言，不同时期零散地公开和一次性完整地公开，即使内容相同，也有本质区别。"② 大数据分析工具的作用正在将零散公开过的信息进行整合，然后一次性完整地公开。美国在"9·11"事件之后，小布什总统先后签署了《爱国者法案》和《2002 国土安全法》，借此掀起了利用数据挖掘技术进行反恐的一个高潮。美国公民自由联盟（ACLU）指出，所谓"交易空间"，是关于"所有人、所有事情的记录"，其实无所不包，该组织大声警告："如果该系统得以实施，美国人民将生活在《1984》所描绘的监控当中，唯一不同的是，监控我们的不是电幕，而是数据库！"③ 美国《基督科学箴言报》曾报道了卡内基梅隆大学数据隐私专家的观点："即使没有姓名、没有社会安全号，只要通过性别、生日和邮编 3 个数据项，数据

---

① United States v. Miller，425 U. S. 435（1976）.

② U. S. DEPT. of Justice v. Reporters Committee for Freedom of the Press，489 U. S. 749（1989）//涂子沛. 大数据：正在到来的数据革命，以及它如何改变政府、商业与我们的生活. 桂林：广西师范大学出版社，2015：163.

③ 涂子沛. 大数据：正在到来的数据革命，以及它如何改变政府、商业与我们的生活. 桂林：广西师范大学出版社，2015：175.

挖掘的技术就能够成功地识别全美 87％的人口。"①

　　总的来说，大数据时代人身权遭受侵害的典型情况可简单概括为：人们在知情的情况下向计算机云端传送自己的个人数据和信息，这种情况不断发生，导致个人数据和信息在网络环境下被不断积累，再在权利人不知情的情况下，这些个人数据和信息被大数据分析工具整合分析，从而将个人信息全然暴露。而这是权利人在当初将个人数据和信息上传的时候完全无法预料的。

　　人类社会秩序是社会主体之间相互作用、相互制约、遵循社会规范而形成的一个稳定的、连续的、有机的统一状态，它具有一致性、确定性、规范性的特征。② 社会秩序是人类存在和发展的必要前提，是人类社会生活有序进行的重要保障，故而，衡量某一法律制度是否与社会发展相适应，即需要考察其是否创造了良好的社会秩序。前大数据时代形成了以补偿功能为核心的侵权法功能体系，并以此为基础发展出了一系列的制度规则。但大数据时代的发展，并不能改变人类对矫正正义的追求。在经济学分析方法向各个社会科学领域进军，攻城拔寨的今天，伦理学可能是唯一的一块未失的阵地。原因就在于伦理学的建构很大程度上依赖于人类数千万年以来所进化来的基因中深藏的对道德的直观感受。在大数据时代，损害发生时，课以损害赔偿责任是对加害行为道德负面评价的一种在法律上最直接的体现方式。历史的经验告诉我们，制度的嬗变应当在现有结构当中逐渐孕育并发生。侵权责任法补偿功能的基本定位形成于大数据时代到来以前，是各种法律制度妥当安排，协调运行的结果。在侵权法和刑法互相剥离后，无论处于什么时代，对补偿功能的否定将直接否定侵权法和刑法之间的界限，破坏长时间以来形成的法律部门体系，衰减由于部门体系的形成所带来的法律适用上的良好互动关系。同时，否定补偿功能的基础性地位就是否定侵权法的定位，就是否定关于侵权行为首先应当是债的发生原因的本质的界定。为有效应对大数据时代以来个人信息遭到滥用等问

---

　　① Mark Clyton, "US plans massive data sweep", *The Christian Science Monitor*，February 9, 2006//涂子沛. 大数据：正在到来的数据革命，以及它如何改变政府、商业与我们的生活. 桂林：广西师范大学出版社，2015：178-179.

　　② 辛鸣. 制度论——关于制度哲学的理论建构. 北京：人民出版社，2005：118.

题，首要的办法仍然应当是继续以补偿功能的实现为侵权法的基本目的，进行从法律制度到理论上的重新建构，且不能就此断然否定大数据时代侵权法补偿功能的基本定位，同时，仍需对时代的价值取向及伦理基础进行反思，力求探查在适应新时代发展要求的前提下，是否还有可继续释放的制度容量。若有，还需对具体的制度进行有效的建构。

总的来说，继续坚持矫正正义的价值取向，坚持侵权法补偿功能的基本功能定位，有路径依赖方面的原因，也是侵权法本身属性的必然要求。《民法典》侵权责任编很好地贯彻了这一原则。正如王利明教授所言："《民法典》侵权责任编对侵权责任形式规则作出了重大的修改与完善，确立了以损害赔偿为中心的侵权责任形式体系，从而进一步强化了对受害人的救济和保护，对受害人的救济更加精细、全面。"①

2. 惩罚功能

如前所述，传统上惩罚功能不是侵权责任法的功能。我国学界也充分展示了对侵权责任法惩罚功能的否定态度。惩罚功能之所以一直以来被排除在民法乃至私法制度之外，有着深刻的历史原因。欧陆以及深受大陆法系影响的国家及地区坚持不可在民事责任范围内规定惩罚性赔偿制度的理由无非有以下四点：第一，担忧惩罚性赔偿数额的不可控制和不确定性②；第二，刑罚是刑法的事情，私法涉及的仅仅是补偿功能；第三，刑罚需要得到刑事诉讼法中有关刑事诉讼程序的保障，而在私法中施加刑罚是违背法治国家原则的；第四，罚款不得流入受害人的口袋，而应当收归国家所有。惩罚性损害赔偿的实施导致受害人无故获得暴利。③ 对于补偿原则和得利禁止原则的坚持表明了公法，或者说是公共产品提供者对于私法行使惩罚功能的不信任，从而对其实行了垄断。因此，说到底，关于惩罚性赔偿制度之本质属性的争论是关于侵权责任法乃至私法制度上的补偿原则

---

① 王利明. 我国《民法典》侵权责任编损害赔偿制度的亮点——以损害赔偿为中心的侵权责任形式. 政法论丛，2021：5.

② 英国民法学家彼得·伯克斯（Peter Birks）语//格哈德·瓦格纳. 损害赔偿法的未来——商业化、惩罚性赔偿，集体性损害. 王程芳，译. 熊丙万，李翀，校. 北京：中国法制出版社，2012：136.

③ 同②124－125.

和得利禁止原则的争论。前文已经证成，补偿功能是前大数据时代侵权法的基础性功能，通说认为补偿原则和得利禁止原则成为侵权法的基础性原则。因此，反思这两项原则在法学上是在哪些社会因素的影响下被确立为私法的原则的，以及大数据因素能否解构这两项原则并重构私法惩罚论的原则，就成了证成大数据时代侵权责任法惩罚功能的根本路径。只有这样才不会继续在补偿原则和得利禁止原则与惩罚性赔偿制度之间的冲突上打转，而是可以深入更有洞见性的层面去观察原则和制度本身，也才能够在大数据时代将惩罚功能最终确立为侵权责任法的基本功能之一。换句话说，面对民法乃至私法的诸原则与惩罚功能产生的冲突，思考的对象除惩罚功能本身外，还应当包括这些原则，具体而言，就是补偿原则和得利禁止原则。只要破解了这两项原则，就找到了将惩罚性赔偿制度嵌入侵权法的钥匙。

在人类社会的初期，法律并不存在，更没有公共组织提供公共产品维护社会秩序。然而，人类并没有因此而陷入无休止的纠纷当中。因为如果是那样的话，人类应该不会有机会进化到他们发明法律的那一天。虽然自亚里士多德以来，情感（尤其是激情）就一直被视为理性的对立面[①]，但正如罗伯特·弗兰克在《理智下的冲动》一书中所强调的，表面看起来与理性对立的情感常常代表一种更深刻的理性。[②] 因此，基于激情控制下的追求生物快感式的本能冲动，人类通过惩罚加害人从而控制损害的发生。惩罚是能够在当时对加害人产生足够震慑作用的最有效的手段。惩罚从一开始就是得以进化和繁衍的重要工具，并一直掌握在私人手中，从而产生了一套早于法律就存在的规则和秩序。由此可见，惩罚并不必然代表野蛮，加害人向受害人支付"赎罪金"以代替同态复仇制度是"人类从追求生物的快感到寻找精神抚慰的端绪，也是人类从蒙昧冲动走向文明社会制度建构的开始"的说法[③]，也并非历史的全貌。

后来，国家开始产生。按照社会组织理论家们的说教，国家的产生开始于私人的一小块权利的让渡。为了保障某些权利（权力）的正当行使，

---

① 桑本谦．私人之间的监控与惩罚．济南：山东大学：53.

② 同①52－56.

③ 易继明．侵权行为法的道德基础//格瑞尔德·J．波斯特马主编．哲学与侵权行为法．陈敏，云建芳，译．北京：北京大学出版社，2005：1.

公共组织这种利维坦式的怪物的存在有其必要性，是一种必要的恶。只有将惩罚的权利（权力）交给公法并由其垄断才能保证其行使的正当性。而留给制度建构的空间仅仅限于发明各种制衡或监管手段，设置各种程序，最大限度地将权力关进笼子。进而，私法的原则只能以此为前提进行建构。然而，无论是霍布斯还是诺齐克，他们的理论更多的是一种社会建构的逻辑，仅仅存在于学术想象中，而非历史真实的演进过程。公法垄断惩罚是历史进化的结果而不是理论建构的成果，并不具备理论上的绝对正当性。吴思先生借助杰弗里·布伦南和詹姆斯·M.布坎南在《规则之理：宪政经济学》中提出的"meta-rules"的概念，在其名著《血酬定律》中提出了"元规则"的概念，即暴力最强者说了算的逻辑。① 人类社会就是在这种逻辑中逐渐演化而来。具体而言，国家和惩罚的垄断都起始于暴力的竞争，人类文明的历史也并不开始于"对人的原始冲动加以抑制，并逐渐得以制度性或体制化舒展的过程"②，而是开始于暴力竞争的结束。早期的侵权法与刑法以合二为一的方式表现为一种混合型的法律体系，对人惩罚的方式包括肉体摧残和"赎罪金"等形式。尽管这不是现代意义上的侵权法，但古代侵权法延续了初民社会规则体系的惩罚功能。刑法就藏在侵权法的体系内。当暴力竞争一结束，最终胜出的唯一的暴力组织就变成了统治者。统治者很快就会发现，垄断暴力不但有助于稳固其统治地位，同时还能从中获取暴利，而剥夺私人关于惩罚的权利（权力）就是垄断暴力的一部分。但统治者很快又会发现，如果将私人全部权利（权力）都剥夺，即暴力组织不仅仅掌握对人的惩罚权，还握有强迫加害人对受害人进行补偿的权力，那么后者这项权力非但不能带来任何好处，其更多的会表现为一种义务，暴力组织需要支付巨大的执法成本，加重了自身的负担。因此，理性的统治者决定将其放弃，留给私人来进行主张。而这么做的成本只有为其配备相应的司法系统而已，同时由于采取不告不理的方式，这极大地节约了成本。这样，经过一番比较和利益权衡，惩罚的权利（权力）被垄断了。为了维护这种垄断，还必须要对试图打破这种垄断的行为

---

① 吴思. 血酬定律. 北京：语文出版社，2009：3-6.
② 易继明. 侵权行为法的道德基础//格瑞尔德·J. 波斯特马主编. 哲学与侵权行为法. 陈敏，云建芳，译. 北京：北京大学出版社，2005：代译序.

实行有足够威慑力的惩罚措施。正如任何一个王朝对反抗者的报复皆是严重超量的，所谓严刑峻法便是如此。进而，还要对被统治者之间的博弈手段加以控制。私人之间的超量赔偿被认为得不到法律强制力的保护。除正当防卫、紧急避险等制度，私人不再享有任何惩罚的权利（权力）。事实上，正当防卫制度也同样以不能明显超过限度为对"正当"二字的解释。这么做的好处是避免了私人之间毫无节制的互相反复惩罚的情况的出现，"冤冤相报"的现象被有效遏制。刑法被独立出来并由此开端和发展，在民事责任的范围内就形成了补偿原则和得利禁止原则。"侵权行为制度的功能也就逐渐从强调'处罚'转向注重'补偿'，民事损害赔偿制度也从加害责任发展为过错责任，为此确立了以'填平'为标准的补偿原则。"①而一旦任何违背这两项原则的制度都不能被纳入私法的范围内加以讨论，被统治者中平等的关系也就产生了。这正是现代民法乃至私法所要达到的调整目的。综上，以"赎罪金"的形式代替对肉体的摧残，再从"赎罪金"演变成"赔偿金"，这并不仅仅是人类进步的标志，同样也是暴力集团逐步将惩罚进行垄断的开始。私法与公法之间的界限由此产生。

因此，补偿原则和得利禁止原则并非起源于理论家的建构，而是统治者为了维护对惩罚的垄断所借助的工具，其并不具有绝对的正当性，在大数据时代其是否应当继续作为建构侵权法制度的原则应当受到质疑和反思。前大数据时代，私法上主体间的关系本不平等，但以既有之法律部门的关系的安排可以尽量将其调整到平等。但基于对大数据技术的掌握，大数据时代民事主体之间的关系已经不再是原《民法通则》第2条关于公民与公民之间、法人与公民之间、甚至是公民与法人之间居于平等主体关系的假设，技术正在驱动私人之间的关系从相对的平等向不平等转变。② 如前所述，将惩罚功能排除在私法的功能体系外是整体法律制度上各部门法制度之间妥当安排的结果，具有最高效的运行效率。但不可否认的是，大数据时代改变了这种制度安排的前置性条件。如果说在大数据时代到来以前，补偿原

---

① 易继明．侵权行为法的道德基础//格瑞尔德・J．波斯特马主编．哲学与侵权行为法．陈敏，云建芳，译．北京：北京大学出版社，2005；代译序．

② 由此，《民法典》第2条继承《民法通则》第2条的表述方式，将民法所调整的对象仍然界定为平等主体之间关系，此举是否妥当值得商榷。

则和得利禁止原则还能达到民法将私人之间的关系尽量调整到平等的目的，那么在大数据时代，于私法制度下单纯依靠这两项原则无疑会使以上制度的目的落空。在大数据时代，补偿原则下建构起来的损害赔偿制度已经不足以对侵权人产生足够的威慑，得利禁止原则的精神已经不足以再对侵权人课以足够严厉的法律责任和负面的道德评价。苏永钦教授认为："传统公法和私法所实践的分配和对等正义，已经不能满足高度工业化、都市化的社会，对正义的渴望。"① 套用这段话的表述方式，传统公法和私法所实践的对于惩罚的分配方式，已经不能满足高度不平等化的大数据时代对正义的渴望。

因此，重新思考并划定补偿原则和得利禁止原则的规制范围和损害赔偿法的建构原则是必要的。回溯立法史，法律随着时代的发展和社会的变动而产生变革的烙印是清晰的，也是应有的历史轨迹和发展方向。除了价值目标、功能和归责原则可以随时代的变迁转向外，损害赔偿制度的建构原则也同样应当有所转变。当时代的车轮再次向前，发展所带来的新问题再一次拷打着我们固有的法律体系时，为了因应社会的发展，除了努力用既有的理论框架去消解融合新的制度外，该既有的理论框架也应当展现它的可建构性。基于大数据技术的发展以及大数据时代的到来，原本私法上所秉持的私人不能具有惩罚他人的权利（权力）的理念以及完全补偿原则和得利禁止原则应当有所突破，身处大数据时代的私人之间应当具有互相惩罚的权利（权力），惩罚性赔偿制度乃至惩罚功能也应当于侵权法上获得正当性。因此，侵权法的惩罚功能应当在大数据时代被予以确立。

从另一个角度来说，在进入大数据时代以后，"去中心化"的社会特征使得原本民法上对于其调整对象是平等主体之间的关系的这种假设②不再

---

① 苏永钦．民事立法与公私法的接轨．北京：北京大学出版社，2005：77.

② 事实上，这种观点在前大数据时代就已经备受质疑，蔡立东教授认为："《民法通则》采纳'平等主体关系说'厘定民法的调整对象，混淆了事实与规范，将本是规范状态的平等视为调整对象事实层面的规定性，不仅存在因果倒置的逻辑错误，淡化民法对平等的追求，而且不能完成对民法调整对象的界定，并蜕变为法院逃避裁判责任的规范基础。'平等主体关系说'之所以成为《民法通则》的现实选择，渊源于彰显民法独立性的历史需要。世易时移，我国未来《民法典》关于调整对象条款的抉择应向区分公、私法的逻辑回归，采取确立其他法部门调整对象之负面清单的立法模式，《民法典》不再设置调整对象条款，或对调整对象作空洞化处理，从中抽离平等主体等实质内涵，落实民法的本位法地位。"蔡立东．"平等主体关系说"的弃与留——未来《民法典》调整对象条款之抉择．法学论坛，2015（2）.

成立，基于对大数据技术的掌握，私人之间、私人与互联网公司或大数据分析组织之间的非平等关系更加凸显。固守原本私法上私主体之间不得行使权利（权力）的观念，将大大减损可用于有效规制加害行为的制度手段。显然，私人之间所拥有的惩罚与报复的手段虽然丰富，但所能达到的残酷程度远远不及公法。从这个意义上来说，只能通过提高赔偿金的数额来进行弥补，这正是侵权法应当具有惩罚功能的必要性来源。规范政策的重点不应再是受害人的补偿需要，而在于向侵权人提供有效的行为动力。① 简言之，侵权法只有具有惩罚功能，在制度上才可被称为侵权法"功能上的创新"，才可被认为是"在强化补救功能同时，实现了与预防功能的妥当结合"②。进一步讲，侵权法只有具有惩罚功能，使惩罚性赔偿制度获得私法属性上的正当性，才能够保证在大数据时代形成良好的秩序。

苏永钦教授认为："民法反映不变的市场规律，透过解释即足以涵纳社会的快速变迁。这样暗藏的假设也许百分之九十是对的，但当我们把百分之百的研究精力都投注在民法典的解释上，而不在意那百分之十的改变，也就是穷尽解释也不足以相应社会变迁，而必须经由越来越多的特别法的调整，乃至法典的修改，才能勉强跟上的'民事政策法'时，我们很可能忽略了民事法学的一个新的挑战，也就是广义民法的体系化。换句话说，我们必须开始建构某种整体民法的政策思考，包括民法典本身，也有其政策意义，它的存在不再是自明之理。""我们也许会发现，问题不在百分之九十或百分之十，而是这百分之十的疏离引起的方法上的挑战。"③大数据时代，也许受大数据因素影响的各种社会现象仅仅占社会总体现象的一小部分，也就是苏永钦教授所言之"百分之十"而已，但却足够重要。"法律功能体现一种法——社会关系……表明了法律对社会的一种适

　　① 格哈德·瓦格纳. 损害赔偿法的未来——商业化、惩罚性赔偿、集体性损害. 王程芳，译. 熊丙万，李翀，校. 北京：中国法制出版社，2012：137.

　　② 王利明，周友军，高圣平. 侵权责任法疑难问题研究. 北京：中国法制出版社，2012：序言 3-4.

　　③ 苏永钦. 民事立法与公私法的接轨. 北京：北京大学出版社，2005：1.

应性。"① 于大数据时代确立侵权责任法惩罚功能的正当性，正是这种法律功能与社会关系适应性的恰当表现。

总的来说，大数据时代，自然人之间、法人与非法人组织之间、自然人与法人与非法人组织之间的不平等关系并未改变其民事关系的属性，由大数据侵权所引起的责任认定问题依然需要侵权法的制度加以规制，惩罚功能缺席的侵权法功能体系不能提供足够的民事责任制度建构空间。通过为受害人配备相应的惩罚权利（权力），一方面能够有效契合大数据时代的特征，满足大数据时代的要求，另一方面也能够与刑法上的惩罚制度作有效的衔接，使惩罚性责任的追诉也有讨价还价的余地，保持充分的制度弹性，也不致使责任的形式过于跳跃。如同苏永钦教授所言，在公私法的区分上，"本质不同之处必须做泾渭分明的处理，在无涉本质差异之处，加以类比而尽可能采用相同的概念，乃至原则、程序，反而更容易凸显其本质的差异。概念制度的趋同，或不必要差异的减少，对于两个法域的接轨，当然方便不少"②。当然，大数据时代侵权责任法上的惩罚性制度并不是独立存在的，其应当与损害填补意义上的损害赔偿责任制度并用，如何衔接两种制度，需要在建构大数据时代侵权责任法的功能体系的前提下进行更好的制度安排。甚至，惩罚性赔偿制度与公法上的制度的衔接亦是如此。③

3. 预防功能

长期以来，除"通知规则"外，侵权法的预防功能被认为是补偿功能的"副产品"，其本身并不具备独立的制度作为实现功能的规则基础。在大数据时代，这一现状受到了严重的挑战，大数据侵权的高发性和损害的难以恢复性，使预防损害发生的功能变得越来越重要。

大数据因素产生的影响以互联网技术的发展为基础，但相反的命题却并不成立，即互联网的发展并不必然带来大数据时代。事实上，数据的存量在数量级上从来不是一个小数目，只是限于分析手段的限制使得前大数据时代对数据的处理无法催生一种新型的预测未来的方法和人与人之间新

---

① 付子堂. 法律功能论. 北京：中国政法大学出版社，1999：10.
② 苏永钦. 民事立法与公私法的接轨. 北京：北京大学出版社，2005：79.
③ 具体讨论可参见王承堂. 论惩罚性赔偿与罚金的司法适用关系. 法学，2021（9）。

型的连接关系。基于技术的发展，Web 3.0 的网络时代改变了这种局面。按照计算机科学和信息科学的定义，Web 3.0 是指"语义网"的时代。它不是一个众多网页的链接体，而是一个全球性的数据库。在这个数据库中，各种相关数据通过"元数据"互相联结，计算机将根据元数据，自动为我们搜寻、检索和集成网上的信息，不再需要搜索引擎。最终形成了以语义网为基础的数据智能网络。①

　　一开始大数据之所以获得广泛的应用，是因为人们期待通过大数据的挖掘来预测未来，甚至来预防损害的发生。卡内基梅隆大学的赫伯特·西蒙（Herbert Simon）教授预测：在后工业时代，也就是信息时代，人类社会面临的中心问题将从如何提高生产率转变为如何更好地利用信息来辅助决策。② 2001 年，美国加利福尼亚州州政府率先推出了一个数据挖掘的项目"保险补助双向核对"（Medical-Medical Data Match），将医疗保险和医疗补助两个项目的数据整合起来，利用两个计划中的人员、时间、价格、地点等数据对每一宗申报进行互相核实，通过计算机算法自动确定相互矛盾、异于常态的支付记录，一旦发现造价或者不实申报的可疑账单，则转入人工追讨的环节。这大大缩小了人工审查的范围，提高了效率。由于效果显著，2004 年这个项目在个别州的实施范围进一步扩大，由事后追讨推进到了事前防范。③ 2009 年，一种新型的甲型 H1N1 流感在短短几周之内在全球传播开来。全球公共卫生机构都为之担心，然而公共卫生专家能做的只能是减慢它的传播速度，而对这种流感出现在哪里的调查结果却需要漫长的时间才能传回疾控中心。对于一种飞速传播的疾病，信息的滞后产生的后果是致命的。公共卫生机构在疫情爆发的关键时刻的表现让人失望。然而就在该流感爆发前的几周，谷歌公司的工程师在《自然》杂志上发表的一篇论文显得更加引人注目。该论文解释了谷歌能够成功预测冬季流感的传播规律的原因。谷歌能做到这一点的原因在于，它观察每天收到的来自全球的超过 30 亿条的搜索指令，即人们网上的搜索记录，将

---

① 涂子沛．大数据：正在到来的数据革命，以及它如何改变政府、商业与我们的生活．桂林：广西师范大学出版社，2015：286-287.

② 同①87.

③ 同①75.

其整合分析并得出结论。[①]

  然而，大数据技术是一把双刃剑，与以往的技术革命一样，它同样带来了巨大的问题。大数据技术的发展终于导致了数据及信息的不可控性，导致了人们因自己的隐私受到严重威胁而感到不安。与其被寄予厚望的预测未来及预防损害发生的功能一样引起人们关注的，一方面是大数据侵权行为无法得到有效遏制的现实，另一方面更是其实际发生后难以恢复又难以通过损害赔偿金的方式加以弥补的损害。长久以来，侵权法的制度皆以损害赔偿为核心进行建构，依赖补偿功能下的损害赔偿责任一方面对加害人课以道德上的负面评价，另一方面希望通过损害的转移来剥夺加害人获得的经济利益，遏制加害行为的再次发生，从而有效控制和预防损害的再次发生。但在这种制度模式下，预防功能终究只能是躲藏在补偿功能身后的"影子功能"，只能是补偿功能的"副产品"而已。本书前文已经证成，侵权法具有惩罚功能可有效规制大数据侵权行为，通过对侵权人课以更加严厉的惩罚，对其产生足够的威吓，遏制其再次做出侵权行为，从而预防损害的再次发生。然而不可否认，这种逻辑下，预防功能依旧是"影子功能"及"副产品"，只是我们可以说，由于惩罚功能相较于补偿功能更加严厉，会产生更强烈的震慑作用，预防功能会得到有效加强。当然这是惩罚功能与预防功能于大数据时代所形成的新的互动关系，这一点将于本章第二部分详细探讨，但是侵权责任法依旧始终缺乏相对独立的制度作为单独实现预防功能的有效途径。美国学者迈克·桑德尔（Michael J. Sandel）曾在《金钱不能买什么：金钱与公正的正面交锋》一书中对经济与道德伦理价值之间的关系进行了探讨：如果任凭社会朝着什么都可以被拿来售卖的方向发展，任由市场行为的放任，以道德价值的丧失为代价追求社会效用的最大化，注定会毁灭所有涉及的事物的价值。法律及政策除了应当规范市场化的运行规则，也应当反思如何在市场化的社会中坚持公共的善。[②] 该问题辐射到本章节所讨论的问题上加以更加具体的表述就是，如

---

  ① 维克托·迈尔-舍恩伯格，肯尼思·库克耶. 大数据时代：生活、工作与思维的大变革. 盛杨燕，周涛，译. 杭州：浙江人民出版社，2013：2-4.

  ② 迈克·桑德尔. 金钱不能买什么：金钱与公正的正面交锋. 邓正来，译. 北京：中信出版社，2012.

果仅仅将损害赔偿金或者惩罚性赔偿金作为制约侵权人的手段，必将有负于道德层面对损害从未发生的善良期待。

不得不承认，大数据技术的发展改变了人类连接的基本方式，为人类提供了任意连接的新型连接模式，但也同时引发了诸多的问题。大数据时代的信息失控状态以及由此引发的各种信息被滥用的问题，很大程度上是通过以下两种方式实现的：第一是人类本身通过控制大数据分析工具不断收集、整理、分析加工数据，从而挖掘出新的信息。第二是随着人工智能的不断发展，机器学习正在取代数据挖掘。时下兴起的机器学习，凭借的也是计算机算法，但和数据挖掘相比，其算法不是固定的，而是带有自调适参数的，也就是说，它能够随着计算、运行次数的增多，即通过给机器"喂取"数据，让机器像人一样通过学习逐步自我提高完善，使挖掘和预测的功能更为准确。这是该技术被命名为"机器学习"的原因，也是大数据被称为革命性现象的根本原因，因为从本质上来说，它标志着我们人类社会在从信息时代经由知识时代快速向智能时代迈进。① 可见，任由科学技术肆意地发展，可能导致极其严重的问题。通过"机器学习"所生成的新信息甚至有可能真也有可能假，其所拼凑出并展现出来的个人形象则或贴切或扭曲，某些情况下，人类甚至已决定不了自己究竟是什么了，在大数据时代"谷歌说你是什么，你就是什么"②。继而，这些真真假假的信息再被不断地获取、传播、加工及利用，并被重新上传到互联网，从而引起新一轮的获取、传播、加工及利用。周而复始，循环往复。世界的变化是如此之快，昨天我们身上还至少找得到一块用来保护个人信息的遮羞布，今天人人就都暴露在信息真空的环境下开始"裸奔"了。一个佐证是，借助大数据的分析技术，广告的推送方式已从当年"乱枪打鸟"式的撒网战术进化到了根据个人不同的实际情况实现定向发送的地步，信息的准确程度足以让我们感到恐惧。

美国著名作家、1949年诺贝尔文学奖获得者威廉·福克纳曾有句名

---

① 涂子沛. 大数据：正在到来的数据革命，以及它如何改变政府、商业与我们的生活. 桂林：广西师范大学出版社，2015：341.

② Angelo M. You Are What Google Says You Are. [2016-01-20]. http://www.Wired.com/business/2009/02/you-are-what-go.

言："过去永远不会死去，过去甚至不曾过去。"对于某些损害来说，曾经发生的真的就可能永远不会过去。侵权法具备预防功能是降低侵权行为发生概率的必然要求。法的正义价值观要求，任何事后的补救于损害发生本身都是一种无可奈何的措施，任何受害人都视损害赔偿作为一种遭受损害后的替代性手段，甚至需要构建精神损害赔偿这种制度以弥补心灵上所受有之损害，这当然带来了精神损害赔偿的额度无法有效界定的法学难题。毫无疑问，如果能够在遭受损害后及时得到赔偿和不遭受损害之间加以选择的话，无论是实际受害人还是立法者，都会毫不犹豫地选择后者，尤其对于精神损害一类的无形损害来说，无论是统一的赔偿标准还是个案中依据具体情况作出的赔偿数额，都难说恰当地衡量了损害，事后的损害填补究竟能够起到多大的作用，是否如损害赔偿法所设想的那样真正起到了有效的损害填补作用更是不无可疑。损害赔偿数额也大多未将诉讼成本计算在内。同时，以货币作为损害赔偿的一般等价物当然有巨大的理论和实践支撑，没有什么会比货币能够更好地承担一般意义上的损害填补的功能，但这不可避免地引发了对法经济学的一种责难，即加害人以愿意承担损害赔偿责任为前提，这是否具有实施加害行为的正当性。如同王利明教授所言："金钱赔偿不能消除损害源，并不具备对被损毁的社会评价进行现实恢复的功能。"[1] 尽管预防损害的发生不是单单依靠法律制度的建构就能够达到的，但法律制度至少应当将预防损害作为追求的目标之一。"侵权法经常被一致认为是补偿已经发生的损害；但是，这一观念的确是太狭隘了……在损害没有实际发生的时候，法律都可能采取行动。"[2] 在大数据时代，加强侵权法预防损害的功能，提高其在基本功能体系当中的位阶，使其不再是所谓的"影子功能"或"副产品"，是大势所趋，符合正义的追求。

　　一直以来，预防功能在各个部门法制度上多有体现，如行政审批制度通过严格的事前审查实现对损害的预防，如不动产物权登记制度对于一物数卖所导致的损害的预防，如《道路交通安全法》上的机动车驾驶人记分制度对于机动车驾驶违章行为的预防，等等。在侵权责任法制度层面上，

---

① 王利明.侵权行为法研究：上卷.北京：中国人民大学出版社，2004：166.

② 王利明，周友军，高圣平.侵权责任法疑难问题研究.北京：中国法制出版社，2012：17.

《民法典》侵权责任编第 1206 条所确立的缺陷产品召回制度在产品责任制度下单独确立了预防损害的功能。大数据时代对损害预防提出了更高的要求，仅仅依靠补偿和惩罚功能的实现达到的预防效果已不足以应对现实损害的多发情形，侵权责任法预防功能的实现途径应当被拓展。格哈德·瓦格纳教授坚持认为"损害赔偿法不应在将'得利禁止'原则理想化的同时坚持补偿原则。通过引导行为来实现预防功能，这不仅不是次要的期待目的，而且应当作为损害赔偿法中同等重要的核心任务。"① 其依然没有跳出损害赔偿法的体系去实现预防功能。如前所述，大数据时代以前，预防功能更多是作为侵权法的一项附属功能依附于其他功能存在，而大数据时代要求在损害发生之前就让有可能侵害权益造成损害的行为停止，或者说将损害可能发生的风险降到最低。在"通知规则"建构以前，预防功能于侵权责任法的制度体系内从未获得相对独立的地位和相应的请求权基础，应当于侵权责任法的范围内，独立于损害赔偿请求权和惩罚性赔偿请求权之外，建构具有相对独立属性的预防性责任制度，以期通过预防性责任请求权的制度安排更好地实现大数据时代对侵权责任法预防功能的要求。

综上，大数据时代的侵权责任法的基本功能体系将与传统时代的不同。仅仅是二十几年前，约翰·佩里·巴洛（John Perry Barlow）在瑞士达沃斯气宇轩昂地宣称，网络空间将成为一个新世界，这个新世界没有物质、没有肉体、没有边界，更没有等级、特权、偏见和压迫；这个新世界不接受现实世界的教化、约束、殖民和统治，也不接受任何法律和政治的强制和支配，这个新世界有自己的文化、道德、不成文法典，也有自己的社会契约和纠纷解决机制；总之，这个新世界的治道更人道、更公平、更文明。他写道："你们关于财产、表达、身份、迁徙的法律概念及其关联对我们不适用。这些概念建立在物质的基础上，我们这里没有物质。"② 正如欧树军教授判断的那样，"长期以来，这一毫不妥协的网络空间自由

---

① 格哈德·瓦格纳. 损害赔偿法的未来——商业化、惩罚性赔偿、集体性损害. 北京：中国法制出版社，2012：219.

② 欧树军. 走出"网络乌托邦"//胡凌. 网络法的政治经济起源. 上海：上海财经大学出版社，2016：序言 1.

主义宪章，一直被视为网络空间的政治与法律研究的理论前提"①。

不可否认的是，经由网络空间技术和大数据分析技术催生出来的大数据时代的确存在与以往不同的规则。仅就侵权责任法的基本功能这一问题而言，传统上侵权责任法基本功能体系的构成经过大数据时代社会及法律结构因素的洗礼应当被予以重新定位，才能有效应对大数据侵权所带来的新问题。仅将侵权责任法的基本功能限定为补偿功能，将导致除损害赔偿责任以外的其他任何私法上的责任都不能被当作手段有效规制大数据时代的侵权行为。大数据时代侵权责任法的基本功能体系应当由围绕补偿功能展开的单核心构成模式转变为以补偿功能、惩罚功能及预防功能为共同核心的多核心构成模式，并通过恰当的制度安排，使各个基本功能之间形成良好的互动关系，以提高对大数据时代侵权行为的规制效率。详言之，补偿功能依旧应当保持其核心基础性功能的地位，对制度的建构依旧起到最根本的指导作用，大数据时代的侵权法制度依旧应当以实现损害的有效填补为最终的建构目的，这取决于对侵权责任法私法本质的定位；惩罚功能应当在侵权责任法当中寻找其合适的位置，改变过去或被完全否定，认为其违反了补偿原则和得利禁止原则的地位，或被误认为是具有损害填补功能的情况，将其确立为侵权法的基本功能，以此为基础可于侵权法制度的范围内构建包括惩罚性赔偿制度在内的私法上的惩罚制度，以有效规制大数据侵权；预防功能则除依旧具有通过补偿功能和惩罚功能间接实现的作用外，一改其单纯的附属性质，从"影子功能"和"副产品"的地位一跃而成为应当具有相对独立的制度支撑的功能，以一种更加显性的地位作为侵权法的基本功能之一而存在。在新的基本功能体系构成当中，补偿、惩罚和预防这三大基本功能将释放不同的制度容量，以之为前提所建构的制度也各有各的规制范围。其中补偿功能的制度涵摄范围最广，可释放的制度容量最大，是侵权法最核心的基础性功能；惩罚功能应当有其严格的制度建构规则及适用领域，不可随意扩大其管辖范围；预防功能的实现途径则最广，存在显性和隐性、直接和间接的实现方式。换句话说，这三大基

---

① 欧树军. 走出"网络乌托邦"//胡凌. 网络法的政治经济起源. 上海：上海财经大学出版社，2016：序言2.

本功能都有各自发挥最大效用的领域，也互相渗透、相互作用。大数据时代的侵权法制度将以这套新的完整的体系为中心展开建构。简言之，大数据时代的侵权责任法应当形成新的基本功能体系，由补偿功能、惩罚功能和预防功能共同组成，各个功能各司其职又相互配合。

二、大数据时代侵权责任法基本功能的内在互动

在传统上，侵权责任法基本功能的互动关系具体展开如下。首先，补偿功能，亦可称作是损害填补功能，是侵权法最核心的基础性功能，"损害赔偿理念清晰地表达了侵权法的目的"①。预防功能也已经成为与之相并列的侵权法基础性功能。因为"侵权行为法规定何种不法侵害他人权益的行为，应予负责，借着确定行为人应遵行的规范，及损害赔偿的制裁而吓阻侵权行为"，所以"具有一定程度的预防功能，毫无疑问。"②但王泽鉴教授同时也承认，这种预防功能有其局限性，仅仅是"一定程度"上的。存在行为人不知悉法律的存在，或不能够认识到其行为的危害性，以及行为人认识到行为的危害性也存在难以改变其行为的情形，因此其难免错估危害发生的可能性，低估损害赔偿责任的严重性，而怠于防范③，从而导致预防功能的失灵。预防损害的功能在侵权法上通常有两个实现路径：其一，通过侵权法中的"通知规则"来实现。在我国《侵权责任法》第 36 条所确立的"通知规则"中，通知权利行使的条件并不发生在损害发生以前，因此其对通知到达以前的损害发生并无预防的功能。我国《民法典》第 1195 条也是这种规范结构。但由于该条为网络服务提供者在接到通知后，确立了应当及时采取删除、屏蔽及断开链接等措施的义务，从而单独实现了对扩大部分的损害的预防。从这个意义上说，预防功能是与补偿功能相并列的侵权法基础性功能。其二，通过补偿功能而实现。在此意义上，预防功能是附属性质的功能，属于补偿功能的"副产品"。王利明教授认为，侵权法的"预防功能可以分为特殊预防（specific deter-

---

① 海尔穆特·库齐奥. 传统视角下侵权法的预防功能. 张玉东，译//梁慧星主编. 民商法论丛. 北京：法律出版社，2014：54.

②③ 王泽鉴. 侵权行为. 北京：北京大学出版社，2009：10.

rence）和一般预防（general deterrence）。特殊预防是指侵权责任法对于实施了侵权行为的人可以起到预防的作用，避免其以后再次实施类似行为。而一般预防是指侵权责任法可以起到对于社会一般人的预防作用，发挥类似于'杀鸡儆猴'的功能"①。侵权法上通过对责任主体课以严格责任②或惩罚性赔偿来预防损害发生。这种对预防功能的解读与刑法教科书中对预防功能的解读方式几乎如出一辙。杨立新教授也认为："这种预防作用类似《刑法》的一般预防，通过对侵权行为的制裁和对侵权人的财产惩罚，发挥《侵权责任法》的调整功能，在社会中发挥一般的警示作用。"③ 这与传统上侵权责任法补偿功能的基本定位息息相关，正如杨立新教授所言："我国《侵权责任法》采纳了以救济功能为其主要功能的观点，在该法中，预防、制裁等功能只是具有辅助性的地位。因为只有救济功能得到充分发挥，才能充分彰显侵权法在社会生活中的地位和作用。"④ "欧洲已基本但并非全部地接受了侵权法也具有——作为副作用的——预防功能：因致害而富有损害赔偿义务的威慑，无疑为避免损害的发生提供了一般性的激励。"⑤

其次，除此之外，其他功能皆为派生性功能。侵权法的派生功能包括遏制、行为导向、损失分担、风险分配、利益平衡、威慑、教育功能等。惩罚功能不是侵权法的功能。"即便是惩罚性赔偿，也不是以惩罚为目的，它只是要通过剥夺加害人的非法利益，加大其侵权成本，使之得不偿失，从而在经济上遏制其从事侵权行为的冲动，产生特定威慑。同时，巨额的惩罚性赔偿对社会上之潜在的侵权人也能产生很好的'杀一儆百'的作用。"⑥

① 王利明，周友军，高圣平．侵权责任法疑难问题研究．北京：中国法制出版社，2012：16.

② 王利明，周友军，高圣平．侵权责任法疑难问题研究．北京：中国法制出版社，2012：4.

③ 杨立新．侵权责任法．北京：法律出版社，2010：9.

④ 同②12.

⑤ 海尔穆特·库齐奥．传统视角下侵权法的预防功能．张玉东，译//梁慧星主编．民商法论丛．北京：法律出版社，2014：54.

⑥ 程啸．侵权责任法．2版．北京：法律出版社，2015：23.

因此在传统上，定型后的制度结构中，由此形成了内外两套功能体系的互动结构：其一，侵权法内部的各项功能充分互动；其二，侵权法的功能体系又与其他部门法的功能产生互动关系。并非其他部门法的功能属性决定了侵权法的功能属性，也不是侵权法的功能属性决定了其他部门法的功能属性，而是在私法与公法互相剥离的过程中，具体而言就是在侵权法与刑法剥离的过程中，对于各个部门法各司其职的制度安排促使了这样整体上各部门法之间的功能体系的形成。这种制度安排是立法者在具体的时代背景下因应社会发展所作出的恰当选择，至少从上文分析所涉及的时空范围内，大致可以得出这样的结论。各部门法之间的功能体系互动关系最终决定了侵权法的功能体系内部的互动结构。具体言之，在侵权法外部，由于惩罚功能被公法所垄断，居于私法和公法之间的保险法、社会保障法等法律部门的兴起等原因，侵权法被严格限定在私法的范围内，各部门法各安其位、各司其职，任何越界的行为都将破坏这种最高效的结构安排。在侵权法内部，围绕着补偿功能，各功能的互动关系主要表现为：第一，通过补偿功能的实现，使受害人的损害向加害人等责任主体转移，实现利益平衡、损失分担的功能。第二，在经济上使得加害人得不偿失，以达到控制其更多地关注自己的行为、履行自己的注意义务，实现行为导向、遏制加害行为发生的功能。第三，给予对加害行为的负面评价，课以加害人道德上的非难，达到教育的功能。以上三种互动关系都以补偿功能的基础性地位以及其良好实现为核心，间接实现其他功能。第四，如前所述，在《民法典》侵权责任编第 1195 条下，预防功能有单独实现的情形，也可因此实现行为导向、遏制加害行为发生等功能。

在大数据时代到来之前，这种理论可以说是经过时间及实践的洗涤后留下来的重要学术思想，是坚持公法与私法的严格划分所带来的各个部门法互相配合、协调运作的体系优势。在此基础上，侵权法制度的建构多是在损害赔偿责任制度的内部进行深耕。基于大陆法系公私法严格划分的传统，任何试图突破这一限制的努力都有悖于侵权责任的性质以及侵权法的基本定位。在大数据时代，侵权法的基本功能体系下各基本功能之间的互动关系与以往有所不同。大数据时代侵权法的基本功能体系是以补偿功能、惩罚功能和预防功能三大功能为核心展开的，三者之间尽管在位阶、制度容量

及涵摄范围等方面有差异，但并不影响这三者共同构成功能体系的核心。尽管这三大基本功能之间依然存在互相影响、互相渗透的关系，但其各自的相对独立性已经凸显。如果大数据时代的侵权责任法有着不同于以往的基本功能体系，那么各个基本功能之间的互动关系就可以变得更加丰富，换句话说，各基本功能下的制度之间的配合就可以天然地更具弹性。本节所要谈的问题就是在新的基本功能体系下，侵权法功能体系的内部各基本功能之间的互动关系与之前有何不同。除此之外，由惩罚功能所决定的侵权责任法的制度边界亦决定了侵权责任法与其他部门法之间的互动关系。

（一）补偿功能依旧以矫正正义为最终价值取向

矫正正义的观点在大数据时代依然适用。过错行为、损害、责任、赔偿等概念在大数据时代依旧用来表明公正的内涵。大数据时代的侵权法依旧需要通过充实这些概念的内涵来明晰这个时代下的矫正正义。在这种价值取向的安排下，侵权法当以更好地救济由大数据侵权所引起之损害为目标，提高损害得到有效填补的概率。大数据时代的损害赔偿理念亦如前大数据时代的一样，清晰地表达着侵权法的目的，而另外的目的则由惩罚与预防构成。

（二）惩罚功能下的制度以惩罚为目的

侵权法上的惩罚制度通过对侵权人课以更加严厉的财产责任和更加强烈的负面评价，加大其侵权成本，从而在经济上遏制其通过从事大数据侵权行为而获利的冲动，一方面对其施以惩戒，另一方面对其产生足够威慑，也对社会上其他之潜在侵权人产生杀一儆百的作用，遏制侵权行为和预防损害的发生。私法上的惩罚并不需要借用剥夺人身自由和生命权的方式表达其严酷性，而只需对财产施以重责就可有效规制大数据侵权行为，这一点使其严厉程度相对于刑法上的惩罚更加缓和。惩罚功能的确立并没有就此改变公私法的严格划分，简单地说就是侵权法和刑法之间的界限依然清晰，但其互相配合、协调运作的方式却与以往大不相同。

（三）预防功能不再仅仅局限于"一定程度"

通过补偿功能和惩罚功能的实现当然依旧会产生一定的预防效果，甚至通过惩罚功能的实现使预防功能的实现得到了更大程度上的提升。但跳脱开补偿功能和惩罚功能的协助，预防功能有其单独的实现路径，在行为

人认识到其行为危害性的时候，即便其存有错估危害发生的可能性或低估损害赔偿责任的严重性的情形，基于相应的预防性责任制度，权利人可以自身之请求权的行使，可有效预防因行为人怠于防范所致可能发生之损害。

大数据时代，通过以上三大基本功能共同发挥作用，也派生出了遏制、行为导向、损失分担、风险分配、利益平衡、威慑、教育功能等派生性功能。各基本功能之间的关系还决定了相应制度下的请求权基础的适用关系，大致关系可表述如下：基于补偿功能与惩罚功能的并列关系，对于那些主观具有极大恶意的大数据侵权行为，除补偿功能下的损害赔偿请求权外，惩罚功能下的惩罚性赔偿请求权亦可同时适用，二者并不冲突，以此凸显惩罚性赔偿制度的惩罚性；对于行使过预防性请求权，但依旧由于不可控的因素导致损害发生的，受害人仍可行使损害赔偿请求权。

三、大数据时代侵权责任法基本功能的价值基础

传统上构筑侵权责任法制度最底层的基本价值取向的，毫无疑问是对矫正正义以及分配正义的追求。矫正正义与分配正义是相伴相生的一组概念，起源于亚里士多德的名著《尼各马可伦理学》一书，这组伦理学概念构成了建构侵权法制度的基础性前提。科尔曼认为，"矫正正义清楚地表达出在人类活动特定领域内的公平的观念，亦即明确了由于人的行为而造成的不幸事故的成本。矫正正义也通过其他概念来表明公正的内涵，例如过错行为、损害、责任、赔偿。侵权法通过充实这些概念的内涵而使矫正正义更加明晰。"[①] 换句话说，由过错、损害、责任以及赔偿等核心概念构筑起来的制度是矫正正义在侵权法上最直接的表达，矫正正义是侵权法理论一以贯之的理论秉持。在这种价值取向的安排下，所有侵权法制度的建构都是为了更好地救济合法权益，提高损害得到有效填补的概率。

补偿功能的核心地位的安排正好满足了矫正正义的要求。经由历史的

---

① Jules Coleman, *Tort Law and Tort Theory：Preliminary Reflection on Method* // Gerald J. Postema. ed, *Philosophy and the Law of Torts*, Cambridge University Press, 2001, p. 184.

不断检验，现代侵权责任法的功能体系也最终定型。它以工业及信息社会的基本特征为前提，以不断修正自身具体制度结构的方式来强化补偿功能为最明显的特征。目前各国的立法例都证实了这一点。"从比较法来看，世界各国和地区的侵权法如《德国民法典》第823条、《法国民法典》第1382条、《奥地利民法典》第1295条等，无不明确规定'损害赔偿'也就是补偿功能。在最新的模范法典中，如《欧洲侵权法原则》《共同参考框架草案》第六编等，同样开宗明义，强调侵权法的目的就在于要求加害人向受害人承担损害赔偿责任。"① 因此，尽管侵权法在历史沿革下不同时期的制度对应着不同的功能体系及价值取向，但历经前文所述之制度嬗变过程，侵权法的制度结构与功能体系最终定型。定型后的制度结构，形成了这样的价值取向分工：首先，侵权法的价值取向是要否定加害人因侵害他人合法权益而产生的结果，换句话说，受害人不能因他人的过错等原因而受有合法权益上的损害，这部分损害必须得到有效转移。而所谓转移，就是对损害进行有效等值的填补；其次，刑法等公法对这种加害人因侵害他人合法权益而产生的结果秉持更加强烈的否定态度，要使加害人受到相应的惩罚。而之所以谓之为惩罚，则需要在人身自由、财产，甚至是生命权方面加以剥夺。当然，这部分的价值取向并不完全由惩罚构成，比如在自由刑方面也包括为避免加害人继续加害他人而将其与社会有效隔离的生存环境安全方面的考量。这种制度上价值取向分工的不同是整体法律制度内部精细化分工的结果，也因此导致了各部门法各司其职，主管范围被划定的结果。任何越界行为都会破坏这种精细化分工的结果，减损法典体系化所带来的制度运行效果。

侵权责任法的基本功能定位在某种程度上取决于对价值取向的选择，反过来，基本功能体系的重新定位也决定了其机制基础的转向，不同的正义观将直接影响法律制度功能的差异。②在大数据时代，侵权责任法不同的基本功能体系，反映了不同于传统的价值基础。正确地认识基本功能体系价值基础的转向，才有可能正确认识大数据时代侵权责任法基本功能体

---

① 朱岩. 论侵权责任法的目的与功能——兼评《中华人民共和国侵权责任法》第1条. 私法研究，2010（2）.

② 高飞. 集体土地所有权主体制度研究. 武汉：中南财经政法大学，2008：103.

系的转向。

一直以来，人类社会的发展有赖于分工与协作。亚当·斯密在其经典名著《国富论》中开篇第一章便讲的是人类社会的分工问题，将其作为其经济学理论推演的根源性起点。可见，社会的分工为人类在各个领域当中的精进提供了社会结构上的支持。然而，人类社会的整体演进并不仅仅依赖分工，更有赖于分工后的协作，只有协作才能将社会分工所导致的人类在各个领域中的最终成果再一次整合。换句话说，最终的协作使最初的分工变得有意义。人类社会一直以来的进步都是在协作关系的改良上展开的。著名经济学家科斯的《企业的性质》一文是经济学史上的经典名篇，其阐述了一个道理，即企业是组合生产要素最节省社会成本的一种组织方式。可见，人们组成组织的目的之一便是在生产等经济活动过程中尽量降低协作的成本。长久以来，政治学、管理学等学科研究的目的之一就是如何降低组织内部的协作连接成本。大数据时代是一个没有强权的、多中心的时代，信息的交流方式是双向甚至多向的。不但空间连接的方式发生改变，时间上的连接也增进了。具体而言，远隔重洋的人可以组成一个连接体，连接数据也借助数字记录方式的发展永久保留。这种连接方式的变革导致了人类协作方式的变革，进一步放大了分工所带来的社会收益。

大数据开启了人类交叉协作的新型合作与连接关系，也彻底开启了人人无隐私的"裸奔时代"。消费互联网产业的发展使个人信息的获取越来越容易。1995 年美国麻省理工学院教授尼古拉斯·尼葛洛庞帝（Nicholas Negroponte）提出了后信息时代的概念。他总结了后信息时代的三个特点：一是信息变得极端个人化，在后信息时代，每时每刻，都有大量的信息在产生、在流动，但这个时代已经有很强的信息细分能力，虽然有海量的信息在流动，但个人接收到的涓涓细流都是量身定制的；二是计算机能记住个人的细节，机器对人的了解程度将不亚于人对人的了解程度；三是时空障碍将被打破，人们可以在任何地方进行工作和合作。① 借助可穿戴式设备等测量仪器，个体的脉搏、心跳，甚至是每天的作息时间等数据可

---

① Nicholas Negroponte, *Being Digital*//涂子沛. 大数据：正在到来的数据革命，以及它如何改变政府、商业与我们的生活. 桂林：广西师范大学出版社，2015：309.

以被源源不断地测量，并被上传至云端记录、保存。尼古拉斯·尼葛洛庞帝教授提出的关于后信息时代的特征恰好契合了身处大数据时代的今天的种种特征。对于大数据的定义多种多样，本书比较认可以下的定义方式，即大数据是指基于海量、多样化的数据集合，通过云计算的数据处理与应用模式，快速获取、处理、分析等手段形成的智力资源和知识服务能力。① 也正是由于数据收集变得越来越容易，数据的容量变得前所未有的"大"。而大数据之所以"大"，原因并不在于其表面看起来的"大容量"，而在于基于大数据分析工具迭代更新之后，"大容量"所带来的"大价值"。与传统数据相比，大数据真正的新颖之处在于数据的海量性（Volume）、时效性（Velocity）、多变性（Variety）和可疑性（Veracity），其低成本和高效率的数据采集方式导致了数据体量的爆炸。② "多源"的数据来源，为分析工具提供的是近乎"全息"的数据结构。数据与数据之间对一个对象从不同的角度进行的记录，甚至可以互相印证，从而进一步加强预测的准确性。甚至有很多例子可以证明，由于新的分析工具的出现，我们从以前的小数据中也能发现大价值。③

大数据侵权及大数据时代的各种因素有着与以往截然不同的特点，大数据时代侵权法的基本功能体系也相应地具有与以往不同的价值基础。换句话说，在大数据时代，侵权法的基本功能定位取决于侵权法制度所要保护的价值。上述之大数据时代的特点及价值都是侵权法制度需要保护的对象。一直以来，侵权法的制度设计都是为了在自由和安全之间寻找平衡点，大数据时代也不例外。

"机器学习"是进一步深挖数据价值的不二选择和技术的发展方向。

① 王学辉，赵昕．隐私权之公私法整合保护探索——以"大数据时代"个人信息隐私为分析视点．河北法学，2015（5）：64．史卫民．大数据时代个人信息保护的现实困境与路径选择．情报杂志，2013（12）：155．

② President's Council of Advisors on Science and Technology，"Big Data and Privacy：A Technological Perspective"．https：//www.whitehouse.gov/sites/default/files/microsites/ostp/PCAST/pcast _ big _ data _ and _ privacy _ － _ may _ 2014.pdf//袁梦倩．"被遗忘权"之争：大数据时代的数字化记忆与隐私边界．学海，2015（4）：55．

③ 涂子沛．大数据：正在到来的数据革命，以及它如何改变政府、商业与我们的生活．桂林：广西师范大学出版社，2015：340．

正如数据库专家杰克·奥尔森所言："数据能满足其既定的用途，它才有质量。如果不能满足既定的目标和用途，就谈不上质量。换句话说，数据的质量不仅取决于它本身，还取决于它的用途。"① 事实上，数据之所以有价值，不是基于其本身，而是基于通过分析可以获得的信息和知识。大数据时代的竞争，将是知识生产率的竞争。以发现新知识为使命的商务智能，无疑是这个时代最为瞩目的竞争利器。② 大数据科技给人们的生活带来越来越多的便利。比如，通过微信连接银行卡，省去许多传统上烦琐的操作程序，就可轻松便捷地实现在线支付。换句话说，个人信息的安全性遭遇前所未有的种种风险就是我们获得生活的便利性所要支付的对价。因此，大数据时代解决个人信息保护问题的关键，是要解决要科技发展、更要便捷的生活的价值取向是否就可以将个人信息放置在如此高风险的环境之下进行暴露这一问题，是要找到最有利于人类发展的平衡点。如同车浩教授所讲的那样，此时"制约甚至决定人们设计或者选择具体理论方案的驱动力，是要回答一个宪法的，甚至是法哲学和公共政策上的一般性问题。那就是，一个行为可能在某些场合创造了风险，但同时，它又是一种在日常生活中大量出现的、被这个社会生活秩序允许和接纳的行为，那么，这个行为创设风险的后果，究竟是要归责给这个行为人，还是要作为社会存续和进步所必付的代价，而由这个社会自己消化、自我答责呢？"③ 本书就是要探求如何通过构建具体的私法制度来回答这个问题。因此制度的建构应当保护大数据的可挖掘性，不应当对大数据从业人员及组织课以过重的责任。尽管大数据的快速发展带来了诸多的问题，但在解决问题的同时却不可忽略对技术所带来的促进人类协作效率方面的价值的保护。在制度的建构方面，效率价值依旧应当是重要的考量因素。雨果说："你可以阻挡一支入侵的军队，但你无法阻挡一种思想。"应对技术最好的办法就是拥抱技术。让技术继续发展去解决上一代技术发展中所留下的问题，也许才是最终的问题解决之道。大数据时代的侵权责任法制度正是要在上

① Jack E. Olson, *Data Quality: the Accuracy Dimension*, Morgan Kaufmann Publishers, 2003.
② 涂子沛. 大数据：正在到来的数据革命，以及它如何改变政府、商业与我们的生活. 桂林：广西师范大学出版社，2015：109.
③ 车浩. 谁应为互联网时代的中立行为买单. 中国法律评论，2015：50.

述二者之间寻找平衡，侵权责任法的功能体系也需要通过重构来达到这种目的。

法律在追求正义的同时，不可忽略了制度功能下形成了什么样的社会秩序。大数据时代对侵权责任法补偿功能的再一次强调和对其预防功能的呼唤可以说在制度设计上秉持了"以人为本"的理念，但科技的发展和进步却不能被忽略。侵权法制度除了为人类提供安全的生存秩序外，还应当为科技的发展创造良好的秩序。二者兼顾的秩序才可能是正义的。面对科技的发展，我们既要其带来的生活上的便利，又要减少其给个人信息安全带来的威胁；但同时我们也需明白，享受便利的同时也需要付出一定的代价。这代价于未来也许就是越来越少甚至可能会最终消亡的个人隐私。总的来说，我们不应以法律的手段抑制科技的进步，同样也不能因科技的肆意发展使个人的隐私权等权利频繁遭受侵害。

第二章　大数据时代对侵权责任法相关理论的新认知

大数据时代的侵权法基本功能形成了新的体系、互动关系和价值基础，这种改变不仅仅在于其基本功能体系的内部，更大的改变来自由于基本功能的重新定位所导致的涉及侵权行为、因果关系、损害的地位、侵权法的本质等制度、概念甚至侵权法建构的理念等方面的诸多改变，这些诸多改变为法学研究提出了新的研究命题。

一、侵权行为的界定

（一）大数据时代侵权行为的分类

大数据时代，因为侵权行为主体的特质不同，侵权行为可以分为直接侵权行为与间接侵权行为，或者称为一般侵权行为与帮助侵权行为。套用传统侵权行为的分类，前者可称之为自己的加害行为，后者可称之为准侵权行为。自己的加害行为即狭义的侵权行为，是指加害人因过错侵害他人人身权、财产权以及法律保护的利益的行为。准侵权行为是指行

为人对自己的动物和物件或者他人的加害行为与加害举动承担责任的"侵权行为"①。遵循传统侵权行为的二分法，大数据侵权中的自己加害行为即为直接侵权行为，是指网络用户或网络数据的掌控者直接使用大数据分析工具或者利用大数据平台实施致他人损害的行为。如，非法收集、披露他人个人信息，利用网络平台公开他人隐私信息，未经许可在网络平台公开、利用他人肖像，发表攻击、侮辱、诽谤他人的文章，大量发送垃圾邮件，擅自将他人作品进行数字化传输、侵犯数据库，恶意抢注与他人商标相同或相类似的域名，在网站上使用他人商标，窃取他人网络银行账户中的资金，窃取他人网络游戏装备、虚拟货币等虚拟财产。就个人信息侵权而言，权利人对信息首次传播与利用的同意和许可未必可以推导权利人默认信息可以被二次的传播与利用的结论，因此，借助互联网技术所形成的二次传播与利用是可能产生巨大经济价值和使个人权益受到巨大损失的主要形式。这种直接侵权行为的主体多为网络用户，但也不乏网络数据的运营商和掌控者。例如，谷歌一类的大型科技公司通过多年积累掌握了大量的数据样本，形成了庞大的数据库，作为公司雇佣人员的大数据从业人员借助工作的便利，通过大数据分析工具和接触大数据样本之便可作出加害行为致他人损害。

大数据侵权的准侵权行为即为间接侵权行为，一般表现为数据收集者或实际控制者由于没有尽到安全管理数据的义务致人损害的行为。尽管其未直接实施加害行为，但疏于管理的行为为侵权人提供了机会和帮助，这种情况下若免除数据收集者及实际控制者的侵权责任，仅由实际加害人承担责任，一方面不利于损害的有效填补，另一方面也会产生不公平的结果。原因在于数据收集者或控制者对数据具有强大的控制能力，是最有可能采取有效的措施防止大数据侵权损害发生的行为主体，且与致人损害之"物"——数据，具有巨大的利益关系。因此，应当将数据收集者或实际控制者确立为责任主体，使其与实际加害人共同就该损害承担侵权责任，这可进一步促进其对数据的管理注意义务。

另外，基于人工智能的发展，通过数据的"喂取"，即"机器学习"

---

① 张新宝. 侵权责任构成要件研究. 北京：法律出版社，2007：21-22.

所自动导致的大数据侵权是否应当认定为准侵权行为不无疑问。机器的所有权人、实际控制人等是否应当被确立为责任承担主体，以及是否应当比照动物侵权的侵权类型建构相应制度规则，都将存在巨大的讨论空间。欧盟议会法律事务委员会甚至于 2017 年年初通过了一份决议，呼吁出台 AI 法律规则，并考虑赋予机器人"法律人格"地位。

（二）大数据时代界定侵权行为的要素

一直以来，在前大数据时代的视角下，"即使是法律科学发展到今天，人们对侵权行为的界定也没有定论。经典的研究方法是从过错、不法性和损害三个方面着手，探讨侵权行为的本质属性。"[①] 传统上法国法和德国法均以对损害承担责任来定义侵权行为。侵权行为在法国法中应当译为"不法行为"，根据《法国民法典》第 1382 条、第 1384 条对于一般侵权条款的规定，自己侵权行为是指因自己的过错致使他人受有损害并因此承担赔偿责任的行为。德国法在对侵权行为的定义中表明了其不法性以及行为所侵害的权利和利益客体，"侵权行为"一词在德国法中应当译为"不许行为"。在日本民法中也使用"不法行为"的汉字进行表示。[②] 可见，在定义侵权行为时都包含了对过错、损害以及违法性等要素的考量。史尚宽先生认为，侵权行为是指因故意或过失不法侵害他人之权利或故意以悖于善良风俗的方法，加害于他人的行为，是侵害他人权利或者利益的违法行为。[③] 然而恰当定义侵权行为的难点在于如何恰当表达过错、损害、违法性以及受侵害之权益客体等要素所占的比重，正如学者所言："如果我们在侵权行为的含义中强调主观过错，无过错行为即构不成侵权行为，如果我们在侵权行为的概念中强调客观损害，未造成实际损害的行为即构不成侵权行为，那么对即发侵权、名义侵权等不法行为又应如何规制？如果我们在侵权行为的表述中强调行为的违法性，那么合法行为致人损害应该如何解释？如果我们在侵权行为的表述中不强调侵害绝对权，那么侵权行为与违约行为又该如何区别？"[④] 于大数据时代新的基本功能体系

① 张新宝主编. 互联网上的侵权问题研究. 北京：中国人民大学出版社，2003：22.

② 尹志强. 侵权行为概念分析. 比较法研究，2005（4）：49.

③ 史尚宽. 债法总论. 北京：中国政法大学出版社，2000：105.

④ 田土城. 侵权行为的一般条款研究. 河南省政法管理干部学院学报，2006（2）：66.

的定位下该疑问可以被重新提问，表述为："如果我们在侵权行为的含义中过多地强调主观过错，那么预防性责任下的加害行为该如何定义？如果我们在侵权行为的概念中强调客观损害，未造成实际损害的行为即构不成侵权行为，那么对预防责任下的即发性侵权行为等行为又应如何规制？"

预防性责任制度的根本立法意旨在于预防损害的发生，因此界定侵权行为的关键要素之一即为不应当再有损害，对无损害即无侵权的侵权行为构成理论应当作恰当修正。同时，由于并不产生损害赔偿责任，侵权责任的承担形式相对较轻，并不需要过错要素的考量，即便行为人没有过错，权利人亦可请求删除其于存储器中存储的数据及信息。因此界定侵权行为的关键要素之一即为不应当再有过错。另外，大数据时代很多情况下存储于存储器的数据及信息都是通过合法手段采集，事先取得了权利人的同意和认可的，因此，违法性亦不再是界定侵权行为的要素之一。除因果关系外，传统侵权责任构成要件的大部分内容基本被抽空。不得不承认，对侵权行为的定义依旧是一如既往地困难。或者并不需要一个统一的侵权行为概念，多年以来并无统一的概念，但侵权制度依然运行良好。至少应当承认的是，于预防性责任的构成要件方面：第一，于主观过错的强调上，可以将过错排除在预防责任下的加害行为的考量因素之外，因为一味地强调过错因素会导致某些情况下预防责任无法构成，而致使预防再度失灵。第二，于客观方面无须再对违法性进行认定，因为那会大大限缩预防功能的管辖范围，对拥有合法性来源的数据所可能导致的损害丧失预防功能。第三，预防性责任也不需损害作为其责任的构成要件，因为那样将与预防性责任制度的制度功能不相符。

二、损害及其在责任构成中的作用

（一）大数据侵权所致之损害

有学者指出，比较法研究表明，几乎没有一个早期的欧洲国家的民法典对损害作出过精确的定义。"损害"应当始终是一个需要在个案中加以具体化的概念。如果能够在一般意义上适用这一概念，它则仅仅指那些不

使人遭受它已经成为义务内容的不利后果。① 尽管《奥地利民法典》和1991年荷兰民法典对损害作出过一般意义上的定义②，但一般意义上的概念的适用仍然需要根据个案的具体情况加以认定。大数据侵权究竟导致了哪些积极性损害、所失利益以及精神性的损害③，需要于具体案件当中通过侵权行为侵害的具体权利和利益加以判断。一般情况下，典型常见的损害可大致归为以下几种情况。

第一，加害人通过大数据分析工具对个人数据加以分析整理，所得出之个人信息具有明确的标识性，导致他人隐私权受到损害。这种情况下，传统意义上隐私权遭受侵害所导致之损害皆应获得相应赔偿。

第二，通过大数据分析所得出极具标识性的个人信息存在部分不实，泄露后导致他人名誉权受损。此种情况下，传统意义上名誉权遭受侵害所导致之损害皆应获得相应赔偿。

第三，电商经过大数据技术的分析，对目标客户进行定点广告投放的行为有助于商业的发展，但该行为若超过一定限度，将对个人造成骚扰，由此个人的"安宁权"可能受到损害。

第四，大数据时代数据保存的特性，使个人数据和信息一旦上传计算机和网络就面临永久性保存的局面，基于数字化数据和信息复制存储的成本极低的事实，删除动作对于保护个人信息来说可能无济于事，无论何时何地一段陈年往事仍然可能随时面临被揭露的风险。由此欧洲发展出了"被遗忘权"的概念。④ 由于之前上传至计算机和网络的数据和信息经过权利人的主观同意，因此并不会引起隐私权等权利的损害。被遗忘的权利仅在预防数据和信息被再一次加工整理后致他人损害方面具有相应的制度功能，而被遗忘权本身遭受侵害不具备侵权法上的可救济性，不应当被认

---

① 冯·巴尔. 欧洲比较侵权行为法：下卷. 焦美华，译. 张新宝，校. 北京：法律出版社，2002：3.

② 张新宝. 侵权责任构成要件研究. 北京：法律出版社，2007：119 - 120.

③ 将损害具体分为积极损害、琐事利益以及精神性损害三项的做法具体参见吉村良一. 日本侵权行为法. 4版. 张挺，译. 文元春，校. 北京：中国人民大学出版社，2013：109。

④ 关于"被遗忘权"制度将于本书第六章加以具体分析和讨论，本书认为"被遗忘权"制度的根本立法目的在于实现预防损害的功能，因此放入"大数据时代侵权法预防功能下的制度安排"一章。

定为损害。

第五，于个案中若可证明大数据加害行为直接导致了纯粹经济上的损失，亦可认定为损害。

第六，通过擅自数字化传输他人作品侵犯他人著作权，以及通过在网站上使用他人商标，恶意抢注与他人商标相同或相类似的域名等侵犯他人商标权所致他人损害。

第七，通过网络侵害他人的财产利益，如窃取他人网络银行账户中的资金，窃取他人网络游戏装备、虚拟货币等网络虚拟财产导致他人财产损害。

诸种侵权行为所致损害实际上可以分为两种：一种是相对于原来状态而言不圆满的状态，另一种是相对于预期状态而言不圆满的状态。无论哪一种皆因网络侵权的特殊性决定损害多寡、损害有无的难以确定性。网络侵权行为所针对的多为受害人的非物质形态的权益，导致的损害多为受害人的精神损害；网络传播没有时间和空间的限制，网络用户都可以访问载有侵权内容的网站，并可以随意删节、添加、改动，并以电子邮件或其他超链接方式广为传播；其他网络也可以轻易地为带有侵权内容的网页设置链接，致使侵权内容迅速扩展。① 侵权内容在怎样的范围内传播、波及的人数有多少均无法通过量化的手段加以确认，这致使网络侵权所致的损害无法计算、无法确定，甚至是否有损害都难以查知。

（二）损害对侵权责任成立的意义

尽管关于德国法上的四要件理论和法国法上的三要件理论的争论一直不曾停歇，但究其根源，并没有本质上的不同。四要件还是三要件，只是技术上的处理不同而已，是德国法和法国法对过错概念和过错标准②、损害等概念的理解不同所造成的。然而尽管概念不同，四要件理论和三要件理论，都首先要对损害的结果进行是否具有"可赔偿性"的价值评价。侵权法的补偿功能将没有产生损害的加害行为排除在了侵权行为的范畴之

---

① 张新宝，任鸿雁. 互联网上的侵权责任：《侵权责任法》第36条解读. 北京：中国人民大学学报. 2010（4）：18.

② 张新宝教授、姚辉教授观点，参见杨立新，张新宝，姚辉. 侵权法三人谈. 北京：法律出版社，2007：99－103。

外。损害的德文是 Schaden，英文是 Damage，其词源是拉丁文"*Dam-num*"，各国侵权法均将损害作为构成侵权责任的一般构成要件。我国深受大陆法系传统的影响，一直以来损害在侵权责任的构成要件理论当中扮演着重要角色。从出版于 1958 年的《中华人民共和国民法基本问题》开始，我国通说理论就将损害作为四大构成要件之首①，尽管在接下来的发展中通说将违法行为这一要件置于损害事实之前②，但损害仍不失为侵权责任的重要条件。③ 侵权责任构成要件理论是一种递进式的思维模式。在这一思维模式当中，损害概念具有天然的优位性，应当是被首要考察的要件。申言之，只有当有损害发生时，才会有侵权法介入调整的必要和可能。如果没有损害的发生，都根本就没有必要去考察是否发生了以及发生了何种加害行为，更没有必要去判断该行为的违法性及与损害之间的因果关系。台湾学者陈忠五教授也认为："从民事责任法历史发展角度而言，'损害'才是侵权责任法第一要件……从现代国家之功能与职务之角度而言，损害之发生乃是一种对公共秩序之妨碍，国家应先重视损害既已发生之事实，寻求解决对策，再去追究损害发生之原因究竟是因故意行为、过失行为或纯属不可抗力之意外而起"④。甚至在法国法上，由于侵权行为是侵权责任的构成自然得解，它既没有表明侵权行为的不法性质又没有包含行为所侵害的客体等侵权的基本要素，还排除了没有造成损害的加害行为。换句话说，在法国法上，其理论的核心亦是损害而非侵权。⑤ 因此在逻辑关系上，损害才是侵权责任的起点。姚辉教授也认为："侵权法乃是始于损害，又终于损害，在损害这里达致一个圆满。"⑥ 一言以蔽之，无损害则无救济。

---

① 中央政法干校民法教研室编著．中华人民共和国民法基本问题．北京：法律出版社，1958：324-338//杨立新．侵权责任法．北京：法律出版社，2010：68.

② 杨立新．侵权责任法．北京：法律出版社，2010：68.

③ 杨立新．侵权责任法．北京：法律出版社，2010：68-91. 张新宝教授也将"自己的加害行为与准侵权行为"的要件置于"损害"之前，参见张新宝．侵权责任构成要件研究．北京：法律出版社，2007.

④ 陈忠五．法国侵权责任法上损害之概念．台大法学论丛，30（4）.

⑤ 孙玉红．侵权法功能研究．北京：法律出版社，2010：177.

⑥ 姚辉教授语见杨立新，张新宝，姚辉．侵权法三人谈．北京：法律出版社，2007：105.

当然，即使是责任构成的一般要件，在某些具体案件中也可能被"简化"，甚至被另一个要件所替代。比如，行为自身可诉的案件。在侵害名誉权的案件中，只要受害人一方证明了加害行为及其过错，法官即可以认定存在"名义上的损害"，进而判决"名义上的赔偿"。这一名义上的损害是无须证明的，可以说，对加害行为和过错的证明替代了对损害的证明。此外法律上的和裁判上的对某些案件中部分要件之存在的推定、举证责任的倒置，也或多或少省略了对这些要件的证明。① 但这并未推翻前文所述之损害在侵权责任构成要件理论当中居于第一要件的重要地位，而是表明，损害可以以一种隐蔽的形式存在于侵权责任的认定当中，是更加强调对合法权益的保护所致，也从另一方面印证了对损害进行判断的重要性。损害的优位性表明，侵权法是损害赔偿法，侵权责任是损害赔偿责任。这充分契合了补偿功能在侵权法基本功能体系中的基础性地位的内在要求。侵权责任构成要件中对损害的首要判断决定了完全赔偿原则的至高地位，也决定了对惩罚功能的绝对排斥。

在传统上，补偿功能的定位决定了损害于侵权责任构成要件当中的优位性，也决定了侵权责任本质上是损害赔偿责任。如前文所引，德国学者认为："对赔偿理念的阐述并非在于传达任何对于归责基础的洞见，而仅在于澄清当满足侵权责任的构成要件时侵权法应具有什么样的功能。"② 而进入大数据时代以后，如同前述，大数据侵权招致损害具有难以计算、难以确定，且难以证明的特性；如果仍以损害作为侵权责任首要的构成要件，将使很多侵权行为排除在侵权责任法规制的范围之外。不仅此，大数据时代除补偿功能外，由于惩罚功能和预防功能的地位或被确认或进一步得到加强，损害在判断责任成立的优位性中受到了挑战。惩罚性责任制度的根本立法意旨在于惩罚而不在于对实际损害的填补；预防性责任制度的立法意旨在于在损害发生前就对侵权行为加以遏制，从而达到预防损害发生的效果。因此，损害的概念在惩罚性责任构成要件中不再具有优位性，损害的发生必然不能成为也不应当成为预防性责任的

---

① 张新宝. 侵权责任构成要件研究. 北京：法律出版社，2007：5.

② 海尔穆特·库齐奥. 传统视角下侵权法的预防功能. 张玉东，译//梁慧星主编. 民商法论丛. 北京：法律出版社，2014：54.

构成要件，《民法典》当中所规定的责任承担方式中排除妨害及消除危险等责任形式在大数据时代可以成为预防功能下责任制度构建的法律依据，预防性责任不具有损害填补的功能，无须以损害为前提。总之，大数据时代惩罚功能和预防功能的相对独立性决定了侵权责任法不再仅仅被定义为损害赔偿法，损害概念在惩罚功能及预防功能下制度的构成要件当中不再具有优位性，甚至不再是必需要件。侵权责任的本质不应当再仅仅限定在损害赔偿责任上，而是应当由损害赔偿责任、惩罚性责任和预防性责任共同构成。

当然，也有一派学者主张对"损害"的概念进行扩张，将"风险"的概念也一并纳入其中。比如有学者认为："在个人信息的侵权法保护路径下，损害的认定陷入困境。个人信息损害因具有无形性、潜伏性、未知性、难以评估等特征，是否符合'确定性'标准存在疑问。为适应大数据时代的需求，应当对传统侵权法上的损害概念加以反思，承认风险性损害。损害的确定性不等于损害已发生，实质性的未来风险亦可满足确定性要求。信息暴露带来的风险升高、预防风险的支出和风险引发的焦虑是侵权造成利益差额的体现，皆可成立损害。个人信息风险损害的认定应以场景化为基本进路，于个案中综合考量信息的类型、处理行为的目的方式、信息误用的迹象等因素而作出判断。"[1] 孰对孰错，抑或哪一种方案更有利于制度安排，仍须进一步讨论。

三、侵权责任认定中的因果关系

因果关系不仅是法学上，更是哲学上的一个重要命题，是人类通过观察各种现象，试图通过总结规律从中洞察到的现象与现象之间的引起与被引起的一种稳定的关系。引起某一现象的现象叫作原因（cause），被某种现象所引起的现象叫作结果（result）。因果关系具有客观普遍性和多样性。[2] 一直以来，人类都想搞清楚世界种种现象之间的因果关系。于法学研究的视域

① 田野.风险作为损害：大数据时代侵权"损害"概念的革新.政治与法律，2021（10）.

② 李秀林，等主编.辩证唯物主义和历史唯物主义原理.北京：中国人民大学出版社，1982：155-159//张新宝.侵权责任构成要件研究.北京：法律出版社，2007：283.

下，法律上的因果关系是侵权责任重要的构成要件，侵权责任的成立需要对加害行为与损害结果之间是否存在引起与被引起的关系加以判断。因果关系天然的复杂性导致了在很多情况下证明的艰难。为了应对由此所引发的困难，满足侵权法功能的要求，侵权法对因果关系形成了既定的判断方法。第一，法律政策向事实因果关系的渗透。侵权法的补偿功能要求受害人的损害得到有效填补，侵权法的风险分配功能要求受害人不因其无法确实证明加害行为的存在而单独承担其遭受的损害，要求对受害人的损害进行合理的分配。因此，在共同危险行为侵权责任的判断上，加害行为主体不能确定时，出于对受害人利益的保护，并防止危险行为对社会造成过度的危害，统统将危险行为一并视作损害发生的原因。这显然不是单纯的哲学上的事实因果关系，而是掺杂了价值判断后作出的立法抉择。[1] 第二，因果关系推定规则的适用。产品责任、环境侵权、医疗事故责任、证券侵权责任等[2]侵权责任类型，适用因果关系推定的规则。因果关系推定本是证据法上的规则，在上述之侵权责任类型下，为减轻或免除受害人在因果关系证明上因举证不力所可能导致的败诉风险，而由行为人承担举证责任。法院首先推定加害行为与损害之间具有因果关系，再由行为人反证其行为与损害之间不存在因果关系。"盖然性因果关系、疫学因果关系说和间接反证因果关系说实质上都是一种推定因果关系。其基本要点就是保护弱者，在受害人处于弱势，没有办法完全证明因果关系要件的时候，只要受害人举证证明到一定程度，就推定行为与损害之间存在因果关系，然后由被告负责举证，证明自己行为与损害之间没有因果关系。"[3] 由此亦可见，在侵权责任的成立上并不追求绝对的事实上的真实，而仅作法律上的判断。通过对因果关系举证责任的倒置，增加了损害填补的概率，补偿功能的实现效果得以增强。行为人也会继而更加关注自身的行为，预防损害的再次发生。第三，在侵权法上，事实上因果关系的确定并不一定引起侵权损害赔偿责任的承担。侵权责任的成立还需从法律上对行为与损害之间的联系作出评价。法律上的原因才是规范意义上的原因，它不是事实逻辑

① 张新宝．侵权责任构成要件研究．北京：法律出版社，2007：323．

② 王利明．侵权行为法研究：上卷．北京：中国人民大学出版社，2004：433．

③ 杨立新．侵权法论．2版．北京：人民法院出版社，2004：179．

的自然产物，而是结合了人类精神的智慧产物。① 尽管判断的方式学说众多，包括英美法上的直接结果说、可预见性理论，德国法上的相当因果关系说、法规目的说，以及日本法上的义务射程说，等等，但归根结底，其关注的重点并不是单纯的事实上的引起与被引起的关系，而是对哪些原因要在结果的发生上承担责任做出价值上的判断。换句话说，并不是所有事实上的因果关系都受到法律的保护。法律上的因果关系为对损害发生原因的追溯划定范围。尽管补偿功能的实现得到了弱化，但这一方面将大大超出行为人预期的损害结果排除在可责难的范围，保护了行动自由，另一方面也符合道德价值的判断。

前大数据时代对事实上的因果关系的探求尚属不易，大数据时代，基于信息在生成模式、存储模式、传播模式以及利用模式方面的复杂性，想要探究原因与结果之间的引起与被引起的关系更加困难。大数据本身就具有极其强大的预测能力，其来源不是能够给出确定的因果关系判断，而是通过对大量数据的分析从各个侧面去印证原因和结果之间存在关系的高度可能性，换句话说，大数据本身的价值就在于其对因果关系的抛弃和对相关关系的证明。深圳曾发生过一则网约车导致的骚扰案例。使用网络约车服务的乘客因不满意车主的服务给了差评，然后不久其手机就因在短时间内涌入了大量的验证码确认信息而最终瘫痪。该乘客后向网约车公司投诉，怀疑这是车主的报复行为，称是该车主以乘客的手机号码通过网络服务器在各种 B2C、B2B 及 C2C 网站注册了信息，才导致上述事件的发生。然而与乘客的怀疑形成鲜明对比的是车主对该事件坚决予以否认。事实上也并没有任何可靠的信息能够证明乘客的猜测。乘客所遭受之损害会因对因果关系的过度依赖而无法得到有效填补。但若在大数据侵权的责任认定上转而依靠相关关系理论，则可有效提高侵权责任成立的概率，有效实现侵权法的补偿功能。只要乘客能够充分证明其怀疑的合理性，而车主无法提供相应程度的反证，即可认定车主为责任主体。

也许仅以大数据分析得到的相关关系作为侵权损害赔偿责任的构成要件会受到质疑，认为它并没有体现事实上的因果关系，以此就认定行为人

---

① 张新宝．侵权责任构成要件研究．北京：法律出版社，2007：343.

的责任略显草率可能会导致司法上的不公。但民事责任的确立从来都不是追求客观事实的结果，即便是在因果关系认定上，并不需要达到刑事责任认定过程中那样严格的证明标准，只要原被告双方当中的一方对相关关系的可信度证明高于另一方即可。做到了相关关系的证明即可认定为存在法律上的因果关系。从相反方向来说，人类在对因果关系的判定上常常力所不及，人类的认知水平目前仍不能确信某些原因和结果之间是否具有事实上和法律上的因果关系，一味地强调因果关系的证明只会加重受害人的证明责任，不利于损害的有效填补。"与其说是大数据让我们重视相关胜于因果，不如说是机器学习和以结果为导向的研究思路让我们变成这样。"①

　　基于大数据时代的种种特点，现行的个人信息保护策略，诸如告知与许可、信息模糊化、信息匿名化等手段才都变得不可行。② 大数据的巨大社会和经济价值不再单纯来源于它的基本用途，而是更多源于它的二次利用。数据收集者无法告知信息权利人尚未可知的数据用途。只要没有得到许可，任何使用大数据技术分析个人信息的行为都需要再次征得个人的许可。不可否认，这是一项成本极高的任务。为了既实现损害填补的功能，又能有效保护科技的进步，将大数据的因素有效地纳入立法模式选择的考量当中，通过构建以信息二次传播与利用为核心的责任构成规则应当是制度建构的首选。

四、侵权责任法的本质

　　在传统上，补偿功能的定位除决定了损害在责任构成要件当中的优位性以及侵权责任的本质，还决定了侵权责任法作为损害赔偿法的本质，更加决定了侵权法是私法以及其与公法的严格界限。而到了大数据时代，首先在预防性责任制度下，预防性责任的构成并不需要损害的实际发生，这直接影响了损害在侵权责任构成要件体系当中的地位。如果预防性责任的

　　① 周涛．在路上·晃晃悠悠//维克托·迈克-舍恩伯格，肯尼思·库克耶．大数据时代：生活、工作与思维的大变革．盛杨燕，周涛，译．杭州：浙江人民出版社，2013：译者9.
　　② 侯富强．大数据时代个人信息保护问题与法律对策．西南民族大学学报（人文社会科学版），2015（6）：107.

构成以无损害发生为前提，那么责任承担的方式也就不再是损害赔偿责任，因为已经没有损害需要去填补，从而，侵权责任法也就不再仅仅被定义为损害赔偿法，侵权行为不再仅仅作为债的发生原因，这两个概念应当具有更加广阔的意义。其次，尽管惩罚功能被予以确立，但这并非将公法功能与私法功能混为一谈的结果，而是打破公法对惩罚的垄断，正确区分私法上的惩罚和公法上的惩罚的后果。有此安排并未使公法与私法之间，侵权责任法与刑法之间的界限变得模糊，而是可以通过恰当的制度设计妥善安排好惩罚性制度在各个部门法之间的分配与衔接。侵权责任法依然是民法及私法的一部分，其与刑法等公法的界限依旧清晰，并未因惩罚功能的确立而改变这一现状，公、私法划分所导致的部门法的体系将继续发挥其既有的体系效能。但这却改变了对侵权责任法仅仅是损害赔偿法的认识，除此之外，侵权责任法还应当是惩罚性质的法。以上甚至可以作为重新思考侵权责任编在我国《民法典》当中如何定位的起点，究竟采取何种观念去理解制度，才符合21世纪及大数据时代侵权法的定位要求。

五、侵权责任法功能体系下的责任形态

侵权责任法基本功能定位不仅仅对侵权责任构成要件理论产生决定性作用，对其他理论的建构也会产生重大影响。在侵权责任法的补偿功能下，从《民法典》第1188条等所确立之替代责任，到广泛存在与侵权法制度领域中的各种样态的连带赔偿责任、补充责任，其立法意旨在于使损害得到尽可能、最有效的填补。公平责任是独立于过错责任原则和无过错责任原则之外的责任类型。关于公平责任的适用类型世界范围内大体有三种类型，分为特殊侵权类型、减轻赔偿责任类型和损失分担的一般规则。我国所确立的公平责任的适用类型目前仅有《民法典》第1188条第1款所确立的第一种类型。原《侵权责任法》第24条和《民法通则》第132条所确立的第三种类型规定了作为损失分担一般规则的公平责任，其具有不同于其他国家或地区侵权法上公平责任的特征，是可以独立适用的补充

性损失分担规则。① 但该一般规则已经随着《民法典》第 1186 条的修改而不复存在。虽然《民法典》第 1186 条已不具备作为一种损失分担规则而独立适用的可能，公平责任的适用必须"依照法律的规定"，但行为人依然要在某些特殊情形下，在能够证明其不具有过错的前提下承担一定的责任。这是侵权法损失分担的功能使然，是在考虑损害事实以及行为人与受害人双方经济状况的前提下作出的制度选择。因此公平责任的适用应当满足较为严格的条件。

大数据时代，侵权行为本身的特殊性决定了侵权所致损害的不确定性，以及难以计算、难以证明等特性，替代责任、补充责任、连带责任等补偿功能下的责任形态难以实现对侵权行为的司法救济。这使我们不得不以其他路径思考对受害人的司法救济。《民法典》第 1182 条规定："侵害他人人身权益造成财产损失的，按照被侵权人因此受到的损失或者侵权人因此获得的利益赔偿；被侵权人因此受到的损失以及侵权人因此获得的利益难以确定，被侵权人和侵权人就赔偿数额协商不一致，向人民法院提起诉讼的，由人民法院根据实际情况确定赔偿数额。"对于侵权人而言，因侵权而获得的利益，性质应当属于违法所得，是另一形态的不当得利，尽管侵权人的不当得利与受害人遭受的损害的对应关系，即人格权被动盈利的数额和填补权利人人格权损害以恢复原状的数额之间关系的合理性未经证实，但这也不失为一种有效的方法。这种责任形态尤其是在网络用户通过大数据实施侵权行为时，能够对网络服务提供者课以责任，促使其对侵权用户和侵权内容采取措施。依循这一思路，网络服务提供者侵权责任轻重的妥当标准在于剥夺其因侵权而获得的不当得利，即如果网络服务提供者未遵守法律规定而构成间接侵权，其承担的侵权赔偿金应以剥夺其因该侵权而获得的额外收益为准，而非以权利人所受的全部损害为准。有学者认为，如此一来，便可较为有效地督促网络服务提供者及时对用户侵权行为采取措施，同时避免网络服务提供者承担过重的赔偿责任。② 我们赞成以网络服务提供者所获利益承担赔偿责任，但对"避免网络服务提供者承

---

① 关于这三种类型化的区分，具体分析请参见曹险峰.论公平责任的适用——以对《侵权责任法》第 24 条的解释论研读为中心.法律科学，2012（2）：104－111。

② 徐伟.网络服务提供者侵权责任理论基础研究.长春：吉林大学，2013：118.

担过重的赔偿责任"提出质疑。因为该观点立论存在预设，即网络服务提供者所获不当得利数额要小于权利人所受损害。这个观点既是未经证实的，也是具有或然性的，即不当得利的数额不一定小于权利人所受的实际损害。如果网络服务提供者所获利益大于权利人所受损害，或者受害人尚未有明显的实质意义上的损害，避免网络服务提供者承担过重的赔偿责任的目的无法实现，由此将导致侵权责任的成立。另外，从该观点不难得出另一个结论性定论，即网络服务提供者所获利益只有在小于权利人所受损害时，这种侵权责任方具有正当性。实则不然，这种赔偿责任不应当以所获利益与所受损害有因果关系或对等关系为要件。而且，大数据时代，补偿功能尽管仍然是侵权责任法的核心功能，但补偿功能的单核心构成模式已经转变为以补偿功能、惩罚功能及预防功能为共同核心的多核心构成模式。详言之，补偿功能依旧应当保持其核心基础性功能的地位，对制度的建构依旧起着最根本的指导作用，侵权法制度依旧应当以实现损害的有效填补为最终的建构目的，但惩罚功能与预防功能均为侵权责任法的重要功能，三者各司其职，又相互配合、相互渗透、相互作用，侵权损害赔偿，不以填补权利人所受的损害为中心，也丝毫不会偏离侵权责任的宗旨。因此，当网络服务提供者所获利益远大于权利人所受损害时，恰恰是充分发挥侵权责任法预防功能与惩罚功能作用的时刻，可以有效地督促网络服务提供者及时对网络用户侵权行为采取措施，预防侵权波及范围的无限扩大，从而抑制侵权行为对权利人造成的损害。

在证明了该种赔偿责任的正当性之后，接下来需要研究的便是网络服务提供者所获利益的认知和判断。在此我们不妨以网络服务提供者的主要收益方式——广告收益——为例：加拿大著名传播学者麦克鲁汉，在20世纪60年代就明确指出，传媒所获得的最大经济回报来自"第二次售卖"，即将凝聚在传媒版面或时间段上的受众注意力出售给广告商。互联网注意力营利模式，既是对传统媒介营利模式的传承，又把这一营利模式发挥得淋漓尽致，推向巅峰。免费内容供给、免费网络应用软件工具供给，直接使用者是各类网民，其目的是吸引网民注意力。网民注意力的使

用价值是广告商的广告活动，其购买者当然是广告商。① 我国也有学者认为，许多网站设有用户"访问量"或"点击数"一类的技术信息，这些信息经常被用作衡量广告收费的标准，即网站访问量越大，在网站上登广告的费用就越高。现在我国很流行的所谓"网站排行榜"，也要参考网站的日用户访问等信息而定。当然，在网站排行榜上排名越靠前的网站，广告身价也就越高。② 最高人民法院公布 2011 年中国法院知识产权司法保护50 件典型案例之十三：庄则栋、佐佐木墩子与上海隐志网络科技有限公司侵害作品信息网络传播权纠纷上诉案（庄则栋、佐佐木墩子诉上海隐志网络科技有限公司侵害信息网络传播权纠纷案）③ 也揭示了网络服务提供者的盈利模式："网络用户上传资源的受关注度与网络服务商通过出售广告位谋取商业利润的大小密切相关，上传资源的点击率越高，广告主投放广告的积极性也就越高，网络服务商也可以因此获得较高利润。"可见，当网络用户侵权时网络服务提供者可以通过网络用户侵权的内容等吸引公众的注意力进而获得广告收入。从这个意义上说，网络用户实施侵权行为，网络服务提供者的现实收益会有所增加，增加的多寡与侵权内容获得多大范围的关注度有关，可以通过技术上的设计认定网络服务提供者所获得的利益。网络服务提供者的收益增加，未必一定导致权利人的现实收益受损失，或者网络服务提供者获得利益未必与权利人收益减少相一致，也恰恰是因为这一点，才更体现出大数据时代赔偿责任的特殊性。

---

① 网络服务提供者注意力营利模式的理论基础是注意力经济学。注意力经济学，最早见于美国加州大学学者理查德（Richard）在 1994 年发表一篇题为《注意力经济学》（The Economics of Attention）的文章。"注意力经济学"的概念，最早正式提出者是美国的迈克尔·戈德海伯（Michael H. Goldhaber），1997 年他在美国发表了一篇题为《注意力购买者》的文章。文章指出，当今社会是一个信息极大丰富甚至泛滥的社会，而互联网的出现，加快了这一进程，信息不仅不是稀缺资源，反而是过剩的。相对于过剩的信息，有一种资源是稀缺的，那就是人们的注意力。著名的诺贝尔奖获得者赫伯特·西蒙在对当今经济发展趋势进行预测时也指出："随着信息的发展，有价值的不是信息，而是注意力。"这一观点被 IT 业和管理界形象地描述为"注意力经济学"。覃进，向芳. 网络媒体营利模式研究. 新闻前哨，2010（1）：77.

② 薛虹. 网络时代的知识产权法. 北京：法律出版社，2000：216.

③ 上海市第一中级人民法院（2011）沪一中民五（知）终字第 33 号。

第三章　大数据时代侵权责任的归责原则

在很大程度上，侵权法的理论就是侵权责任构成要件理论。在我国，侵权法的话题之一是围绕着一个相对较上位的概念展开的，即侵权法上的构成要件理论"到底是侵权行为的构成要件，还是侵权责任的构成要件？"基于补偿功能在侵权法功能体系当中的基础性地位，侵权法责任事实上就是损害赔偿责任，侵权法的功能可以直接通过侵权责任的落实而实现。张新宝教授认为：其实，法律所关注的主要不是行为而是责任：加害人一方是否应当对受害人一方的损害承担责任。通过责任的构成要件理论实现责任的承担，达到填补受害人一方损害乃至一定程度上惩罚加害人的效果，此乃侵权责任法的目的之所在。如果我们能够就此目的达成共识，则无须绕道"侵权行为的构成要件"而直奔"侵权责任的构成要件"，也可避免无意中遗漏了赔偿义务人并没有实施加害行为（而是存在"准侵权行为"）的情况。于是乎，法律的名称不再是"侵权行为法"，而是"侵权责任法"、"契约外的责任法"或者"民事责任法"，等等。① 因此，我国理论

---

① 张新宝. 侵权责任构成要件研究. 北京：法律出版社，2007：3.

界将侵权责任的功能与侵权法的功能混为一谈①也就不足为奇了。作为一种思考侵权责任如何构成的思维工具②，侵权责任构成要件理论经由侵权责任的功能这一桥梁，就与侵权法的功能联系起来了。这构成了将侵权法的基本功能与侵权责任构成要件理论直接联系在一起加以讨论的理论前提。德国学者也认为："对赔偿理念的阐述并非在于传达任何对于归责基础的洞见，而仅在于澄清当满足侵权责任的构成要件时侵权法应具有什么样的功能。"③ 侵权责任的构成要件与侵权法的功能定位有着紧密的联系与互动，而构成要件的核心问题，或者关键问题是侵权人的主观因素，侵权责任能否成立首先取决于归责原则确立，或者说，构成要件的首要问题是归责原则问题，在这个意义上也可以说在侵权法中，归责原则是侵权法的核心问题，是侵权法的灵魂，侵权法的一切规则都建立在归责原则的基础之上。这就是我们为什么在探讨了大数据时代侵权责任法功能体系之后，研究大数据时代侵权责任归责原则的根本原因所在。

一、传统侵权责任法的归责原则与功能体系的互动

过错的认定在侵权责任构成要件理论当中占有重要地位。侵权法的逻辑起点是罗马法上的"所有人自负其责"（casum sentit dominus）原则。美国著名大法官霍姆斯也曾提出："我们法律的一般原则是，意外事件的损害，应停留在它发生的地方"。"良好的政策应让损失停留在其所发生之处，除非有特别干预的理由存在。"加害行为所致之损害之所以要从受害人处向加害人处转移，其"特别干预的理由"经由不同的历史时期皆有各自的特点。早期的罗马法要求加害人对其行为所致之损害负绝对责任。这对损害的填补和补偿功能的实现无疑是有利的。然而在这种立法模式下，人们必须高度关注自身的行为，负有极其严格的注意义务。行动自由一旦

---

① 胡雪梅．"过错"的死亡——中英侵权法宏观比较研究及思考．北京：中国政法大学出版社，2004：16.
② 具体论述见张新宝．侵权责任构成要件研究．北京：法律出版社，2007：1-2。
③ 海尔穆特·库齐奥．传统视角下侵权法的预防功能．张玉东，译//梁慧星主编．民商法论丛．北京：法律出版社，2014：54.

受到严格限制，创新性活动的发生概率必然大大降低，对经济的繁荣必将造成负面的影响。在工业时代到来之际，立法者很快注意到了这个问题。为了刺激经济繁荣，保护行动自由，过错责任原则取代绝对责任原则成为侵权责任的一般归责原则。但这不可避免地削弱了补偿功能的作用，致使大量损害不再从受害人处向加害人处转移。过错责任原则在道德和法理上获得正当性的基础，在于如何判断加害人对于自身的行为负有何种以及多大程度的注意义务。换句话说，就是如何判断加害人是否具有过错。在这一时期，过错是损害发生转移的特别理由。

过错归责原则形成以来，侵权责任构成要件当中关于过错的本质历来学说众多且争议不断。首先在法国法上，学界经历了一个从主观过错理论到客观过错理论再到折中过错理论的过程。在 20 世纪 60 年代之前，法国主流学界的通说采主观过错理论，认为过错是加害人主观上应当受到责难的意志状态。20 世纪 60 年代以后，法国学者逐渐摒弃了主观过错理论，转而采纳客观过错理论，认为过错仅仅是一种行为偏差，是行为在法律价值上获得的否定性判断。[①] 采折中过错理论的学者则认为法国民法典第 1382 条中的过错（faute）包含三方面的因素：（1）有形因素（行为）；（2）心理因素（意志）；（3）社会因素（行为的可责难性）。过错是这三个因素的组合。[②] 其次在德国法上，关于过错的性质存在两种主张，即主观过错说和客观过错说。源于耶林关于"客观的不法与主观的不法"的划分，以《德国民法典》为代表的大多数大陆法系国家和地区的民法典均采主观过错学说。主观过错说的核心是：过错是指行为人的主观方面，即过失或故意的心理状态，因而应当把过错与行为的不法性区别开来[③]，"过错与人相关，不法则是对行为的描述。"[④] 然而归根结底，正如美国学者沃伦·西维（Warren A. Seavey）在《哈佛法律评论》上的《过失：主观

---

① 张新宝. 侵权责任构成要件研究. 北京：法律出版社，2007：430.

② Jean Carbonnier, *Les Obligations*, Presses Universitaires De France, p. 405//张民安. 法国侵权责任根据研究//吴汉东主编. 私法研究：第 3 卷. 北京：中国政法大学出版社，2003：363 - 364.

③ 同①431.

④ 梅吉尔斯（Meijieres）语//王家福，等主编. 民法债权. 北京：法律出版社，1991：461.

的或客观的？》一文所指出的那样，完全客观的过失标准是不存在的。①
张新宝教授认为，主观过错说的理论应当承认过失的判断标准是客观的，
采用过错推定等技术方法认定过错也具有积极意义。对主观过错观点的有
些批判不应当忽略违法性这一专注于责任构成客观方面的要件。总的说
来，行为违法性是客观判断，而过错是针对行为人主观状况的判断，属于
完全不同的两个范畴的内容。②

　　时代的进步最终导致了社会风险的继续加剧，过错责任原则的前提
下，过错的判断越来越难，以至于后来在诸如环境污染致人损害类案件
中，基于证明标准很难确定加害人主观上具有过错，受害人再次面临损害
无法得到有效填补的局面。这还进一步刺激了加害人对自身注意义务的忽
视，导致损害不断发生，侵权法的补偿功能、遏制功能和预防功能都再一
次被弱化。汉德公式告诉我们，遏制行为发生的有效办法，一是提高损害
得到有效填补的概率（当然这种概率除了取决于立法上的制度规则外，也
取决于司法上规则的适用情况），二是增加赔偿的数额。基于完全损害赔
偿原则与得利禁止原则的要求，以及侵权法作为私法的本质属性，在补偿
功能的定位下只能采取前者作为制度修正的方法。③ 无过错责任原则正是
在这样一种情况下，为了修正过错责任原则在补偿功能方面的失灵状态，
而被确立为某些特殊侵权类型的归责原则的。由此，在侵权责任确立的过
程中，并不需要考虑加害人是否具有过错。这无疑再一次大大提高了加害
人承担侵权损害赔偿责任的概率。当然，对无过错责任原则下的侵权损害
赔偿数额一般应当有所限制。这样它一方面提高了损害得到填补的概率，
另一方面使加害人的负担被有效控制在一定的范围内，有效地平衡了行为
人对自己行为后果的预期以及他人安全之间的利益关系。同时，无过错责
任原则事实上并不是指加害人在做出行为的时候没有过错，而是指在归责
的时候不考虑其是否具有过错④，因此无过错责任原则所适用的某些特殊

　　① 张新宝. 侵权责任构成要件研究. 北京：法律出版社，2007：433.
　　② 同①437－438.
　　③ 惩罚功能定位下的惩罚性赔偿制度的构建于第五章再做讨论.
　　④ 曹险峰. 无过错责任原则指真实意蕴——兼论我国《侵权责任法》相关条文之原则性设
定. 烟台大学学报（哲学社会科学版），2009（4）.

侵权类型也并不排除过错归责原则的适用，只要受害人能够证明加害人在主观上存在过错，其受到的损害就应当得到完全填补，而不用受到无过错责任原则对于损害赔偿数额的限制。这样一来，补偿功能的运行效果得到有效恢复甚至加强，加害人对自身所负有的注意义务也会随之加强，甚至会采取更多的创新性措施来预防损害的发生。由此，经济发展所带来的负面后果不至于全部分配给某一类人群承担，而是更多地转移给了创新性危险活动的从业者，遏制加害行为的功能、预防损害的功能随之得到恢复和加强，社会各群体之间的利益平衡功能也有所体现。

二、大数据时代直接侵权的归责原则

"归责原则是责令侵权人承担责任的依据。在侵权责任法中，过错责任与无过错责任是两种不同的归责方式，前者是主观归责原则，一人的主观过错作为确定责任的根据，后者是客观归责原则，以人的主观过错以外的某种客观事实作为确定责任的根据，只要有特定损害事实存在，即要承担相应责任，法律特定规定的侵权行为适用此种原则。"[①] 在补偿功能语境下，大数据时代的直接侵权与间接侵权因侵权行为的作为与不作为，以及侵权行为主体的不同而分，归责原则当有不同。对于大数据直接侵权来说，过错仍将是认定侵权责任的构成要件之一，过错责任原则仍然是应坚守的归责原则，不应当采取无过错责任原则。就直接侵权的性质而言，与传统侵权行为并无本质区别，无过错责任原则适用的最终目的，是通过排除对过错的认定，采取更加严格的注意义务，强化侵权人的责任，促进加害人更加注意自己的行为。环境污染侵权是典型的适用无过错责任原则的侵权类型，通过适用无过错责任原则，督促企业进一步加大排污设备改进的投入与管理，防范环境污染的发生，这对于维护生态文明，促进人类进步都是大有裨益的。而大数据侵权类案件与侵犯隐私权、名誉权、个人信息权益等人格权，以及知识产权、财产权等传统侵权并无本质不同，有所不同的不过是在侵权的方式、手段上表现出的差别，不存在这种适用无过

---

① 吴汉东.论网络服务提供者的著作权侵权责任.中国法学，2011（2）：42.

错责任原则的前提。如果适用无过错责任原则，在侵权责任构成过程中排除对过错的认定，会束缚大数据科技从业者的手脚，加重他们的负担，不利于大数据时代科学技术的健康发展。在过错及过错程度的认定上，一方面，若侵权人主观上具有恶意，故意将他人个人数据和信息用于侵害他人合法权益，或明知他人买卖个人数据和信息用于非法活动依然为其提供，或故意违反保护个人数据和信息的法律致人损害的，都应当承担侵权责任。另一方面，无可否认大数据时代个人信息侵权事件多发背后的原因是基于大数据经济及其环境下盈利模式的刺激。很多时候，侵害个人信息只不过是追求更大经济价值前提下的副产品。但毕竟追求更大的经济价值可以刺激社会创新的产生。作为社会的一员，必须学会适应在现有科技发展带来的红利的同时，如何适当地忍受由此带来的对个人权利的限制的情况。这样做既保护了个人信息又有利于科技的发展，不至于使谷歌这样的大型网络科技创新企业过于束缚自己的手脚，使科技进步受阻。这也是在个人信息的安全与社会进步之间所作利益权衡的结果。法律不应当为大数据的流转与传播设置障碍，也不应当为大数据从业者设置过于严苛的注意义务，甚至可以说，数据的自由流通是大数据发展的根本保障，正是由于数据的自由传播和自由使用才促进了大数据技术的发展。技术的发展并不仅仅是技术本身迭代改良的结果，在大数据时代技术的发展本身就是数据不断累积的结果。法律甚至应当对各科技公司在彼此之间设置数据壁垒的行为予以纠正。因此，除在具有主观恶意的前提下以牟利为目的出售个人数据和信息，及由于过失导致数据及信息外流而造成损害又没有及时发现并尽力弥补后果，对于大数据从业者在数据和信息的保存方面出现的一般性差错不应当被认定为具有过失。

过错的认定具有道德否定性评价的功能，但面对日新月异的大数据技术，在认定过错的过程当中，如果将对过错的证明责任分配给受害人，让受害人在不具备任何专业技能的情况下去证明加害人的过错是极其困难的。因此，大数据侵权应当采取过错责任原则下的过错推定原则。在过错的证明上将举证责任配置给加害人一方，这样不但有利于减轻受害人的证明责任，实现损害的填补，更有助于借助庭审过程将整个个人数据及信息传播链暴露出来，增加行业的曝光度，更好地保护个人信息安全及人格利

益。同时，只要行为人能够证明在作出行为的过程中不存在过错，就无须承担侵权责任。这有助于为大数据产业的发展奠定制度的边界。补偿功能所能释放的理论容量在前大数据时代已经显现。如前所述，从归责原则的转变，到举证责任的倒置等，皆是为了加强对损害的填补。过错推定责任一方面通过过错的认定在道德方面对数据传播者加以非难，坚持了矫正正义对损害填补的要求，另一方面又通过排除数据传播者除故意以牟利为目的出售数据外的责任，鼓励数据的流通，以不至束缚了科技进步的脚步。

过错有故意与过失之分，有学者认为，"'故意'侵权违反的是不侵害他人合法权益的义务，'过失'侵权违反的是对他人合法权益应尽到的注意义务。"[1]在过错的判断标准方面，对故意的判断相对简单。明知侵权而为之以致损害为故意。对过失的判断相对复杂，有主观标准说和客观标准说之分。主观标准说认为："过错是一种心理状态，所以在司法实践中，对行为人过错的认定就是这种心理状态的再现性描述。"[2] 其核心在于行为人是否能够有效预见其自身行为的后果。客观标准说则不以行为人的预见能力为标准，而是通过在法律上拟制"理性人"（reasonable man/reasonable person）和"善良家父"（bonus pater familias）的方式，设立法律对行为的客观标准要求。客观标准说通过法律、行政法规及司法解释等法律规范性文件，以及行业规范等，确立了一套判断何为过失的统一标准，是为过失判断的一般客观标准[3]，辅以汉德公式，作经济学意义上的成本收益分析亦是过错判断的重要依据。

随着时代的变迁，学界对过失的判断标准大致经历了由主观标准到客观标准的过程，目前通说认为对过失的判断应当采客观标准说。在绝对责任原则遭到摒弃，过错责任原则初立的时代，因为归责原则的转变释放了大量的社会活力，尽管补偿功能的实现效果减弱，但随之而来的是经济发展的蒸蒸日上。随着工业时代的到来，社会高风险因素大规模增长，经济继续高速发展的同时，损害发生的频率急剧增长。以主观标准说为通说的过错判断标准下，加害人只要能够从自身出发证明加害行为发生时不具备

① 吴汉东.论网络服务提供者的著作侵权责任.中国法学，2011（2）：42.
② 王卫国.过错责任原则：第三次勃兴.北京：中国法制出版社，2002：258.
③ 张新宝.侵权责任构成要件研究.北京：法律出版社，2007：466-470.

过错就可以免责，由此导致大量的加害人无法被确认为责任主体，损害无法得到有效填补。为了因应这种新现象，过错的判断标准学说作了适当的修正。客观标准说能够降低判断何为过错的不确定性，对加害人主观方面的可责难性提供了客观判断标准，对损害于受害人和加害人之间的转移提供了明确的依据，亦为行为自由的边界划定了清晰的界限。客观标准说的确立，为高风险行业的从业群体确立了恰当统一的注意义务，加害人不可能再像以往那样轻易逃避承担侵权损害赔偿责任。"过失"判断标准进一步提高了加害人承担侵权责任的概率。由此，侵权法的补偿功能再一次得到加强。对于大数据直接侵权而言，侵权人的过失判断应当采用客观的判断标准，应当通过法律、行政法规及司法解释等法律规范性文件，以及行业规范等，确立一套判断何为过失的统一标准，以切实落实过错推定责任原则。

三、大数据时代间接侵权的归责原则

大数据视域下的侵权行为既有对财产权的侵害，又有对隐私权、名誉权、个人信息①等人格权及知识产权等权益的侵害。呈现出两大主要特色：第一，侵权主体的多元化。包括网络内容提供者及网络服务提供者，

---

① 虽然《民法典》第 111 条沿袭了《民法总则》第 111 条的规定，并未直接表达"个人信息权"的概念，但是之前学界关于该问题的争议并没有得到消除。一种观点认为，按照严格的文义解释，立法上并没有将"个人信息"规定为一种具体的权利；但同时有观点认为该条虽未使用"个人信息权"的概念，但因为其规定在第 110 条之后，仍然可将其解释为一种具体的人格权；还有一种观点认为其为一般人格权。在这几种学术观点的争论下，《民法典人格权编草案》亦曾在对个人信息的立法保护模式选择之间摇摆不定，虽然最终《民法典》并没有使用"个人信息权"的表达，但是作为一种大数据时代特有的表征信息享有者基于个人信息而享有的一系列权利、义务结合而成的"个人信息权"仍有解释的现实空间。2021 年 8 月 20 日，第十三届全国人民代表大会常务委员会第三十次会议通过的《中华人民共和国个人信息保护法》就是明证，该法第四章、第五章、第七章分别规定了个人在个人信息处理活动中的权利，个人信息处理者义务和违反个人信息保护的法律责任。上述权利、义务、法律责任的规范体系，结合在"个人信息权"处理方面带有一定守成风格的《民法典》中一般人格权项下的"个人信息"足以共同支撑起我国民法体系中的"个人信息"。鉴于我国学界对"个人信息权"的概念使用已久，且在实证法上我国已经具备"个人信息权"的骨骼和血肉。因此后文第五章的讨论采取"个人信息权"的表述方式。该立法模式之部分缺陷本书将在第六章当中予以讨论说明。

网络内容提供者指借助网络途径将信息传播给公众，并导致侵权的主体，既可能是网络运营商，也可能是网络用户。网络服务提供者指，"接入服务提供者和主机服务提供者。接入服务提供者，是为信息传播提供光缆、路由、交换机等基础设施，或为上网提供接入服务，也包括为网络用户提供电子邮件账号的主体。如网络公司、通信公司等。主机服务提供者，是为用户提供服务器空间；或为用户提供空间，供用户浏览他人上传的信息或自身发送信息，以及进行实时信息交换；或通过超文本链接等方法的搜索引擎，为用户提供在网络上搜查信息工具的主体。如电子布告版系统经营者、聊天室经营者等"①。除此之外，有权依照法律规定收集、利用公民个人信息的政府机关、公检法机关等滥用收集、掌握的信息，或者未采取妥善保护措施致使个人信息数据泄露的，均为侵权主体。第二，侵权行为的多样性。不仅包括作为的侵权行为，还包括不作为的侵权行为。作为的侵权行为如传统侵权行为：侵入侵扰，监听监视，窥视，非法搜集、刺探、搜查，干扰，披露、公开或宣扬等等。② 不同的侵权行为只是侵入的路径不同，窥视、披露等方式不同而已。最具特色的是掌控数据信息的网络服务运营商，乃至国家机关不作为的行为，诸如怠于采取保护措施，或者未积极采取补救措施而发生侵权后果。当然，网络运营商或者大数据掌控者可以以自己的积极作为侵害他人权利。网络用户，乃至网络运营商、大数据掌控者实施的作为的侵权行为被称为直接的侵权行为，网络运营商及大数据掌控者不作为的侵权行为被称为间接的侵权行为。两个主要特色实际上又可以凝结为最本质的一点，那就是网络服务提供者或者大数据掌控者不作为的间接侵权。在补偿功能语境下，这一本质特征，向我们提出了对网络服务提供者间接侵权责任归责原则应当如何进行立法选择的新命题。

（一）比较法上归责原则的考察

法律体系有外部体系和内部体系之分。前者由抽象概念按照形式逻辑组成法律规则体系；后者由规定功能的概念和原则组成法律原则或者价值

---

① 杜文钰. 大数据时代隐私权侵权构成要件的特殊性. 经法视点 商界论坛，2016（1）：225.

② 张新宝. 隐私权的法律保护. 北京：群众出版社，2004：356.

体系。在侵权法立法上，准确定位侵权责任归责原则是使法律内外体系及其相互间和谐一致的关键。唯有如此，侵权立法才能最终提供合理的裁判或行为规则。[①] 大数据视域下的侵权责任，最纠结的是对大数据运营者、掌控者侵权责任的认定。学界通说认为我国的"通知＋删除"制度来自美国《数字千年版权法案》（以下简称"DMCA 法案"）中的"避风港"条款。虽然有学者对"避风港"条款的运行规则有比较全面的研究和阐述，但学界并没有深入地揭示美国该条款运行规则的实质，特别是没有运用大陆法系的研究方法和范式对该条款的理论资源进行全面的比较研究，因此对于例如"通知＋删除"规则是归责还是免责等的争论流于表面，无法得出令人信服的结论。因此，我们将尝试对两大法系大数据侵权视域下归责原则进行全面梳理和有价值的比较，希望可以透过规则层面揭示规则之下的实质原因并重塑大数据运营者、掌控者侵权责任的归责原则，从而，为我国立法提出立法选择性建议。

1. 美国法上的归责原则

（1）无过错责任原则的否定。

在美国，1998 年制定的 DMCA 法案确立了"通知＋删除"的责任认定规则，该规则大意即"网络服务提供者使用信息定位工具。包括目录、索引、超文本链接、在线存储网站，如果由于其链接、存储的相关内容涉嫌侵权，在其能够证明自己并无恶意，并且接到通知后及时删除侵权链接或者内容的情况下，网络服务提供者不承担赔偿责任。"因"通知＋删除"规则使网络运营者或数据掌控者摆脱承担责任的风险，故该条款被称为"避风港"条款。DMCA 法案的"避风港"条款建立的大背景是审判实践中将网络服务提供者的责任等同于传统出版业，即负有全面审查义务，并且须因违反全面审查义务而承担替代责任。其中最典型的案例是 1993 年的 Playboy Enterprises Inc. v. George Frena 一案[②]，案情如下：被告是一个 BBS 网站，用户可以上传、下载和浏览 BBS 上的内容，原告发现该被告 BBS 上有未经授权使用的来自其 50 本杂志的 170 张照片。虽被告事后

---

① 卡尔·拉伦茨. 法学方法论. 陈爱娥，译. 台北：五南图书出版公司，1996：355-390.
② Playboy Enterprises Inc. v. George Frena，893 F. Supp. 1552.

将涉嫌侵权的照片删除，法院依然认定被告侵犯了原告的知识产权，且无论这种复制是否是被告所为。① 同时，从被告的抗辩角度来看，被告的抗辩主要集中在其行为是否构成合理使用等。可见，当时法院及网络服务提供者都未意识到网络服务提供的特殊性，而将其等同于传统出版行业，负有全面审查义务并须因此承担替代责任。此后的一段时期，大多数法院仍持这种观点。除此之外，美国信息基建工作组 IITF（Information Infrastructure Task Force）在 1995 年 9 月出台的白皮书中也曾探讨过 ISP 第三方责任："ISP 在性质上无异于电影发行者、图书销售商等商业组织，故其对网络服务信息负担主动审查义务乃应有之义。若因审查不严导致侵权发生或损害扩大，其承担侵权责任并无不妥。"② 让网络服务提供者承担与传统出版商一样的审查义务是否具有正当性呢？答案是否定的。首先，让网络服务提供者承担与传统出版商一样的审查义务忽视了 ISP 与传统出版商不同的技术特质。从技术的角度，网络服务提供者很难对经由自己提供服务的用户所发布的内容进行逐一的审查。网络服务提供者毕竟不同于传统媒体的发行者，要求网络服务提供商对海量信息进行事先审查是极不现实的，要求对上传到互联网上的信息内容进行事先审查也是与互联网的速度与便捷的目的相悖的。③ 其次，从产业发展角度而言，主动审查职责将额外加大 ISP 工作负担，使其无暇对产业升级和转型投入应有的关注，长远看并不利于互联网战略的推广。再次，在法律层面，ISP 审查职责存在界限不清等问题，现实中可能侵害公众……信息获取自由，这与宪法所保护的……公众知情相背离。最后，从道德角度而言，本属"营利者"的 ISP 在主动审查职责的督促下又担当起"裁判者"的角色，因而利益诱惑所引发道德风险的概率将大幅提升。美国芝加哥大学法学院教授里奇曼认为："法律不能因为该技术被偶尔的滥用而谴责整个技术。版权法应该对此加以平衡，它应该促进技术进步而不是限制技术，应该惩罚故意

---

① Jay Diratiler，Jr.，Intellectual Property Law：Commercial，Creative and Industrial Property Section 6.01 ［3］，at 6 - 15（1991）.

② H. R. Conf. Rep. No. 105 - 796，pp. 116，117（1998）.

③ 张新宝. 互联网上的侵权责任《侵权责任法》第 36 条解读. 中国人民大学学报，2010（4）：21.

侵权的人而同时不损害对新技术发展的激励；简单地讲，法院挥舞的应该是手术刀而不是斧头。"① 在网络服务中，如果将缓存也理解为侵权将是反技术进步的。因为缓存是传输的技术途径，而信息高速公路的建设也是传输的技术途径并且为缓存的进行提供了技术通道，如果认为缓存是侵权的，那么信息高速公路的建设也应当是侵权的，这显然是不符合常识，也不符合技术进步能提高社会发展水平及人类福祉的基本共识。最终，国会在游说者和经济政策的重压下做出让步，通过制定在线版权侵权责任限制法（On-Line Copyright Infringement Liability Limitation Act，简称OCILLA）排除了 ISP 的责任顾虑，以体现网络产业的效益与质量。在此立法背景下，DMCA 法案法明确免除 ISP 主动审查义务——§512（m）规定：ISP 对其传输或储存的信息不负有监督义务或者主动审查侵权事实的义务。②

（2）过错推定原则与过错原则的协调适用。

通说认为"避风港"条款仅为免责条款，因此并没有规定网络服务提供者在第三人侵权时的归责原则是什么。但有一点可以明确，"避风港"条款，排除了网络服务提供者或大数据掌控者的无过错责任。英美法学者主张为严格责任，但严格责任不同于无过错责任，因为严格责任"虽然严格（strict），但非绝对（absolute）"③。王利明教授认为，在严格责任下，并非表示加害人就其行为所生之损害，在任何情况下均应负责。各国立法例多承认加害人得提出特定抗辩或免责事由④，严格责任表面上不考虑加害人造成损害是出于故意或能否通过合理的注意而避免损害，就可以确定加害人的责任，实际上在这里采取了一种过错推定的办法，即从损害事实中推定加害人有过错，但允许加害人通过证明损害是由于受害人的过失、第三人的过失和自然原因构成的而减轻或免除其责任。所以，英美法学者也大都将严格责任和无过错责任（no-fault liability）严格区分开来。法国学者卡塔拉（Pierre Catala）通过比较法国侵权法和英美侵权法，认为严

---

① Lichtman vs. You Tube.［2014－03－20］. Lichtman-vs-youtube.

②④ 谢雪凯．网络服务提供者（ISP）第三方责任制度研究——以《侵权责任法》第 36 条为中心．重庆：西南政法大学，2012：15.

③ 王泽鉴．民法学说与判例研究．第 2 册．北京：中国政法大学出版社，1998：22.

格责任与法国法中的过错推定大体等同①，严格责任和过错推定就责任的不成立条件基本上是一样的。此种观点不无道理。英美法的严格责任实际上是介于无过失责任和过错责任之间的一种归责形态。然而，从法律责任性质上说，严格责任保持了法律责任的惩罚、教育的功能，同时也能及时弥补受害人的损失。而无过失责任已淡化了惩罚和教育的功能，它和传统的法律责任在性质上已截然不同。所以，应将严格责任和无过错责任在理论上和实践上作出区别。② 我国也有学者认为，并不是为了规定网络运营商是否应当为其违反（或符合）责任限制条件而承担侵权责任。相反，只有在运营商的行为根据现行法律已经构成侵权的情况下，责任限制才会起作用。③ 为了论述方便以及学术术语的衔接，下文将严格责任替换为过错推定责任。在美国，原则上适用过错推定原则，为了防止"避风港"条款的弊端，因此又以过错原则作为补充。

过错推定原则强化了侵权责任的补偿功能及预防功能。但是，侵权行为的多样性决定了绝对地适用过错推定原则，可能会产生弊端。因此，在过错推定原则之外，为了防止"避风港"一揽子地免除网络服务提供者的责任，美国版权法又增加了过错责任作为补充。在"避风港"内部和外部除了"知道"和"引诱"侵权，分别规制了在网络服务提供者控制和注意范围内的侵权以及网络服务提供者有意诱使网络用户侵犯知识产权的情形。美国版权法第 512 条（c）（1）（A）中规定的网络服务提供者的免责条件有三：其一，并不明知系统或网络中有关内容或使用该内容的行为构成侵权；其二，不明知网络内容侵权的，对明显侵权的事实或情况也未加注意④；其三，在明知或注意以后，网络服务提供者对有关内容，迅速删除侵权的内容或使之不能被访问。根据美国参议院的报告，其中的第 2 条规定，网络服务提供者如果明知网络内容侵权而不采取任何行动，则可能

①　Pierre Catala，"Delict and Torts"，*Paralle*，*Tulane Law Review*，June 1963，p. 600.

②　王利明. 侵权行为法归责原则研究. 北京：中国政法大学出版社，2003：156 - 157.

③　刘家瑞. 论我国网络服务商的避风港规则. 知识产权，2009：14//H. R. Conf. Rep. No. 105 -796，at 72（1998）.

④　原文是 "in the absence of such actual knowledge，is not aware of facts or circumstances from which infringing activity is apparent".

会承担侵权责任。① 但适用该条规定的前提是：网络服务提供者无须对其服务进行监控或者主动调查，就能够显而易见地确认侵权行为的存在。② 网络服务提供者对在其无须监控或调查，即可显而易见地确认侵权行为的存在，而未积极采取删除等防范侵权事实发生的行为，形同于"帮助侵权"，即便其确实不知，从而主观无过错，也推定其知道，并推定其有过错。此种情况下，推定过错责任原则的适用便是恰当的。随着网络技术的发展，尤其是 P2P 技术出现后，实务界又从帮助侵权规则中进一步分离出引诱侵权（Inducement Infringement）这一形态。2003 年 MGM Studios v. Grokster 案中，地方法院判决被告胜诉。当案件上诉后，第九巡回法院认为被告的 P2P 软件符合"实质性非侵权用途"标准，软件提供者并不实际知晓侵权行为，也无提供实质性帮助的行为，因此不符合帮助侵权的要件。同时，法院认为软件提供者没有监督或控制软件使用的权利，故也不符合替代责任之要件，因而维持原判。然而，该案上诉到联邦最高法院后，联邦最高法院则推翻一审二审判决，改而支持原告诉求，其理由是："以诱使版权侵权为目的而提供设备，并已通过清楚的表述或者采取其他确定的步骤促使侵权发生，ISP 应当就第三人导致的侵权行为承担责任，而不用考虑产品本身的合法用途。"显然，联邦最高法院将 ISP 主观过错的判断标准上升至产品生产意图和对消费者的思维导向层面，在此基础上认为 ISP 的行为符合引诱侵权的要件。至此，联邦最高法院在帮助侵权之外又创设了一项新的侵权形态——引诱侵权。与帮助侵权所不同的是，引诱侵权的主观态度必须是故意。③ 此种情况下适用过错责任原则，行为人没有过错便没有责任，以降低网络运营商的注意义务，以及承担责任的成本，保护行动自由，从而激励创新性活动的发生概率，刺激经济繁荣。

---

①② 美国国会第 105 - 190 号《参议院关于 1998 年千禧年数字版权法的报告》（Senate Report on The Digital Millennium Copyright Act of 1998，Report 105 - 190，105th Congress，2d Session.）

③ 谢雪凯. 网络服务提供者（ISP）第三方责任制度研究——以《侵权责任法》第 36 条为中心. 重庆：西南政法大学，2012：18 - 19.

（3）"避风港"条款对归责原则转换的作用与目的。

第一，"避风港"条款对归责原则的转换的作用。

"避风港作为免责条款的法律性质，不是对网络服务商版权责任的最终确定，而仅仅是网络服务商提供了新的抗辩理由。"① 一个构造既是免责又是抗辩在表面上是对立、矛盾的，因为免责是以承认构成侵权为前提，而抗辩是对侵权成立的否定。但一方面，"避风港"条款揭示了知识产权侵权的过错推定的责任构成，即一般情况下网络服务提供者的行为符合侵犯知识产权的过错推定责任，以承担责任为常态。另一方面，抗辩正是最终实现免责的途径。因此，免责和抗辩揭示了该构造在宏观层面与微观层面的效果，对该条款免责和抗辩在本质上不但不矛盾、对立，反而更加完整地诠释了该条款蕴含的全部功能，因此二者是可以和谐地结合在一起的。在实际操作的层面应该考虑微观层面，即并非履行了删除义务就免责了，删除义务的履行应当看作一种抗辩，意欲朝着免责的方向安排网络服务提供者的责任，而不应将法条的免责映射到"通知—删除"的作用上。因此，深入了解免责和抗辩的内涵和关系不但有利于理解侵权归责原则，而且还为避免受到免责条款理解错误的影响造成混淆，从而准确、深入理解抗辩打下了基础。由上文可知，免责条款适用的前提是过错推定的归责原则，而且免责条款的设计目的是通过抗辩以达到免责的目的。那么，在此基础上就可以进一步讨论抗辩的理由和如何实现免责的目的了。

技术型侵权即免责条款意义上的第三人侵权是一种特殊的知识产权侵权，虽然其实施了复制、传输等直接侵犯知识产权的行为，因此应该适用知识产权侵权的过错推定责任，但其本质上又与网络用户的侵犯知识产权的行为有所不同，其形式上构成侵犯知识产权实为技术特点所致。由于过错是经过行为推定出来的，而网络服务提供者的行为往往只有复制、传输等，网络服务提供者既不能通过复制、传输等行为来证明其没有过错，又缺乏其他可以进行评价的行为供其证明自己没有过错。因此，在过错推定

---

① 刘家瑞．论我国网络服务商的避风港规则——兼评"十一大唱片公司诉雅虎案"．知识产权，2009（2）：14．

的情况下如果不赋予网络服务提供者其他抗辩手段的话，那么网络服务提供者承担的责任仍将停留在与图书出版商相同的状态，如上文所述，这是明显不适当的。因此，法律就赋予了网络服务提供者根据免责条款提出抗辩的权利，网络服务提供者根据免责条款提出了抗辩以后，由上文可知抗辩并非对责任承担结果的直接确定，即不承担责任，而是使权利人仅仅提出存在第三人侵权这一事实对网络服务提供者侵权的证成不具有效力。德国法学家格拉查（Glaser）创立了举证责任概念包含的三层内容：其一，当事人对自己的主张有提供证据的责任；其二，当事人对所提出证据的证明责任；其三，当事实不清，无法证明时，当事人对其主张承担败诉危险的责任。[1]据此可知，此刻权利人有进一步对主张提出证据的责任并且对提出的证据证明的责任，否则，将承担败诉的风险。具体而言，权利人要提出网络服务提供者存在知道或者获利的情况。就此我们可以看出，权利人对网络服务提供者的证明责任在"避风港"的抗辩前后发生了显著变化，从仅证明第三人侵权的事实即可，到不仅要证明第三人侵权的事实，还要证明网络服务提供者知道或者获利。Ellison v. Robertson[2] 一案印证了这一判断。自然人原告埃里森（Ellison）是一个科幻小说家。自然人被告罗伯逊（Robertson）将原告的小说扫描变为电子版后上传到了一个P2P平台 USENET 上，网络服务提供者 AOL 从 1994 年开始至少从 41 个平行结点自动接收和传输群组信息，每周至少从这些结点接收 4.5 太字节的数据及 2400 万的信息，并将 Robertson 上传的信息在其服务器上保存了 14 天，并因此作为了侵权的另一被告。AOL 依据 DMCA 法案提出受"避风港"保护。在分析 AOL 是否有获利的时候，法院认为，"在不能证明网络服务提供者从在 USENET 服务上张贴侵权材料中获得直接金钱利益，也没有证据证明出售或者发布侵权材料是网络服务提供者的主要收入来源的情况下，网络服务提供者就不应承担责任"。这段话就清楚地表明了，网络服务提供者的过错推定原则被"避风港"条款还原为了过错原则，即由网络服务提供者证明无直接获利的责任转变为了要由通知人证明

---

① 马晓东. 知识产权诉讼中的举证责任问题. 知识产权，2001：38.

② Ellison v. Robertson，189 F. Supp. 2d 1051 C. D. Cal.（2002）.

其从侵权中直接获利或者侵权带来其相当部分的收入。因此，免责条款性质上是一种可能达到免责效果的抗辩，这种抗辩效果上会引发举证责任的反转，并最终引起归责原则的改变，即由过错推定原则变为一般过错原则。根据归责原则与举证责任的辩证关系：归责原则决定了举证责任的分配和内容，反过来举证责任的分配和内容也决定了归责原则，且举证责任是归责原则的组成部分。因此我们有必要根据举证责任的改变发现和确定归责原则的改变。根据上述分析我们可以看到，权利人从仅仅证明存在第三人侵权到既要证明存在第三人侵权又要证明网络服务提供者存在知道或者获利，根据对归责原则的划分，应该从过错推定责任落入了一般过错责任。虽然，上文已经谈到抗辩的合理性，由抗辩又一路论证了举证责任乃至归责原则的改变。抗辩的合理性是否会造成归责原则的改变所带来的权利人与网络服务提供者之间权利义务配置的不平衡呢？笔者认为是不会的。首先，从归责原则转换以后权利人需要进行证明的程度来看，较普通的一般侵权所要达到的证明程度要低。因为，权利人无须证明网络服务提供者具有过错，而只需要证明其知道、获利即可，从知道和获利到过错之间是有一个证明跨度的，尤其是获利到过错。因此，即便从过错推定原则转化为过错原则，但是在证明责任的分配来看，也是对权利人作了一定的倾斜。其次，虽然"通知—删除"为网络服务提供者提供了一个抗辩，但是"通知—删除"同样为权利人及时消除因第三人侵权造成的损害的扩大提供了更加快捷、有效的解决途径。因此，从后一个角度来讲，这种归责原则的转变产生了对无论是权利人还是网络服务提供者都有利的双赢局面。即鉴于版权人对于版权专业知识和自身作品的熟悉程度，"避风港"将发现和鉴别网络侵权行为的任务主要放在了版权人身上，而符合"避风港"的网络服务提供者在多数情况下并不需要主动审查侵权。同时，由于网络服务提供者与网络用户之间的服务关系，网络服务提供者往往能够通过删除相关网页或终止网络用户账号等方式，有效制止侵权行为的继续。所以，"避风港"要求网络服务提供者在知悉侵权行为的时候，必须承担及时制止侵权的责任。"避风港"规则极大地促进了版权人和网络服务提供者

在维护版权方面的合作，体现了两者在网络产业发展方面的共同利益。[①] 最后，归责原则的转换可以将直接侵权的网络用户与网络服务提供者区分开来。这种区分更加符合网络用户和网络服务提供者的侵权行为的性质。

第二，"避风港"条款对归责原则转换的目的。

技术中立是免责条款的立法核心，但技术中立只是一种立法上的认识结果，即网络服务提供者不对其传输的内容进行区别对待，因为网络就好像公路，并不区别也不关心任何驾驶员，其目的不是提供新闻或天气预报等特定信息或服务，而是将网络上的事物进行关联。[②] 因而版权法领域确立技术中立的初衷是在版权人的私权与社会公共利益之间确立理性平衡，从而使版权法在不同的技术环境下具有一致性和可预见性，立法者从而无须为印刷技术、模拟复制技术、数字复制技术、网络传播技术或数据库等制定特别法。[③] 故在技术中立思想的指引下，四种侵权模式被免责：（a）暂时的数字网络通信（Transitory Digital Network Communication）；（b）系统缓存（System Catching）；（c）用户控制在储存于系统或网络的信息；（d）信息定位服务（Information Location Tools）。但免责条款对归责原则转换具有或然性。因为"避风港"抗辩启动的前提是权利人的通知，而权利人的通知是权利人的权利并非义务，即权利人在查知存在侵权的时候可以选择通知也可以选择不通知。从立法来看立法者显然预设了权利人在自己权利遭到侵害的时候会通过通知来尽早地避免更大的损失。但三方面因素可能会使权利人偏离立法者的预设：其一，进入市场中流通的知识产权显然是有盈利目的的，因而往往以利益最大化为目标；其二，知识产权具有非损耗性而且知识产权是否可以盈利具有或然性，盈利的或然性表现在市场的激烈竞争中相当一大部分的知识产权作品由于各种原因没有得到市场的认可，无法从正规的渠道中获取收益；其三，网络服务提供

---

① 刘家瑞. 论我国网络服务商的避风港规则. 知识产权，2009：15.

② Michael P. Murtagh，"The FCC, the DMCA and Why Takedown Notices Are not E-nough", 61 *Hasting L. J.* 233 (2009).

③ Thomas A. Lipinski，"The Myth of Technological Neutrality in Copyright and Rights of Institutional Users: Recent Legal Challenges to the Information Organization as Mediator and Impact of the DMCA, WIPO, and TEACH", 54 *Journal of the American Society for Information Science and Technology* 824，825 (2003).

者容易确定且通常因具有一定的经济实力而具有赔偿能力。这种情况下，如果权利人的思考完全符合理性经济人的模型，就会以何种方式获得利益更多作为衡量标准，并进而决定采取何种措施。如此，发现第三人侵权行为后进行通知就不是权利人的必然选择。失去抗辩机会的网络服务提供者就会因受不到免责的保护而重回过错推定的桎梏。

我们认为既然问题出在了权利人通知选择权的滥用方面，那么是否可以对这种选择权进行限制，即只要权利人发现了第三人侵权的存在就要通知网络服务提供者，否则不允许提起诉讼，即将通知作为诉讼的前置程序呢？那么，就要看前置程序是否对权利人权利的实现产生了实质性的影响。在权利人选择维护自己的权益以后，排除经过通知以后皆大欢喜的结局外，如果网络服务提供者接到通知后没有删除，那么权利人唯一的选择就是起诉，因此从争议的最终解决来说，前置程序的设置并不会给权利人的权利造成损害。而且权利不应该是无限制的，在权利人知道自己权益正在受到损害的时候怠于行使权利，那么对损害结果的发生本身也要承担一定的责任。此外，前置程序的设置还会起到抑制权利人自己上传具有知识产权的作品以谋取不当利益的企图的作用，减少了各方的很多麻烦。

综上，"避风港"条款为网络服务提供者提供了抗辩，起到了举证责任的转化，即在不改变知识产权侵权过错推定责任的一般原则的基础上，将第三人侵权时网络服务提供者的责任归责原则由过错推定原则转变为一般过错原则。

2. 德国法及其他国家法上的归责原则

（1）无过错原则的否定。

大陆法系的德国 1997 年 6 月制定了世界上第一部规范计算机网络的成文法——《规定信息和通讯服务的一般条件的联邦立法》（德文简称 IUKDG，学者一般称之为多媒体法），多媒体法将网络服务商进行分类，以确定各自的责任：……对中间服务商，一般不对第三者的信息承担责任，除非他们对这些信息进行了有意的利用……对仅仅提供接入服务的，则不需要承担任何责任。[①] 随后，欧盟为了统一各成员国关于中间服务商

---

① 张新宝. 互联网上的侵权问题研究. 北京：中国人民大学出版社，2003：57.

责任的法律、法规，于 1998 年 11 月发布了《电子商务指令》（Directive on Electronic Commerce）草案，并于 1999 年进行了修改。该指令主要参考了德国的《规定信息和通讯服务的一般条件的联邦立法》，同时也受到美国 DMCA 法案的影响，许多观点大同小异，比如，关于对只起"通道"作用的中间服务商进行免责的规定……中间服务商对于自己所传输和储存的信息没有一般审查义务。[①] 可见，大陆法系对网络服务提供者第三人侵权责任的规制并不比美国晚，以 DMCA 法案为界，分为 DMCA 法案之前的德国的多媒体法和 DMCA 法案之后的欧盟《电子商务指令》。德国的多媒体法大体有如下规定：将网络服务提供者分为内容服务者和中间服务者；中间服务者不对第三人侵权承担责任，免除了全面审查义务带来的无过错责任。欧盟《电子商务指令》显然受到了美国避风港的影响，主要表现在继承了否定全面审查义务及无过错责任，针对"自己所传输和储存的信息没有一般审查义务"。比较德国多媒体法和欧盟《电子商务指令》可知，二者在不负全面审查义务及无过错责任是一致的，只是表述的形式和适用范围略有不同。

"实际上，世界各国对于网络服务提供者是否等同于传统的出版者地位方面达成一致的意见，即由于互联网行业的特点，网络服务提供者对海量的信息无法做到事前审查。从技术上虽然可以采取一些过滤手段，但是难以做到全面的审查。因此，网络服务提供者不等同于传统出版者的地位，也不可能承担普遍审查义务。"[②] 普遍审查义务的排除与否定不但回应了上述技术特质、产业发展、法律层面、道德角度的问题。而且，从功能上为网络服务提供者侵权责任归责原则的构建铺平了道路：因为鉴于网络服务提供者审查能力的有限性，对网络服务提供者施加全面审查义务，就等于对其没有审查能力的部分适用无过错责任——因为对于没有审查能力的部分就不应存在过错存在的前提，而全面审查义务的设置必将导致未能对超出其审查能力的部分审查也构成过错，即对于网络服务提供者的责任就相当于适用了无过错责任，至少是部分适用了无过错责任。由于此种

---

① 张新宝. 互联网上的侵权问题研究. 北京：中国人民大学出版社，2003：57-58.

② 张新宝，任鸿雁. 互联网上的侵权责任：《侵权责任法》第 36 条解读. 中国人民大学学报，2010（4）：24.

无过错责任具有排他性——因为无过错原则的适用必将排斥过错原则和过错推定原则的适用。因此，对全面审查义务的否定就等于对无过错责任的否定，并构成过错和过错推定责任的前提。但也应该明确全面审查义务的否定并不等于全面否定审查义务，因为全面审查义务本质上来说也是审查义务的一种，而且对网络服务提供者施加符合其审查能力的审查义务也是过错或者过错推定责任成立的前提和基础。"通知＋删除"就是一种与现阶段网络服务提供者审查能力较为相称的比较合理的审查义务范围的确定方式。

（2）过错原则的适用。

德国的多媒体法将网络服务提供者分为内容服务提供者和中间服务提供者；中间服务者提供者不对第三人侵权承担责任，这一规定不但免除了全面审查义务带来的无过错责任，又否定了知识产权侵权的过错推定责任；又因为网络服务提供者需要对"知道"承担责任可知，在否定了全面审查义务的无过错原则和知识产权侵权的过错推定原则之后，将其一并规定为过错原则。但欧盟《电子商务指令》显然受到了美国"避风港"条款的影响，继承了"避风港"的通知规则，将其运用到了过错原则之下的侵权构成要件中，即将"通知后不删除"作为一种过错原则下的构成要件，而非如美国那样在无法依据"避风港"条款而获得免责的情况下适用过错推定原则。这是较德国多媒体法中过错原则的新发展。由此可以看出，大陆法系的规则构造符合体系和习惯的要求，并没有如美国"避风港"条款一样采取免责例外的方式归责，而是直接采取了"知道或通知＋不删除"构成侵权的模式，即不以免责为前提。虽然，这种构造符合了大陆法系的侵权构造方式，但是却产生了一个问题，即没有解释知识产权侵权的归责原则是如何由过错推定转变为过错的，而这一设定违背了知识产权侵权过错推定的一般原则。我们认为这种设计与责任客体中融入了人格权和财产权这种适用一般过错原则的权利有关，欧洲国家（包括德国、瑞典）及欧盟的指令建议草案有一种共同特点，即所规定的责任不仅适用于版权侵权，而且适用于网络服务提供者的系统或网络中的各类"非法内容"（包括色情信息、极端主义信息、侵犯他人隐私的信息、诽谤等）。也就是说，欧洲的做法是规定一种"横向"的责任，把网络服务提供者面临的各类责

任风险统一加以限制。美国的法律则采用"纵向"的责任，例如 DMCA 法案只对网络服务提供者的版权侵权责任加以限制，其他法律责任适用其他相应的法律规定。[①] 因此，德国多媒体法也将知识产权与人格权及财产权一样统一适用了一般过错原则。在适用了一般过错原则的情况下，只有行为还不足以构成侵权，还需要证明过错，即通知后不删除以及知道作为证成过错的途径。因此，责任构成从这个角度看是不够严谨的。

在大陆法系，通知后不删除并不构成过错，知道不删除才构成过错，通知作为知道的一种途径，因此是将通知推定为知道。而目前学界对于"避风港"条款和大陆法系的对比常常建立在错误的比较基础上，即用"避风港"条款删除后的法律效果与大陆法系删除、断开、屏蔽等措施后的法律效果相比。其实，"避风港"条款与大陆法系在删除、断开、屏蔽等措施后的法律效果是一致的，都是不承担责任；而在不采取删除、断开、屏蔽等措施时是有区别的，即前提不同，一个是过错推定，一个是过错，即在"避风港"条款下不采取删除、断开、屏蔽等措施时适用过错推定责任，而在大陆法系需要证成过错。

综上，大陆法系将美国 DMCA 法案"避风港"条款的通知转化为了符合大陆法系构造的侵权构成要件，并将通知下的三种客体：知识产权、人格权、财产权统一适用一般过错原则。

(二) 我国现行法的归责原则

我国立法层面最早对网络服务提供者审查义务的规定出现在 2014 年我国《著作权法（修改草案第二稿）》第 69 条第 1 款："网络服务提供者为网络用户提供存储、搜索或者链接等单纯网络技术服务时，不承担与著作权或者相应权有关的审查义务。"此规定在《著作权法（修改草案第一稿）》公开征求意见时受到了音乐界的批评，但二审稿中此规定没有受到影响。虽然由于该条规定得过于绝对——不论何种情况均"不承担与著作权或者相应权有关的审查义务"，但由于网络服务提供者责任在《民法典》中有明确规定，所以在后修订的《著作权法》没有再进行规定的必要。更重要的是，在《著作权法》第三次修改与 2020 年 11 月 11 日通过之前，

---

① 薛虹. 网络时代的知识产权法. 北京：法律出版社，2000：225.

"不承担一般审查义务"在立法、司法和学界形成普遍共识："网络服务提供者对网络用户利用网络发布信息，法律没有规定网络服务提供者有事先审查义务。如果强令网络服务提供者负有事先审查义务，就会违反互联网运行的客观规律性，不符合客观实际情况，也不符合《侵权责任法》第36条（现《民法典》第1194～1197条）的规定，是违反法律的。"① 可见，我国立法者对网络服务提供者不负有一般性审查义务的态度是明确的。司法界规定网络服务提供者不负有一般性审查义务的规范内容有《北京市高级人民法院关于审理涉及网络环境下著作权纠纷案件若干问题的指导意见（一）》（2010）第17条、《浙江省高级人民法院关于审理网络著作权侵权纠纷案件的若干解答意见》（2009）第29条等。② 《最高人民法院关于审理侵害信息网络传播权民事纠纷案件适用法律若干问题的规定》（2021年1月1日起施行，以下简称《侵害网络传播权民事纠纷规定》）第8条："……网络服务提供者未对网络用户侵害信息网络传播权的行为主动进行审查的，人民法院不应据此认定其具有过错……"也将全面审查义务和无过错责任进行了排除。这说明我国司法界也已经认识到了网络服务提供者与传统出版业在控制能力方面的能力差别。能力差别产生的原因主要是载体的不同，载体的不同导致所承载的信息量的巨大差异。除此之外，载体的不同还会导致错误修正难度的不同——传统出版业全部重心都集中在事前审查，即出版前的审查，因为一旦出版修改成本过巨，而且进入了流通领域的回收难度和成本也决定了其事前集中审查的必要性。而网络服务提供者是新型信息传播的参与者，新型信息传播手段的载体的成本低廉，导致其信息传播的速度和数量远超传统出版业，因此再施加相同的审查义务就等于对其施加了无过错责任，而施加无过错责任不但会伤害我国的互联网产业，而且会伤害我国即时通信技术传播、形成民意功能的实现。

1. 过错推定责任原则

于2006年颁布，2013年修订的《信息网络传播权保护条例》（以下简称《条例》）第14条、第15条、第16条、第17条规定了对声称的权

① 杨立新.《侵权责任法》规定的网络侵权责任的理解与解释.国家检察官学院学报，2010：6.

② 徐伟.通知移除制度的重新定性及其体系效应.现代法学，2013（1）：61.

利人向网络服务提供者发出"通知"的条件,"通知"应有的内容,以及网络服务提供者接到通知或反通知后的义务。① 第 20、21、22、23 条规定了提供接入服务、自动缓存服务、存储空间服务、搜索或链接服务的网络服务提供者的"通知＋删除"义务的免责条件和例外。由上述这些规定我们可以看出,《条例》吸收了美国 DMCA 法案免责条款的精髓,是简化版的 DMCA 法案;《条例》与 DMCA 法案规制的对象一直都是知识产权侵权,适用的归责原则显然是过错推定。甚至,《条例》与 DMCA 法案"避风港"条款的规制模式都是一致的。在 2013 年上海知识产权十大经典案件之一:央视国际网络有限公司诉上海全土豆文化传播有限公司侵犯作品信息网络传播权民事纠纷案(原告央视国际网络有限公司诉被告上海全土豆文化传播有限公司侵害作品信息网络传播权纠纷案)② 中,一审法院上海市闵行区人民法院认为:"根据央视国际公司提交的公证书,全土豆公司在其网站上向公众提供了涉案作品的在线点播服务,使用户可以在其个人选定的时间观看涉案作品,其虽辩称提供的系存储空间服务,涉案视频系网友上传,但未提供相应证据证明,亦未向法院说明涉案视频的实际上传者,故法院对全土豆公司上述辩称意见不予采信。"二审法院上海市第一中级人民法院对举证责任的阐述更加明确:"3. 关于举证责任的分配,根据《最高人民法院关于民事诉讼证据的若干规定》第二条的规定,当事人对自己提出的诉讼请求所依据的事实或者反驳对方诉讼请求所依据

---

① 《条例》第 14 条规定:"对提供信息存储空间或者提供搜索、链接服务的网络服务提供者,权利人认为其服务所涉及的作品、表演、录音录像制品,侵犯自己的信息网络传播权或者被删除、改变了自己的权利管理电子信息的,可以向该网络服务提供者提交书面通知,要求网络服务提供者删除该作品、表演、录音录像制品,或者断开与该作品、表演、录音录像制品的链接。通知书应当包含下列内容:(一)权利人的姓名(名称)、联系方式和地址;(二)要求删除或者断开链接的侵权作品、表演、录音录像制品的名称和网络地址;(三)构成侵权的初步证明材料。权利人应当对通知书的真实性负责。"《条例》第 16 条规定:"服务对象接到网络服务提供者转送的通知书后,认为其提供的作品、表演、录音录像制品未侵犯他人权利的,可以向网络服务提供者提交书面说明,要求恢复被删除的作品、表演、录音录像制品,或者恢复与被断开的作品、表演、录音录像制品的链接。书面说明应当包含下列内容:(一)服务对象的姓名(名称)、联系方式和地址;(二)要求恢复的作品、表演、录音录像制品的名称和网络地址;(三)不构成侵权的初步证明材料。服务对象应当对书面说明的真实性负责。"
② 上海市第一中级人民法院(2013)沪一中民五(知)终字第 227 号。

的事实有责任提供证据加以证明。被上诉人的提交的公证书显示上诉人在经营的网站上提供涉案作品的在线点播服务，证明上诉人存在侵权行为。上诉人辩称其提供的系存储空间服务，涉案作品系网友上传，就辩称的事实应提供证据证明。在其没有提供任何有关实际上传者信息的情况下，一审法院认定上诉人承担举证不力的后果并无不当。根据《民事诉讼法》第六十四条的规定，当事人及其诉讼代理人因客观原因不能自行搜集的证据，或者人民法院认为审理案件需要的证据，人民法院应当调查收集。本案中关于实际上传者的相关信息属于上诉人自行掌控和管理范围之内，理应由其举证。上诉人辩称在涉诉后删除了原始数据而不能提供，对此，法院认为，作为本案争议的事实上诉人理应采用合理方式保存，其自行删除原始数据导致相应事实无法查明，因此承担不利后果。"由此，法院实际上也是遵循了网络服务提供者负有过错推定责任的原则，其没有举证证明实际的侵权人就等于没有对网络服务提供者的过错推定进行有效的推翻，因此，过错推定成立，网络服务提供者应该承担不利的法律后果。

2. 过错责任原则

我国《民法典》第1195条及相关条款显然受到大陆法系的影响，沿袭了大陆法系的构造方法，即没有从免责入手而是从归责入手。具体而言，《民法典》第1195条第1、2款分别继承了以通知和知道作为侵权构成要件的立法模式。同时，也同大陆法系一样将知识产权、人格权、财产权都纳入了规制的客体中。在责任的承担方面，我国《民法典》第1195条等相关条款的创新表现在网络服务提供者仅对通知之后未采取删除、屏蔽、断开链接等必要措施的合理期限后的损害部分承担责任，而非将第三人造成的全部损害都作为赔偿范围。其中的缘由是，既然以"知道"为侵权构成要件，当然就要将其主观存在过错的时间点作为其承担责任的时间起算点，而不是从免责的角度，要么免除一切责任，要么承担一切责任。既然《民法典》侵权责任编并非直接源自美国 DMCA 法案，那么，第1195条的"通知＋删除"与美国 DMCA 法案中"避风港"条款中的"通知＋删除"的归责原则便有所区别——美国 DMCA 法案适用的是过错推定责任；侵权责任编适用的是过错责任，通知后未删除是侵权的构成要件，而不具有免责条款失效的性质与功能。因此，如果将第1195条"通

知后未删除"按照免责条款来理解，便存在偏差。

（三）《民法典》关于归责原则的立法选择

《民法典》网络服务提供者条款（第1194条～第1197条）继承了其原《侵权责任法》的规定，与美国DMCA法案的规定不同。之所以不同，是因为《民法典》网络服务提供者条款并非仅针对知识产权类侵权，还包括人身权、财产权侵权等其他一切网络上可能发生的侵权。因为从立法者的角度来看：网络侵权行为日益增多，加之网络侵权所具有的共同的特殊性，原《侵权责任法》作出规制范围更广的抽象性规定是非常必要的。由于《条例》和《民法典》网络服务提供者条款分别源自美国DMCA方案和大陆法系，而知识产权侵权又都在《条例》和《民法典》的规制范围内。因此，就存在《条例》与《民法典》的衔接、协调问题。虽然随着《民法典》网络服务提供者条款对原《侵权责任法》的承继，不但在效力等级上，而且在制定时间上，其都优先于《条例》，但是认为只能适用《民法典》中网络服务提供者条款似乎又显得有些武断。因为，即使在《民法典》已经制定的今天，对于相关条款依据民法原理和司法实践进行解释论重构依然具有必要性。因为"任何一个从本地的实际需要出发进行民事法律继受的国家和地区，在进行法律继受的过程中以及完成法律继受之后，运用体系化的思考方式对将要继受的或者已经继受的法律原则和法律制度进行调整和协调，以保持法律原则和法律原则之间、法律制度与法律制度之间、法律原则与法律制度之间、域外经验与本土资源之间的和谐关系，乃是民法得以成为社会交往中具有权威性的说服工具的重要一环"。所以，《民法典》依然需要解决《条例》与原《侵权责任法》的冲突问题，克服《条例》与其自身存在的缺陷。同时，以《条例》和《民法典》为核心，逐步理顺规则体系中《互联网信息服务管理办法》、《互联网视听节目服务管理规定》、《中华人民共和国电信条例》、《电信业务分类目录》、《电信业务经营许可管理办法》、最高人民法院《关于审理侵害信息网络传播权民事纠纷案件适用法律若干问题的规定》中关于侵权责任归责原则的规定的关系，在此基础上形成大数据时代规制侵权行为的规则体系、制度体系。

如同前文所述，《民法典》网络服务提供者条款的前身《侵权责任法》网络服务提供者条款继受大陆法系的规定，在侵权责任归责原则问题上作

出了与《条例》不同的规定——前者适用一般过错原则，后者适用过错推定原则。尽管二者"通知后未删除"的法律后果是一致的——承担责任，但因归责原则的不同，前者将责任承担的范围精确地限缩于未在合理期限内删除后扩大部分的损失。① 但是，"损害的扩大部分"的赔偿范围限定看似合理，但存在以下三方面的问题：第一，忽视了知识产权侵权应适用过错推定原则，即"损害的扩大部分"实际上适用了过错原则。因为，过错推定原则的责任认定规则是从通知后不采取相应措施直接到过错的认定，而过错原则是从通知后不采取相应措施到知道，从知道再到过错的认定。既然通知后不采取相应措施直接到过错的认定，那么就需要对网络存在侵犯知识产权信息的行为承担全部责任，即不能对第三人侵权产生免责的法律效果。而从通知后不采取相应措施到知道，从知道到过错，才存在根据以知道作为过错的时间节点的问题，即对损害的扩大部分承担责任。第二，按照前述立法中实际采纳的过错原则，既然是依据知道的时间来认定过错，那么其承担的损害范围自然应该与过错相匹配，而无须对知道之前也就是不存在过错的部分承担责任。那么规定对损害的扩大部分承担责任就有画蛇添足之嫌，此为立法技术方面的问题。如果认为有必要通过"损害的扩大部分"来表明适用的是过错责任。那么，既然通知作为证明知道的一种方式，那么在其他知道的情形下，侵权的发生和知道恐怕不会同时发生，也就是大多数的时候侵权和网络服务提供者知道存在时间差。那么，在其他知道的情形下没有规定"损害的扩大部分"作为赔偿范围，也与所采用的过错原则相悖，因为既然是过错原则就应该根据过错的产生时间来确定赔偿范围，而不是对过错产生之前的损害也承担赔偿责任。这也是立法技术的问题。第三，即使通知之后没有采取措施相比通知之外的其他知道的情形更容易确定知道的时间，即确定损害的起算点，但是扩大部分的计算在实践当中仍是难以确定的，因此规定"损害的扩大部分"并

---

① 大陆法系为何没有采取损害扩大部分这种规定方式呢？笔者认为是因为大陆法系同美国的免责条款一致，将"通知—删除"看作了承担或者免除责任的构造，即在大陆法系直接将"通知—不删除"看作过错，而没有将通知与知道之间建立起联系。因此大陆法系虽然没有采取免责的构造，但在归责原则上实际上也顺应了知识产权的过错推定适用范围的规定，因此在适用结果上与美国的免责条款的适用结果中赔偿范围一项是一致的，都以全部损害为赔偿范围。

没有多少实践意义，具体内容将在下文详细展开。

那么，《民法典》没有效仿大陆法系的构造将扩大部分去掉是否恰当呢？我们认为是具有一定合理性的。一方面，大陆法系的规定虽然对于知识产权侵权是恰当的，但是大陆法系的通知中也包含人格权和财产权，上文提到人格权和财产权所适用的归责原则与知识产权不同，将过错推定原则适用于人格权和财产权显然是不恰当的。另一方面，我国在《条例》中已经有了相关规定，且其规定相较《民法典》相关条款更加周详，而且，相较损害扩大部分的表述是更加恰当的，因此在知识产权方面可以优先适用《条例》。虽然存在效力上的问题，但是可以通过体系解释加以解决（上文已述，此处不再赘述）。但是，《民法典》出于守成的原则，没有针对知识产权以及人身权、财产权的归责原则而设置不同的条款，仍然沿袭《侵权责任法》集合于一条之中，不能不说是《民法典》制定中的形式上的一种遗憾。

因此，我们认为我国原则上应该将知识产权的规制剥离出《民法典》侵权责任编中"通知"规则的规制范围，而仍由《条例》加以规制。同时侵权责任编的"通知"规则保留对人格权和财产权的规制，侵权责任编中"网络服务提供者知道网络用户利用其网络服务侵害他人民事权益，未采取必要措施的，与该网络用户承担连带责任"的规定，以及有关"教唆、帮助"他人侵权承担责任的规定分别对应美国"避风港"免责条款的"知道"和"引诱"的侵权，是对《条例》免责的限制。即对于利用大数据实施知识产权侵权的，应以《条例》适用为主，侵权责任编为辅；而对于其他侵权，适用侵权责任编的规定。这种安排在解决现有法条之间冲突的前提下，不但可以借鉴美国 DMCA 法案免责条款的优势，同时也吸取了大陆法系将人格权和财产权纳入规制范围使得规制手段更加统一、集约的优点，同时在通知部分恢复符合一般过错原则的责任承担范围即扩大部分，使责任的承担更加科学、精确。而且将知识产权从侵权责任编的规制客体中剥离出来，有利于《条例》作为特别法与《民法典》侵权责任编作为一般法之间的协调，有针对性地解决网络知识产权侵权和人格权、财产权侵权中既带有普遍性，又具有特殊性的问题，避免不同性质侵权法律适用不足或确实可能产生的麻烦。

以这样一种模式协调《条例》与《民法典》侵权责任编的关系，另一

重要的理由是适用《条例》来解决知识产权侵权的问题，适用《侵权责任法》来解决财产权和人格权侵权问题已经被多年的审判实践所认可。并且，我国法院已经对《条例》《侵权责任法》背后的法理有了深刻的认识。例如，在上诉人浙江泛亚商务有限公司与被上诉人北京百度网讯科技有限公司、百度在线网络技术（北京）有限公司侵害著作权纠纷上诉案①中，法院认为，"根据《信息网络传播权保护条例》第二十三条的规定，网络服务提供者免责的前提应当是对其搜索或者链接的作品、表演、录音录像制品是否侵犯他人著作权或者相关权利既不明知也不应知。如果有证据证明网络服务提供者明知或者应知所链接的作品、表演、录音录像制品侵权仍链接的，则应当承担共同侵权责任。那些根据用户指令，通过互联网提供自动搜索、链接服务，且对搜索、链接的信息不进行组织、筛选的网络服务提供者，对通过其系统或者网络的信息的监控能力有限；网络上信息数量庞大，且在不断变化、更新，故要求其逐条甄别信息、注意到信息的合法性是不可能的。通常情况下，提供自动搜索、链接功能的网络服务提供者不知道相关信息是否侵权。本案中，百度网讯公司、百度在线公司通过在百度网站搜索框内输入歌曲名称的方式向用户提供了多种可选择的服务，用户可从百度网站上试听和下载涉案歌曲。根据查明的事实，在这种服务中，百度网站为用户提供了多种可选择的服务，用户可以自行选择所要求的服务。用户是通过键入关键词的形式向服务提供者发出指令从而获得信息。百度网讯公司、百度在线公司接到用户的指令后根据用户的要求进行搜索，建立临时链接，其事先无法判断用户将键入什么关键词、要求提供什么服务，基于这种服务的技术、自动和被动等性质，即使百度网讯公司、百度在线公司施予其能力所及的注意，也难以知道其所提供服务涉及的信息是否侵权。"这是《条例》运行良好的例证。

在凡龙诉浙江淘宝网络有限公司网络购物合同纠纷案②中，法院就运用《侵权责任法》第 36 条针对财产权作出如下判决："我国《侵权责任法》规定……与该用户承担连带责任。淘宝网对交易平台上卖家发布的信

---

① 最高人民法院民事判决书（2009）民三终字第 2 号。
② 安徽省合肥市庐阳区人民法院（2015）庐民一初字第 01743 号。

息无预见性，也没有参加与对宣传信息的制作、编辑或者给予推荐，仅是按照一般操作规则对商品经营者提供的信息进行技术性的数据处理。如要求淘宝网对卖家发布的信息逐一进行实质性审查，势必阻碍网络交易便捷性、多样性的优势。淘宝网通过要求注册卖家实名认证、手机短信认证等方式审查其身份的真实性，并为买家提供售后退款、退货等维权方式，已尽到合理审查义务，凡龙未能提供证据证明浙江淘宝网络有限公司存在明知或应知买家王某云的身份证号码、联系电话、邮箱及地址，积极介入处理，可以视为该公司已履行了接到通知后采取必要措施以及在纠纷时披露卖家有效身份信息的法定义务……驳回凡龙的诉讼请求。"

不仅如此，最高人民法院对于网络知识产权侵权与人身权侵权分别颁布了有效解决纠纷的司法解释，分别是 2021 年 1 月 1 日起施行的《侵害网络传播权民事纠纷规定》和 2021 年 1 月 1 日起施行的《关于审理利用信息网络侵害人身权益纠纷案件适用法律若干问题的规定》。这是司法实践中针对知识产权侵权和人格权侵权归责原则不同下的一种应然选择。《侵害网络传播权民事纠纷规定》在一定程度上秉承了知识产权的过错推定原则。其第 6 条规定："原告有初步证据证明网络服务提供者提供了相关作品、表演、录音录像制品，但网络服务提供者能够证明其仅提供网络服务，且无过错的，人民法院不应认定为构成侵权。"此条很清楚地阐释了知识产权的归责原则和举证责任分配责任。因为适用过错推定原则，所以，原告只要有初步证据证明网络服务提供者提供了相关作品、表演、录音录像制品即可。由此，证明责任转到了网络服务提供者处，其要证明自己无过错才可以不构成侵权。但该司法解释第 13 条："网络服务提供者接到权利人以书信、传真、电子邮件等方式提交的通知及构成侵权的初步证据，未及时根据初步证据和服务类型采取必要措施的，人民法院应当认定其明知相关侵权信息网络传播权行为"的规定又犯了放弃了知识产权的过错推定原则，将其直接又归入了一般过错责任原则的错误。因此，对该司法解释第 13 条应当予以必要的修正。

综上，《条例》和《民法典》侵权责任编有效衔接的意义在于捋顺不同侵权情境下侵权责任的归责原则，以此为起点解决归责方式的混乱问题，并作为之后立法和司法解释的根据。

第四章　网络服务提供者间接侵权责任的界定与承担

一、网络服务提供者承担侵权责任的理论基础

关于第三人侵权网络服务提供者责任的理论基础，有各种不同的学说，有学者认为，过错责任、损害结果控制理论、营业收益与风险理论以及社会成本控制理论是中间服务商承担责任的法理依据。[①] 也有学者根据目前存在的各种经验事实，将网络服务提供者侵权责任可能存在的归责基础概括为过错理论、报偿理论和控制力理论。[②] 各种学说的共同点是理论基础的多元化、结构化，且将过错责任作为网络服务提供者责任的理论基础。经过上文对归责原则的研究，不否认在补偿功能语境下的责任认定中，网络服务提供者的过错是重要的要素，但责任的归责与责任的理论基

[①]　张新宝．互联网上的侵权问题研究．北京：中国人民大学出版社，2003：44.
[②]　徐伟．网络服务提供者侵权责任理论基础研究．长春：吉林大学，2013：99.

础毕竟是两个不同的概念。如果将过错作为责任的理论基础,那么,在我们探讨责任的理论基础时,势必又回到了责任归责原则论述的老路上。实际上,在侵权责任法的补偿功能下,任何侵权责任均须以侵权人的过错为要件,即过错是责任的根据,只是举证责任由谁承担不同而已。法律为网络服务提供者的行为预设了行为标准,即对作为或者不作为义务进行了规范化设计,履行了这种作为或者不作为义务无须承担责任,而不履行这种作为或者不作为义务就要承担责任。但"过错责任"能解决的问题仅限于能够将责任与行为映射出来的主观状态联系起来,无法解释网络服务提供者为何负有作为或者不作为义务,为什么要为网络服务提供者的行为和行为标准进行规范化设计等问题。在这里,我们要研究的不是侵权人承担责任的正当性问题,而是研究第三人实施侵权时网络服务提供者承担责任的正当性问题,即为什么要为他人的行为承担责任的问题。这需要我们对法律为网络服务提供者设定的义务及遵守义务标准的理论根据进行阐释。否则,其责任的承担就欠缺正当性。这才应该是责任的理论基础应该解释的问题。如果我们将过错归责原则作为网络服务提供者责任的理论基础,其将会影响或者淡化对网络服务提供者作为或者不作为义务来源与义务根据的揭示,进而扰乱了整个责任理论基础的体系结构。因此,网络服务提供者间接侵权责任的理论基础,与其说是责任的理论基础,不如说是其义务的理论基础,证明了其负有义务的正当性,则违反义务时,责任的正当性也就不言自明了。

（一）控制力理论

所谓控制就是一方在意志下的行为受另一方意志下行为的有效干预。首先,控制必须是一种有意识的行为,这种有意识包含两个方面的内容。其一,就是对事实控制的对象有认识,这种认识可以是广义的认识而不一定是对具体的个体一定有认识。这就排除了下意识的行为或者意欲对张三实施控制但是事实上对李四实施控制的行为,因为这种情况下即便发生了行为人因控制力人行为的介入而引起的结果的变化,但是此时控制力人对行为人并没有控制力。其二,就控制结果的方面,控制力实施的主体须对事实控制的行为产生的结果能够产生大致的预估,如果控制力持有人意欲达成的控制效果与对实际行为人的行为的控制结果总是大相径庭的话,则

也无实际控制力。对控制对象的认识和对控制结果的预估是控制力的内在要素。其三，从控制力的行使频率上看，控制力的行使应该是通常的行为而非偶然的行为，即必须要给具备控制能力的人对自身控制能力认识的机会，如果只是偶然的具有控制力则由于控制力出现的突然性导致拥有控制力的人可能会对自身的控制力缺乏认识，因此也就无法合理地运用控制力。

控制力通过语言或者行为得以实施，可以分别作用于行为人的精神、具体行为或者行为人行为的具体环境等。控制力的具体作用结果是行为人的行为可以按照控制力发出者表达控制力的语言或者行为干预的预定内容发展，即行为人实际的行为或者行为结果会受到控制力人的影响，而且达到可以变更行为人行为的开始或者终止以及形态的结果。控制力的前提是这种控制应该是合法的，并不构成对行为人行为自由的干预。控制力的基本内涵无论理解为社会控制手段向具体社会主体的延伸还是闭合关系中几方主体间的利益守恒，都要遵循目的合法的原则，否则这种控制不但是无效的而且是有害的。因而非法的控制并不在控制力理论的范畴内，这是控制力理论正当性的重要前提。美国法院确立了事实控制和法律控制两种不同标准的控制要素。[①] 本书讨论的基础就是法律上的控制力，即排除了无限制的预见能力，原因在于网络服务提供者只有在网络用户侵权之后才可以有效终止侵权行为。因此，具体而言，网络接入服务提供者、网络缓存服务提供者、网络存储空间服务提供者、网络搜索服务提供者可以采取删除、屏蔽、断开链接等方式对已发生的侵权行为进行控制。除此之外，还包括"可能且合理"的注意义务，其中一种表现为"网络服务提供者是否预见到将来可能发生的侵权行为"[②]。这个"预见到将来可能发生的侵权行为"也并未超出法律上的控制力的范畴，因为预见并不是指在没有发生侵权行为时就对将要发生的侵权行为采取措施，以阻却侵权行为的发生，而是指根据以往的侵权发生规律有针对性地去发现已经发生的类似侵权行为。

① 万柯 . 网络等领域垄断看门人的替代责任 . 环球法律评论 . 2011（1）：30.
② 全国人大常委会法制工作委员会民法室编 . 侵权责任法立法背景与观点全集 . 北京：法律出版社，2010：393.

控制力理论不但可以准确地揭示网络服务提供者义务的来源，还可以回应学者对其提出的以下质疑：有学者认为控制力理论无法解释深度链接的现象；有学者从控制力的人格不平等基础来否定网络服务提供者具有控制力理论；有学者认为控制力理论会导致消极后果；有学者仅从后果的角度解释控制力理论。

1. 控制力理论可以准确地揭示网络服务提供者义务的来源

义务的负担从来都是以义务的实施效果为首要考量因素的，即在对主体施加义务的时候首先考虑的是对何种主体施加义务可以更好地达成义务的施加目的。在网络用户侵权时，对其他主体施加义务的目的就是实现对网络用户侵权的遏制。换句话说，就是对哪种主体施加义务可以对网络用户的侵权行为起到更好的遏制效果，就对哪种主体施加义务，而遏制效果的好坏取决于对侵权行为的控制力，因此，控制力就是为了达到遏制网络用户侵权行为的目的而设定的义务的来源。由于网络服务提供者对网络用户的行为是具有控制力的，因此控制力可以作为网络服务提供者间接侵权的义务来源。正如美国《侵权法重述（第二版）》第 315 条[①]所揭示的那样，体现控制力的实质性控制往往发生在特殊关系中，因此有特殊关系模型的建立。这种特殊关系应该理解为当事人因特定的目的而结合在一起的有机体。对于网络服务提供者和网络用户来说，在网络用户侵权中网络服务提供者和网络用户构成了网络传播的不可或缺的两个组成部分。换句话说，少了网络服务提供者的平台，网络用户利用网络传播权侵权是无法实施的。不仅如此，网络服务提供者与网络用户还存在着控制与被控制的关系，控制与被控制的关系体现在：一方面，网络用户行使传播权的时候主观和客观都受到网络服务提供者的制约和控制，表现在网络用户侵权中传播信息的平台和渠道是网络服务提供者事先设计好的，而且网络服务提供者往往在向网络用户提供网络传播服务之前已经制定了行使网络传播权的

---

① "除非行为人与对方当事人之间存在特殊关系，此种特殊关系使对方当事人享有要求受保护的权利之外；或者除非行为人与网络用户之间存在特殊关系，该种特殊关系使行为人承担控制网络用户行动的义务外，否则，行为人不承担控制网络用户行为以阻却他对他人实施侵害的义务。"张民安. 人的安全保障义务理论研究《关于审理人身损害赔偿案件适用法律若干问题的解释》第 6 条. 中外法学，2006（6）：680.

规则，对网络用户侵权形成了内在的约束和限制。另一方面，在网络用户行使网络传播权侵权的时候，网络服务提供者可以通过关闭、锁定网络用户侵权账户对其网络传播权进行限制；也可以在网络用户行使网络传播权侵权后对传播内容采取删除、屏蔽、断开链接等方式对网络用户侵权中传播行使的效果和影响进行限制和消除。正如有学者认为，在互联网时代，中间服务商的技术优势是其他参与者所不具备的。①

2. 控制力理论可以解释深度链接的现象

有学者认为，网络服务提供者对深度链接的控制力相比普通链接的控制力要弱，但承担责任的概率更高。② 上述表述从表面上看确实不符合控制力理论，因为根据控制理论，控制力与责任之间应该是呈正比的关系，反之，自然不符合控制理论。但是上述表述存在一个基础性的错误，即认为对深度链接的控制力与普通链接的控制力不同。其实不然，因为深度链接和普通链接都是链接了其他网页上的内容，区别仅在于深度链接直接链接了网站上的网页，而普通链接则链接的是网站。但链接内容的不同改变不了二者控制的能力一致的事实，即虽然都无法更改网页或者网站上的内容，但都可以采取断开链接的方式阻止从提供深度链接或者链接服务的网络服务提供者的平台访问网页或者网站的内容。在确定了对深度链接的控制力与普通链接的控制力相同以后，接下来回应控制力相同而承担责任的概率不同的问题。如果对深度链接和普通链接的控制力相同，那么根据控制力理论，网络服务提供者对深度链接应该与普通链接具有相同的承担责任的概率。需要明确的是，控制力理论仅是影响责任的一种因素，而非唯一，即在仅有控制力的理想模型下，控制力与责任会呈正相关，而当有控制力外的其他因素介入后控制力与责任的关系就会发生偏移。那么，如果能找到控制力以外的干扰因素，控制力理论在此论域中就依然是具有解释力的。笔者认为，在对深度链接的控制力与普通链接控制力相同的情况下，深度链接承担责任的概率高是因为相比普通链接，深度链接将导致载有被侵权人被侵权内容的页面更加精准地呈现在网络用户面前，使深度链

① 张新宝. 互联网上的侵权问题研究. 北京：中国人民大学出版社，2003：45.

② 徐伟. 网络服务提供者侵权责任理论基础研究. 长春：吉林大学，2013：109-110.

接下相比普通链接下有更大的机会给被侵权人造成损害，并因此导致提供深度链接比提供普通链接承担责任的概率更大。因此，深度链接比普通链接承担责任的概率大并非因为对深度链接的控制力要大于对普通链接的控制力，而是因为提供深度链接造成损害的概率相比提供普通链接造成损害的概率更大。换句话说，如果没有深度链接比普通链接造成被侵权人损害概率更大的因素的干扰，提供深度链接和提供普通链接所承担责任的概率也应该是相同的。因此，控制力理论对于深度链接和普通链接问题也是具有解释力的。

3. 控制力理论不受人格不平等的局限

有学者认为，"控制力存在的本质特征是责任承担者能够支配或者重大影响直接加害人的行为。"[①] 从经济、社会背景的角度考量有如下原因：民事法律关系中隶属关系的存在、客观上人格不平等的凸显、个人自由意志薄弱等。有学者据此认为，"网络侵权中，网络服务提供者对网络用户侵权的此种影响基本不存在"[②]。由上可知，控制力存在与否的本质是责任承担者能够支配或者重大影响直接加害人的行为与否。网络服务提供者，例如网络接入服务提供者、网络缓存服务提供者、网络存储空间服务提供者、网络搜索服务提供者，都可以采取删除、屏蔽、断开链接等方式对侵权行为进行控制。此外，网络服务提供者负有"可能且合理"的注意义务，其中一种表现为"网络服务提供者是否预见到将来可能发生的侵权行为"。因此，通过网络服务提供者与网络用户之间不存在人格不平等是无法否认网络服务提供者的控制力的，即便与典型的存在隶属关系的雇主与雇员、监护人与未成年人关系相比也是如此。例如，雇主与监护人对雇员和未成年人的行为的控制方式是通过精神施加影响，而非直接作用于雇员和未成年人的行为之上。因此，雇员和未成年人的行为与雇主和监护人的指示之间存在或然性，指示发出后雇员的或未成年人的行为未必按照雇主或者监护人的指示进行。因此，雇主或监护人对雇员或未成年人的控制力不是绝对的。而网络服务提供者不但可以选择对网络用户侵权的侵权行

① 尹飞. 为他人行为侵权责任之归责基础. 法学研究，2009：48.
② 徐伟. 网络服务提供者侵权责任理论基础研究. 长春：吉林大学，2013：111 - 112.

为提出指示，还可以选择直接对侵权行为进行修正，即采取删除、屏蔽、断开链接等措施，而且这种直接的修正是绝对性的、排他的。与此同时，网络服务提供者的指示往往也伴随着禁言、停止、删除账号的警告，因此，网络服务提供者对网络用户也兼具不平等的隶属关系属性。故从不平等的隶属关系角度来看，网络服务提供者的控制力也不低于雇主或监护人对雇员或未成年人的控制力。因此，网络服务提供者不但完全符合传统控制力理论，而且还要强于传统控制力理论中典型的雇主、监护人对雇员、未成年人的控制力。此外，控制力的行使在网络服务提供者和网络用户的一元关系中具有唯一性，而非其他关系中的开放性、或然性，这是区别于其他控制力的另一大特征。例如，在雇员或者未成年人进行侵权行为之时，雇主或者监护人可能不在现场，而根据控制力理论在现场的其他人可能也具有控制力，而此种控制力在控制侵权行为的即发性方面更具优势。而在网络用户侵权后，除网络用户和网络服务提供者外一般没有其他主体可以对侵权行为进行控制，即一般情况下除了网络用户侵权中侵权者自身外只有网络服务提供者才对侵权行为具有控制力。

4. 控制力理论不会导致消极后果

有学者认为，"依据控制力理论，对内容越是具有控制力的网络服务提供者越是可能被认定为承担侵权责任，这导致的一个消极结果是：如果网络服务提供者本着积极的态度而采取措施以减少其运营的网站中的侵权内容，则可能会因此承担侵权责任。反之则不承担责任"①。我们认为，在讨论网络服务提供者的控制力与控制力原理之间的关系及网络服务提供者控制力的特点之前首先要明确一个前提，即在探讨某一理论的时候，要特别注意对这个理论的讨论进行"纯化"，即防止有意无意地在讨论中夹杂其他理论，进而影响对目标理论根本性质的揭示。因此，上述推论不成立的原因在于其违反了理论纯化的原则。控制力是一种能力，能力和结果并不能画等号，因此通过结果否定能力具有或然性。换句话说，出现上述状况的原因是控制的结果不但同控制力这个客观要素有关，还同控制意愿这一主观要素有关。因此，要考察控制力就要排除控制意愿对控制力的干

---

① 徐伟. 网络服务提供者侵权责任理论基础研究. 长春：吉林大学，2013：109.

扰，即认识到控制结果向控制力反推的或然性。更重要的是，我们在此仅仅涉及的是通过控制力理论来考察网络服务提供者是否应该承担责任的问题，而尚未涉及通过控制力的强弱来考察网络服务提供者应该承担责任的轻重的问题，因为，是否承担责任和承担责任的轻重毕竟是两个问题。

5. 控制力理论并不局限于对结果的控制

有学者试图对控制力理论进行修正："网络服务提供者的控制力应侧重于强调对侵权后果的事后消减，而不是对侵权行为的事先预防。"[①] 笔者认为没有修正的必要，因为此修正缺乏合理性。笔者认为控制力理论的控制应该是全方位的，既包括事前的预防也包括事后的消减。因为只有将事前的预防和事后的消减一样纳入控制力的范围内，控制力理论才能保持理论的饱满性，即对预防和事后的消减不利都提供承担责任的正当性基础，并构成网络服务提供者承担责任的必要条件。除此之外，需要纠正的还有如下几点：首先，控制力的控制客体并非侵权后果，而是侵权行为。虽然侵权行为具有持续性，侵权后果也具有持续性，但不能因为持续性的共同特征而将侵权行为和侵权后果进行混淆。侵权后果的提出不但从逻辑上不严谨，而且容易引起混淆。因为侵权后果是侵权行为的结果，本身是无法直接作用的。其次，侵权后果会让人误以为是对侵权结果的消除。因为现有的删除、屏蔽、断开都是面向未来的，而对于已经发生的损害后果是无能为力的。再次，控制力是一个客观样态，评价控制力存在与否是一个定性的问题——只要有控制力这个事实存在，无论其控制力是强是弱都要承担责任，至于承担责任的轻重是否与控制力的强弱呈正相关则超出了讨论范围。而且对此的一个不容置疑的客观实际是，在同等条件下，对侵权行为积极采取措施的网络服务提供者相比对侵权行为采取消极措施的网络服务提供者往往承担责任的概率更小，因为积极采取措施的网络服务提供者更加容易发现并对侵权行为采取措施，并最终因为对侵权的处置及时而更少承担责任。最后，控制力不仅体现在对侵权行为的消除上，而且应体现在对侵权行为的预防上，这符合对侵权行为防控大于追责的指导思想，因为对侵权行为的预防要更加有效。

---

① 徐伟. 网络服务提供者侵权责任理论基础研究. 长春：吉林大学，2013：111.

在论证了控制力理论作为网络服务提供者承担责任的正当性来源问题后，需要进一步论证的是控制力本身的正当性来源问题，即：为什么网络服务提供者有控制力就要对侵权行为进行控制呢？是否可以参照一般性救助义务的道德理论加以解释呢？道德对人的行为具有软法性质的行为指引效力，例如在新道德的影响下的民法不仅要求人们履行不积极地侵害他人利益的义务，而且在一定情况下还要求人们负有保护他人的义务。① 此外，道德还会对法律的生成产生一定的限制作用，例如社会的发展产生的新的道德，而法律的制定应该适应这种新的道德。② 但道德具有缓慢形成性，因此对于新出现的问题需要在此基础上形成的新道德进行规制，而目前尚没有形成网络用户侵权时网络服务提供者承担责任的新道德，因此道德就无法发挥软法的条文规范效果。故如果用道德作为网络用户侵权时网络服务提供者承担责任的理论基础，就会陷入道德虚无主义中。

在道德理论对控制力理论辅助解释失败的时候，也有必要对控制力理论作为责任的理论基础加以更多维度的认识。控制力本身作为责任的理论基础具有解释力，但控制力理论单独作为责任的理论基础具有局限性，例如控制力的成本问题——单从经济价值考虑，假如因为控制一件小事而付出很大的代价，例如网络服务提供者为了防止被侵权人的权利继续受到损害付出了 100 元的代价而被侵权人继续受到损害的价值是 10 元，那么网络服务提供者对侵权行为的控制就是缺乏正当性的。而且在一些情况下有众多的主体可以对事情进行控制，那么如何确定责任主体就是一个新的问题，也涉及控制力的成本问题。因此，控制力理论作为网络服务提供者承担责任的正当性来源，是网络用户侵权时网络服务提供者侵权责任成立的必要条件之一，也就是说，网络用户侵权时网络服务提供者承担责任的理论基础是开放性的，控制力理论还不足以单独支撑起网络用户侵权时网络服务提供者承担责任的理论基础。因此，网络用户侵权时网络服务提供者的责任还应当有其他的理论基础。

（二）社会总成本控制理论

有学者认为，技术提供者对侵权行为的控制成本更低，具有成本优

① 麻昌华．论作为义务的配置基础与类型．法商研究，2008：63．
② 伯恩·魏德士．法理学．丁小春，吴越，译．北京：法律出版社，2003：186．

势，因此构成承担责任的一个因素。① 换一种表达就是，如果让看门人承担责任是防止侵权最经济有效的措施，那么让其承担责任就是可取的。② 其实上述观点都阐述了社会总成本控制理论的核心内容，即消除损害的主体付出的成本低于损害是其承担责任的基础。社会总成本控制力理论主要发端于以下两种理论：第一，波斯纳的准社会契约论。在波斯纳的准社会契约论之前盛行的个人主义哲学认为，"人们必须承担不导致他人损害的注意义务，但是，他并不承担为他人利益而行为的一般义务，也就是，虽然我要承担不得损害我的邻人的义务（不滥作为），但我并不承担要拯救其生命的义务（作为义务）"③。而波斯纳的准社会契约论则认为："假如社会的所有成员能够以一定的方式聚集在一起，他们会一致同意，作为一种合理的双方保护措施，任何人，在可以花费自己微不足道的成本的情况下如果可以警告或救助处于危险中的其他人的话，则别人都会要求他这样做，对于救助这种双方的允诺会产生一种契约。"④ 第二，汉德公式。可以认为汉德公式在准社会契约论的基础上进一步实证化了："合理性要求决策者对以下两方面给予同等的对待：一是他自己承担的加强预防的成本，二是他人享受的因预防措施的加强而使事故的发生率和严重性降低所带来的利益。如果他所承担的成本大于预防措施给别人带来的利益，那么他的行为就是不合理的，其预防措施是有过失的。在1947年美国第二巡回法院审理的美利坚合众国诉卡罗尔拖船公司案中，法官汉德认为，从以前的情况看，没有一个一般原则规定当驳船船员或其他参与人员不在船上时，如果驳船冲出泊留位置而给其他船员造成损害时，其主人应负责任。尽管如此，在任何案件中，当他对他人的损害负有责任时，如果损害有关他自己的驳船，他显然必须按比例降低其损害赔偿。这样，当我们考虑此种责任的原因时，为什么不可能有这样的一般原则就变得很明显了。既然每只船都可能冲出泊留位置，并且如果冲出来，它便构成对其周围船只的

① 吴汉东. 论网络服务提供者的著作权侵权责任. 中国法学，2011：46 - 47.

② 万柯. 网络等领域垄断看门人的替代责任. 环球法律评论，2011（1）：23.

③ 张民安. 过错侵权责任制度研究. 北京：中国政法大学出版社，2002：326.

④ Richard A. Posner, "Epstein's Tort Theory: A Critique", 8 *J. Legal Stud*. 458, 460 (1979) //张民安. 过错侵权责任制度研究. 北京：中国政法大学出版社，2002：339.

一个威胁，那么船主的责任在于（像其他类似情形一样）防止产生损害，它是三个变项的函数：（1）船只冲出泊留位置的概率；（2）如果冲出来了，其产生损害的严重性；（3）充分预防的责任。用代数的形式来表达可能会使这个概念变得易懂一点：如果令概率为 P，损害为 L，且责任为 B，那么责任便取决于 B 是否小于 P 乘以 L，即是否 B<PL。"[1]

准社会契约论的实质是"在可以花费自己微不足道的成本的情况下如果可以警告或救助处于危险中的其他人"，它阐述了花费的成本小于获救的利益可以增进社会的总体福祉的基本原理。准社会契约论符合当时社会的思想潮流并借助了卢梭的社会契约论的论证方式作为理论框架，同时又纠正了社会契约论带来的狭隘和片面的问题。具体而言，社会契约论是为了限制公权力的无限扩张，提出个人让渡一部分的权利组成公权力，同时授权公权力维护个人的权利，其实是想找到一种个人让渡个人权利给公权力的平衡点，这个平衡点使出让的权利与公权力发挥效力获得权益之间的比值达到最小化，瓦解之前让渡的个人权利偏大而公权力发挥效力获得权益过小的问题。虽然是从个人的角度来思考问题，但是由于社会整体是由个人组成的，个人利益的最大化的总和就是社会利益最大化的总和，排除了掌握公权力的一小部分人的权利最大化的趋势。但是社会契约论引起的个人主义哲学会倾向于不作为义务的落实而极力避免作为义务的阐发，例如上文提到的"我不承担拯救其生命的义务"就一揽子地将个人与权利以及个人与个人之间的作为义务都排除掉了。波斯纳的准社会契约论借助了卢梭社会契约论的躯壳，但是与社会契约论着眼于个人与公权力不同，波斯纳的准社会契约论是着眼于个人与个人的综合体即社会之间的关系，因而这种个人权利或者更准确地说是个人的权益的让渡发生在个人与社会或者更直观、具体地说发生在个人与个人之间，并与"假如社会的所有成员能够以一定的方式聚集在一起，他们会一致同意"所蕴含的同意的内容即个人付出权益小于受益人所得权益是一致的。如此可以使得个人利益与社会利益之间这种空洞的模型变得更加具象，而又不违背其本质，因为个人

---

[1] 罗伯特·考特，托马斯·尤伦. 法和经济学. 张军，等译. 上海：上海人民出版社 1994：496.

利益的总和就是公共利益。当个人利益与其他个人的利益都得到很好的实现的时候，总体的利益就会实现。虽然波斯纳举的例子权益差距较为悬殊，符合理论转型提出稳健性的要求：用微不足道的代价和面临的危险作为对比，但实际的适用范围并不一定局限于此，具体的比例可以通过进一步的研究得出。但最起码其所蕴含的原理是足以支撑社会总成本控制理论的。

汉德公式阐发的是预防的成本与损害之间的更加细致的关系，可以引申出更加直观的未来可能发生的侵权行为可能导致的损害与对此侵权行为采取措施可能付出的成本之间的比较，当然对于侵权行为未来可能造成损害的大小，如果仅从抽象的角度脱离具体情况是较为难以准确估计的，因此就应该具体问题具体分析。具体到在网络用户侵权时，有学者认为，在目前的情况下，无疑是网络服务提供者能以最小的成本控制损害发生。[①]笔者赞同该观点，且认为社会总成本控制理论有时也可以运用于非金钱价值之间的比较。例如，由于网络服务提供者只要提供删除、屏蔽、断开链接等措施，付出的是简单人力成本；而被侵权人却要付出知识产权、人格权或财产权的损失。对于人格损失来说，它代表了人的基本尊严，是人生活下去的基础，也是人类开展其他工作的前提，简单的人力成本是无法与其相比的。对于知识产权来说，知识产权的完成需要人力成本的投入，当然不仅限于人力成本的投入，还包括资金等等，因此知识产权是建立在简单人力成本或者高级人力成本之上的，可以说是人力成本的更高级的形式，因此，简单的人力成本的付出与知识产权的损害也是无法相比的。除此之外，还有社会公众被错误信息误导带来的认识、行动错误引起的间接损失。虽然对知识产权的侵权会导致需要付费的知识产品免费在大众当中普及，并进而对大众的整体福祉的提高起有推动作用，但侵权带来的上述益处相比侵权对社会创新、知识创造所造成的损害来讲是微不足道的，从整体衡量的角度来看，放任侵权是弊大于利的，这无疑是知识产权界的共识。因此，网络服务提供者发现或者知道侵权存在的时候应该采取措施消除侵权行为，这是符合社会成本控制理论的。

---

① 张新宝. 互联网上的侵权问题研究. 北京：中国人民大学出版社，2003：47.

准社会契约论主要是从民意的角度，表达的基础是符合社会总成本控制理论的社会共识，具有广义的价值和意义。而汉德公式将蕴含在具体案件中的比较预防成本和风险所造成的损害之间的大小关系展现了出来，其实也以社会总成本控制理论作为基础，具有个案的价值和意义。因此，准社会契约论和汉德公式都可以对社会总成本控制理论作为承担责任的理论基础起到支撑的作用。具体到网络用户侵权时在大众及国家层面对网络服务提供者承担管制的义务的要求实际上也是出于对网络服务提供者管制成本的忽视或者对管制成本小于网络用户侵权造成的被侵权人扩大部分损害的认识。这种要求就是准社会契约论的核心内容，而对网络服务提供者的管制成本小于网络用户侵权造成被侵权人损害扩大部分的认识的具体化就体现了汉德公式的核心内容。

因此，社会总成本控制理论也是网络用户侵权时网络服务提供者承担责任的理论基础。

（三）报偿理论

报偿理论对网络用户侵权时网络服务提供者承担责任所具有的解释力，秉承着收益与风险相一致原则，也有称之为营业与风险相一致原则。报偿理论主要是从赔偿责任的赔偿出处的角度进行考虑，其有两层含义：其一，在一方受损的时候不仅仅要考虑是谁造成了损害，而且要考虑谁在这个过程中可能获得了利益，通常情况下一方受损往往会带来另一方受益，即利益从受损方转移到了受益方，尽管利益在转移的过程中形态可能发生了变化。具体而言，一方受损，就要考虑一方受损所代表的一系列行为是否为另一方受益的状况所必然蕴含的。如果答案是肯定的，那么就找到了受益状态与受损行为所代表的一系列行为之间的因果关系。其二，一方主体要承担责任首先是要有收益的，而且这种收益应该是对应受损方承受损害所代表的一系列行为。也就是说，当主体并没有因受损方承受损害所对应的一系列行为获得收益或者根本缺乏收益机制的情况下，根据报偿理论，上述主体是不需要承担责任的。

仅从责任承担者与权益受损人之间责任流转的视角来思考报偿理论是有局限性的。因为这种报偿从根本上是与社会不特定个体的接触得来的，报偿本身的取得就是一种将责任与整个社会联结起来即责任社会化的桥

梁。这种桥梁就为责任承担者提供了将责任分散到社会上不特定个体的途径，也就是说，通过报偿将被侵权人遭受的损害分散到了社会不特定个体的身上。例如，网络服务提供者在网络上提供会员制服务，会员制是指使用网络服务提供者的服务是要交纳费用的，在网络服务提供者提供的服务内容侵犯到被侵权人的权利造成其损害的情况下，网络服务提供者承担责任的基本渠道就是从获得的收益中支取一部分来赔偿受损的被侵权人遭受的损失，此时被侵权人遭受损失的补偿其实来自广大享受网络服务提供者服务的会员制用户。推而广之，网络服务提供者对损害发生和发展的预防和控制方面的成本都同样来自广大享受网络服务提供者服务的会员制用户。因此，报偿理论在本质上也可以被看成是一种风险分散机制。

1. 报偿理论能够解释对被侵权人补偿的来源问题

报偿理论通过揭示网络服务提供者在网络用户侵权时收入的来源问题，证成了网络服务提供者承担责任的原因，网络服务提供者在网络用户侵权时获得的利益来自网络用户对被侵权人的损害。损害既可以是对被侵权人权利本体的损害，也可以是对被侵权人权利本体获益的侵害，在网络用户侵权时就具化成了网络服务提供者因网络用户侵权而获得了利益。例如，网络服务提供者利用网络用户侵害被侵权人的知识产权而获得了大众的注意力，并通过将这种注意力出售给广告公司获得了利益，这种获利其实就是来自对被侵权人权利本体获利渠道的损害。因此，报偿理论可以揭示网络服务提供者在网络用户侵权时承担赔偿责任的原因，并且应将获得的利益偿还被侵权人本体盈利的损失。

2. 报偿理论为社会成本流动提供了途径

任何事物都具有两面性，在选择了利用某事物以后，除了享受该事物带来的利益以外，还应该承担该事物带来的负面效应，即损害，也就是说不能只享受事物的利益，而将事物可能造成的损害抛给他人。建立在公平原则上的报偿理论是否在任何情况下都符合因获益而承担责任的现实情况呢？答案是否定的，如果在获益很大，而损害较小的情况下，从获益当中拿出一部分来补偿损害自然符合公平的价值追求。但如果只获得了很小的利益，却要承担很大的损害，则违反公平的价值追求。可见，传统的以微观为视角的报偿理论是存在解释力上的局限的。笔者认为，报偿理论承接

上文应该作为一种社会总成本控制副产品，即因控制网络用户侵权而承担的成本的一种转移方式，而非传统的僵化、孤立地看待收益与损害控制和承担的责任，因为传统的营业收益与风险理论的预设范围仅仅在受益人和损害者之间，没有将视野放到整个社会成本的流转这一宏观视角之上，而这对于揭示网络用户侵权导致的责任流转的特征尤为重要，将传统的利益与风险共存的理论衍生出新鲜的内涵，具有分散损害到损害应去之地的功能。因而，责任的大小或许与侵权后果的严重性无关而与网络服务提供者的损害分散能力有关，因而似乎可以就此建立收益与损害后果之间量的联系，即赔偿主要应该跟收益挂钩，而非跟损害后果挂钩，因为赔偿主要解决的是损害的转移问题，赔偿数额应该以收益为限，而不能超过收益。因此，传统的报偿理论难以给出收益与损害后果之间量的联系，而仅在收益和损害之间建立一种模糊的质的联系，也无法根据收益明确其应有的边界。除此之外，还有学者从网络服务提供者通过社会总体利益的实现来实现个体利益的角度来证成这一命题。①

3. 报偿理论与其他理论具有兼容性

通常报偿理论的思考角度是以权利受损人为中心，考虑的是权利受损人的损害如何发生转移的问题。但报偿理论的思考角度并非局限于此，报偿理论还可以从责任承担主体的角度加以考虑，结合上文中的控制力理论，控制力的实施是需要成本的，在实施了控制力后无论是否真的造成了损害都需要解决控制力成本的流转的问题。因此，此时控制力的实施承担了一部分公共职能。举公共服务的例子来说，政府提供公共服务的成本来自整个社会纳税主体的纳税，即政府部门提供公共服务的成本是可以通过税收等平摊于享受公共服务的社会主体的，正所谓取之于民、用之于民。同理，网络服务提供者行使控制力的时候，其成本也应该由因控制力而受到保护的主体承担，具体而言应该由被侵权人，即知识产权人，或者财产权、人格权受到侵害的主体承担。但是，由于市场主体之间关系的复杂性，成本在市场主体中的流动也是复杂化的，并不一定总是沿着从成本到收益的主体的路径流动。因此，如果让被侵权人承担控制力的成本可能也

① 张新宝. 互联网上的侵权问题研究. 北京：中国人民大学出版社，2003：46.

并不符合成本的真实流动状况。正如同警察部门行使职权并不是在行使职权之后向需要警察部门行使职权的受害人收取行使公共职权的成本，而是在征收税款的时候是面向整个社会主体进行是一样的。然而，虽然网络服务提供者的成本不需要针对性的流动渠道，但是也需要一个成本的分散机制，否则控制力与控制力的行使之间将隔着难以跨越的鸿沟：控制力成本的分散和补偿问题。而且，网络服务提供者的成本付出还将影响着其经营的成败，就整个行业而言，行业之间存在着竞争关系，从美国 DMCA 法案的产生过程中传统出版业与网络行业的角力就可以看出端倪。因此，报偿理论对于贯彻控制理论具有积极意义。

4. 报偿理论可以在立法和司法中找到证据支持

美国 1995 年发布的《知识产权与国家信息基础设施白皮书》（Intellectual Property and the National Information Infrastructure，以下简称"白皮书"）认为，对于从事会导致他人权益受侵害的行业，承担侵权责任的风险是其经营的法律成本之一。德国个案中网络服务提供者注意义务的确定也跟是否获利有关。[1] 我国的《侵害网络传播权民事纠纷规定》第 11 条采纳了报偿理论的观点。除此之外，《条例》第 7 条、第 19 条第 2 项、第 22 条第 4 项同样体现了报偿理论的规定。在司法实践中，网络服务提供者对上文已述的深度链接与普通链接在控制力方面是一致的，但是承担的责任轻重却存在差别，主要的原因就是深度链接并不发生网页的跳转，可以将网络用户留在自己的页面上，并进而将网络用户的停留所带来的相关利益收入囊中。而在普通链接中，网络用户随着链接跳转到其他网站上，故原网站的经营者就失去了网络用户停留带来的相关利益。正是利益的差异导致了相同控制力的深度链接和普通链接，网络服务提供者却承担不同的责任。美国的法院判决中运用报偿理论作为裁判依据也并不鲜见。例如在 Napster 案中，法院认为，Napster 的预期收益与其用户数量的增加密切相关，故可以认定 Napster 系统上的侵权内容对其用户产生了一种吸引力，进而带来了直接的经济利益。[2]

---

① 全国人大常委会法制工作委员会民法室编. 侵权责任立法背景与观点全集. 北京：法律出版社，2010：393.

② A&M Records, Inc. v. Napster, 239 F. 3d 1004（9th Cir. , 2000），p. 1023.

（四）理论基础的整合

控制力理论、社会总成本控制理论、报偿理论都具有一定的解释力，但是各自都对承担责任的理论基础不具备完整的解释能力，只有三个理论结合起来才能共同组成责任的理论基础。具体而言，一方面，社会总成本控制理论中削减损害的成本并使之小于损害本身作为责任承担的根据是社会总成本控制理论的第一层次内容，即削减损害的成本低于损害的后果方产生责任的承担。反过来说，当削减损害的成本高于损害的后果时，由于其不符合社会总成本控制理论而不产生责任承担的问题。而且，由于社会总成本控制理论其实隐含了一个适用条件，即削减损害的人必须是对损害具有控制力的，否则没有控制力就没有削减的可能性，更没有讨论成本的余地。因此，就可以通过社会总成本控制理论的隐含层次的内容将其与控制力理论结合起来，使得社会总成本控制理论不但具有从成本收益角度作为责任承担的根据的功能，而且还有限定控制力理论解释责任承担的根据的范围的功能。也就是说，虽然有控制力，但是当控制成本高于可控制的损害本身的时候，这种控制就是无意义的，也因此不产生责任承担的问题。另一方面，报偿理论阐释的有收益是产生责任的基础中最基本向度的内容，即如果没有收益那么就不应该承担责任。该内容将报偿理论与社会总成本控制理论连接在了一起。虽然社会总成本控制理论从准社会契约和汉德公式多方位地论证了网络服务提供者在网络用户侵权时采取相应措施的正当性，即会增加社会的总福祉。但相对某些个体来说，可能在相当一段时间内，特别是在社会分工已经很细密的情况下，某些行业或者某些岗位就成了经常性为社会总利益牺牲的责任承担者。这样的责任分配尽管会增进社会的总体利益，但对于前述的责任承担者就有可能形成不能承受之重。笔者认为，一个良性、成熟的社会应该对个体的付出有一个有效率的反馈机制，在市场经济的条件下，这种暂时把责任承担下来的主体有机会利用市场渠道将这种成本流通到其他应该承担的主体身上，这种机制不但实现了法律的公平价值而且还可以保证社会成本控制理论适用的持续性，不至于导致社会的某些组成部分因责任的重压而萎缩、消亡，并进一步威胁整个社会总成本控制效果的实现。报偿理论实际上就阐述了通过收益将控制力的成本分散到社会中去的问题，因此报偿理论与社会总成本控制理

论也存在内在联系。

三种理论不仅是责任承担的理论基础，而且是责任承担的判断标准。三个标准又形成了一个判断机制，判断机制中的首要问题是哪个标准适用在先，哪个标准适用在后的问题。笔者认为虽然三种理论形成的判断标准缺一不可，但是三者存在一种由一生二，由二生三的关系，即由存在控制力生出需要考虑社会总成本控制的问题，又在符合社会总成本控制力的基础上生发出是否符合报偿理论的问题。因此，考察顺序应该从三种理论中基础性的、起决定性作用的理论即控制理论开始。如果不符合控制力理论的标准，则必然不承担责任，无论其是否有收益。当符合控制力理论的标准之后才具有承担责任的基本前提，而后才要考虑是否符合社会总成本控制理论的标准。如果不符合社会总成本控制理论，则无须承担责任也无考虑控制成本的分散即报偿理论的问题。最后，在符合控制理论和社会总成本控制理论的基础上再考察是否符合报偿理论的标准。如果报偿理论的标准也符合，则应该承担责任。这就是三种理论结合共同构成承担责任的理论基础的判断方法。举一个审查义务的例子，并试用以上理论进行解释：对于一般审查义务来说，由于审查工作量过于巨大，超出了网络服务提供者的控制能力，因此可以不需要继续考量其他的理论的判断标准，而直接作出网络服务提供者不应承担该义务的判断结论。虽然否定了一般性的审查义务，但是网络服务提供者对于一定范围的审查是有控制能力的，那么就要考量审查的范围问题即在多大范围内承担审查责任，此时，审查的范围要就要以社会总成本控制理论作为判断标准。虽然网络服务提供者的审查范围的大小在一定程度上是可以伸缩的，具体而言增加设备或者人力资本就会增加审查的范围和效果，但此时还需要对比增加的设备和人力与可能发生的侵权概率和侵权损害乘积之间的大小关系。因为只有在社会总成本不增加的情况下，增加设备和人力成本才是必要的。同时，增加设备和人力成本又存在经济学上的边际效益递减的效果，因此也应该在具体的案件中将边际效益递减的效果考虑进去，增加决策的科学性。在实现了社会总成本控制理论的目标以后，就要考虑网络服务提供者获利的情况，看其是否具有良好的将成本转移的能力。如果有，则承担责任，没有就不应该承担责任。反过来，如果要否定责任的承担，则不符合理论基础中的任何

一种理论都可以达到否定责任承担的作用。

二、网络服务提供者间接侵权责任的构成

立法的抽象与浓缩增加了法条的包容性，但同时立法浓缩与抽象也可能产生法律漏洞，例如《民法典》第 1195 条并未规定通知的内容。[①] 其实不仅如此，对于网络用户侵权时网络服务提供者侵权责任的构成要件来说，法条中给出的信息看似清晰、明了，实则在运用构成要件构造侵权责任的过程中会遇到很多的问题。如果不能发现并且解决这些问题，那么网络用户侵权时网络服务提供者责任的落实就会存在重大阻碍。具体而言，构成要件指引了证明的方向，证明责任的方向直接影响着证明效果的实现。试想如果对构成要件的理解不同，假设一方的理解是 A，而构成要件的实际含义是 B，那么一方为了证明 A 所做的工作都做错了方向，证明效率相比一开始就证明 B 要低。一方证明力由此发生的偏移就很可能影响整个诉讼的结果走向，即影响着责任的最终承担。因此，构成要件与归责原则一样都起着可以左右网络用户侵权时网络服务提供者责任的作用。而且可以想见对构成要件的理解有分歧肯定是诉讼中经常遇到的问题，因此也具有很强的实践意义。故而，对构成要件的分析和释明也是分析网络用户侵权时网络服务提供者责任的应有之义。

因为网络用户侵权时网络服务提供者属于不作为，《民法典》第 1195 条将网络服务提供者的行为、损害结果、行为与损害结果之间的因果关系都进行了固化，具体而言网络服务提供者的行为是未采取删除、屏蔽、断开链接等必要措施；损害结果是网络用户侵权造成的损害或损害的一部分即损害的扩大部分；因果关系是损害的扩大与发生与网络服务提供者未对网络用户的侵权行为进行控制有关。由于网络服务提供者的行为、损害结果、行为与损害结果之间的因果关系没有太多的讨论余地，故本书就不再进行相关讨论。因过错的证成是责任构成的关键，同时，在不作为侵权中

---

① 王洪，谢雪凯．网络服务第三方责任之现代展开——立法演进、立法思想与理论基础．河北法学，2013：26.

以作为义务为承担责任的基础和过错的认定，与作为侵权中以不作为义务的违反为承担责任的基础显然不同。因此，本书仅就过错和行为两个方面进行探讨，完成对网络用户侵权时网络服务提供者责任构成的分析。

（一）过错的认定

1. 主观状态中"知道"的规定方式及认定

由《民法典》第1197条规定网络服务提供者知道侵权而不采取相应措施应承担责任可知，"知道"构成过错中的主观状态。具体而言，网络服务提供者未采取积极的相应措施时对第三人侵权是否知道是判断其有否过错的重要因素。我国《民法典》第1197条对《侵权责任法》第36条的规定作出了改变，除保留《侵权责任法》第36条3款中的"知道"外，还新增了"应知"这种网络服务提供者过错中的主观状态，并将其和"知道"并列加以规定，即"知道"及"应知"是判断网络服务提供者对第三人侵权有否过错的重要因素。

关于"知道"的立法用语，《侵权责任法》立法之时就曾历经多变，《侵权责任法》草案第一次审议稿和第二次审议稿都曾规定"明知"。草案第二次审议稿后来将"明知"改为"知道"。在草案第三次审议时，"知道"又被修改为"知道或者应当知道"。在全国人大常委会最后审议时，又被改回"知道"。从立法过程来看，知道与应知又为并列关系。而从立法者意图来看，知道与应知应该是被包含的关系，即知道包含应知。从语言学的角度来看，知道、明知、应知、推知、有理由知道都是对行为人主观状态的一种法律语言的表达。我国《民法典》侵权责任编中的相关规定又回归《侵权责任法》的逻辑进路。这种立法过程上的反复，加之与法解释学、语言学上的冲突和碰撞，使对"知道"内涵的厘清在当下显得愈发迫在眉睫。是利益平衡的结果，即立法者需要在促进网络行业健康发展与保护被侵权人合法权益之间寻找合适的平衡点，既不能失之过严，也不能操之过宽。① 可见，使用哪一种立法语言关乎立法的科学性与严谨性，使用不当会造成法律理解和适用上的偏差，甚至会造成法律之间的矛盾。因此，在立法中如何利用语言界定行为人的主观状态，对于认定行为人的主观过错

---

① 王胜明. 中华人民共和国侵权责任法解读. 北京：中国法制出版社，2010：185.

至关重要，值得我们认真研究。

（1）"明知"与"知道"用语的取舍。

"知道"一词可以表达一种确定无疑的实然心理状态，即便不加前置修饰词，也足以表达网络服务提供者对侵权事实知晓的主观心态。"明知"可以有两种意涵：其中一种是对知道的强调，加重知道在论证中的权重，即明明知道；另一种是对知道的推测，表达了一种对知道符合高度盖然性的推测，即明显知道。因此无论是明知的哪种意涵都无法恰当地表达知道所蕴含的那种确定无疑的实然心理状态，"明知"除了作为原来实然心理状态的描述以外，没有其他的价值。"知道"一词应该仅仅用来表达确定无疑的实然心理状态，而不具有推测心理状态的囊括，这符合法律用词严谨性的要求。① 因此，"知道"与"明知"之间，应当保留"知道"，而摒弃"明知"。另外，应知、推知、有理由知道相对于知道都是实然心理状态之外试图从外部证成实然心理状态的一种方式，即应知、推知、有理由知道都是对实然心理状态知道的一种推测。在这个意义上，知道不可以作为应知、推知和有理由知道的上位概念。总之，基于"知道"在法律中的内涵，应当将"知道"确立为网络服务提供者过错的主观心理状态，在下文的讨论中学者们使用的明知也一并作为知道看待。

（2）"应知"用语的立法证成。

关于"应知"应否规定在立法中，有两种截然不同的观点。有学者认为，"网络服务提供者主观认知的过错，应包括'明知'和'应知'两种状态，前者系'实际知道'，是对主观过错的事实认定，是为过错责任认定的普遍情形，可依证据判断；而后者系'推定知道'，是对主观过错的法律推定，是为过错责任认定的例外情形，须按要件规定严格把握"②。

---

① "知道"一词具有模糊性，从而为法院作出弹性解释提供了空间。如果法律上规定"明知"，则无法涵盖应当知道。法律上使用"知道"的表述，实际上授权法官根据特殊情况，确定在必要时是否可以包括应当知道。因为一方面，网络侵权的情形非常复杂，各种具体情形各不相同，如果将其仅限于明知，对于显而易见的侵权，也要举证证明明知，则对于受害人的保护是不利的。例如，对于侵害知识产权的案件，是否扩张解释为应当知道，还有必要根据个案考虑。另一方面，法律上"知道"的解释不完全限于明知，这也使法律规则保持一定的弹性，使法官能够从个案考虑，平衡受害人的保护与信息自由等利益之间的关系，作出妥当的裁决。

② 吴汉东．论网络服务提供者的著作权侵权责任．中国法学，2011（2）：43.

另一种观点则认为，"以'应知'作为判断标准，则令网络服务提供者负有相当的注意义务，显然会加重网络服务提供者的负担，不利于互联网行业的发展，也必将影响社会整体利益，而且在实务中法官以何种标准来判断'应知'，将成为新的难题。"① 也有学者从一般性审查义务否定的角度入手，将知道解释为明知，是为了强调这个知道不包括应当知道。"因为认为网络服务提供者对利用网络实施侵权行为负有应知的义务，就会要求其负担对网络行为的事先审查义务。这是不正确的，也是做不到的。"② 在立法上，尽管《民法典》侵权责任编的前身《侵权责任法》没有使用"应知"，但《中华人民共和国侵权责任法解读》对《侵权责任法》第36条第3款"知道"作的立法解释包括应知。《条例》第23条使用了明知或者应知。《侵害网络传播权民事纠纷规定》第7条、第8条使用了明知或者应知；该司法解释第9条、第10条、第12条使用了应知；《中华人民共和国著作权法（修订草案送审稿）》也使用了应当知道。可见，将应知作为网络服务提供者的主观状态基本上形成了立法和司法中的共识。最终，《民法典》顺应共识在第1197条中增加了"应知"。

我们认为，"应知"应当明确规定在立法中，与"知道"构成判断网络服务提供者主观状态的概念体系。

第一，学者以避免网络服务提供者负有过重的注意义务，并减轻其负担为由而否定"应知"是不成立的。网络服务提供者作为大数据的掌控者，相对于暴露于"刀光剑影"下的受害人而言处于强者地位，利益的天平不一定非要以发展互联网行业为目的倾向于网络服务提供者，通过否定其必要的注意义务来保护网络服务提供者将会陷入对被侵权人保护不力的困境中。适当地使网络服务提供者以一般理性人为标准负有审查义务，不但不会加重其负担，还会督促其对网络行业发展的责任心和事业心。另外，学者以在实务中法官难以掌握判断"应知"的标准否定"应知"也是不成立的。"应知"在审判实践中并不缺少标准，倒是"明知"的标准缺

---

① 张新宝．互联网上的侵权责任《侵权责任法》第36条解读．中国人民大学学报，2010（4）：23.

② 杨立新．侵权责任法规定的网络侵权责任的理解与解释．国家检察官学院学报，2010（2）：8-9.

乏依据。例如，《侵害网络传播权民事纠纷规定》第9条、第12条都对应知的认定提出了相应的标准，最高人民法院《关于审理利用信息网络侵害人身权益民事纠纷案件适用法律若干问题的规定》（以下简称《利用信息网络侵害人身权益纠纷规定》）第6条规定了认定是否"知道或者应当知道"的标准，北京市高级人民法院《关于网络著作权纠纷案件若干问题的指导意见》第19条及浙江省高级人民法院《关于审理网络著作权侵权纠纷案件的若干解答意见》第30条都作出了类似规定。

第二，审查能力下的注意义务是应知产生的源泉。对于世界各国以及我国对网络服务提供者不负有一般性审查义务的规定和共识，在此不再赘述。但在现实中随着科技的发展，不负有一般审核义务的原则正在被不断的突破，表现为自动过滤和人工审核。数字水印（Digital Watermarkting）是为了配合自动过滤的一种技术，是将一些标识信息（即数字水印）直接嵌入数字载体（包括多媒体、文档、软件等）当中，但不影响原载体的使用价值，也不容易被人的知觉系统（如视觉或听觉系统）觉察或注意到。通过这些隐藏在载体中的信息，可以达到确认内容创建者、购买者，传送隐秘信息或者判断载体是否被篡改等目的。[①] 自动过滤启动后就可以自动识别数字载体中的水印。例如，美国 Audible Magic 公司曾经向公众演示：从 YouTube 中下载一段2分钟的视频，这套系统很快识别出它是美国电影《杀死比尔2》中的片段。著名的博客网站 Myspace.com 已经与一家名为 Gracenote 的公司合作，采用类似技术手段防止用户未经许可上传音乐。[②] 现在数字水印技术的应用非常普遍，连普通人都可以操作免费软件轻易地在自己拍的照片上形成数字水印，而对于专业的影视、音乐、图片、文字制作公司来说，水印技术更是早就得到了广泛的应用。那么，对过滤技术的应用就实现了对注意义务的开启和证成，也实现了对不负有一般审查义务就不负有注意义务的否证。人工审核主要是针对没有采取数字水印的知识产权作品或者是无法或无须采取数字水印技术的上传内容。以视频网站为例：在用户上传视频后，要先进行转码，转成视频网站的格

---

① 百度百科词条："数字水印技术"。
② 王迁 . 视频分享网站著作权侵权问题研究 . 法商研究，2008（4）：49.

式。之后要无一例外地经过人工审核程序，只有审核通过才可以上传成功。虽然该审核主要是对应《互联网视听节目服务管理规定》第16条，主要针对反动、暴力、色情的内容，但也为网络服务提供者发现明显涉嫌侵权的视频提供了机会。因此，不负有一般性审查义务是原则性的，但不是绝对的。在上述的自动审核和人工审核结合下基本就可以完成一般性审查功能。注意力的高低不是一成不变的，笔者认为注意义务的最高级状态就是一般性的审查义务。注意义务的高低完全取决于本章第一大点中的基础理论，即控制力、社会总成本控制和报偿理论的综合考量。而且，从逻辑上来看，认为不负一般性审查义务就不负有注意义务其实是混淆了一般性审查义务与注意义务的内涵，注意义务是与义务人注意能力相适应的一种义务，而一般性审查义务是全面审查的一种标准，换句话说，注意义务随着义务人注意能力的变化而变化，而一般性审查义务是始终不变的。正因为义务人的注意能力达不到全面审查的标准才规定义务人不承担一般性审查义务，而不是因为不负担一般性审查义务反推出义务人连符合自身注意能力的注意义务都不承担，最起码义务人也要负有一般理性人的注意义务，这是注意义务的最低要求。综上，网络服务提供者要负注意义务，而不负一般性审查义务，即不负一般性审查义务与负有注意义务之间不存在所谓的逻辑冲突，而此种注意义务正是应知的源泉。

第三，应知具有不可替代的价值。应知存在的价值在于应知是越过实然状态直接通往责任的桥梁，因为它不是依靠实然状态的证实而是依靠应知建立起来的应然模型。应然模型或以"理性人"为标准，或以从事特定职业者或者具备相应人员、技术、设备的企业为标准。应然模型是建立在这样一种前提之上的：除主观心理状态的外露以外，主观状态都是无法直接获知的。主观心理状态的外露包括网络服务提供者自认、网络服务提供者保存于工作记录中的相关记载、网络服务提供者对相关内容进行处理或者授意相关人员进行处理等。除此之外，无论外在行为距离主观状态是多么地接近，由于其仍不是主观状态的外露，因此都是没有办法直接获得网络服务提供者的内心实然状态的。例如，被侵权人向网络服务提供者发出了符合要求的邮件，但是网络服务提供者是否实际查看了邮件以及在网络

服务提供者查看了邮件之后是否对于侵权有所认识都存在或然性，因为没有人能保证被侵权人发了邮件网络服务提供者就会实际阅读，同样也没有人能保证网络服务提供者收到了邮件之后就对侵权有所认识。同理，即便网络服务提供者接到了符合要求的邮件，但是由于认识偏差的原因也存在其并不认为网络用户构成了侵权的可能性，即对网络用户侵权不知道。而此时"通知"是从外部最接近网络服务提供者内心实然状态的方式，因为其是主观状态之间的联结点。除此之外，都是从具体客观行为的角度进行判断，或然性进一步增大。例如，即便网络服务提供者对涉嫌侵权的内容进行了编辑，此时行为人即网络服务提供者的行为与侵权内容就有了交集，即网络服务提供者注意到了侵权内容，但是通过外部行为依然不能直接证明网络服务提供者的主观状态，即其注意到内容是否侵权具有或然性。学界通说认为应知最常出现的地方，即在侵权行为较为明显的时候，无论是出现在首页，还是本身这个侵权信息的侵权性质比较明显，在上述情况下，根本都不存在网络服务提供者任何的行为与之结合，因此网络服务提供者是否对侵权内容实际注意到都未可知。因此，就需要为应知提供一个行为的标准，这个标准体现了社会对行为人行为的要求，在大陆法系适用"善良家父或善良管理人"标准，在英美法系适用"理性人标准"，二者所蕴含的功能和价值是一致的，都体现了社会对人的最基本要求。排除了个体一般性差异，标准既是对个体达成社会一般要求的鞭策，也是处理个案的效率价值的追求。更进一步，又在一类或数类群体与"善良家父或善良管理人""理性人标准"存在实质性差异的情形下，例如职业、行业等带来的显著高于一般行为标准的情形下，就不适用原有普通标准，而适用特定标准。"善良家父或善良管理人""理性人标准"或特定标准都塑造了一个模型，该模型就是行为人需要达到的目标。而设置目标的意义在于如果达不到就要承担责任，而不再纠结于实然状态为何。例如，在网络服务提供者设置邮件接收地址以后，当被侵权人发送电子邮件，按照标准塑造的模型就要求网络服务提供者要查收邮件。如果其在查收后采取了相应措施就不需要承担责任，而未采取相应措施就要承担责任，不用再纠结于网络服务提供者是否实际查收。以此类推，接收了邮件就负有知道的义务；对侵权内容进行设置就负有知道的义务；甚至对侵权行为明显的时候

也负有知道的义务，而其实际是否知道在所不问。由此可知，知道和应知搭配的体系可以无死角地解决网络服务提供者主观的一切问题。因此，美国国会立法报告中也将网络服务提供者的主观状态描述为："Knows or should have known."[①] 而且，如前文所述，该搭配已经得到了立法、司法的全面肯定，如今又被重新规定在了《民法典》侵权责任编第 1197 条中。因此，推知和有理由知道就没有存在的必要了。尽管如此，一来为了检验上述论证的正确性，二来为了解决学术上的争议，故在下文对此一一加以讨论。

（3）"推知"之否定。

有学者认为应该用推知代替应知，与知道一起构成网络服务提供者的主观形态，即以推定规则实现网络服务提供者知道的证成。[②] 由于推知的调整范围与应知一致，因此可以在调整功能上与应知进行对比，进而对二者的取舍作出判断。

第一，"推知"的前提是存在之前可感知事实的一般化、原理化。如此才能保证推知过程中从客观事实到法律事实的过程并不会发生事实认定的偏移，即作为陈述的案件事实恰当地反映了事实上发生的案件事实（＝实际事件）。[③] 但，这种感知事实的一般化、原理化的要求也使得推定规则无法适用于实然心理状态领域。从原理来讲，一般意义上的推定是由推论演化而来的。具体而言，人们在社会生活中长期地、反复地实践，所推论的某些结果也是相同的，由此获取了一定的经验知识，形成了日常生活中的推定法则。在司法领域，"司法意义上的推定，是指法律规定或由司法人员根据事实之间的常态联系，以某一个或若干个已知的事实为前提，推论出另一个或若干个未知事实的存在，并允许当事人推翻的一种证据法则。推定是对已知事实与未知事实之间因果关系的假设，这种因果关系是在事实的现象之间所体现出的一种内在的必然性联系，即如果一种现象已经实际存在，另一种现象就必定存在。推定是根据事物发展的这种必然性联系，推断出另一现象发展的必然趋势，尽管在推定过程中可能存在着一

---

① H. R. Rep. No. 105 - 551, pt. 1, at 25.

② 徐伟. 网络服务提供者侵权责任理论基础研究. 长春：吉林大学，2013：82.

③ 卡尔·拉伦茨. 陈爱娥，译. 法学方法论. 台北：五南图书出版有限公司，1996：181 - 182.

种偶然因素，但仍然体现出一种必然的概率性"[1]。故推定在诉讼中的价值在于：推定有利于减轻当事人的举证负担，符合公平原则。根据司法三段论，法律为大前提，要件事实为小前提，据此作出的判决即为结论。案件事实的认定，须借助证据。在特殊情况下，有些案件并无直接证据而只有间接证据可供利用，法律为了避免举证不能或举证困难的现象产生，便允许当事人就较易举证的间接事实提供证据，通过推定来认定案件事实的存否。[2] 但是推定的根据和基础必须是两个事物之间的常态联系。这种常态联系表现为一种牢固的因果关系，是人们在经历长期社会生活后，通过反复实践所不完全归纳、总结出来的经验法则，体现了事物之间最可能存在的相互关联。也就是说，由事物之间的这种内在必然联系所决定，当一个事物存在时，另一个事物必将接着出现。根据唯物主义哲学观点，世界是普遍联系的，没有绝对孤立、静止的事物，世界万物均处在不断变化的循环往复中。人们在日常生活中，通过经验的总结归纳，能够认识并掌握、利用事物之间的联系。事物之间循环往复的变化，将不可避免地在人们的经验意识中不断沉淀，逐步形成事物之间的因果关系经验。[3] 因此，推定的本质是在直接认识能力的有限性和纠纷解决的迫切要求之间作出的一种折中，进而衍发出的运用间接认识方法来解读客观事实的方法。这种方法依赖于对之前大量同类客观事实的积累，包括发生结果之前的各种客观情况以及结果，还有客观情况与结果之间的逻辑关系。这种大量经验的积累是必要的，只有积累的量达到足够大的时候才可以将或然性的概率降到可接受的程度，如此使得客观情况与结果之间的联系在客观事实上基本达到必然的程度。因此，形成客观联系的前提是客观情况与结果之间关系的直观性。例如，地面湿了，可以作出之前下雨了的推定。客观情况中的下雨导致的地面湿润是可以实际观察到的，而且经过了大量的积累。因此，只有按照这样的方式得出的推论才能达到《最高人民法院关于民事诉讼证据的若干规定》第 10 条第 3 项、第 4 项[4]的要求。而网络服务提供者

---

① 陈卫东，谢佑平主编．证据法学．上海：复旦大学出版社，2005：234.

② 江伟主编．证据法学．北京：法律出版社，1999：129.

③ 同①235.

④ "根据法律规定推定的事实；根据已知事实和日常生活经验法则推定出的另一事实。"

在上述争论事实的情况下的主观心理状态从来也没有得到确实的证实，因此，是无法从之前的大量已发生事情和结果之间抽象出一般规律的，这导致推定与知道无法得到结合。在司法实践中，如果不能建立在之前事实经验的基础上，那么推定就会使法官的自由心证承受不能承受之重。其实上述问题的根源在于解决承担责任的前提不一定以法律上的知道或者事实上的知道为基础，正如事实上的知道也只是承担责任的一种前提，此外，上文所述即便不实际知道也成为承担责任的基础，即真伪不明并不影响责任的承担。与此同时，推知客观上还有自身难以逾越的鸿沟，即其证成的过程需依赖应知的参与。

第二，"推知"的证成过程依赖应知的参与。根据推知的证成路径，由于上文提到的实然心理状态这一结果从来也无法被之前的证据加以直接证实，推定若要进行下去并达到从逻辑起点的真伪不明到证成的目标，知道仍离不开"理性人"或与网络服务提供者资质相匹配的标准作为参照，否则无法实现跨越，即从客观情况到"理性人"或与网络服务提供者资质相匹配的标准下知道的跨越。由于推定的证据充足与否只能证明侵权内容是否明显，而从明显与否过渡到是否知道的主观心理状态显然是需要参照系的，这个参照系就是应知所蕴含的内容。因此，法律上的知道离不开应知所蕴含的标准的参与，正如美国 DMCA 法案的立法报告①所述，离不开理性人的标准。而美国"红旗测试"（red flag test）之所以失败，原因在于其没有采取应知的标准，责任的成立取决于两个条件。② 由此可见，"红旗测试"将问题从是否知道转移到了是否意识到，而证明是否意识到和证明是否知道的证明难度是没有区别的，只是换了一个证明客体而已，于是问题又回到了起点。因此，如果不能全面地适用应知就会在证明事项选取这个问题上无休止地原地打转，而永远不会有答案。正如一名学者所言："至今为止，（法院）从未根据红旗测试认定明显知道成立过。事实

---

① Whether infringing activity would have been apparent to a reasonable person operating under the same or similar circumstance. DMCA H. R. Rep. No. 105 - 551（II），pt. 2，at 53（1998）. DMCA S. Rep. No. 105 - 190，at 44（1998）.

② 一个是是否意识到了侵权情境（whether the ISP is aware of the circumstances of infringement）；另一个是从该情境来看侵权是否明显（whether the infringement is apparent from the circumstances）。

上，除非网络服务提供者收到了符合法律要求的侵权通知，版权人事实上几乎不可能证明其知道"[1]。其实症结就出在缺失应知的情况下，连网络服务提供者注意到了侵权事实可能存在的环境都无法获得证明。如果注意不到侵权事实可能存在的环境，即使侵权事实再明显也是无法证明知道的。因此，无疑推定知道就是在走"红旗测试"的老路，显然现实中的结果也不会与"红旗测试"相差太大。综上，推知的先天不足离开应知无法获得解决。而且，由于推知和应知在"理性人"或与网络服务提供者审查能力相符的标准以后转向了不同的方向，推知在借助应知内涵中"理性人"或者与网络服务提供者审查能力相符的标准后转向了法律上的知道，再从法律上的知道转向过错的承担；而应知在"理性人"或者与网络服务提供者审查能力相符的标准以后直接就转向了责任的承担。因此，应知比推知的效率更高，更符合法经济学的价值追求。

第三，"推知"不具有认定的终局性。"按照举证分配的一般原则，主张适用某法律规范的当事人，应就其所必需的要件事实负担举证责任，对方当事人对它没有任何举证义务。但是，这种一般原则因法律推定的介入而产生了特殊变化，对方当事人为排除由法律推定所产生的不利于己的法律效果，不得不就原本不属于自己举证范围的事项负担举证责任。由此看来，就特定的法律规范而言，法律推定使得举证责任的分配构成倒挂状态，学理上称之为举证责任的倒置。显然，这是对举证分配的一般原则的修正，因而又称为举证责任分配原则的例外或特别规则。"[2] 因此，推定并非在客观事实与法律事实之间建立了一座桥梁，即从真伪不明的情况可以直达法律上的知道，而是提供了一种举证责任转换的方式，使得被告承担起证明其抗辩的举证责任，即当被告能够举证其实际不知道的时候，推定并不会发生生成法律事实的效力。因此，推知并不具有终局性。

第四，"应知"比"推知"具有更高的准确性。真伪不明是一种法律初始状态，但事实状态肯定是知道或者不知道，具有唯一性，不会一会儿知道一会儿不知道，即知道与不知道无法共存。但真伪不明的法律状态并

① 徐伟．网络服务提供者侵权责任理论基础研究．长春：吉林大学，2013：81.
② 江伟主编．证据法学．北京：法律出版社，1999：132.

不影响责任的认定，在应知的情况下真伪不明也可以让网络服务提供者负有"理性一般人"或者符合网络服务提供者相应资质的标准的审查义务。上述承担责任的基础并非在法律事实上的知道，而是未履行注意义务，这种注意义务一般是比较稳定和确定的。由于推知的结论具有或然性，或许与客观事实并不相符。如果放弃应知而适用推知会出现下面的不良后果，即便在侵权事实非常明显的时候，假设原告通过推知推定了网络服务提供者知道，但是网络服务提供者很容易就可以反证其不知道，特别是一些对网上内容监管不到位的网站。例如，网络服务提供者举证其没有监管人员，或者网站曾经处于无监管的状态下，那么其就可以一举推翻原告的推定。而且，还会产生一个非常不利的后果就是网站会争先恐后地不履行可能对其造成不利影响的监管职责，而只执行对其有利的监管职责，并进行证据固定。这显然是与立法目的背道而驰的，因为《民法典》侵权责任编的目的在于补偿但更在于预防，即预防先于补偿。综上，由于应知和推知在规制范围上具有重叠而互斥的性质，因此应该放弃推知而适用应知。

（4）"有理由知道"之否定。

有学者认为"有理由知道"是指，只要当事人获得了足以使人合理推断出侵权行为存在的信息，在法律上就视为已经"知悉"了该侵权行为；法院不再需要考察被告主观上是否真正知道侵权行为，而是考察一般理性人在相同情况下是否会推断出侵权行为。[1] 也有学者认为"基于特定的事实或环境而获得的认知或推理"（an awareness or understanding of a fact or circumstance），相当于"有理由知道"[2]。由此，可以看出学者们将"红旗测试"中描述的情况用"有理由知道"进行了概括。这种概括是有法律渊源的：美国侵权法重述和合同法重述将"知道"分为"有理由知道（have reason to know）"和"应当知道"。有理由知道是指行为人已经知晓某种事实，而该事实是具有正常智力的理性人或具有正常智力的行为人都能从既定事实中予以推知的，或者行为人将会以该事实存在的假设来控

---

① 刘家瑞. 论我国网络服务商的避风港规则——兼评"十一大唱片公司诉雅虎案". 知识产权，2009：17.

② 杨明.《侵权责任法》第36条释义及其展开. 华东政法大学学报，2010：125.

制自身的行为。① 但正如前文所述，我们可以得出结论，"红旗测试"描述的主观状态即我国学者概括的"有理由知道"这种中间状态是基本不会出现在网络服务提供者在网络用户侵权中的责任构成中的。因此，"有理由知道"也应该舍弃。上述论断也符合我国的现有法律资源，我国《条例》第 22 条第 3 项②虽然使用了没有合理的理由的字眼，但是最终落脚在了应当知道上面，可见立法者的立法意图与上述论断是相符的。有理由知道这种学说的存在给笔者以下启示：在西学东渐的道路上，要坚持以现存的研究方法为基础，而不是对固有的研究方法视而不见，盲目引进、另起炉灶。如此，不但对理解新型理论大有裨益，同时也不会迷失在错综复杂的理论丛林中。

2. "通知"规则及其责任认定

《民法典》第 1195 条规定了网络服务提供者接到通知而未履行作为义务即构成过错，可见"通知"具有证成主观状态的特殊功能。

(1) "通知"的价值分析。

"通知"的价值基础在于控制力理论，即被侵权人的通知并非针对直接实施侵权的行为人，而是针对可以对侵权行为进行管控的网络服务提供者。因为在直接侵权中，被侵权人往往针刿的通知对象是侵权人，要求其停止侵害等，这在过失侵权中可能会有效果，而在故意侵权中则往往没有效果。因此，对直接侵权人并没有明文规定通知这一程序及其法律后果。由于网络服务提供者对于网络的直接侵权具有控制力，因此这是通知存在的价值基础。在此基础上，通知除了上文中已述的归责原则转换的价值以外·还具有如下三方面的价值。

第一，"通知"是对知道方式的丰富。通知其实是一种对于网络服务提供者知道的一种推定，因此其要形成的证成路径依然是网络服务提供者知道而不采取删除、屏蔽、断开等措施构成过错，即《民法典》第 1197 条所蕴含的内容。因此从责任证成的路径来看，《民法典》第 1195 条的原理是与《民法典》第 1197 条完全一致的，仿佛第 1195 条是第 1197 条的

---

① H. R. Conf. Rep. No. 105 - 796，p. 26 (1998).

② "不知道也没有合理的理由应当知道服务对象提供的作品、表演、录音录像制品侵权。"

特殊形式。但表现在适用方面："法律没有规定通知条款为一般适用的规则，知道条款为特殊（例外）适用的规则，但是从立法过程中两个款项位置的调整这一情况来看，仍然应当将通知条款理解为一般适用的条款，将通知条款理解为特殊或者例外情况下的适用的条款。"① 可见，在上述两条中，原理的一般与特殊与适用的一般与特殊正好相反。而且并非第1195 条仅作为第 1197 条的一种特殊形式，即第 1195 条被第 1197 条完全囊括。除此之外，第 1195 条本身也具有一些特殊性：从客体角度来看，根据上文可知，第 1195 条的通知调整的客体是除知识产权以外的人格权和财产权，而第 1197 条不但包括人格权、财产权还包括知识产权。从责任范围角度来看，第 1195 条中网络服务提供者仅针对通知后的损害扩大部分承担赔偿责任，而第 1197 条的责任承担范围包括全部损害。从诉讼角度来看，通知是证明责任的提前行使，可以在诉讼中直接作为证据使用；知道是在诉讼中要达成的证明目标。从发起人的角度来看，通知是被侵权人主动发起以让网络服务提供者知道；知道则要网络服务提供者主动发现。从侵权行为明显程度的角度来看，通知可以是明显的也可以是不明显的；而知道一定是明显的。从判断标准的高低角度来看，通知中所指向的侵权行为可能存在较难判断的情形；而知道中的侵权行为一般为较为容易判断的，否则就不构成明显了。从证明的难度角度来看，由于第 1195 条中将通知推定为知道，因此相比直接证明知道来说要容易得多。从责任解决的彻底性角度来看，第 1195 条的证明范围是通知发出后合理期限之后的知道，而第 1197 条的知道并没有给予时间方面的明确限制，因此其证明范围为对侵权行为的全部都知道。如果被侵权人在发出通知以后在诉讼中首先提出通知，但是在之后又能够证明知道，则通知的证明不具有终局效力。

第二，"通知"为被侵权人提供了一种新的维权途径。由于被侵权人更加关注和了解自己的权利状况，因此通知不但是一种侵权责任的证明途径，更是一种被侵权人的权利宣誓方式。作为一种维护权利意愿的表达，

---

① 张新宝. 互联网上的侵权责任：《侵权责任法》第 36 条解读. 中国人民大学学报，2010：25.

"通知"使得网络服务提供者对侵权行为和被侵权人维护权利的意愿明晰化，进而可以作为一种被侵权人和网络服务提供者良性合作的渠道，以达到消除网络侵权行为的目标。因此，笔者建议通知应当作为知道的前置程序，在通知后不删除的情况下再适用知道的证成，因为如果不适用通知，那么由于被侵权人自身怠于行使自己的权利导致损害进一步扩大的，其可能对损害的扩大负不可推卸的责任，如果再要求网络服务提供者就全部损害承担责任有失妥当。具体而言，被侵权人在诉讼的时候首先应该主张的依据是《民法典》第 1195 条，如果在之后的庭审过程中其能够证明网络服务提供者知道则适用《民法典》第 1197 条，而一般不宜依《民法典》第 1197 条直接起诉。

第三，"通知"可以扩大网络服务提供者的审查范围，有利于侵权行为的消除。尽管已经否定了全面审查义务，但在能力范围内的审查义务从来都是被鼓励而且应该积极履行的。通知就是一种扩大具有控制能力的网络服务提供者审查范围的一种方式，原因在于通知具有同类审查和延展审查时间方面的价值和意义：虽然通知往往针对的是具体的侵权行为，但如果网络服务提供者仅仅针对该具体的侵权行为行使控制力，那么就不符合效率的要求，也不符合控制力的要求。因此，在通知针对的具体侵权行为得到解决以后，网络服务提供者应该以此为线索在一定范围内以及之后的时间维度内对类似及相关的侵权行为进行审查。这是因为：一方面，其他的侵权行为可以以已经确定的侵权行为为基础。例如，被侵权人曾经在通知中提出过对某侵权行为的客体享有权利，那么当网络服务提供者的控制范围内再次出现该侵权客体的时候，可以认为网络服务提供者对此侵权客体就具有了相当的认识能力。另一方面，侵权往往具有重复性。因此，通知其实应该作为网络服务提供者有限审查能力的指向标，即在一定的时空范围内应该优先审查已经有过通知的权利客体。但是这种时间和空间的扩展并不是无限制的，最终要以网络服务提供者的审查能力为限。

（2）"通知"的具体规则。

有学者认为原《侵权责任法》第 36 条第 2 款（现《民法典》第 1195 条）首次从法律上对"通知与取下"程序进行了确认，但只作了原则性规定，侵权通知的形式，应当包括的内容以及发出该通知的程序可以适用

《条例》中的有关规定。① 但由于上文中笔者立论的基础就是《民法典》第1195条不规制知识产权，而且即便在未刨除知识产权的时候，人身权和财产权似乎也不能够直接适用《条例》，因为《条例》第14条规定的是"侵权作品、表演、录音录像制品的名称和网络地址"，故《条例》显然不能适用于财产权和人格权。面对《民法典》第1195条中客体的复合性，应该采取何种标准呢？学界有如下几种见解：王利明教授认为，权利人所提出的通知，必须根据情况提供以下三类资料：1）被侵权人的身份证明，包括身份证、法人执照、营业执照等有效身份证件。2）权利的权属证明。3）侵权情况证明，包括被控侵权信息的内容、所在网络传播位置等。② 杨立新教授、陶丽琴教授、袁雪石博士认为，有效的通知必须满足以下条件：1）提出通知者的身份必须明确，应当是权利被侵害者或者利害关系人。但如果侵权内容违反法律的禁止性规定或者违反公序良俗原则时，任何人均可以提出权利通知。2）通知可以以书面或者口头形式进行。3）通知的内容应当包含网络服务提供者的网站上存在侵权内容的有关证明。③ 我们认为：首先，通知的形式一般应该是书面的，因为从证据固定的角度，书面形式不容易发生争议。但是，强行要求书面通知对于权利人来说也容易产生诉讼风险。因为，侵权事实是否明显在诉讼中是个待判断的事实，当权利人因为待判断事实比较明显而没有提交书面通知后，如果法院认定该侵权事实并不明显，那么很可能就会产生因为没有书面通知而失去合格通知机会的情况。因此，要求只可以书面通知这种设置是存在风险的。因此，虽然《利用信息网络侵害人身权益纠纷规定》并没有规定采取口头的形式，但是，根据《民法典》第1195条的规定，权利人可以以书面形式或者向网络服务提供者公示的方式向网络服务提供者发出通知，笔者认为这是比较合理的。其次，对于通知人的身份问题，前文已述，通知是一种权利，权利人可以选择行使也可以选择放弃，其表现为一种对私权

---

① 王胜明. 中华人民共和国侵权责任法解读. 北京：中国法制出版社，2010：183.

② 王利明. 中国民法典学者建议稿及立法理由·侵权行为编. 北京：法律出版社，2005：93.

③ 高圣平. 中华人民共和国侵权责任法立法争点、立法例及经典案例. 北京：北京大学出版社，2010：446－447.

的处分，因此其他人一般情况不应代为行使。再次，未经权利人授权的民事法律行为不一定会产生法律效力，将权利人之外的人纳入通知人范围就不甚合理，权利人外的其他人的"通知"应为告知。最后，从权利最终的归属来看，通知产生的权利义务应该在权利人与网络服务提供者之间进行分配，通知人如果和权利人不是一个人，并且在诉讼的时候就已经明确的话，那么其显然不符合诉讼主体资格，无法取得诉讼地位，对诉讼来说没有意义。故《民法典》第1195条中的通知应该不限于书面形式并且只有自认为是权利人的才可以发出。

关于网络财产权侵权的通知，现行法律、法规和司法解释中都没有相关规定。笔者认为，应该借鉴知识产权法的相关规定，虽然知识产权和财产权适用不同的归责原则，但是知识产权也是广义财产权的一部分，也就是说狭义的财产权和知识产权具有一定的共性。因此，可以参考DMCA法案中对于权利通知的内容的相关规定：1）权利要求者的姓名、地址以及电子签名。2）涉及权利的材料和网址，如果网络服务提供者是一个"信息定位工具"，如搜索引擎，则应提供侵权材料的链接。3）能确认该作品受版权保护的充分信息。4）权利要求者声明其是出于善意地认为，涉及侵权材料的使用没有法律依据。5）该通知准确性有保障，并愿意因此而承担责任的声明。① 总结起来就是，权利人的信息、侵权的信息和证据、承担通知错误风险的声明。《民法典》第1195条相比原《侵权责任法》增加了对于通知内容的要求："构成侵权的初步证据及权利人的真实身份信息。"

（3）"通知"规则的弊端。

"通知"作为通往网络服务提供者主观状态的主要渠道，发挥着证明网络服务提供者主观过错的重要作用，但仍有如下弊端需要改进。

第一，"通知"规则对于网络服务提供者对侵权事项认识能力的局限缺乏足够的关照。

首先，通知中提及的权利客体是存在认识的难度差异的，差异不仅仅存在于不同性质的知识产权和人格权之间。对于知识产权来说，"即便对

---

① DMCA：512（c）（3）（i）—512（c）（3）（vi）.

于有经验的版权法律师和专业法官来说，判断一种作品使用行为是否构成版权侵权也是非常复杂的问题，必须考虑作品有无原创性、对作品的使用是否适用责任限制、被侵权人是谁、授权关系如何、侵权纠纷究竟适用哪个国家的法律加以判断等许多方面。"① 从常识来看，人格权侵权的判断难度要大于知识产权侵权的判断难度。因为，人格权侵犯与否要结合人格权的主体加以判断，行为人对人格权主体的描述与其真实情况不相符，或者是对人格权主体隐私泄露，方才构成侵权。这种相符与否的判断显然要建立在对人格权主体的调查基础上，通知中的内容所能提供的信息与此相比显得过于单薄，即不足以支持判断所需的信息量。而知识产权客体的客观性要强得多，因此相对人格权来说方便查询、对比。除判断信息和渠道的限制以外，人格权侵权与否的判断还与被侵权人是否是公众人物有关。因为，公众人物的人格权行使要受到公众知情权的制约，即公众人物对于人格权的侵犯负有一定程度的容忍义务，所以公众人物的人格权的权利边界与普通公众存在不同，这种情况无疑也增加了网络服务提供者人格权侵权判断的难度。同时，在进行人格权侵权判断的时候还会遇到不涉及知识产权的内容是否属于网络服务提供者判断的范围的问题。因为在一些情况下，一些涉及人格权的权属纠纷都不属于法院的受理范围，更遑论网络服务提供者了，如涉及检举、控告类的通知，例如颜某刚诉林某等名誉权纠纷案。② 故在人格权侵权判断中，相比知识产权侵权来说，网络服务提供者的判断能力进一步下降。其次，网络服务提供者根据通知的内容最终是否作出了正确的判断的衡量标准取决于法院的裁量。即如果法院最终认定网络用户的行为构成侵权，而被侵权人在之前已经就涉案通知传达给网络

---

① 薛虹．网络时代的知识产权法．北京：法律出版社，2000：220.

② 吉林省长春市绿园区人民法院（2015）绿民一初字第172号民事裁定书。法院认为："在本案中被告林某的行为属于'公民依法向有关部门检举、控告他人的违法违纪行为，而他人以检举、控告侵害其名誉权向人民法院提起诉讼的'，不属于人民法院受理范围，故对原告颜某刚主张二被告侵害其名誉权的请求不予审理。《最高人民法院关于审理名誉权案件若干问题的解释》第5条规定，公民依法向有关部门检举、控告他人的违法违纪行为，他人以检举、控告侵害其名誉权向人民法院提起诉讼的，人民法院不予受理。本案被告林某在其'因信仰党而依法维权'博客中所反映的问题与其在有关部门实名举报的内容相一致，亦不属于人民法院受理民事诉讼的范围，故驳回原告的起诉。"

服务提供者，那么，即便网络服务提供者在接到通知后没有怠于行使职责的主观故意，在判断错误的情况下，其仍要为此承担责任。而在考察网络服务提供者作出判断和法院作出判断的程序和时间后，发现二者是缺乏可比性的。具体而言，法院判断的作出通常要经过举证、质证、法庭调查、当事人辩论等环节，而网络服务提供者能够依据的仅仅是通知中所蕴含的内容，相比法院显得十分单薄。从作出判断的时间来看，法院通常要经过一个较长的审判周期，而网络服务提供者作出判断的要求是"及时"，因为其作出判断的时间要符合网络传播快速的特征。因此，相比诉讼程序来说，网络服务提供者的判断能力自始就存在无法弥补的缺陷。故有学者认为，网络服务提供者最终认识的结果是否正确，要根据法院最终的裁决结果加以认定，也就是说存在以法院的认识能力来要求网络服务提供者的现实情况。"涉嫌诋毁他人名誉、不当使用他人肖像、违法公布他人个人信息等行为，不经法院审理，有时难以准确判断是否是侵权行为，网络服务提供者不是司法机关，不应当要求其具有专业的法律素养。"①而在《民法典》第1195条中网络服务提供者是无论如何都要给出判断的，由于判断能力的不足，网络服务提供者的判断往往停留在利益衡量的层面上，故而判断偏离立法目的的情况时有发生。

第二，"通知"规则容易造成利益不平衡。

有学者一方面认为，在受害人向网络服务提供者发出通知以后，网络服务提供者就依法负有采取必要措施的义务，只要其尽到适当的审查义务，并采取了必要措施，都是履行法定的义务。如果事后证明，被删除的信息不构成侵权，则应当由通知审查删除的"受害人"承担侵权责任，而不应当由网络服务提供者承担责任。另一方面又认为，如果网络用户认为其行为不构成侵权，不允许网络服务提供者采取必要措施时，网络服务提供者应当自行审查，如果其认为网络用户的行为不构成侵权而拒绝受害人的请求，网络服务提供者要自行承担该行为可能构成侵权的风险和责任。② 由此可见，网络服务提供者根据通知人的要求作出删除、断开链

---

① 王胜明. 中华人民共和国侵权责任法解读. 北京：中国法制出版社，2010：186.

② 王利明. 侵权责任法研究：下卷. 北京：中国人民大学出版社，2011：134－136.

接、屏蔽等措施时与网络服务提供者根据网络用户的要求作出不删除、断开链接、屏蔽等措施的决定时承担的后果是不同的：前种情况网络服务提供者不因自己作出了错误判断而承担责任，这种安排是根据"好撒玛利亚人"的原则，已经得到世界上多数国家的肯定；而在后种情况中，网络服务提供者就需因自己作出了错误的判断而承担责任。不仅如此，在上述两种情况中，通知人与网络用户之间的责任也是不平衡的，在前种情况下仅由通知人对网络用户承担赔偿责任，而后种情况网络用户及网络服务提供者都需对通知人承担赔偿责任，从赔偿的圆满盖然性角度来看，二者显然也存在着差异并最终导致利益不均衡情况的发生。而且，承上文网络服务提供者在缺乏判断力的时候就只能根据利益衡量来进行判断的情况，此时网络服务提供者不但要考虑不删除、断开链接、屏蔽可能要给被侵权人造成的损害，还要考虑删除、断开链接、屏蔽链接可能给网络用户造成的损害。不仅如此，容易被忽视的是采取上述措施可能也会对网络服务提供者自身的利益造成损害，因为网络内容的丰富程度与网络服务提供者的利益密切相关，而对网络服务提供者平台上的内容采取措施就会影响网络内容的丰富性，并最终影响网络服务提供者的利益。因此，网络服务提供者只能在侵权损害发生概率、侵权损害赔偿数额与删除侵权内容后所损失的利益之间进行权衡。这种权衡的结果显然脱离了以过错作为利益分割标准的指引，因此存在利益的安排脱离法律设计轨道的可能性，进而导致利益的失衡。从最终不利后果的承担来说，由于在缺乏判断能力的情况下，控制力理论和社会总成本控制力理论面临失灵，即通过让网络服务提供者承担社会总成本控制的方法是无法达成控制力的应有效果的。此时对网络服务提供者课以责任实质就是无效率的。不仅如此，从国家战略格局的层面来讲，互联网时代下信息产业的发展是各国经济和科技所依赖的重点，也是我国新兴市场经济快速成长的发力点，如果让网络服务提供者凭空增加此成本是显然不利于我国互联网产业的发展的。除此之外，现实中还可能会碰到将通知与未删除、断开、屏蔽链接等直接认定为过错的情况，这会进一步造成利益的失衡。

第三，"通知"规则存在人权被侵犯的风险。

在实践中，为防范风险，网络服务提供者往往对被"通知"认为侵权

的网页或言论等，不愿多加判断而直接采取删除措施。① 因此，有学者担心网络服务提供者侵权责任规则更倾向于权利保护，限制了言论自由。② 原因在于，"网络用户侵权的维权意识较高，当其权利受到侵犯时，会采取向网络服务提供者投诉或是到法院起诉或是寻找侵权人等相关的措施来救济自己的权利。当网络用户的表达自由受到限制时，在是否有权对表达自由进行合法限制的权力机构的判断上，网络用户对此认识不一，这表明大部分网络用户对侵害其表达自由的主体认知模糊，其表达自由难以得到救济。表达自由是宪法性自由，但我国宪法中规定的权利和自由需要在法律适用中加以激活。由于没有合宪性审查机构，我国法院不能直接进行合宪审查。民事案件审判中也不直接引用宪法条文。正因为表达自由缺乏救济途径，也就导致网络服务提供者在表达自由和其他权利保障冲突时，选择保障其他权利，避免自身风险。"③ 而且，之所以美国《正当通信法》（Communication Decency Act，以下简称 CDA）（第 230 条）不将责任施加给网络服务提供者正是出于对言论自由的考虑，人格虽易遭言语的攻击而受损，但并非所有貌似攻击性的言论都构成侵权，而且侵权判断难度较大，如果对其施加知道就承担责任的义务，而且为其提供删除即免责的条件，那么这将极大地刺激网络服务提供者对网上言论的干预，进而影响言论自由。在美国 Zeram v. AOL 一案中，联邦地区法院判决指出，"AOL 作为网络服务提供者不必为其 BBS 上的名誉毁损性信息承担任何法律责任"，联邦第四巡回上诉法院也认同这一观点。法院指出，"被追究侵权责任的结果会令网络服务商陷入显著的恐慌之中，会出现寒蝉效应"④。即便是在存在有偿合作关系的专栏作家侵权中，美国法院的判决也倾向于对服务商的保护，在 Blumenthal v. Drudge and AOL 案中，"Drudge Report"是 AOL 支付稿酬发表的专栏（类似 blog）之一，Drudge 在 AOL 专栏上

① 全国人大常委会法制工作委员会民法室.侵权责任法立法背景与观点全集.北京：法律出版社，2010：621.

② 谢鸿飞.言论自由与权利保护的艰难调和——《侵权责任法》中网络侵权规则之解读.检察风云，2010（3）.

③ 蔡唱.网络服务提供者侵权规则实施的实证研究.时代法学，2014（2）：46.

④ Zeram v. AOL，129 F.3d 327，328（4th Cir.，1997）//司晓.评我国《侵权责任法》互联网专条——以版权侵权制度为视角.知识产权，2011：86.

发表文章称白宫雇员 Sidney Blumenthal 有家庭暴力前科，原告遂起诉了两被告。法院根据 CDA 第 230 条驳回了原告对 AOL 的起诉。① 同时，由于网络超越了国界，不同国家法律对什么是侵权、什么是违法有不同的标准，网络服务提供者在履行监控义务时难免无所适从。②

综上，认识能力、利益失衡、人权风险等问题都指向了"通知"规则的结构性问题，即通知的封闭性。正是因为"通知"的封闭性才会导致网络服务提供者在现有判断依据不足、判断能力不逮的情况下引发上述问题。正如佩顿所言，学术界对制裁的过度关注，导致了一种错误的法律观。健康观念使我们首先想到的并不是医院和疾病、手术和麻醉，而不论这些东西对于维护社会福利是多么必要。最好的医疗方法是预防疾病的发生，正如法律的真正益处在于它能够确保有序的平衡，而这种平衡能够成功地预防纠纷。③ 因此，有必要从打破通知的封闭性这个方面入手来避免上述问题的发生。

（4）"通知"规则的完善路径："反通知"。

加拿大的"通知—通知"规则就是打破通知封闭结构的一种尝试。该"通知—通知"制度规定在版权法修改案新增的第 40.1～40.3 条中，规定版权所有者可以向转移、维护或提供定位工具或搜索引擎的网络服务提供商发送侵权的通知。网络服务提供商将该通知以电子形式发送到通知中确认的人的邮箱，同时必须回复版权所有者该通知已经发出。最后，他必须保存必要的数据以确定投诉中的人和事实，保存时间为 6 个月。④ 从立法渊源来看，我国《互联网著作权行政保护办法》中证据保留方面的规定显然受其影响，第 5 条、第 6 条作了类似规定。虽然加拿大的"通知—通知"打破了通知的封闭性，但是其完全取消了网络服务提供者对侵权行为

① Sidney Blumenthal and Jacqueline Jordan Blumenthal v. Matt Drudge and AOL，992 F. Supp. 44（D. D. C. 1998）//司晓. 评我国《侵权责任法》互联网专条——以版权侵权制度为视角. 知识产权，2011：86.

② 薛虹. 再论网络服务提供者的版权侵权责任. 科技与法律，2000：51.

③ George W. Paton，*A Text-Book of Jurisprudence*，Oxford University Press，1964，pp. 74，75.

④ 麦克尔·盖斯特. 为了公共利益：加拿大版权法的未来. 北京：知识产权出版社，2008：217.

的控制力，很难说这是一种利大于弊的权利调整，因为放弃了网络服务提供者对侵权行为的控制力就等于放弃了对网络迅捷性的回应。而且，其存在仅仅规定了没有进行通知和保存相关证据的行政责任而没有规定网络服务提供者的民事责任的缺陷。美国的"反通知"规则在"通知"规则和加拿大的"通知—通知"之间进行了一种折中，其在"避风港促进版权人与网络用户之间通过直接对话解决版权纠纷，而网络服务商在纠纷解决中的地位基本上是被动的和中介性的"① 宗旨上，规定了在网络用户接到网络服务提供者转送的通知以后可以向网络服务提供者提出反通知，网络服务提供者在接到符合要求的反通知以后就应立即采取措施恢复内容，并将反通知转送通知者。无论是美国法上的"反通知"规则，还是加拿大法上的"通知—通知"规则，都放弃了网络服务提供者对通知的实质性审查义务，力图在通知人和侵权人之间建立起一种联系，并将争议的解决即实质性审查的责任移送至法院，网络服务提供者仅承担根据通知、反通知采取相应措施的义务以及承担未进行反通知时的责任。如此，既解决了网络服务提供者判断能力不足的问题，又充分展现了网络服务提供者的控制力，体现了两者的完美结合，即当通知人和被通知为侵权人的网络用户之间对侵权与否存在争议时，该争议因诉诸法院而得到最终解决；而当通知人和被通知为侵权人的网络用户之间对侵权没有争议即网络用户明显侵权的时候，侵权行为得到立刻消除，这符合发挥网络服务提供者控制力以满足网络传播、交流迅捷性特点，并进而实现提高解决争议效率的目标。而且，由于网络服务提供者不用进行实质性审查，这也更加符合网络服务提供者在网络世界中的中立地位。我国《互联网著作权行政保护办法》第 7 条 、第 9 条、第 10 条以及《条例》第 16 条、第 17 条规定了涉及知识产权的反通知规则。《互联网著作权行政保护办法》和《条例》的规定都是针对知识产权，而无针对人格权的规定，因而人格权的规定虽原理与以上规定相似，但内容应有不同，笔者在参考上文中通知内容的基础上，认为人格权的反通知应该具有下列内容：网络用户的信息、未侵权的证据、承担通知

---

　　① 刘家瑞. 论我国网络服务商的避风港规则——兼评"十一大唱片公司诉雅虎案". 知识产权，2009（2）：15.

错误风险的声明。

虽然"反通知"具有上文中的优势，但是"反通知"也并非完美无缺。由于网络服务提供者对通知仅承担形式审查的义务，因此即便在网络用户未侵权的时候，由于网络服务提供者接到符合形式要件的通知就要对网络用户的相关内容进行处理，其结果就不但暂时性地妨碍了网络用户网络传播权的行使，而且将影响网络服务提供者的利益。而在网络用户实际侵权的时候，由于网络服务提供者接到符合形式要件的反通知就要对侵权内容进行恢复，如此就会抹杀通知的效果，损害权利人的利益。如此必将影响法律正义的实现。我们认为应该充分发挥通知与反通知两种方式的优势，具体方法为网络服务提供者应根据具体情况选择适用通知或者反通知，当侵权十分明显，且在网络服务提供者判断能力之内时，网络服务提供者应选择接到通知的时候就要采取相应措施，并承担未采取相应措施的责任；当侵权行为并不明显时，且在网络服务提供者判断能力之外时，网络服务提供者应选择反通知，并对声称的侵权内容进行复核，如此就构建了一种扬长避短的多元问题解决策略。

我国《民法典》第1196条吸收了美国的"反通知"规则，弥补了上文所述的架空通知规则的风险，以应对恶意侵权人。但是，该规则没有解决恶意通知人的恶意通知预防问题。因此还应该如前文所述，对网络服务提供者在对通知形式审查的基础上再使其负担审查能力范围内的实质性审查义务，以应对恶意通知人。但是，由于《民法典》第1195条、第1196条仅规定了网络服务提供者"应当及时将该通知转送相关网络用户"及"应当将该声明转送发出通知的权利人"的义务，而未规定未履行该义务应该承担的责任，这使该条款变成了宣示性条款，相对于"未及时采取必要措施的，对损害的扩大部分与该网络用户承担连带责任"来说，仿佛对权利人和权利人相对的网络用户有一种厚此薄彼的对待。这恐怕和重视网络用户错误发布信息造成的损害，而轻视网络用户发布信息的权利被错误限制的损害的立法态度有关。我们认为，不应该有这种明显的差别对待，应该给相应的宣示性条款加上责任，使其真正可以发挥反通知沟通渠道的作用。

此外，应该按照《民法典》第1196条对《条例》中的"反通知"规则进行升级；同时，也应该对于《条例》中的"反通知"规则加上网络服

务提供者未履行的相应责任，使我国网络环境下保护知识产权、人格权和财产权的规则做到平衡、统一。

（二）行为的认定

《民法典》以及《条例》将网络服务提供者间接侵权责任的行为规定为未及时删除、屏蔽、断开链接等，因此，我们将分别对删除、屏蔽、断开链接及《民法典》以及《条例》未述明的与删除、屏蔽、断开链接具有类似性质的行为加以讨论，以完善对侵权行为的认定机制。

1. 未履行必要措施的认定

未履行必要措施主要包括未采取删除、屏蔽、断开链接等措施。由于对删除、断开链接并没有展开讨论的必要，因此，本书仅针对屏蔽与及时的问题加以讨论。有学者持有原《侵权责任法》第 36 条第 2 款（现《民法典》第 1195 条）中将"屏蔽"作为与断开、删除并列的必要措施当属不当①的观点。对此，我们持不同观点，虽然屏蔽是一种以关键词为依托的适用范围更为广泛的措施，确实在运用中可能存在伤及无辜的情况，但绝非因此就可以否定屏蔽作为与删除、断开并列的重要措施的地位。因为，很多情况下由于网络信息的繁多，网络服务提供者不可能就每个涉嫌侵权的信息进行审查并一一采取删除、断开措施。因此，在现实需求下，可以对一些显著侵权的行为进行屏蔽。例如，网络服务提供者接到通知后对通知内容涉及的符合最近正在上映电影的名称和时长的视频都采取屏蔽措施。显然，屏蔽在自己适合使用的领域更加符合效率的要求，只是要慎重使用以防止发生伤及无辜的问题，因此删除、断开、屏蔽各有其适合的领域，应该根据侵权行为的情况"分工负责"，这样才能达到最好的效果。

对于是否"及时"的问题，涉及该问题的判决有北京百度网讯科技有限公司与殷某名誉权纠纷上诉案。② 除根据《侵害网络传播权民事纠纷规定》第 14 条③对该问题加以判断外，还应考虑网站运营的处理机制和本

---

① 司晓. 评我国《侵权责任法》互联网专条——以版权侵权制度为视角. 知识产权，2011：85.

② 上海市第二中级人民法院（2010）沪二中民一（民）终字第 1593 号。

③ "人民法院认定网络服务提供者转送通知、采取必要措施是否及时，应当根据权利人提交通知的形式，通知的准确程度，采取措施的难易程度，网络服务的性质，所涉作品、表演、录音录像制品的类型、知名度、数量等因素综合判断。"

身运营的效率等因素，这和被侵权人的期待可能会存在差距。被侵权人通常情况下希望网络服务提供者在接到通知后立刻、马上将相关信息采取删除、断开链接等措施。但网络服务提供者作为运营中的公司，本身任何操作都是遵循一定的内部程序，因此需要考虑是否有对通知附一个特殊的程序的必要性，因为任何一个程序的改变及待办事项的加急都是需要付出成本的，那么就要考虑该成本是否是必要和合理的。而且，每个公司对于处理通知都是在一定的负载之下的，如果前面有还没有处理完的通知，那么后面的通知也只能在程序中作为待办事项按照顺序等待。所以，是否及时不能只站在被侵权人的角度或者依照一般公众的设想，也应该考虑相关公司的实际运营情况。除此之外，还有履行不当的问题，即虽然履行了删除、屏蔽、断开链接等措施，但履行不当。笔者认为履行不当也属于没有达到措施的必要要求，因此也应该构成侵权行为。

2. 其他行为的认定

（1）未履行披露义务的认定。

网络服务提供者是否应该对未履行披露义务承担责任似乎不存在争议，但是对于承担何种责任存在着争议，争论的结果是现行法律和司法裁判规则仅承认行政责任却否定了民事责任。具体而言，"在实践中，有些网络服务提供者以商业秘密为由拒绝提供或者拖延提供其服务对象的有关资料。对网络服务提供者拒绝提供或者拖延提供涉嫌侵权的服务对象资料的行为，应当追究何种法律责任问题呢？一种意见认为，应当按照共同侵权原则，追究其侵权责任。另一种意见认为，如果有证据证明侵权行为是网络服务提供者自己实施的，则可以依法追究其法律责任，否则，由著作权行政管理部门给予行政处罚更合理。最终，后一种意见被多数人所认可"[①]。《条例》第25条作出了相关规定。[②] 虽然说网络用户的隐私权值得重视，但如果不履行披露义务不构成民事责任的话，那么就等于阻塞了被侵权人维权的重要途径，行政责任不但不足以救济被侵权人，而且不足以遏制侵权

---

① 张建华.信息网络传播权保护条例释义.北京：中国法制出版社，2006：91.

② "网络服务提供者无正当理由拒绝提供或者拖延提供涉嫌侵权的服务对象的姓名（名称）、联系方式、网络地址等资料的，由著作权行政管理部门予以警告；情节严重的，没收主要用于提供网络服务的计算机等设备。"

行为。而且，网络服务提供者在进行网络服务之前应该合理预见到可能出现网络用户侵权以及之后被侵权人的维权途径问题。在司法实践中，《最高人民法院关于审理涉及计算机网络著作权纠纷案件适用法律若干问题的解释》（以下简称《计算机网络著作权纠纷案件解释》）第 5 条规定，人民法院应当根据《民法通则》第 106 条的规定，追究其相应不履行披露义务的侵权责任。但该规定被《侵害网络传播权民事纠纷规定》第 16 条废止，即"本规定施行之日起，《最高人民法院关于审理涉及计算机网络著作权纠纷案件适用法律若干问题的解释》（法释〔2006〕1 号）同时废止"，不再适用，因为相关规定并未出现在《侵害网络传播权民事纠纷规定》中。其实，民事责任和行政责任并不是孤立存在的，在考虑民事责任的时候可以借助行政责任的规定，重点在于要考量行政责任确定的目的，是否具有调整民事关系的意义还是仅具有行政管理方面的规范目的。显然，披露及保存信息可以涵盖帮助被侵权人追究侵权人的民事责任的立法目的。因此，在没有对民事责任进行规定的情况下，可以借助行政责任来调整民事主体间的责任。因此，行政法规中的行政规范部分不但具有形成行政责任的功能，而且有些时候还具有形成民事责任的功能。具体而言，笔者认为《条例》中的相关规定可以运用于解决因披露用户信息而引发的民事责任问题。但终究《条例》第 25 条是从行政管理的角度进行规定的，似乎要求网络服务提供者提供用户资料的主体应该为行政管理部门，那么问题又绕了回来，即如何解决隐私和维权的双重问题。笔者认为可以采取被侵权人向行政管理部门申请调取网络用户的资料的方式，经过行政管理部门的审查认为合理的就可以要求网络服务提供者提供网络用户资料，认为不合理的就予以驳回。这样就解决了隐私权和维权的协调问题。

对此解决路径外国立法中有先例，为了便于版权人能迅速制止侵权行为，并发现和起诉侵权者，DMCA 法案第 512 条还在（h）款规定了网络服务提供者向版权人披露侵权人身份的程序。该款规定：版权人可以申请美国地区法院向网络服务提供者发出"法院命令"，要求网络服务提供者向其披露侵权者的真实身份。为此，版权人必须向地区法院提供已经向网络服务者发出的要求移除侵权材料或断开对其链接的通知复本。网络服务提供者在收到该"法院命令"后，必须迅速地向版权人提供被指称侵权者

的信息。① 除此之外，DMCA法案还设计了一套网络服务提供者协助版权人收集侵权行为证据的程序。版权人在调查网络上的侵权行为时，可以请求法院签发"证人传票"，要求网络服务提供者立即提供有关信息，配合版权人调查取证。英国《数字经济法案》（Digital Economy Act 2010）也规定了网络服务提供者的协助义务，即以匿名方式向版权人提供侵权用户名单（以便于版权人向法院申请调取这些用户的真实身份，进而使版权人提起诉讼成为可能）。② 可见未履行披露义务须承担民事责任是世界上主流的做法，并且各国行使披露权的机关与我国存在不同，由审判机关对披露义务加以认定，将有利于查明案件事实并一并将责任分配加以解决，提高案件的审理效率和质量。披露义务也可以将权利人引向侵权人，避免由于无法获得侵权人信息而将矛头直指网络服务提供者。同时避免诉讼中网络服务提供者担心主动提供用户资料追加网络用户为被告会造成其他网络用户将这认为是个别网络服务提供者的行为，并为逃避可能存在的责任追究而转向其他网络服务提供者，造成网络用户流失并最终形成不主动提供侵权人信息的"寒蝉效应"，使得网络服务提供者陷入两难境地。总之，民事责任中的披露义务有利于法律实践效果的优化，对此应予认定。

（2）未安装标准的保护措施的认定。

美国DMCA法案规定，网络服务提供者要成为"避风港"责任限制的适格主体要首先符合以下条件：（A）采取或者合理实施并且通知订阅者或者账号拥有者网络服务提供者的系统或者网络政策，政策将对反复在网络服务提供者系统或者网络中侵权的订阅者或者账号拥有者终止服务。（B）帮助并且不去干扰标准技术方法的实施。③ 我国台湾地区"著作权法"规定，"以契约、电子传输、自动侦测系统或者其他方式，告知使用者其著作权或者制版权保护措施，并确实履行该保护措施。"④ 因此有学

① 王迁. 挑战网络接入服务商责任的界限——美国 Verizon 案评介. 电子知识产权，2004：52.

② 薛虹. 再论网络服务提供者的版权侵权责任. 科技与法律，2000（1）：57.

③ 17 U.S.C. § 512 (i).

④ 王胜明. 中华人民共和国侵权责任法解读. 北京：中国法制出版社，2010：176.

者认为，网络服务提供者应该将自己议定的合同条款作成电子版传输到网站上，这样每一个用户都可以明确地知道合同的内容，而且需要在网页上设置诸如"我同意"之类的按钮让用户进行确认。[1]

在我国，《电信业务经营许可管理办法》（2017年9月1日起施行）第8条[2]为信息安全保障措施作广义理解提供了空间，即包括网络服务提供者服务范围内的一切信息安全保障措施，所以也应包括安装标准的保护措施。民事法律法规方面，《计算机网络著作权纠纷案件解释》第6条[3]援用的《著作权法》第47条，由于《著作权法》于2010年4月1日修订时增加了一条"第26条"，因此原来的第47条变成了现在的第48条而影响了援用的衔接，后《计算机网络著作权纠纷案件解释》被《侵害网络传播权民事纠纷规定》废止。《侵害网络传播权民事纠纷规定》第8条[4]虽然没有直接规定网络服务提供者没有采取合理、有效的技术措施应该对侵害网络信息传播行为负赔偿责任，但明显该条是以知识产权的过错推定为基础，即一般情况下只要发现了侵害网络传播权行为的，都推定网络服务提供者具有过错，只有在其采取合理、有效的技术措施后才不具有过错。此条是精简版的美国"避风港"条款，是对我国《条例》未尽事项的补充。同时，在解决财产权的相关问题时应该灵活运用《侵害网络传播权民事纠纷规定》第8条的精髓，并在今后修改《利用信息网络侵害人身权益纠纷规定》时，将第6条第5款[5]从第6条中抽离出来，根据作为义务的性质，规定其为单独的作为义务，而非仅作为知道的考量标准。

（3）未注销侵权人帐号的认定。

"美国1996年《电讯法》关于终止服务的条款规定：网络服务提供者

① 张新宝.互联网上的侵权问题研究.北京：中国人民大学出版社，2003：62.

② "申请办理增值电信服务业务经营许可证的，应当向电信管理机构提交下列申请材料：……（七）网络与信息安全保障措施……"

③ "网络服务提供者明知专门用于故意避开或者破坏他人著作权技术保护措施的方法、设备或者材料，而上载、传播、提供的，人民法院应当根据当事人的诉讼请求和具体案情，依照著作权法第四十七条第（六）项的规定，追究网络服务提供者的民事侵权责任。"

④ "……网络服务提供者能够证明已采取合理、有效的技术措施，仍难以发现网络用户侵害信息网络传播权行为的，人民法院应当认定其不具有过错。"

⑤ "网络服务提供者采取预防侵权措施可能性及其是否采取了相应的合理措施；"

在接到任何人对所载内容违法的投诉后，应立即对投诉展开调查，如果能合理确认投诉属实，网络服务提供者可以终止对内容提供者的服务，除非内容提供者能书面证明其内容合法。"① 除上述美国 DMCA 法案规定外，法国、英国、韩国、新西兰等都在立法上通过了三振出局法案，三振出局规则是指在一个账号连续三次出现被认定的侵权行为后就要被作封号处理的规则。我国立法中没有三振出局的规定，但 2011 年北京市新闻出版局发布的《信息网络传播权保护指导意见（试行）》第 5 条规定，为服务对象提供信息储存空间的网络服务提供者，对未经许可，多次实施上传他人作品的服务对象应当予以制止。制止无效的，应当终止服务，并向版权行政执法部门举报。② 2019 年北京市版权局《关于信息网络传播权保护的指导意见（征求意见稿)》第 19 条规定"在一定期限内采取限制服务范围、缩减服务功能、冻结账号、暂停服务等惩戒措施，惩戒无效的，终止服务，并向版权行政部门或者版权执法部门举报"。

我们认为：首先，我国应该在法律层面上对三振出局规则予以规定，同时其不但应该是实现行政管理职能的手段，而且应该成为确定网络服务提供者民事责任的规则之一，因为三振出局规则体现了网络服务提供者在符合社会总成本控制和报偿理论的前提下实现其控制力的一种方式，如果其怠于行使，就构成了对作为义务的违反并因此应该承担相应的民事责任。同时，三振出局规则还可以在一定程度上解决如下问题，在当今网络服务提供者竞争不断加大、生存压力不断加剧的情况下，网络服务提供者往往放任网络用户侵害被侵权人的利益甚至不排除网络服务提供者亲自上阵以网络用户的名义侵害权利人的利益，以达到增加对网络用户和广告经营者的吸引力的目的。在传统知道、应知无法证明网络服务提供者的主观过错的情况下，也可以通过三振出局规则提供的作为义务来考察网络服务提供者的过错，如果符合三振出局规则而网络服务提供者不采取措施，那么其就要对由此产生的侵权责任负责，而不再论其对之后的侵权是否实际知情的问题。

---

① 刘学义．网络服务提供者的侵权责任分析．新闻界，2010 (1)：110.

② 徐伟．网络服务提供者侵权责任理论基础研究．长春：吉林大学：134.

我国《民法典》中关于网络服务提供者责任的相关规定中均没有明确网络服务提供者未履行披露义务、未安装标准的保护措施以及未注销侵权人的账号（三振出局规则）的民事责任，这不能不说是一个遗憾。笔者建议在司法解释中对相关内容加以补充，以完善网络服务提供者的责任。

三、网络服务提供者间接侵权责任的主体认定

（一）责任主体认定的现状

各界对网络服务提供者的翻译是 ISP（Internet Service Provider），应无异议。但网络服务提供者的含义和 ISP 词语本身所蕴含的意义是否相同却是一个问题，而且是一个基础性问题。因为如果网络服务提供者的含义和 ISP 本身所蕴含的含义相同，我们就可以借助 ISP 所在的分类体系，将其与 ISP 分类体系中的其他主体的内涵进行分析和比较。但如果网络服务提供者的内涵与 ISP 所蕴含的内涵不同，则对网络服务提供者内涵的讨论可能存在体系性的错乱。对于网络服务提供者的类型，从不同的角度有不同的分类方法，通常见到的有以下几种：（1）ISP（Internet Service Provider），即"网络连线服务商"，是指提供通路以使使用者与网络连线的从业者，为用户提供接入网络服务。（2）IAP（Internet Access Provider），网络接入服务提供者主要投资建立网络中转站，租用信道和电话线路，以及提供中介服务，包括连线服务，IP 地址分配、电子布告板 BBS（Bulletin Board Service）等。（3）ICP（Internet Content Provider），即网络内容提供者，是利用 IAP 线路，通过设立的网站提供信息服务，大到如 YAHOO、新浪网等网站，小到设立的 Web 网页的个人用户。（4）OSP（Online Service Provider），在线服务提供者是容易与网络联线服务商（ISP）混淆的另一类网上服务，实际上是提供上网后国际网络数据库、检索查询、论坛（forum）服务等。（5）IPP（Internet Presence Provider），即"网络平台提供者"，为用户提供一个信息交流和技术服务的空间。（6）IEP（Internet Equipment Provider），网络设备提供者是新出现的一种网络服务提供者，即为 ICP、ISP 等提供所有接入设备和技术服务的专业化网络产品厂商。（7）ASP（Application Service Provider），即"应用

服务供应者",向用户提供一切可能的 Internet 应用服务。(8) IMP (Internet Media Provider),网上媒体提供者,例如我国的网盟。① 由此可见,网络服务提供者的概念与 ISP 并不存在对应关系,ISP 可能只是网络服务提供者的一种。一切的构成要件及责任都最终要落在主体身上,又《民法典》第 1194~1197 条都使用了网络服务提供者来表述责任的主体,但是并没关于网络服务提供者包含哪种类型的表述。搞清主体是责任成立不可或缺的一个环节,因此有必要对网络服务提供者的具体内涵进行分析。

曾在《侵权责任法》起草的过程中,针对网络服务提供者的具体含义,学者有不同认识。"有的认为仅指技术服务提供者,包括接入服务、缓存服务、信息存储空间服务以及搜索或者链接服务四种类型的提供者;有的认为不包括接入服务和缓存服务这两种类型的提供者;有的认为除了上述四种类型,还应当包括内容服务提供者。经研究,目前我国法律、行政法规和司法解释中有关网络主体有多种表述,除'网络服务提供者'外,还有'网络内容服务的网络服务提供者''内容服务提供者''互联网接入服务提供者''互联网信息服务提供者''网站经营者'等。"② 从立法渊源的角度来看,我国的立法对于网络服务提供者的内涵也并无内在一致性的分类标准。首先,《中华人民共和国电信条例》(2000 年 9 月 25 日颁布,2016 年 2 月 6 日修订)第 8 条将电信业务分为基础电信业务和增值电信业务。而后《电信业务分类目录》(2013 版)(征求意见稿)将网络服务提供者划分到增值电信业务,与基础电信业务相对。其次,在《条例》中,主要按照其提供服务的种类,对网络服务提供者的内涵作以下分类:(1) 提供信息存储空间或提供搜索、链接服务的网络服务提供者。(2) 根据服务对象的指令,提供网络自动接入服务,或者对服务对象提供的作品、表演、录音录像制品提供自动传输服务的网络服务提供者。(3) 为提高网络传输速率,自动存储从其他网络服务者获得的作品、表演、录音录像制品,并根据技术安排自动向服务对象提供的网络服务提供者。(4) 为服务对象提供信息存储空间,供服务对象通过信息网络向公众提供作

---

① 郭卫华,等. 网络中的法律问题及其对策. 北京:法律出版社,2001:52-54.
② 王胜明. 中华人民共和国侵权责任法解读. 北京:中国法制出版社,2010:180.

品、表演、录音录像制品的网络服务提供者。最后，在《互联网著作权行政保护办法》中，将"网络服务提供者"表述为互联网信息服务提供者。①

与此同时，学界对于网络服务提供者的内涵也是众说纷纭。王利明教授认为，根据网络服务内容的不同，将网络服务提供者分为提供连线服务和提供内容服务的网络服务提供者。② 薛红教授认为网络服务提供者主要包括以下五种类型：（1）网络基础设施经营者；（2）接入服务提供者；（3）主机服务提供者；（4）电子公告板系统经营者、邮件新闻组及聊天室经营者；（5）信息搜索工具提供者。③ 马治国教授、曹诗权教授和列席十一届全国人大常委会第十二次会议分会组会议的全国人大代表王明雯大致与薛虹教授持类似看法。饶传平博士认为，网络服务提供者主要包括以下类型：（1）主要提供技术接入服务、主机存放服务、服务器缓存服务等的专门 ISP，简称技术接入服务商；（2）主要为网络用户侵权提供各种信息内容服务的 ICP，简称网络内容服务商；（3）主要为用户提供租用信道、连线服务、IP 地址分配等服务的 IAP，简称中介服务商；（4）主要为用户提供在线信息检索、查询、交流等服务的 OSP（Online Service Provider），简称在线服务商。④ 上述学者都对网络服务提供者尽可能地作了最广义的解释，差别在于各个内涵之间实际的内容差异和分类差异，例如某些技术服务提供者还被细分为接入和信息服务，有的则没有。但基本的分类标准就是内容服务和技术服务两大类。也有学者对网络服务提供者的含义作广义和狭义的区分。广义的因特网服务提供商包括三类：第一，因特网联机信息服务供应商（ICP，Internet Content Provider）。第二，因特网接入服务供应商（IAP，Internet Access Provider）。第三，网络平台服务提供商（IPP，Internet Platform Provider）。狭义的网络服务提供商 ISP，指的是

---

① 在该办法中，互联网信息服务提供者是指根据互联网内容提供者的指令，通过互联网自动提供作品、录音录像制品等内容的上载、存储、链接或搜索等功能，且对存储或传输的内容不进行任何编辑、修改或选择的公民、法人或其他组织。

② 王利明．中国民法典学者建议稿及立法理由·侵权行为编．北京：法律出版社，2005：91.

③ 薛红．再论网络服务提供者的版权侵权责任．科技与法律，2000（1）.

④ 高圣平．中华人民共和国侵权责任法立法争点、立法例及经典案例．北京：北京大学出版社，2010：437－438.

上述的第二类和第三类，因特网接入服务供应商和网络平台服务提供商，二者都是网上服务提供中介服务的主体，通常也会将这两类主体合称在线服务商（OSP，Online Service Provider）。① 笔者认为对于《民法典》第1195～1197条来说，其对应的侵权类型是网络用户侵权时网络服务提供者的责任。由于侵权类型的特定化，相应的《民法典》第1195～1197条中的主体的内涵显然也要随着侵权类型的特定化而进行收缩。因此，此网络服务提供者的内涵要小于《民法典》第1194条中网络服务提供者的内涵，对其应作狭义解释，而此狭义解释下的网络服务提供者的内涵正是我们要研究的重点所在。张新宝教授也赞同将网络服务提供者的内涵进行缩限性解释："网络服务提供者"主要指网络内容提供者，而不应当包括单纯提供技术服务的网络连线服务商。② 而刘德良教授则认为，网络服务提供者应为网上信息交流提供各种中介服务的第三方主体，而不应该包括直接作为信息交流的一方当事人ICP。③ 杨立新教授认为，网络服务提供者简称ICP、IPP或者OSP，就是指网站，即提供信息服务，为用户提供信息交流和技术服务的空间的服务提供者。在《民法典》第1194条～第1197条，网络服务提供者就是指网站。④

（二）责任主体的认定方法

对于网络用户侵权时的网络服务提供者是以内容服务提供者责任为限还是以技术服务提供者责任为限的问题，笔者将通过对案例的分析尝试找到更加直观清晰的答案。

在原告崔某亮与被告北京新网数码信息技术有限公司名誉权纠纷案⑤中，原告诉称：《新乡供电公司选拔干部藏猫腻，闲散混混下注250万坐上局长椅》的帖子，带有谩骂、侮辱、诽谤、虚构的内容，

---

① 杨立雪，袁雪石，陶丽琴．侵权行为法．北京：中国法制出版社，2008：250-251．

② 张新宝．互联网上的侵权责任：《侵权责任法》第36条解读．中国人民大学学报，2010：19．

③ 刘德良．论网络服务提供者在侵权法中的地位与责任．法商研究，2001（5）：112．

④ 杨立新．侵权责任法．上海：复旦大学出版社，2010：368．

⑤ 河南省延津县人民法院（2014）延民初字第1307号．

通过网络传播后，该帖子对原告的名誉造成了严重损害，而且对原告的身心造成了严重伤害。该帖子经生效的判决书及调解书确认，属于不属实和带有人身攻击性质的帖子。原告发现新网站对其提供网络服务（域名注册）的七个网站上面有上述侵权帖子，通知新网采取必要措施予以处理，新网接到原告的通知后，没有对网站上面的侵权帖子采取必要措施，致使该帖子长期在七个网站存留，给原告造成了身心和名誉伤害。被告辩称：（1）被告不属于侵权责任法第36条规定的网络服务提供者，原告起诉本公司主体错误。被告仅为提供域名注册的平台，并不负责域名的管理工作；原告所述侵权的七个域名在被告处注册的用户（即域名所有人）为张某军，侵权责任主体为张某军，与被告无关；被告仅为域名注册的服务机构，不属于网络服务提供者，未向张某军提供网络服务，网站经营及管理服务均由张某军负责；《中国互联网络域名管理办法》未赋予被告对域名注册客户采取删除、屏蔽、断开链接等必要措施的权利，被告实际上不具有对客户帖子删除、屏蔽、断开链接的能力，域名解析是客户自行解析，被告无法掌控，被告不是直接侵权人，亦不存在任何过错，不应承担任何责任。（2）根据办法的规定，域名注册完成后，域名注册者即成为注册域名的持有者，因持有或者使用域名而侵害他人合法权益的责任，由域名持有者承担。张某军在注册域名解析到其网站后从事的侵权行为与被告无关。法院经过本院审判委员会讨论后认为，关于新网公司作为域名注册服务商是否属于网络服务提供者的问题。虽侵权责任法没有明确域名注册商是否属于网络服务提供者的范畴，但是如果案涉的七个网站没有进行域名注册，则该七个网站无法正常建立，如果没有新网公司提供的域名解析服务，则该七个网站无法正常打开，故域名注册服务商属于责任法所规定的网络服务提供者，新网公司作为网络服务提供者，有能力采取中止服务、停止域名解析等必要措施，从而有效防止损害的扩大。关于新网公司是否属于直接侵权人，是否应当承担间接侵权责任及承担责任有无法律依据的问题。根据《互联网电子公告服务管理规定》，网络服务商仅需对其电子公告平台上发布的涉嫌侵害私人权益的侵权信息承担"事前提示"及"事后监督"的

义务。根据《侵权责任法》第 36 条第 2 款（《民法典》第 1195 条）的规定，作为网络服务提供者，在其收到侵权人的通知后，有采取必要措施，防止损害扩大的法定义务。本案被告新网公司在收到原告崔某亮的通知后，未采取必要措施；在原告崔某亮向法院起诉后法院向其送达起诉书副本等手续后，未采取必要措施；在法院开庭审理时未采取必要措施。虽被告新网公司为网络服务提供者不是直接侵权人，但其作为网络服务提供者，在收到被侵权人的通知后，未及时采取必要措施导致损害扩大，应当依法承担间接侵权责任。关于新网公司承担责任大小的问题，根据最高人民法院《关于确定民事侵权精神损害赔偿责任若干问题的解释》第 10 条的规定对其予以确定。

上述案件应该属于有争议的重大或者疑难案件，争议点就在于提供域名服务的网络服务提供者是否是《侵权责任法》第 36 条第 2 款（现《民法典》第 1195 条）中规定的网络用户侵权时的网络服务提供者。法院认为提供域名服务的网络服务提供者是《侵权责任法》第 36 条第 2 款（现《民法典》第 1195 条）中的网络服务提供者，理由是该案被告有能力采取措施，且未采取措施的行为与损害结果之间有直接因果关系，因此应该属于《侵权责任法》第 36 条第 2 款（现《民法典》第 1195 条）中的网络服务提供者。对此，律师界有持反对态度者，持反对态度者认为，从控制能力上看，域名注册商对网站内容没有任何直接控制能力，其只能控制网站的域名注册和解析。"断开网站域名解析"会导致所有网站用户无法通过该域名正常访问该网站，这种无法访问不仅仅是对侵权内容无法访问，而且对网络中非侵权内容以及网站提供的其他服务也无法访问，这是对整个网站的影响。仅仅因为网站中的某部分内容侵犯了他人的权利而导致整个网站被限制，明显超出了必要的限度，会严重损害其他守法的网络用户和整个网站的合法权益，其所带来的损害大大超出了所保护的法益。且域名注册商的工作全部围绕域名展开，包括提供域名注册、DNS 解析、域名变更过户、域名续费等操作，其业务上根本不会涉及域名所指向网站的内容，且域名注册商受到相关法律法规以及国际域名规则的严格限制，不得干扰互联网的正常运转。因此，让域名注册商对域名指向的网站的（侵权）内容承担通知移

除义务，既没有法律依据，也极其不合理，将造成极为恶劣的社会后果：首先，如果域名注册商接到被侵权人的（移除）通知后有义务采取必要措施，这实际上是给了域名注册商一个极大的权利，即接到被侵权的通知，就可以有权断开该网站的域名解析，这是多么恐怖的事情。其次，这也会给域名注册商（主要是国内域名注册商）带来巨大的负担。最后，对于网站的被侵权人而言，为了避免被国内域名注册商断开域名解析，一定纷纷将域名转移到境外的域名注册商名下。这对国内域名注册商的打击是显而易见的。

　　笔者认为，域名注册商是一种网络技术服务者，其对网站上面内容的控制力体现在两个层面：一个层面是控制的绝对性，即可以通过停止解析的方式让网站上的内容无法访问；另一个层面是控制的相对性，即对网站上的具体内容并没有控制的能力，并不能仅针对侵权信息采取删除、屏蔽等措施而不影响网站上的其他信息。由上可见，法院和反对者分别依据这两个向度进行判断，因此得出的结论看似都无可厚非。那么，如何解决这个僵局呢？笔者认为可以运用控制力、社会总成本控制、报偿理论依次对案件的事实部分进行分析。首先，根据法院的观点，域名服务提供者的控制力是有的，那么就需要考虑社会总成本控制问题了。其实，反对者的看法正产生于社会总成本控制这个层面，即域名服务提供者对内容控制会建立在对网站上其他主体权利的无端损害的基础上。从宏观层面来看，建立在对广泛网络用户利益损害基础上以达到对侵权行为的消除的观点是很难取得正当性基础的，故决定性的控制力在实施的时候是存在很大风险的，似乎此时社会总成本控制理论制约了控制力的实施。但是否我们就可以就此得出该被告不属于网络服务提供者的结论呢？根据一般与特殊之间的关系可知，对于具体案件的处理往往要站在微观的角度，才能够得出适合该案的结论。在上述案件中，笔者发现本案的实际侵权人是张某军，其申请注册了七个域名，并且在七个域名网站同时发布侵权信息，那么不难推测出侵权人张某军申请域名主要就是用来侵权的，也就是说网络服务提供者对张某军的网站有基本的审查、核实义务，即张某军申请的几个网站中是否主要都是侵权内容。由于案件中并没有给出相关的信息，故笔者也不能大胆地推测，而且得出确定的结论也不是笔者论述的初衷和目的，笔者的初衷和目的是阐述清楚确定网络服务提供者的方法和原则。假如张某军的

网站上的基本内容或者全部内容都是侵权信息的话，域名服务提供者对张某军的网站采取停止解析的服务并不会造成其他网络用户权益的损害，符合社会总成本控制理论的要求，而且域名服务并不是无偿的，因此也符合报偿理论对成本的分散机制。因此，结论是：域名服务提供者作为技术服务提供者在某些情况下是原《侵权责任法》第 36 条第 2、3 款（现《民法典》第 1195～1197 条）中的网络服务提供者。综上，认定网络用户侵权时提供网络服务的主体是否是原《侵权责任法》上的网络服务提供者不应以具体类型为绝对的划分标准，而要根据责任的理论基础中的控制力理论、社会总成本控制理论以及报偿理论加以分析，即控制力理论、社会总成本控制理论以及报偿理论不但是网络服务提供者承担责任的原因和基础，而且是确定网络服务提供者内涵的依据和原则。明确了网络服务提供者判断的标准就可以以不变应万变地应对网络技术日新月异引起的、由认定新出现的提供网络服务的主体所带来的问题。

四、网络服务提供者间接侵权的责任形态与责任范围

（一）网络服务提供者间接侵权的责任形态

在网络服务提供者的行为符合构成要件被证明需承担侵权责任以后，需要进一步探讨责任的形态问题。

1. 连带责任之否定

《民法典》第 1195 条、第 1197 条都规定了网络服务提供者承担责任的形式是与网络用户构成连带责任。这种连带责任的责任形态与《侵权责任法》第 36 条一脉相承，并且最早可以追溯到《最高人民法院关于审理涉及计算机对网络著作权纠纷案件适用法律若干问题的解释》（2006 年 11 月 20 日第二次修订版，2000 年 11 月 22 日通过，2003 年 12 月 23 日第一次修订，现已失效）第 4 条[①]，即网络服务提供者与网络用户根据共同侵权承担连

---

① "提供内容服务的网络服务提供者，明知网络用户通过实施侵犯他人著作权的行为，或者经著作权人提出确有证据的警告，但仍不采取移除侵权内容等措施以消除侵权后果的，人民法院应当根据民法通则第一百三十条的规定，追究其与该网络用户侵权的共同侵权责任。"《民法通则》第 130 条规定："二人以上共同侵权造成他人损害的，应当承担连带责任。"

带责任，这构成学界的一部分主流观点。例如有学者认为，"网络服务提供者所承担的责任是一种第三方主体负责的特殊责任，但不是替代责任，对此应该作出共同侵权责任的解释。理由如下：第一，网络服务提供者在网络侵权中既是加害人，也是责任人。第二，网络服务提供者在网络侵权中与网络用户的关系是侵权行为帮助人与实行人之间的'共同关系'，在这里，实行人的行为与帮助人的行为有直接的因果关系。第三，网络服务提供者在网络侵权中与网络用户同为责任主体，都是受害人请求权所指向的对象。"① 以上理由作为连带责任与替代责任的区分并无不可，但是对于共同侵权却不具有解释力，因为符合以上标准的行为主体不一定承担共同侵权的连带责任，例如《民法典》第 1198 条。② 更进一步讲，上述观点主要存在以下瑕疵：第一，共同侵权责任论将网络服务提供者的不作为行为认定为加害行为值得商榷。因为加害行为在一般意义上都应该是一种积极的损害行为，而不包括未履行保障义务的行为即未对受害人进行保护的行为。第二，共同侵权责任论将不履行作为义务与帮助侵权中的帮助进行了混淆：帮助有客观帮助和主观帮助之分，共同侵权应该严格限制在主观帮助而非客观帮助的范围内，因为如果将客观帮助也纳入共同侵权的形态，那么共同侵权就会无限制的扩张。因为凡是数人侵权中的数人行为都会存在发生相互作用并对结果产生因果关系的情形。因此，将客观帮助纳入帮助不但是打乱了数人侵权的形态体系而且必将导致责任扩大化的不良后果；而主观帮助无论提供帮助的行为是作为还是不作为都不影响共同侵权帮助的成立。因此，共同侵权中的帮助应该是具有意思联络的，这是共同侵权以及广义的共同侵权中帮助侵权的核心。第三，多个责任主体并不是共同侵权的专利，数人侵权除共同侵权以外还存在按份责任、补充责任等责任形态，在按份责任或补充责任中承担按份责任或补充责任的主体都是受害人请求权所指向的对象。除此之外，还有学者提出，采用连带责任有利于对受害人进行保护。其进一步解释称，在网络环境中，查找网络用

①　吴汉东．侵权责任法视野下的网络侵权责任解析．法商研究，2010（6）：29 - 30.

②　"因第三人的行为造成他人损害的，由第三人承担侵权责任；经营者、管理人或者组织者未尽到安全保障义务的，承担相应的补充责任。经营者、管理者或组织者承担补充责任后，可以向第三人追偿。"

户往往比较困难，特别是在非实名制的情况下，有时甚至连网络服务提供者自身都无法确定网络用户的身份，要求受害人查明网络用户也就更加困难。在此情况下，通过规定连带责任，受害人既可以请求网络服务提供者承担责任，也可以请求网络用户承担责任。[①] 尽管连带责任看上去有利于保护受害人的利益，这也正是连带责任对受害人主张权利的特殊魅力所在，但连带责任的设置会产生一系列的问题，使得我们不得不对连带责任进行反思。

（1）连带责任不符合共同侵权理论的内在逻辑。

关于网络服务提供者与网络用户构成共同侵权的学说虽然与立法传统是一脉相承的，但笔者并不赞同该观点。原因在于，笔者承认共同过错可以作为构成共同侵权的原因，但却不赞同网络服务提供者与网络用户构成共同过错的观点。认定网络服务提供者与网络用户可构成共同过错就是没有将前述责任理论基础所阐述的原理搞清楚，因此将承担责任的理论基础停留在过错层面。而其实之所以构成过错是由于违反了作为或者不作为义务而实施了不作为或作为行为。从前述控制力理论、社会总成本控制理论和报偿理论可知，其证成的都是网络服务提供者的作为义务及违反了作为义务的不作为行为。具体而言，笔者认为在过错责任的框架下，判断侵权行为应该综合考虑主观过错和客观行为，二者不可偏废。在考虑主观过错与客观行为之间的关系的时候，应该采取对个体分别加以考量的方式，例如网络服务提供者在接到通知并且知道侵权行为存在之后仍不采取必要措施的行为应该与其自身即网络服务提供者的主观过错相结合，而不能与网络用户的主观过错相结合，否则不但有以共同侵权为实现目标而刻意安排的嫌疑，也不符合侵权责任构成中主客观相一致的基本原理。笔者认为，当且仅当网络服务提供者的主观过错与网络用户的主观过错相一致时，将网络服务提供者的客观行为与网络用户的主观状态相结合才能得出与网络服务提供者自身主客观相结合时一致的结果。

网络服务提供者违反的是作为义务，具体而言是对侵权行为的抑制失败。而网络用户违反的是不作为义务，具体而言，是积极作为的侵权行

---

① 王利明. 侵权责任法研究：下卷. 北京：中国人民大学出版社，2011：137.

为。两者作用的方向并非一致，因此很难具有共同的主观过错，至少具有共同的主观过错具有或然性。一般而言，负有作为义务而怠于行使的主观心态一般是放任而非故意，当且仅当网络服务提供者希望网络用户的侵权行为发生、发展的时候才构成共同过错。但一来上述情形需要得到证明且很难证明，二来将小概率事件的责任赋予网络服务提供者，整体很明显是对责任不当的加重，不符合比例原则。有学者也将放任的主观状态从共同侵权的主观心态中排除，认为中间服务商主观上应该是一种直接故意的心理状态，并且与其他侵权人构成共同故意。① 综上，由于无法构成共同的主观状态，那么一味地将网络用户的主观过错与网络服务提供者的客观行为结合起来就是牵强的。

在此不妨以例释之：某国军工厂正在为战争生产一批钢盔，军工厂的工人都知道生产不合格的钢盔很可能会导致该国士兵在战场上送命，但由于懈怠心理导致钢盔质量不合格。结果在战场上，该国士兵因为钢盔质量不合格被流弹击中死亡。那么军工厂的工人的行为是否构成对敌人杀伤我军的帮助？还是其应该承担未履行生产要求的责任更为妥当呢？再举一例：有一个因各种因素导致心理异常想要报复社会的火车司机，其驾驶火车疯狂前进。在快要经过一个铁路岔口的时候被一个扳道工发现，这个扳道工的职责就是按照时间进行扳道。此时扳道工已经意识到了两个问题：一个是火车行进的速度和时间存在异常；二是如果按照这个速度行驶，那么再按照时间表扳道，火车按照原轨道行驶就有可能对下一个火车路口上正在过路口的机动车和行人造成危险。但是由于责任心不强和工作懈怠，其并没有及时采取措施，而是按照原来的时间表进行扳道，结果造成了重大人员伤亡。那么扳道工应该与火车司机构成共同侵权中还是因其不履行正当职责而承担安全生产责任呢？第一个例子是没有面临现实威胁的情况，第二个例子是面临了现实威胁的情况，因此第二个例子会让人明显觉得主体的主观恶性更强一些，因为其距离损害结果的距离更近一些。但是无论哪种情况，都不应突破其违反的义务的性质，否则，就是对作为义务和不作为义务划分和结构的扰乱，有损过错理论的科学性。其实，从上面

---

① 张新宝.互联网上的侵权问题研究.北京：中国人民大学出版社，2003：53.

学者论述的两个原因力的结合即共同侵权理论与责任承担的可行性结合角度就可以看出共同侵权理论的不自信，如果网络服务提供者与网络用户构成共同侵权，那么承担连带责任是应有之义，而不用再从利益衡量的角度做一种政策上的考量。因为，政策上的考量或利益衡量通常是为了修正通过原有理论得出的结果，通过政策考量或利益衡量将责任形式修正为连带责任正说明了其本来不应承担共同侵权的连带责任。正如有学者所述：并非共同侵权行为，而是基于公共政策考量而规定的连带责任。①

（2）连带责任易造成规则体系的混乱。

共同侵权理论的问题还会导致规则体系协调方面的问题。由《民法典》第 1168 条"二人以上共同实施侵权行为"和第 1169 条"教唆、帮助他人实施侵权行为的"可见，持共同侵权理论的学者的"共同侵权理论"是广义的"共同侵权"，将"帮助"也纳入了广义"共同侵权"的范围。只不过第 1168 条着重于内部共同侵权，而第 1169 条着重于外部共同侵权。而《民法典》第 1172 条"二人以上分别实施侵权行为造成同一损害"的侵权形态描述似乎更加符合网络用户侵权时网络服务提供者不履行作为义务的侵权形态。如此就会造成第 1168 条、1169 条与第 1172 条因规制范围重合而导致的适用冲突问题。这种适用冲突是无法调和的，因为第 1168 条、第 1169 条是连带责任而第 1172 条是相应或者各自责任。而且，如果第 1169 条的帮助不仅以主观意思为要件而且以客观结合为要件，那么其规制范围完全可以囊括第 1195 条、第 1197 条的情形，即网络服务提供者客观帮助了网络用户侵权，具有共同过错。我们知道，总则是对一般情况的规制，而分则是对特殊情况的规制，因此分则相对于总则属于特别样态，这是大陆法系总则和分则构造的基本原则。因此，如果分则被总则包括就破坏了总则和分则构造的科学和严谨性，造成法条的冗余以及理解和适用的紊乱。

（3）连带责任对被侵权人的片面保护易造成利益失衡。

对于连带责任有利于受害人保护的理由，笔者也并不认同。首先，并非网络用户匿名、跨国等因素就会造成因被侵权人的追索不能而使受害人

---

① 杨立新. 侵权法论. 5 版. 北京：人民法院出版社，2013：538.

失去救济途径的结果。因为，即便对网络用户追索不能，如果网络服务提供者存在过错，被侵权人照样可以从网络服务提供者处获得损害赔偿。其次，即便要达到权利人全部损害获得圆满补偿的目的，也不一定只能采取连带责任，例如补充责任一样有机会达到相对圆满补偿的目的。澄清了以上两个误区以后，笔者接着要对网络用户侵权责任对权利人补偿不能的一部分进行详细分析。笔者认为，对于损害赔偿范围的确定一定要以过错为界限，即网络用户侵权责任对权利人补偿不能的原因是当前网络的发展状况造成的：一方面，网络的匿名性对网络的信息传播起到推波助澜的作用，另一方面，网络的匿名性很容易造成权利人求偿权的落空，但网络实名制不但会对网络的生存结构造成冲击，而且涉及隐私的泄露问题。因此，在当下的伦理环境以及网络发展水平下，还没有找到可以妥善解决上述矛盾的方法。所以，网络匿名造成的求偿困局并不是网络服务提供者的过错，网络服务提供者欠缺因此而承担责任的正当性。当然，此时权利人对基于当前技术环境而造成的追偿不能也没有过错，如果非要给网络服务提供者承担此项责任的理由，那么只能是公平责任，即在双方都没有过错的情况下立法者倾向于让经济能力较强的一方承担赔偿责任。例如，饱受诟病的《道路交通安全法》第 76 条第 1 款第 2 项就规定机动车没有过错的，承担不超过 10％ 的赔偿责任。这正体现了公平的责任分配理念。但该法条的依据显然是建立在一般情况下机动车一方的经济条件要好于非机动车一方的基础上，而在网络用户侵权时，网络服务提供者与权利人之间并没有达到机动车与行人经济实力悬殊的盖然性要求。许多情况下，尤其在涉及知识产权侵权的情况下，许多有实力的电影公司和唱片公司的经济实力要强于网络服务提供者，特别是在中国网络发展方兴未艾而发展状况良莠不齐的今天。由于网络服务的低门槛，很多网络服务提供者今天营业明天就由于经营不善而停止服务的比比皆是。故企图通过连带责任让网络服务提供者突破自身过错的范围承担整个技术发展状态下的缺陷造成的求偿不能是缺乏说服力的。

（4）连带责任不符合原因力理论。

有学者从原因力的角度否定了连带责任的成立，但却认为其是一种不真正连带责任。"全部原因在于利用网络实施侵权行为的网络用户侵权，

其行为对损害结果发生的原因力为百分之百，其过错程度亦为百分之百。网络服务提供者尽管有一定的过错，甚至也有一定的原因力，但其没有及时采取必要措施的过错和原因力是间接的，不是直接的，并不影响侵权的网络用户侵权的责任。因此，网络服务提供者在承担了全部赔偿责任之后，有权向实施侵权行为的网络用户全部追偿。"① 的确，如果从网络服务提供者的原因力的角度出发，网络服务提供者的原因力相比网络用户的原因力是较小的。从哲学的角度来考察原因力，网络用户侵权是本着其自身的意愿所从事的行为，是其内因驱动的结果。而网络服务提供者是在网络用户侵权时才可能不作为，因此网络服务提供者的侵权是损害发生的外部原因。关于内因和外因的关系学者早有论述："事物内部的这种矛盾性是事物发展的根本原因，一事物和其他事物的互相联系和互相影响则是事物发展的第二位原因。外因是变化的条件，内因是变化的根据，外因通过内因而起作用。"② 内外因的哲学思想体现在对结果的控制上就是网络用户具有百分之百的控制力，而网络服务提供者采取的相关措施即便全部发挥效果也只能减损一定的不良结果，作用有限。而且"当今网络用户与网络服务提供者的地位关系发生了巨大的变化，网络用户从最初的信息被动接受方，逐渐过渡为信息的主动创造和传播者，网络服务提供者对于网络用户行为的控制能力和预期能力则在不断降低。"③ 因此，网络服务提供者在整个侵权过程中所起到的原因力也越来越小，让两个原因力悬殊的主体承担连带责任并进而可能承担相同的责任风险是缺乏合理性的。

（5）连带责任会造成追偿的逻辑混乱。

有学者认为，依照原《侵权责任法》第 14 条第 2 款（现《民法典》第 178 条）的规定，"实际承担责任超过自己责任份额的连带责任人，有权向其他连带责任人追偿"。网络服务提供者或网络用户只要承担了超出

---

① 杨立新.《侵权责任法》规定的网络侵权责任的理解与解释. 国家检察官学院学报，2010（2）：10.

② 毛泽东. 矛盾论. 北京：人民出版社，1952：4-5.

③ 梅夏英，刘明. 网络侵权归责的现实制约及价值考量——以《侵权责任法》第 36 条为切入点. 法律科学（西北政法大学学报），2013：83.

自己份额的责任，都有权向网络用户追偿。① 如此规定的效果无异于水中月、镜中花。原因是网络服务提供者面对的情形与权利人面对的情形是并无二致的，在被侵权人无法向网络用户求偿的情况下，网络服务提供者对网络用户的追偿权又如何实现呢？其也与之前提到的由于被侵权人对网络用户追偿困难而规定的连带责任相互矛盾。因此现实的情况是，由于互联网用户匿名性和分散性的特点，直接实施侵权行为的网络用户不易被确定，而且其赔偿能力明显弱于网络服务提供者，因此，实践中便往往出现被侵权人只诉网络服务提供者，要求其承担连带责任的情况。而实际上，网络服务提供者往往承担了最终责任，其追偿权几乎难以实现。②网络服务提供者承担连带责任后追偿权的无法实现使连带责任的成立理由又少了一个。

（6）连带责任不符合效率原则。

在对《民法典》第 1195 条、第 1197 条进行责任设置的时候并没有充分采纳和吸收域外经验。例如，美国规制网络侵权中侵害著作权和侵害其他民事权益所采取的规则并不相同：对于网络侵权中侵害著作权的行为采取严格的规则；对于网络侵权中侵害其他民事权益的行为则采取宽松的规则，原则上不追究网络服务提供者的责任。而我国立法将两类民事权益保护"拉齐"，采用同一标准，即对侵害著作权和侵害其他民事权益都实行提示规则和明知规则，不进行区别。如此立法的目的是解决我国网络侵权行为比较"肆意的"的实际情况。③ 正如赞同此种立法目的和方法的学者所认为的，这样有助于网络服务提供者增强保护民事主体权益的责任感和自觉性，更好地保护民事主体的民事权益不受侵害。④ 由此可见，此"拉齐"不但指侵权的责任设置，还包括侵权的责任形态，即连带责任。笔者认为此种立法理由中的推理不具有正当性。首先，仅仅提出我国的网络侵

---

① 王利明 . 侵权责任法研究：下卷 . 北京：中国人民大学出版社，2011：138.

② 张新宝 . 互联网上的侵权责任《侵权责任法》第 36 条解读 . 中国人民大学学报，2010：23.

③ 王胜明 . 中华人民共和国侵权责任法释义 . 北京：法律出版社，2010：193.

④ 杨立新 .《侵权责任法》规定的网络侵权责任的理解与解释 . 国家检察官学院学报，2010（2）：5.

权行为比较"肆意"的实际情况还不足以成为立法理由，只有当我国的网络侵权肆意程度特别是在其他民事权益领域，例如人格权、财产权领域，超过不采取责任"拉齐"的国家时，这种责任层次的升高才具有正当性。否则，当类比对象没有明显变化的情况下，类比的结果却发生了变化时，那么这种类比的结果是缺乏正当性的。而且，也许我国立法对知识产权外的立法加重责任并不仅仅考虑的是网络侵权行为是否实际上肆意，而很可能是涉及价值判断的问题，更进一步是对法益保护理念的理解不同，例如对言论自由的程度的认识等。其次，承上文在涉及知识产权侵权的时候，权利人往往只关心因知识产权受损而导致的财产损失的弥补问题。显然，通过连带责任起诉网络服务提供者，而不必去寻找不太明确而且赔偿能力不明的网络用户是比较便宜的选择。但是，在网络服务提供者按照连带责任承担了赔偿责任以后还要再通过诉讼对网络用户进行追偿，这相比直接通过起诉直接侵权人就可以实现的诉讼来讲显然增加了诉累，不利于效率原则的实现。最后，是否可以寻找到连带责任以外的其他更符合规范理论以及效果更好的规制方式，如可以借鉴他国际价值理念以外的专门规制知识产权之外的其他民事权益的方法等，因为连带责任也不是万能的，根据法经济学的基本原理，责任应该分配给能够以最低成本避免侵权结果发生的一方当事人。但《民法典》第 1195 条、第 1197 条实质上是将违法成本转移至网络服务提供者一方，其结果是，作为直接侵权人的网络用户将会因为违法成本的降低而轻率地实施侵权行为，而由网络服务提供者为此承担沉重的监管义务和法律风险，从而带来侵权行为难以根本遏制和网络服务提供者成本上升的双重不良后果。经济学家张维迎也表达过类似的观点：认识到连带责任的信息基础，也意味着，并不是任何连带责任都是有效率的。简单地采用"连带责任"，动不动就要集体负责，显然是错误的。① 对于网络侵权而言，权利人追究网络服务提供者责任的偏好会导致权利人对网络用户侵权责任的无视，极易导致网络用户更加肆无忌惮地进行网络侵权行动，这样不但不符合侵权责任的示范和警示作用的目的，而

① 张维迎，邓峰．信息、激励与连带责任——对中国古代连坐、保甲制度的法和经济学解释．中国社会科学，2003（3）：111．

且显示了连带责任在问题轻重把握方面的问题，即妄图通过连带责任将网络服务提供者放在遏制网络侵权的第一线，而仿佛忘记了网络用户才是网络侵权的始作俑者。

除此之外，也许有人会将网络服务提供者与展会平台提供者进行对比，因为二者的地位都是服务平台并且都起到中介的作用，而展会平台提供者对产品和服务的质量和损害与商家承担连带责任。但仔细对比就会发现二者对侵权行为的控制能力和风险分担的能力不同。首先，展会平台提供者对平台上所销售的产品具有检查的义务和能力，而网络服务提供者不负有一般性的审查义务，其发现问题的能力相比展会平台提供者显然存在不足。其次，展会这种商行为模式与网络服务提供者的商行为模式存在着本质的差异，因为展会上的几乎全部产品要在展会平台上进行展示和销售都需要向展会平台缴纳管理费和保证金，管理费和保证金正是前述承担责任理论基础中的报偿理论所阐释的责任承担者所应该具有的分散损害的渠道。反观网络提供者，鲜有网络服务提供者对进入网络的网络用户收取费用，更遑论保证金，即便是淘宝等网络交易平台，其监控能力也与展会的监控形式（实物监控）和监控量不可同日而语，即淘宝等网络交易平台的监控难度和监控量是展会的平台所没法相比的。更何况网络交易平台只是网络服务提供者的一种。因此，从控制力理论和报偿理论这两个方面就基本可以否定网络服务提供者比照展会平台提供者承担连带责任的观点。现有判决也持相同看法，在最高人民法院公布的 2009 年中国法院知识产权保护五十件典型案例之九：中国友谊出版公司诉浙江淘宝网络有限公司、杨海林侵犯著作权纠纷上诉案（中国友谊出版社诉浙江淘宝网络有限公司侵犯著作权纠纷案）[①] 中，法院认为："淘宝公司作为网络交易平台的提供者不同于将市场内的柜台、摊位等经营场所出租给租户以批发或者零售商品，以收取租金，并对整个市场进行经营管理的市场主体，即市场经营单位。"

2. 补充责任之证成

在否定了连带责任之后，就必须为网络用户侵权时的网络服务提供者确立一种新的责任形态。有学者认为根据原《侵权责任法》第 36 条《民

[①]　北京市第二中级人民法院（2009）中二民终字第 15423 号。

法典》第 1195 条、第 1197 条的规定，网络服务提供者承担的应该是补充责任，认为规定连带责任是出于预防和制裁侵权行为的法律政策的考虑而将补充责任中网络服务提供者的顺位利益去掉。① 在上文否定了法律政策对连带责任正当性的证明效力之后，那么对于在法律政策作用下从补充责任偏移到连带责任的责任形态就应该恢复原状，即网络用户侵权时网络服务提供者应该承担侵权责任中的补充责任。笔者将在下文对网络用户侵权时网络服务提供者承担补充责任的正当性进行详细论证。

（1）补充责任符合责任与义务的辩证关系。

责任与义务是相对的两个概念。义务和责任分为很多种，在法律领域讨论的是法律义务和法律责任。义务和责任都是实现既定目的的途径，义务具有优先性，而责任具有后置性，即义务是责任的前置程序。这种前置性产生的原因在于义务是一种负担性的行为指引，但是对这种指引的执行具有自愿性，义务本身并不具有强制执行力。而责任具有被强制执行的可能性，即无论责任人是否自愿。当义务得到恰当履行的时候就不会产生责任，而当义务得不到履行的时候就会产生责任。同时，义务与责任会呈现出一种对应关系，即什么样的义务就会产生什么样的责任。因此，要明确网络用户侵权时网络服务提供者的责任就要寻找网络用户侵权时网络服务提供者所违反的义务。尽管《民法典》对网络用户侵权时网络服提供者的义务进行了规定，但是并没有明确这种义务的性质。由于义务的性质是保证责任稳定性的保障，即只有将义务的性质明确出来并且能够明确地归入某个义务范畴的时候，才能保证由此得出的责任的准确性，排除从义务到责任的随意性，即保证了从义务到责任机制的稳定性。通说认为《民法典》第 1198 条的规定是安全保障义务的一种表达形式，此时安全保障义务分为两个层次并分别对应不同的责任：一个是对因自身设施的不完善造成被侵权人损害的行为承担自己责任；另一个是对第三人在自己所控制的实体空间内造成的权利人损害承担补充责任。有学者认为原《侵权责任法》第 37 条（《民法典》第 1198 条）所蕴含的是安全保障义务的内涵，因为安全

---

① 王竹．论数人侵权责任分担原则——对《侵权责任法》上"相应的"数人侵权责任立法技术的解读．苏州大学学报（哲学社会科学版），2014（2）：77-78.

保障义务的内涵并不局限于该条，而是可以随着社会的发展、空间概念的升级而不断扩张。要证成网络用户侵权时网络服务提供者承担安全保障义务，就要对两个方面进行解释：其一是虚拟空间为何能成为安全保障义务内涵中的空间，因为通说中阐释的空间是一种实体空间；其二是在通说中安全保障义务所描述的情境是被侵权人要进入安全保障义务人的控制范围内，而网络用户侵权中的被侵权人往往并不是网络服务提供者的用户，根本没有因为使用而进入过网络服务提供者的设备甚至根本就没有听说过网络服务提供者。其实要解释上述两个问题就要从受保护权利的性质谈起，传统安全保障义务所保护的是涉及肉体方面的健康权、身体权、生命权等的人身权和实体性财产权，因此被侵权人进行活动必须依赖现实的空间以及需要进入现实的空间中才有发生侵权的可能性。而随着网络技术的发展，网络服务提供者支撑起了新的空间平台，能够承载的不再是涉及肉体的人身权和实体性的财产权，而是人的精神利益、知识产权以及虚拟财产。由于精神利益、知识产权以及虚拟财产都要进入人的意识空间，而人的意识空间并不是有形的，因此网络服务提供者的平台就不再必须是实体的，只要知识产权、人格权以及虚拟财产能够在人的意识空间产生作用，那么该平台就发挥了网络服务提供者空间的承载作用。因此，在解决了网络服务提供者与安全保障义务的匹配问题以后，就可以说在网络用户侵权时网络服务提供者的义务是一种安全保障义务，而通说中安全保障义务人承担的是补充责任，因此根据义务和责任的辩证关系，网络用户侵权时网络服务提供者应该承担补充责任。

（2）网络服务提供者承担补充责任具备常态下补充责任的所有特征。

补充责任作为侵权责任法中的责任性质应以过错和原因力为考量中心。有学者从原因力和过错的角度考量并认为网络服务提供者承担责任以后有权向实施侵权行为的网络用户全部追偿，因为网络用户主动实施侵权行为对造成的损害结果构成百分之百的原因力，也构成百分之百的过错。而网络服务提供者的过错和原因力不可单独发生作用，其产生必须依赖于网络用户的侵权行为，即对损害结果的发生缺乏决定性作用，具有依附性。[①] 笔

---

① 杨立新.《侵权责任法》规定的网络侵权责任的理解与解释.国家检察官学院学报，2010（2）：10.

者赞同网络服务提供者在承担责任后有权向直接侵权的网络用户全部追偿的观点，并认为其对观点的论述其实揭示了网络服务提供者责任的外部性和内部性问题。责任的外部性主要从过错方面加以考虑。过错方面，共同侵权中的意思联络是共同侵权人承担连带责任的依据，即意思联络的过错对应了连带责任。而在非意思联络的情况下，仅在无法找到真正责任人时才适用连带责任是为了便于对受害人进行补偿，因此从这种意义上来讲，此时承担的应该是不真正连带责任，区别于因存在意思联络的共同侵权、帮助、教唆。需要注意的是，意思联络包括双向和单向，但是主体对损害结果应该有基本一致的期望。故帮助、教唆也应囊括在意思联络的过错中，只不过相对于共同侵权来说，帮助人和教唆人并不是共同侵权中完整侵权行为不可或缺的组成人员而是为侵权行为创造主观或者客观条件的人。这种过错的形态也影响着责任的外部承担，即各侵权行为因侵权人之间的意思联络而紧密结合在一起，侵权人在承担责任的时候也应该紧密地结合在一起，这符合侵权与责任相符的原则。被侵权人可以对任意侵权人主张权利就等于对侵权行为的整体主张权利，就好比要推动或者抓起一个多个部件组成的机器，只需要找到一个着力点即可。在侵权人之间不具有紧密结合的状态下，被侵权人就不具有向单个侵权人主张整体侵权责任的条件。因此除了共同侵权、帮助、教唆、无法找到真正侵权人的情况，都应该适用最简单的自己责任，即由侵权人直接对受害人承担自己责任。从外部责任的角度，安全保障等义务人承担的责任由于受份额的限制，因此类似于按份责任。但是网络服务提供者承担补充责任与按份责任的不同之处是其承担补充责任具有或然性，当网络用户承担了全部责任时，网络服务提供者则可不用承担任何责任。

　　解决了外部责任之后还应该对内部责任加以考虑。内部责任主要是针对原因力。网络用户侵权时其侵权行为本身是造成全部损害的原因力，无论是否受到网络服务提供者的阻止。对此加以佐证的是内部责任的承担，具体而言，实际加害人在承担了全部责任以后是否可以对安全保障等义务人追偿或者在安全保障等义务人承担了责任以后是否可以对实际加害人追偿，答案是不同的。学者对补充责任中实际加害人对安全保障等义务人是否具有追偿权未提及，即对实际加害人对安全保障义务人没有追偿权无异

议，但是对安全保障等义务人对实际加害人是否有追偿权则存在异议。有学者认为责任人和补足人在承担责任顺序上的差异正体现了责任人承担全部责任的立法思想，而追偿权正是实现责任人承担全部责任的应有之义。[①] 但有学者持反对意见，反对的理由是补充责任人承担责任符合责任自负的原则，因为其对损害结果的发生具有一定的原因力和过错，而不享有追偿权是责任自负的应有之义。[②] 还有学者从连带责任的视角首先肯定了连带责任对侵权行为的遏制作用，其次认为连带责任中内部承担按份责任是网络服务提供者承担全部责任以后的追偿基础，而在承担了其应该承担的内部责任以后则不享有追偿权。[③] 上述三种观点中，笔者赞同第一种观点，对于第二、三观点持有异议，因为补充责任和连带责任作为两种责任形态被确定下来就是为了针对不同的情况发挥不同的作用，具体而言补充责任和连带责任应该针对的是不同的原因力和过错形态。如果说补充责任人最终承担的责任与作为连带责任人承担的责任相同，那么补充责任的设计功能就落空了。进一步讲，追偿权的有无也是连带责任和补充责任的分野。因此，要揭示网络服务提供者在网络用户侵权时的责任形态问题可以以是否具有追偿权作为切入点。以此为前提，笔者认为是否有追偿权的问题实际再次涉及了侵权人之间在侵权行为中的内部关系。承担外部责任和内部责任时加以考虑的因素是不同的，在考虑外部责任时，由于被侵权人是没有过错的，而网络服务提供者与网络用户都是有过错的，因此在对网络用户以及网络服务提供者之间的责任进行分配时是完全倾向于被侵权人的，只要网络服务提供者有过错，其都负有对被侵权人承担赔偿责任的义务。但在思考内部责任的时候，由于网络用户和网络服务提供者都存在过错，因此，就需要在过错之间进行比较而决定最终的责任分配，而不应该沿用外部责任生成时的过错分配模式。具体而言，无论网络服务提供

　　① 张新宝. 侵权责任法立法研究. 北京：中国人民大学出版社，2009：242；郭明瑞. 补偿责任、相应的补充责任与责任人的追偿权. 烟台大学学报（哲学社会科学版），2011（1）：15.

　　② 王利明，周友军，高圣平. 中国侵权责任法教程. 北京：人民法院出版社，2010：37. 郭明瑞. 补偿责任、相应的补充责任与责任人的追偿权. 烟台大学学报（哲学社会科学版），2011：15.

　　③ 王利明. 侵权责任法研究：下卷. 北京：中国人民大学出版社，2011：137-138.

者是否履行了作为义务从而介入了网络用户的侵权活动，只会存在网络用户的侵权行为造成损害大小的不同的问题，但损害的全部都是网络用户的侵权行为造成的，因此在承担内部责任方面，网络用户应该承担全部责任，网络服务提供者则不承担责任。其实从上述笔者提出的两个问题的逻辑联系也可以得出上述结论，网络用户承担了责任而不具备向网络服务提供者追偿的权利佐证了其应该承担全部责任，否则，如果网络服务提供者承担了责任以后不向网络用户追偿则会出现前后矛盾，即在相同情况下网络用户一会儿对全部损害承担责任，一会儿对部分损害承担责任。笔者查阅了我国首次出现补偿责任的法律规定——《最高人民法院关于审理人身损害赔偿案件适用法律若干问题的解释》（法释〔2003〕20 号，以下简称《人身解释》）第 6 条第 2 款。该条的表述印证了笔者的论断，即没有规定第三人承担责任后对安全保障义务人的追偿权而规定了安全保障义务人对第三人的追偿权。从追偿权的设置来看其与连带责任类似，但是两者本质的不同是连带责任人可以对超出自己责任以外的部分追偿，而此时安全保障义务人可以就承担的所有责任向第三人追偿。虽然该条规定的是安全保障义务人，但从责任的承担原理来看，网络服务提供者承担的与安全保障义务人承担的完全相同，都是"应当在其能够防止或者制止损害的范围内"承担责任。后来的《侵权责任法》第 37 条以及《民法典》第 1198 条相比《人身解释》已经补充责任进行了优化。故网络服务提供者的追偿范围与连带责任存在本质差别。除了网络服务提供者的应然追偿范围，被侵权人对网络服务提供者的追偿范围也与连带责任存在差异。有学者认为，补充责任人对被侵权人承担的应该是其过错范围内的责任，即相应责任，而非对全部损害承担责任。[①] 而连带责任中的连带责任人需要对一切损害承担损害赔偿责任。

综上，网络服务提供者的责任承担范围是从不承担责任到承担自己责任，即不存在对超出自己责任的范围承担责任的情形，哪怕是暂时的。这与按份责任和连带责任均有不同。与按份责任的不同有两方面：主张的顺

---

① 郭明瑞. 补偿责任、相应的补充责任与责任人的追偿权. 烟台大学学报（哲学社会科学版），2011：14.

序和最后责任的承担。从主张的顺序和最后责任的承担的关系来看，最后责任的承担是主张顺序的原因，而原因力又是最后责任的承担的原因。具体到网络用户侵权中，网络用户的侵权是造成损害的百分之百的原因力，而按份责任中一个侵权人造成损害的原因力是小于百分之百的。对此的一个例证就是前述网络用户承担责任之后无权向网络服务提供者进行追偿。因此，网络服务提供者的责任是一种补充责任，并且是侵权法中的补充责任。与侵权法以外的补充责任即保证责任不同。如果补充责任与保证责任相同则会导致不承担责任或者承担全部责任的情况，范围过大：在不承担责任的情况下轻至不承担责任，轻于最轻的自己责任包括按份责任；而在承担全部责任的情况下重至相当于承担连带责任中最终的责任形态。补充责任（一般保证责任）的调整范围与按份责任、连带责任的调整范围存在重合，有违责任体系的科学性和协调性，不应被采纳。因为自己责任是根据自己的过错承担责任，连带责任是按照自己的过错承担责任或者因替他人承担责任而承担重于自己的过错的责任，而恰恰从不承担责任到按照自己的过错承担责任是调整的空白，而这段空白正符合网络用户侵权时网络服务提供者的责任。因此，补充责任应该应用于这段空白，即网络用户侵权时网络服务提供者的责任形态是补充责任，补充责任的范围是从不承担责任到承担自己责任。

（3）补充责任可以有效地填补受害人的损害。

诚然，直接侵权人应该对被侵权人的全部损害承担赔偿责任，但现实中被侵权人常常面临直接侵权人难以寻找、不具备赔偿能力或者欠缺赔偿能力的情况。此时，补充责任可以将网络服务提供者纳入赔偿责任主体之中，正如安全保障义务的补充责任一样，安全保障义务人（如加害人的雇主、监护人）对其能够防止或者制止范围内的损害承担补充责任。[①] 补充责任对于能够防止或制止范围内的损害，就提供了除直接侵权人外的另一重保障主体即网络服务提供者。如此，由于补充责任增加了填补受害人损失的途径和概率，因此可以达到有效地填补受害人损害的目的。

（4）补充责任有利于优化诉讼的法律效果。

从补充责任到连带责任抛弃了被侵权人主张权利的顺序，使权利配置

---

① 张新宝 . 我国侵权责任法中的补充责任 . 法学杂志，2010（6）：2.

出现失衡的局面。在实际侵权人可以确定，且和网络服务提供者都有赔偿能力的情况下，如果按照连带责任，被侵权人可以自由选择向实际侵权人或网络服务提供者主张权利，当被侵权人向网络服务提供者主张权利以后，网络服务提供者会面临两种选择：一种是向实际侵权人追偿，由此而要承受补充责任无须承受的对实际侵权人主张权利的诉累；一种是网络服务提供者不向实际侵权人追偿，使得实际侵权人免去补充责任下必须承受的法律制裁，而网络服务提供者承担了不应承担的责任。如此就会导致侵权责任法的制裁功能、公平原则的落空，而且与国家大力发展网络产业的经济政策背道而驰。因此，补充责任不但可以解决意欲用连带责任解决的问题，而且还不会引起连带责任的不良法律效果。故从法律效果的角度来看，网络用户侵权时对网络服务提供者适用补充责任是要优于连带责任抑或不真正连带责任的。

（5）补充责任符合侵权责任编的规范体系。

补充责任符合侵权责任编的规范体系是从法律规制机制一致性的角度考察得出的结论。在《民法典》第七编第三章"责任主体的特殊规定"中，对于因控制力而负有的责任，要么规定承担的是"相应责任"，要么规定承担的是"补充责任"，例如第 1198 条、第 1201 条都规定了补充责任而第 1189 条、第 1191 条、第 1192 条、第 1193 条都规定了在自己过错的范围内负担相应的责任。由此可见，只有第 1195 条、第 1197 条规定了连带责任。故，《民法典》第 1195～1197 条规定的连带责任打破了规范体系的和谐以及体系所蕴含的理论意涵。因此，有学者试着借助原《侵权责任法》第四章（《民法典》第七编第三章）的相关法条采取类比的方式来论证网络服务提供者承担补充责任的合理性。例如，有学者就将《侵权责任法》第 36 条（《民法典》第 1195 条、第 1197 条）的临近法条与第 37 条（《民法典》第 1198 条）进行类比，将公共场所作广义理解，不仅包括"物理空间"，还包括"虚拟空间"，因为"虚拟空间"和狭义公共场所的"物理空间"都具备实现人群经常聚集的社会交流功能的条件。① 笔者认

---

① 陈芳. 虚拟空间之安全保障义务研究——以互联网服务提供商的视角. 武汉大学学报（哲学社会科学版），2014（1）：72.

同此种类比方式得出的结论。第一，补充责任由于符合侵权责任的规范体系而具有形式上的正当性，即无论保护民事主体利益，还是对民事主体进行限制，都要在逻辑上符合类似问题得到类似处理的原则。① 第二，从权利的顺位来看，实体空间可能涉及的客体包括人身权，人身权具有优越于知识产权、财产权的地位，因此网络服务提供者应承担的责任显然不应该重于原《侵权责任法》第 37 条（《民法典》第 1198 条）对应的补充责任。综上，网络服务提供者在网络用户侵权时应对被侵权人承担补充责任。第三，发生在"虚拟空间"的侵权主要侵犯的是精神利益和虚拟财产，不涉及生命健康以及实体财产。而精神利益、虚拟财产与生命健康和实体财产都是主体利益不可或缺的组成部分，因此将公共场所作广义解释，即将"虚拟空间"纳入公共场所为权利主体提供了更加完整的保护。

虽然《民法典》侵权责任编并没有采纳补充责任的责任设置，而是沿袭了《侵权责任法》设置的连带责任。但是基于上述理由，可以通过司法解释的方式缩限连带责任的适用范围，为补充责任创造适用空间，并明确适用补充责任的具体规则，以期将立法缺陷造成的不利影响降到最低。

从法条内部各款的协调性出发，在分析完《民法典》第 1195 条、第 1197 条之后，有必要将视线转移到《民法典》第 1194 条。② 如果说《民法典》第 1195 条、第 1197 条对网络服务提供者因控制力引起的不作为义务予以了规定的话，《民法典》第 1194 条似乎并未涉及任何特殊机制引起的责任也没有规定区别于过错责任承担机制下的自己责任以外的责任，学者和立法者似乎对此未有异议：在法律上确认了网络用户和网络服务提供者的单独侵权责任。③ 当然除了网络用户与网络服务提供者分别构成的单独侵权，二者还可以构成共同侵权。④ 对于其中的原因，有学者认为，我国侵权责任法之所以对单独侵权责任作出规定，主要是基于两方面的考

---

① 王轶．民法价值判断问题的实证性论证规则——以中国民法学的学术实践为背景．中国社会科学．2004；114.

② "网络用户侵权、网络服务提供者利用网络侵害他人民事权益的，应当承担责任。法律另有规定的，依照其规定。"

③ 王利明．侵权责任法研究：下卷．北京：中国人民大学出版社，2011，123.

④ 王胜明．中华人民共和国侵权责任法解读．1 版．北京：中国法制出版社，2010；179.

虑：一方面，是为了保持体系的完整性。另一方面，是为了保持与网络服务提供者间接侵权责任的衔接和协调。此外，其还具有特殊性、常见性和严重性。① 笔者不同意上述观点。首先，是否设置了专条就可以在应对日益增多的侵权行为和在面对网络侵权的特殊性时发挥更加良好的效果呢？答案是否定的。早在《侵权责任法》解读的著作中就有主张：《侵权责任法》第 36 条第 1 款只对网络用户、网络服务提供者侵犯他人民事权益应当承担侵权责任作出了原则性规定。对于网络用户、网络服务提供者的行为是否构成侵权行为，是否应当承担责任，还需要根据该法第 6 条以及著作权法的有关规定来判断②，也即所谓的专条也并不能直接发挥作用，还是要通过侵权责任法的一般原理加以解决，其仅具有宣示性。而这种做法会影响侵权责任法体系的严谨性，大陆法系法典立法的一般原则是能够用总则解决的，绝不用分则解决，如果仅仅面对新情况就增加法条的话，那么侵权责任法的体系协调性将越来越差。对于完整性的理由笔者也不能苟同，放眼整个《民法典》侵权责任编第三章"关于责任主体的特殊规定"，都没有将责任主体单独侵权的形态规定进去，但并不影响特殊规定的形成和完整性。例如第 1198 条第 1 款③并没有包含上述主体主动侵害他人权益的情形，而是以特殊的侵权形式加以规定。第 1198 条第 2 款④虽然对经营者、管理者或者组织者的责任加以了规定，但该规定的目的主要是解决侵权者与经营场所、公共场所的经管者、管理者或者群众性活动的组织者之间责任分配的问题，而非孤立地规定侵权者或经营场所、公共场所的经营者、管理者或者群众性活动的组织者的单独侵权责任。

因此，解决的方法是要么删除相关内容，要么应该明确网络服务提供

---

① 王利明. 侵权责任法研究：下卷. 北京：中国人民大学出版社，2011：124. 王胜明. 中华人民共和国侵权责任法解读. 北京：中国法制出版社，2010：179.

② 王胜明. 中华人民共和国侵权责任法解读. 北京：中国法制出版社，2010：180.

③ "宾馆、商场、银行、车站、机场、体育场馆、娱乐场所等经营场所、公共场所的经营者、管理者或者群众性活动的组织者，未尽到安全保障义务，造成他人损害的，应当承担侵权责任。"

④ "因第三人的行为造成他人损害的，由第三人承担侵权责任；经营者、管理者或者组织者未尽到安全保障义务的，承担相应的补充责任。经营者、管理者或者组织者承担补充责任后，可以向第三人追偿。"

者侵权时的特殊情形，即在无网络用户侵权情况下，网络服务提供者因为没有尽到应尽义务而导致权利人损害的情形，此时，侵权责任与合同责任存在责任竞合。此后再加上网络用户侵权的情形，即将网络服务提供者单独侵权时的责任和网络用户侵权时网络服务提供者的责任这两种特殊责任组合在一起，如此才能达到上文中学者所述的完整性和合逻辑性的标准。否则这种规定容易引起理解性的偏差，学界就存在《民法典》第 1194 条适用的是过错责任还是过错推定责任的争论，认为是过错推定责任的一个理由就是分则的规定一般具有特殊性，而既然一般是过错责任，那么在分则特殊规定就不是过错责任，而是过错推定责任。这种争论显然是法条实际设置与法条设置规律之间的冲突引起的。《民法典》第 1194 条采取的方案并不是以上两种，其是通过"法律另有规定的，依照其规定"的方式将该条款转化为了引致条款，使原来的内容成为引致条款的一个前提和组成部分。

（二）网络服务提供者间接侵权的责任承担范围

责任承担范围问题是责任承担的重要问题，也是前述责任形态最终可以落地的问题。有学者认为，网络服务提供者承担侵权责任不应以全部损害为标准，应以其因违法而获得的收益为标准，虽然以违法而获得的收益数额为赔偿标准要低于以全部损害为赔偿标准，但其同样可以达到抑制网络侵权的作用，因为无论以收益数额还是以全部损害为赔偿标准，其都可以达到促使网络服务提供者对侵权用户和侵权内容积极采取措施的目的。[1] 该学者讨论以损害为责任范围还是以网络服务提供者违法所得为责任范围是从规制效果的角度加以考察的。笔者认为从规制效果的角度来考察，并决定是以损害为责任范围还是以违法所得为责任范围是说不通的。第一，网络服务提供者因违法获得的数额与实际损害的数额之间谁大谁小并不是事先就可以确定的，毕竟涉及这一种事物的盈利方式的不同。举知识产权的例子，侵权损害的是正版知识产权的发行数量，而不当得利是网络服务提供者利用网络用户所侵犯的知识产权获得了其他网络用户的注意力，并进而通过售卖注意力获得了广告商的广告收入。此时，网络用户侵

---

① 徐伟. 网络服务提供者侵权责任理论基础研究. 长春：吉林大学，2013：118.

权导致知识产权人的发行方面的损失不一定大于网络服务提供者通过网络用户侵权获得的广告收入。至少这发生的概率具有或然性，而非必然。如果网络服务提供者因违法获得的利益大于被侵权人的损害，则选择网络服务提供者违法获得的利益替代被侵权人的损害作为赔偿范围就是没有必要的。第二，既然是补偿，显然应该以损害的数额作为标准，这样的补偿才具有意义，否则补偿的数额小于损失数额还可以解释，但是当补偿的数额大于损失数额的时候就已经不符合侵权损害赔偿补偿性的宗旨。第三，当赔偿数额能够确定的时候，上文已经证成了网络服务提供者的补充责任，因此网络服务提供者承担侵权损害赔偿责任的数额就应完全落在其应该承担的范围内，不需要对其数额进行调整，相反对数额的调整不利于损害赔偿的补偿功能的实现。在人身损害方面，《民法典》第 1182 条改变了《侵权责任法》第 20 条"被侵权人的损失难以确定，侵权人因此获得利益的，按照其获得的利益赔偿"的规定，即取消了在适用"获得利益"计算"财产损失"时"被侵权人的损失难以确定"的限制性条件，使两种计算方法具有了平等适用的条件。同时在财产损害方面，《民法典》第 1184 条没有改变《侵权责任法》第 19 条的规定。在司法实践中，无论是一般财产，还是知识产权，在损害计算的时候，都将获利作为损害数额计算的方式之一。

1. 以网络服务提供者违法获得的利益为责任的承担范围

网络用户侵权时网络服务提供者的责任很大程度上应该以网络服务提供者因违反义务而获得的利益为承担范围。因为，网络用户侵权时被侵权人被损害的客体性质决定了其损害是不容易确定的。例如，"曾有被侵权人认为视频网站影响了其影片票房收入，故按照电影单价 100 元乘以网站中该视频被点击的次数计算实际损失。但引起了对方的强烈不满，认为网络视频与影院效果不可同日而语，观看网络视频的观众与影院观众不是同一层次，即使观看了网络视频，如果喜欢该影片仍会去影院享受高质量的声像效果。"① 的确，网络视频与影院的观影效果相差很大是不争的事实。因此，可以说网络视频和影院分别迎合了两类不同的群体的观影需求。当

---

① 王宏丞. 论视频分享网站侵权案件中的焦点问题. 电子知识产权，2009（4）：16.

然，两种群体是存在着重合的，但是不能否认的是有相当一部分人只会选择网络视频而不会去影院。此时，网络视频对影院的票房并没有造成损害。院线的损失应该是本来可能去影院观影而由于观看了网络上的免费版而选择不去影院致使影院流失的这部分观影者的购票款，这种情况是客观存在的。但同时也存在本来对于去影院观影没有兴趣，而恰恰被免费的网络版所吸引且在观看之后觉得很好，并因为觉得网络版并不能提供影院所能达到的那种效果而选择影院观看的情况，这种情况下免费的网络版对于影院的票房增加是有帮助的。如今人们的消遣方式是多种多样的，多种多样的消遣方式的功能又存在较大差异，这是多种消遣方式得以各自存续的原因。例如，去影院观影往往也伴随着社交的目的，如果刨除电影的社交功能，电影也可以被家庭内电视的娱乐节目所部分取代。因此，免费的网络版电影是否对影院的观影人数产生影响并未可知，这与电影的类型等因素也具有紧密关联。例如，以视听效果见长的电影受网络版免费电影的影响较小，而文艺片等以剧情见长的影片可能受网络版免费电影的影响较大，对此不应一概而论，等同视之。而且，即便是网络视频导致进入影院观看的观众人数减少，其也只是定性的方面，无法定量即准确计算这种情况下的人数。而人数是计算损害赔偿数额不可或缺的因素，又原告是负有证明其主张的赔偿数额的义务的。因此，原告只能根据自己的标准或者主观意愿提出一个数额并将皮球踢到法院。因此，法院就常会遇到以下情况，即网络侵权案件赔偿数额标准的不确定，使得被侵权人难以提出合理的赔偿数额。① 不仅当事人难以提出合理的赔偿数额，法院也很难给出合理的赔偿数额。以北京市为例，各个法院之间乃至同一法院不同法官之间对于相似案件的赔偿标准的判断也高低不同，使当事人选择管辖、促使案件发生流向高赔偿地区的情况日益增加。② 而且，不排除很多法律职业从业者利用这一赔偿确定的难度抬高诉讼标的，使得本来能够通过非诉途径解决的纠纷大量涌向法院。③ 如此，势必导致诉累，同时妨碍司法资源的优化配置。例如，现实中法院通常会做如下认定："对于本案的赔偿数额，

---

①③　宋鱼水．互联网的理性与秩序：网络侵权法律适用与典型案例精析．北京：人民法院出版社，2006：78.

②　同①76－77.

考虑百度网讯公司、百度在线公司使用泛亚公司涉案侵权歌词的数量，涉案侵权歌词的独创性程度和篇幅，互联网传播作品的特点，泛亚公司可能因此遭受的利益损失以及百度网讯公司、百度在线公司侵权行为的性质和情节等因素，酌情予以确定。"① 一个"酌情"不但把整个数额的计算过程关进了黑匣子，而且从考量的各种因素"歌词的数量""独创性和篇幅""互联网传播作品的特点""可能遭受的损失""侵权行为的性质和情节等因素"也可以看出法院仍然以被侵权人的损害为确定责任承担范围的出发点。由于没有公认的统一损害计算标准，法院的认定就会出现畸低或者畸高的情况。畸低会导致对被侵权人补偿不利，畸高会导致对被侵权人补偿过度并进而损害网络服务提供者的利益，影响司法的公信力。赔偿数额的不确定也终将影响侵权损害赔偿补偿功能的实现。于是有学者认为在宏观上，法官不是商业主体，缺乏商业活动的经验，作出相关作品价值的商业判断并非法官擅长的工作，其判断只能达到形式上的合理而未必能够实现实质上的完全合理。更具有事先示范作用的解决办法，则是由相关民间组织或著作权管理组织、机构兼顾各方利益，讨论制定出一个较为详尽、可行的参考标准，该标准可以使网络经营者在使用著作权人的作品前积极获取授权并支付报酬，发生纠纷后双方可以更快、成本更小地就使用费用或侵权补偿达成一致。由市场主体协商得来的结果，可能是最好的、最接近市场价值和符合公平、等价有偿原则的结果。② 笔者认为，即便负担计算标准的主体发生转移也改变不了损害计算标准模糊的问题，况且现在尚不存在这样的第三方定价机制。既然不存在这样的机制，那么网络用户侵权时网络服务提供者的损害赔偿数额就很难确定。而且，即便相关民间组织或者著作权管理组织给出了正常渠道获得授权的参考价格，法官在实际操作中还是要根据个案的情况对参考价格进行调整，因此，也不具有很好的可行性。

《民法典》第 1195 条"扩大部分"的计算使得从损害角度考虑赔偿数额的难度进一步加大。有学者认为："扩大部分如何界定，有人认为很难。

---

① 最高人民法院民事判决书（2009）民三终字第 2 号。

② 宋鱼水. 互联网的理性与秩序：网络侵权法律适用与典型案例精析. 北京：人民法院出版社，2006：77.

我认为并非如此……对扩大部分的界定就应当从被侵权人提示的那个时间开始。例如侵权行为延续了 100 天，提示之前已经发生了 50 天，提示后又延续了 50 天才起诉，这后 50 天的损害就是扩大的部分。对前面的 50 天网络服务提供者并无责任，后面的 50 天，应该由网络服务提供者和网络用户承担连带责任。"① 由于该条中"及时采取必要措施"的规定，那么首先，网络服务提供者在接到通知后是有一定的反应时间的，而不是接到通知后不采取措施就要承担责任，因此不能按照后 50 天计算。其次，这种计算方法仅在损害只发生在该网络服务提供者的平台上时才可以适用，如果存在转载，网络服务提供者采取的措施也仅停留在自己的平台上，而对其他平台上的侵权行为没有控制力，其却应对接到通知后合理期限之后的转载引起的其他网络平台上的侵权行为负责，这是否公平合理也应予以思考。此外，在合理期限届满前还是在合理期限届满后发生的转载也很难区分，而如果分不清哪些是之前从转载平台上流出的哪些是因网络服务提供者未采取措施而流出的，就无法真正分清网络服务提供者采取措施和不采取措施对损害结果的实际影响。故，即便时间上计算的跨度有了，但仍要面对损害计算标准模糊的问题。因此，总额的计算仍存在一定困难。

笔者认为，网络服务提供者利用网络用户侵犯被侵权人时的网络传播权并将其转化为了广告收入是网络服务提供者违法收益的生成路径之一。加拿大著名传播学者麦克鲁汉在 20 世纪 60 年代就明确指出，传媒所获得的最大经济回报来自"第二次售卖"，即将凝聚在传媒版面或时间段上的受众注意力出售给广告商。因此，在网络传播权损害计算路径不明的时候，可以将由网络传播权转化的现实利益即广告收入作为损害结果。司法实践中也不乏判决支持如上观点，例如，上海观视文化传播有限公司诉北京六间房科技有限公司侵犯著作权纠纷②一案。奥动力（北京）体育传播

---

① 杨立新.《侵权责任法》规定的网络侵权责任的理解与解释.国家检察官学院学报，2010（2）：8.

② 北京市海淀区人民法院（2008）海民初字第 31332 号。法院认为："使用网友上传的电影、电视剧和原创等各类视频文件以丰富充实六间房网内容、吸引上网者关注和增加浏览量，并进而吸引广告投放且获得经济利益。"

有限公司诉被告上海全土豆网络科技有限公司侵权纠纷①一案也将网络服务提供者的获利纳入了侵权损害赔偿的考量范围："被告是以营利为目的而设立的公司法人，被告在其网站播放涉案比赛的同时，为宝洁（中国）有限公司的'SK II'品牌产品及'中国婚博会光大会展中心'进行广告宣传，以此牟取巨大经济利益。"在北京搜狐新媒体信息技术有限公司诉上海全土豆网络科技有限公司侵害作品信息网络传播权②一案中，法院认为："这些精彩片段同样能吸引大量网络视频用户观看，从而提高全土豆公司网站视频点击率，有助于全土豆公司从投放的广告中获得利益。"

以违法的网络服务提供者获得的利益为责任的承担范围主要针对两种客体，分别是人格权和知识产权。对于人格权来说，实际上这种情况主要是针对人格权二元性中的财产性规定的，而非针对人格权中的人身性。人身性主要针对身体而财产性主要针对精神利益。由于身体是不能进行交易的，例如人的血液，这是对人的基本权益和尊严的保障。对于人身性权益的损害可以通过对恢复人身权益圆满性所需要的花费确定赔偿数额，这体现了侵权法的补偿功能。而人格权的财产性是精神方面的，也可以转化为财产权益，例如肖像权。当肖像权受损时缺乏内在对精神损害的度量，因此也就无法确定对精神损害的填补所需的赔偿数额。因此，法律规定可以通过侵权人违法获得的利益来确定损害赔偿数额。比照人格权精神财产的损失，知识产权的损害也具有类似的特征，即损害有时不太利于计算。以电影作品侵权为例，被侵权人的一种损失是对票房的损失，一种损失是对信息网络传播权带来的广告收入的损失。票房的收入不好计算，而网络服务提供者利用网络用户侵权获得的收入却是相对方便计算的。如果选择了广告的方式就仅仅能从广告处获得补偿，以广告的方式营利就应当承担广告带来的票房的损失。二者无法兼得。

对于违法利益的计算方法：由于网络服务提供者利用侵权信息的盈利方式分为直接收费和非直接收费，因此，违法利益的计算方式也依此分为两种。第一种，对于收费的网络服务提供者违法利益的计算方法。在此种

① 上海市第一中级人民法院（2013）沪一中民五（知）终字第 59 号。
② 上海市第一中级人民法院（2010）沪一中民五（知）终字第 130 号。

方法中，网络服务提供者的违法收益应该用下载次数乘以收费价格予以计算。例如，在山东机客网络技术有限公司与上海玄霆娱乐信息科技有限公司侵害信息网络传播权纠纷上诉案①中，法院认为："玄霆公司因机客公司的侵权行为造成的实际损失难以计算，而机客公司网站显示的涉案小说下载量与价格的乘积（192 238 次×0.5 元＝96 119 元）系在玄霆公司取证的时间点机客公司的违法所得。"据此，法院判决机客公司赔偿玄霆公司经济损失 96 119 元。第二种，对于非收费网络服务提供者违法利益的计算方法。非收费网络服务提供者的违法收益主要来自侵权信息带来的广告收益。以视频分享网站为例，"对于任何一个视频分享网站来说，广告收入均是其最大的收入来源，因此，所有的视频分享网站均会以各种形式投入广告。目前视频分享网站的广告投入方式主要包括三种：一种为仅在网站页面上投放广告，该广告不附着于任何视频文件上；一种为在视频播放软件界面上投放广告；一种为在具体视频文件播放的不同阶段插播广告，这种形式类似于电视台在节目中播放广告的行为"②。这三种广告投放方式的广告收益均可以采取相同的计算方法，即用该页面或视频的点击数除以整个网站的点击数乘以广告的总收入，即可以得出网络服务提供者违法收益的数额。

2. 以被侵权人的损害为责任的承担范围

以被侵权人的损害为责任的承担范围是确定责任的承担范围的通常情形，即被侵权人受到了多少损失，侵权人就承担多少的赔偿责任。以被侵权人的损害为责任的承担范围的前提是损失是可以计算的或者是无须计算的。损害可以计算的客体一般仅包括财产权，而由于人格权和知识产权的损害数额无形性的特征，上文已经将其最终归入了以网络服务提供者违法获得的利益为责任的承担范围。除此之外，对于无须计算的损害赔偿，主要指法律对人格权受损时精神损害赔偿的数额规定了一定的范围，该范围并不以实际的损害为依据，而是由法官依据法律并根据被侵权人的受损情况酌情处理的结果。当然，对于被侵权人所受到的损害也可以作广义理

---

① 　山东省高级人民法院（2013）鲁民三终字第 36 号。

② 　芮松艳. 视频分享网站的侵权责任认定——由华夏树人诉优酷网案着手. 电子知识产权，2009（4）：18.

解，即包括可得利益损害、间接利益损害等。同理，可得利益损害和间接利益损害不但要符合因果关系和确定性的要求①，而且要有计算的根据。

五、补充责任之外的救济：不当得利返还

前文已述，由于网络服务提供者间接侵权的构成以过错作为要素，但"知道""应知"的证明难度较大以及"通知"的证明存在或然性，因此被侵权人有时无法通过网络服务提供者间接侵权责任来填补自己的损失，而与此同时，网络服务提供者却因网络用户侵权获得利益，此时就会出现利益的失衡，如果不对这种利益失衡进行调整就会违背公平的价值。因此，有必要运用不当得利返还对网络服务提供者间接侵权责任的法律效果进行补充和完善。

（一）不当得利返还的正当性

不当得利返还可以对网络服务提供者间接侵权责任的法律效果进行补充和完善，具有正当性。

1. 不当得利返还具有其存在的理论基础

不当得利是一项古老的制度，本质是一种非正常利益交往方式的回溯机制，是对公平价值的实现。不当得利存在的目的是对正常交往方式有限性的填补，因为现实中的交往方式千变万化，常常出乎当事人或者立法者的预期。当利益发生非正常流动的时候，由于不属于正常的利益交往方式，因此没法用正常的利益交往方式对其进行调整。而这种利益的流动又不具有公平的价值和属性，因此就需要以不当得利作为平衡机制对这种利益的不正常流动进行矫正。具体而言，正常的交往方式或出于当事人的意思自治或者出于国家法律的规定，具有合理合法性。例如，当出于自己的意思表示而与别人进行利益交往的时候，利益的变动因受其自由意志支配，一般进入合同和物权管辖的领域，合同和物权领域有其自身的调节方式，即合同上的请求权和物上的请求权，因此无须不当得利的介入。比如赠与行为，由于其是出于赠与人意思支配下的行为，即便赠与行为的发生不符合等价交换的公平理念，但是出于尊重意思自治的要求，仍然认可其

---

① 田邵华. 论侵权责任法上可得利益损失之赔偿. 法商研究，2013（1）：127.

流动的合理性。而且，由于经常发生的正常交往方式都已被固化，例如合同法和物权法分别对赠与合同和赠与行为进行规制，不会发生不能解决的利益失衡，因此没有不当得利的适用空间。可见，正当的交往方式是实现利益交往的公平方式，而不正当的利益交往方式是有碍利益交往的公平性的。而且，正当的利益交往方式是稳定的，而不正当的利益交往方式是千变万化的，因此很多时候没法也没有必要为每种不正当的交往方式命名并设定调整机制。所以，就统一用不当得利对所有现存的和以后可能发生的有失公平的非正当利益流动机制进行矫正，矫正的方式就是利益的回溯。

除不当得利责任以外，侵权责任也是对非正常交往方式的结果进行调整的机制，侵权责任促使当事人之间发生利益流动以填补受损人的损失。不当得利和侵权责任都是为了填补正常交往方式规制范围和能力的不足，但二者的显著区别是不当得利责任是以之前的非正当利益流动为前提并对其进行回溯，侧重的是利益的归位；而侵权责任并非以之前的利益非正当流动为前提，而是直接使利益从侵害人流向受害人，以填补受害人的损失。因此，不当得利的利益流动以受益人所获利益为标准，而侵权责任的利益流动以受害人的利益损失为标准。

之所以网络用户侵权时网络服务提供者可以适用不当得利责任，是因为在网络服务提供者与被侵权人之间因网络用户侵权而发生了非正常利益变动。非正常利益变动的原因是其相比正常利益流动发生了断裂，即合同关系的断裂。正常的利益流动的一个依据是广告商基于与网络服务提供者之间关于关注量的买卖关系而签订的广告协议，而其中的关注量产生于对被侵权人的权利例如知识产权或者人格权的应用。由于发生侵权时网络服务提供者与被侵权人之间并没有签订相应的合同，因此没法进行正常的利益流转。此时，应然的正常利益流转关系在网络服务提供者与被侵权人之间发生了断裂。由于这种断裂无法用合同关系、物权关系进行调整，因此就会造成权益失衡并进而影响法律公平价值的实现。因此，就需要通过不当得利将位于网络服务提供者处本应由被侵权人获得的利益进行回溯，即回到被侵权人手中。

2. 不当得利返还有利于权利人主张权利

从主张权利的角度，主张不当得利责任要比通过侵权责任主张权利成

功率更高、效率也更高。因为，不当得利责任将责任证明从过错转化为了类似于无过错的证成路径，即只要被侵权人证明存在网络用户侵权，而网络服务提供者又因为该受侵权的网络传播获得了利益，那么该利益就属于不当得利应予返还，而无须通过网络服务提供者和网络用户侵权的证明路径：不但要证明存在侵权事实，而且还要证明网络服务提供者具有过错即接到通知后或者知道而没有采取删除、断开、屏蔽等措施。其实《民法典》第1182条以及第1184条规定中的"其他合理方式"的目的就是解决按照侵权责任的逻辑落实责任的问题，在对过错等构成要件论证之后，损害数额的计算成为重要的论证内容，借助不当得利的原理和原则实际上是损害数额认定的一种变通方式。从结尾入手反推可知，在能够证明网络服务提供者因网络用户的侵权而获得利益的时候似乎就可以不用侵权责任来解决问题，因为侵权责任根据构成要件需要以网络服务提供者的过错的证明为前提，而在不当得利返还的构成中却不要求以过错的证明作为前提。因此，在能够证明网络服务提供者因网络用户侵权获得利益的数额，且找不到网络用户或者网络用户的赔偿能力有限的时候，适用不当得利返还请求权较之侵权损害赔偿请求权是更具便宜性的。

3. 不当得利返还有利于实现利益平衡

"许多网站设有用户'访问量'或'点击数'一类的计数信息，这些信息经常被用作衡量广告收费的标准，即网站访问量越大，在网站上登广告的费用就越高。"① 最高人民法院公布2011年中国法院知识产权司法保护50件典型案例之十三：庄则栋、佐佐木墩子与上海隐志网络科技有限公司侵害作品信息网络传播权纠纷上诉案（庄则栋、佐佐木墩子诉上海隐志网络科技有限公司侵害信息网络传播权纠纷案）② 也揭示了网络服务提供者的盈利模式。③ 也就是说，网络用户上传的侵犯被侵权人利益的信息可以吸引其他网络用户的浏览，进而增加网络服务提供者页面的点击率，而这种点击率正是商家决定是否投放广告以及已经投放广告的商家与网络

---

① 薛虹. 网络时代的知识产权法. 北京：法律出版社，2000：216.
② 上海市第一中级人民法院（2011）沪一中民五（知）终字第33号。
③ "上传资源的点击率越高，广告主投放广告的积极性也就越高，网络服务商也可以因此获得较高利润。"

服务提供者之间广告费计量的重要依据。如今，在以低成本立足和为精神产品提供载体的互联网，网络用户、网络服务提供者、发布广告的商家构成了相互满足又相互依赖的关系，潜在消费者在网络用户侵权时付出自己的注意力，得到了精神产品或者精神层面的交流渠道；网络服务提供者付出了自己的版面获得了发布广告的商家的广告费；发布广告的商家通过付出广告费获得了网络用户的注意力。之后，这种注意力很可能又转化为了对其商品的购买。最终，广告的商家又将这种广告的付出摊入经营成本中转移给了购买者，购买者很可能是消费"免费"精神产品和得到精神层面的交流的人，这种经营模式的优越性就在于网络用户表面上对精神产品或者精神的交流渠道是不用付费的，因此这种模式可以吸引大量的网络用户参与其中。这种网络用户的心理偏好和业已形成的消费习惯左右着广大网络服务提供者的选择，任何网络服务提供者试图改变这种盈利模式都可能要冒着被市场抛弃的风险。故此种网络服务提供者的经营模式是中国目前大多数网络服务提供者的应然选择，网络服务提供者的获利模式也因此常态化。

　　盈利的本性会驱使网络服务提供者利用这种盈利模式顺势而为，吸引网络用户的点击从而获得更多的广告收益。因此在这种盈利模式下，我们不能不对某些视频网站上传侵犯知识产权作品的新注册用户的实际身份产生怀疑。在没有证据查明新注册用户实际身份的情况下，当网络服务提供者自己以新注册用户为"马甲"发布侵犯知识产权的作品以达到牟利的目的时，如果网络服务提供者接到被侵权人的通知就及时采取措施，那么被侵权人就没法通过通知的途径证成网络服务提供者构成过错。再加上因通常侵权行为不够明显而无法证明网络服务提供者的主观状态为知道或者应知，被侵权人就没有任何办法追究此情况下故意侵权的网络服务提供者的责任。而即便在诉讼后对侵权账户终止服务，网络服务提供者也可以不断注册新的用户继续发布侵权信息，此时网络服务提供者这种"故意违法的游击战"给被侵权人造成的损害是无法囊括在责任的承担范围之内的，那么就无法给网络服务提供者起到警示作用，因此需要不当得利返还给权利人提供救济。

　　不当得利返还的适用将拿走网络服务提供者的不当得利，这将使网络

服务提供者热衷于通过侵权而获利的热情降低，有利于一定程度地遏制侵权的发生，促进网络环境的健康发展。承担不当得利责任的好处在于，相比于侵权责任，由于其着眼于利益的产生和错位问题而非行为的过错问题，因此可以催生出一种网络服务提供者与被侵权人共赢即利益最优化的商业模式，即版权人只需将自己的作品，以一定的授权方式提供给网络服务提供者，获得应得的版权费用；而网络服务提供者在付给版权人版权费或作品使用权费的同时，既可以在"种子文件"中加入商业信息或广告，还可以通过运作获得的大量授权资源来获得其他增值利益，这也使以追求经济利益为目标的服务商，能够在满足用户需求和赚取利润方面获得平衡。对于最终用户而言，此模式的服务体系基本满足了用户的需要，用户可以放心地免费下载各种自己想要的资源，也不用担心此举会涉嫌侵权。①

4. 不当得利返还符合请求权的主张顺序

有学者认为各请求权原则上应依下列次序加以检查："（1）契约上请求权。（2）无权代理等类似契约关系上请求权。（3）无因管理上请求权。（4）物权关系上请求权。（5）不当得利请求权。（6）侵权行为损害赔偿请求权。（7）其他请求权。请求权基础的探寻及检查，何以要依上揭次序？此系基于目的性的考虑，即尽量避免于检讨某特定请求权基础时，须以其他请求权基础作为前提问题。易言之，即尽量避免于检讨某特定请求权基础时，受到前提问题的影响。"② 可见，适用不当得利请求权相比侵权行为损害赔偿请求权具有请求权基础顺序的优先性。

（二）不当得利返还的构成

依权益归属说的理论，"权益侵害型不当得利"的基本构成要件为：（1）因侵害他人权益而受利益；（2）致他人受损害；（3）无法律上之原因。③《民法典》第 985 条④规定不当得利的构成需要符合三个要件：其

---

① 程蕾. 基于 P2P 文件共享服务的知识产权管理模式研究. 情报科学，2010：136.
② 王泽鉴. 王泽鉴法学全集·第九卷——法律思维与民法实例. 北京：中国政法大学出版社，2003：88.
③ 王泽鉴. 不当得利. 北京：北京大学出版社，2009：116-117.
④ "得利人没有法律依据取得不当利益的，受损失的人可以请求得利人返还取得的利益……"

一，没有合法依据；其二，取得不当得利；其三，造成他人损害。

1. 没有合法依据

笔者认为没有合法依据并不是因为网络用户侵权是没有合法依据的，而是因为网络用户的侵权切断了网络服务提供者使用被侵权人相关权益的正当渠道，才使得网络服务提供者的收益没有合法依据。若网络服务提供者要使用被侵权人的权益获利，首先要获得被侵权人的同意，其次要支付给被侵权人应有的报酬。而在网络用户侵权时，网络服务提供者既没有征求被侵权人的许可，也没有向被侵权人支付应有的报酬，因此是没有合法依据的，具体而言，符合网络服务提供者侵权不当得利的条件。网络服务提供者侵权不当得利是侵害他人不当得利的一种，而不当得利的方式都是对被侵权人构成侵权，网络服务提供者侵权不当得利与侵害他人不当得利的区别在于网络服务提供者侵权不当得利的发生是在网络用户侵权的作用下，而侵害他人不当得利还包括受益人因自己的侵权行为获得利益。[①] 不当得利中的不具有法律上的原因与侵权中的过错性质是不同的，不当得利中的不具有法律上的原因是对事实状态的评价而非对行为人的行为所反映出的内心状态进行的评价。关于没有法律上的原因存在一些误解需要加以澄清。

有人也许会认为网络服务提供者的受益与致他人受损害之间缺乏法律上的原因，当甲和丙之间不存在法律关系时，甲无法对丙主张权利。具体而言，如果甲和丙之间存在买卖或者租赁关系，那么，如果甲没有支付买卖的价款或者租赁的租金，甲就可以以违约为由要求丙返还买卖合同或租赁合同的标的，或者如果是丙将电视机抱走了，甲就可以对丙主张侵权责任。而当乙的行为的介入导致两个本不发生关系的当事人之间产生了财产关系时，不当得利就是为了解决这种财产关系的。但上述理解并不全面，因为以侵权为媒介实际上发生了两次财产的流转，这两次财产的流转形成了三对主体之间的流转关系，在从被侵权人到侵权人的过程中只有一对关系，是被侵权人与侵权人之间的关系。而从侵权人到受益人之间的过程中就存在两对关系，分别是侵权人与受益人以及被侵权人与受益人之间的关

---

① 王泽鉴. 不当得利. 北京：北京大学出版社，2009：115.

系。下面具体分析这三对流转关系。侵权人与被侵权人之间的财产流转没有法律上的原因自不待言，因为如果有法律上的原因就不构成侵权了。笔者认为没有法律上的原因必须要同时满足以下两个条件，即侵权人与受益人之间的财产流转没有法律上的原因，被侵权人与受益人之间的财产流转也没有法律上的原因。因为如果侵权人与受益人之间的财产流转存在法律上的原因，例如侵权人将知识产权出售于受益人，那么虽然侵权人的行为构成无权代理，但此时受益人是善意网络服务提供者，其就由于构成了善意取得而具有法律上的原因，不再构成不当得利。因此无法律上的因果关系应该指被侵权人与受益人、侵权人与受益人之间都没有法律上的原因。

还有人也许会认为受益人的收益，例如利用被侵权人的知识产权而获得的广告收益，不属于不当得利，因为广告收益的获得是具有法律原因的。这种看法是错误的，因为不当得利本质上是因他人侵权行为而导致的对有形或无形财产的占有或使用，与其盈利方式无关。举个例子，例如甲拥有一台电视机，乙将甲的电视机搬到了丙处，丙就构成对电视机的不当得利，无论丙是否对该台电视机的占有形式进行更改，例如将电视机卖给或者租给丁，并从丁处获得了电视机的购买款或者租赁款。此时，虽然丙从丁处获得的电视机的购买款或租赁款本身是合法的，但是这并不能影响丙对甲的电视机构成不当得利。

除此之外，还可以从另一角度来理解不具有法律上的原因，即不具有法律上原因的情形具有例外情况。例如对于知识产权，对知识产权的使用有法律上的原因包括合理使用和经同意并且支付使用费两种，如果既不符合合理使用又不符合经同意并且支付使用费这两种情况，那么就是不具有法律上的原因，除非受益人构成善意取得。如果事先并没有获得许可并支付费用，但是在之后经同意并且支付了使用费，则对知识产权的使用转变成了授权使用这种合法的法律关系，就不再构成不当得利，无须返还不当得利了。

总之，如果将不当得利看作是网络用户侵权造成的被侵权人与网络服务提供者的权益错位，那么就可以将网络用户的侵权看作是将权益从被侵权人处转移到网络服务提供者处的正当渠道的阻断，此时只要证明网络用户侵权造成的被侵权人的权益受损与网络服务提供者的权益增益存在因果

关系，则存在因果关系的部分就构成不当得利。这种利益错位是没有法律上原因的具象化，也起到了从现象到责任的转换作用。当且仅当网络服务提供者与网络用户之间存在善意取得时这种因果关系才会被阻断。

2. 获得利益

网络服务提供者需要因网络用户侵权而获得利益。如前所述，网络服务提供者获得利益的方式有直接和间接两种方式。在间接侵权中间接获利是主要方式，而广告收益是间接收入的主要形式。对于广告收入来说，我国学者认为，"访问量"或"点击数"等技术信息常作为衡量广告收费的标准，也就是说网络服务提供者从发布广告的商家处获得的广告费与"访问量"或"点击数"构成正相关的关系，以访问流量为主要依据的"网站排行榜"等就是很好的说明，因为排在前面的访问量大的网络服务提供者获得的广告收益也相较排在后面的网络服务提供者更多。[①] 除此之外，网站访问流量的高低不但影响着广告费用的高低，而且直接影响着广告商是否选择其作为广告合作伙伴，在激烈的市场竞争中有实力的商家只会选择具有较大影响力的网络服务提供者进行合作，而访问量较小的网络服务提供者则较难获得商家的广告合作机会。这种现象符合传播学中的经典理论"第二次售卖"理论，即网络服务提供者将网络内容引起的注意力售卖给需要注意力的主体作为盈利渠道。以打广告的商家为例：其购买注意力的原因就是其通过注意力获得商业机会，例如搜索引擎的竞价排名就是一种，排在前面的搜索项就会获得更多的注意，进而赢得更多的商业机会，而相应地其也要支付给搜索引擎经营者更高的费用来购买注意力。同时也应注意到，涉及网络服务提供者的发生在网络上的"注意力"的形成方式与传统媒介的"注意力"的形成方式存在不同，传统媒介的"注意力"的决定因素是平台所在的位置或者平台的大小等，例如在美国纽约时代广场发布广告或者在我国央视黄金时段发布广告实际上看重的是其区位优势或者固有平台。而区位或平台优势具有稀缺性，例如纽约时代广场的大屏幕的数量是有限的，我国央视的频道数和频道地位都是相对固定的。而在网络平台上，各个平台都是平等的信息传播渠道，不存在稀缺性，因此平台

---

① 薛虹. 网络时代的知识产权法. 北京：法律出版社，2000：216.

上的内容就成了其发展和竞争的唯一手段。所以说网络服务提供者的盈利途径是通过将内容转化为注意力，将注意力售卖给需要注意力的商家，因此网络上的内容就是网络盈利最初的"商品"。综上，当网络用户侵权时，网络服务提供者可以通过用户侵权的内容等吸引公众的注意力进而获得广告收入，这种收益并不是直接获得了被侵权人的人格权或知识产权的权益，而是由被侵权人的人格权或知识产权转化而来的权益，即此权益并非直接流转，而是在产生吸引力并制造了广告效应后，并最终在获得广告收益的过程中发生了转化，即将内容引发的注意力售卖给商家或者有需要者而非通过出售内容本身牟利。除了知识产权、人格权带来的广告收益以外，其他一切因为利用被侵权人知识产权、人格权、财产权而带来的利益都属于获得收益的范畴。

3. 他人受到损害

损害分为两种：一种是相对于原来状态而言不圆满的状态，另一种是相对于预期状态而言不圆满的状态，这是对被侵权人的损害进行认识的前提。因为在网络用户侵权时，网络服务提供者的现实收益增加了，被侵权人的现实收益没有增加也没有减少，因此从表面看来，不符合不当得利的要求，即不符合一般意义上的不当得利的收益来自损害、总利益保持不变的情形。出现以上情况的关键在于网络用户侵权时网络服务提供者的收益模式属于权益增益型模式，而不同于一般的拆东墙补西墙模式，故不能因为被侵权人现实权益没有减少的表面现象就认为不符合不当得利的要求。在不当得利构成要件中还隐含了一个因果关系，即获益与损害之间是有因果关系的，笔者为了显示其因果关系的作用特在此作简要论述：当网络用户侵权时被侵权人的利益是受损无疑的，受损的客体一方面是权利的行使的自主权；另一方面是权利行使的收益的应得份额，不当得利中的损害主要是指收益的损害即第二种损害。当被侵权人愿意将自身权益，例如上文提到的精神利益或者知识产权，通过吸引公众的注意力的方式"售卖"时，是可以获得广告收益的，此为应得未得之损害。例如：侵害知识产权或者人格权中的肖像权时，人格权中的肖像权损失的是授权使用费；知识产权除授权使用费损失之外还存在主流营利性传播渠道的客户损失，客户损失随之而来的就是盈利损失。

（三）补充责任与不当利返还的衔接

1. 补充责任和不当得利返还各自适用的最佳情形

首先要说明的是补充责任和不当得利的衔接是有前提的，前提就是直接侵权人无法找到或者赔偿能力不足。因为如果可以找到直接侵权人并且直接侵权人具有赔偿能力，那么由于直接侵权人可以提供第一顺位的、充足的补偿，就无须追究网络服务提供者的责任。因此无论是网络服务提供者的补充责任还是不当得利返还主要都针对的是无法找到直接侵权人或者直接侵权人赔偿能力不足的情形。

补充责任的适用既要考虑网络服务提供者过错的证明、数额的计算问题，也要考虑直接侵权人是否可以寻找以及是否具有赔偿能力的问题。笔者认为，以下情境适用补充责任。第一，能够证明网络服务提供者存在过错。能够通过网络服务提供者对侵权事实认知的直接表述对知道予以证实，能通过与侵权事实认知难易程度相符的通知以及其他证据对应知予以证实。如果可以证明网络服务提供者知道或者应知的主观状态，那么就可以证明网络服务提供者具有过错，这是承担侵权责任的必要条件之一。第二，具有追究直接侵权人的需要。有一部分被侵权人在权利受损后希望可以追究直接侵权的网络用户的责任。那么，采取侵权责任的方式可以通过网络服务提供者自身与网络用户之间责任的牵连性，发挥网络服务提供者寻找网络用户能力方面的优势。此种情况一般针对的是人格权侵权，被侵权人受到的往往是精神上的伤害，因此适用侵权请求权中的消除影响、恢复名誉、赔礼道歉可能更加有利于弥补受害人的心理创伤或者恢复其名誉，体现了市民法的伦理性，弥补了单纯金钱补偿的缺陷。第三，追究直接侵权人不具有可行性。不具有追究直接侵权人的可行性是指两种情况：一种是无法发现直接侵权人，另一种是直接侵权人不具有完全赔偿能力。这是追究网络服务提供者补充责任的必要性前提，否则，若可以从直接侵权人处获得利益，就没有追究网络服务提供者补充责任的必要性和可能性。第四，容易证明损害数额或者无须证明损害数额。笔者认为包括以下两种情形但不限于以下两种情形：第一类是数额可以证明的情形，例如有人发布了付费网站的使用密码或者财产的非法交易信息包括虚拟财产抑或网络信息对实体财产造成了损失。那么就按照应该付费的数额或者虚拟财

产或者实体财产的损失进行赔偿，例如，网络信息公布了付费网络通道的密码，就可以按照该网络通道使用的市场价格作为损害赔偿数额进行赔偿；网络信息导致游戏中的金币被盗，那么就可以将被盗金币折合成的人民币数额作为损害赔偿数额进行赔偿；由于网络信息发布了对被侵权人不利的言论，导致被侵权人家的玻璃被愤怒的群众砸毁，那么就可以按照被砸毁玻璃的市场售价加上安装价格作为损害赔偿数额进行赔偿。第二类是数额无须证明的情形。精神损害可以通过侵权责任的渠道进行赔偿，因为精神损害由于本身不可被金钱计量，所以采取估算的方式是可以被接受的。

在上述情境之外，无法或者难以适用补充责任时，应当适用不当得利返还。这种情境具体包括以下几个方面：第一，无法或者不愿证明网络服务提供者知道与否的情形。无法证明就是无法证明网络服务提供者对网络用户侵权知道或者应知的心理状态。不愿证明主要就是比较关注从网络服务提供者处拿回属于自己的经济利益而对谁是直接侵权人以及网络服务提供者是否具有过错不感兴趣的情形。在无法证明知道或者应知而面临适用侵权责任失败的情况下，适用不当得利有利于受害人的保护。对于知识产权这种财产性、时效性较强的客体可以采取不当得利的方式主张权利，而不必追究谁是真正的侵权人，即网络用户是谁。第二，无法证明损失的情形。当损失无法计算的时候，就可以从网络服务提供者因此获益的角度计算不当得利返还数额。需要注意的是，通常情况下不当得利中利益的形态不会变化，而在网络用户侵权时被侵权人受损的利益与网络服务提供者因此而获得的利益的形态是不同的，但这并不影响认定被侵权人利益的受损与网络服务提供者获得的利益之间的因果关系，也就不影响网络服务提供者不当得利返还责任的形成。第三，需要对断开链接之前造成的损失进行赔偿的情形。根据《民法典》第1195条的规定，网络服务提供者在接到通知后未采取相应措施要承担侵权责任，也就是说在接到通知后采取相应措施就不用承担侵权责任。而此时由于网络用户的侵权可能已经给网络服务提供者带来了利益，此利益可以通过不当得利予以返还，如此有利于法律公平价值的实现。

可能有学者会对不当得利对结果的消除和预防功能产生质疑，停止侵

害的确是侵权责任的一项功能，但是并非只可以通过侵权诉讼的方式才可达成停止侵权状态的目的，通过行政手段同样可以达成而且效率可能更高。假设网络服务提供者在不当得利诉讼后不采取措施消除诉讼中所涉及的侵权状态，那么被侵权人在提起行政主张的同时可以再次向法院提起不当得利诉讼，如此就可以很好的实现结果的消除和救济功能。而且对于每一个网络服务提供者来说牵扯诉讼都是其不愿看到的，尤其是已经或者准备上市的公司更是如此，从此点看来，诉讼本身的威慑作用就可以达到预防的作用，因此无论被侵权人主张侵权损害赔偿请求权还是不当得利返还请求权都会达到类似的效果。

综上，如果对于人格权侵权，恢复名誉是最主要的恢复人格权圆满状态的方式，那么适用补充责任既可以恢复名誉也可以获得补充责任范围内的经济补偿，效果较好。对于财产权侵权来说，由于仅仅涉及经济利益的问题，这就需要衡量证明难度和补偿效果，即证明网络服务提供者过错的难度以及衡量财产的损害数额在补充责任内的大小与网络服务提供者因网络用户侵害财产权获得利益的数额，以决定选择适用补充责任还是不当得利返还。对于知识产权侵权来说，从遏制侵犯知识产权侵权的角度，采补充责任可以适用停止侵害、排除妨碍的救济方式以达到遏制侵权行为的目的。从获得赔偿的角度，采不当得利返还则更佳：第一，不当得利返还不用证明网络服务提供者是否具有过错；第二，不当得利返还的补偿相比补偿责任更加充分。因为补充责任要以不当得利的数额作为计算基数并在此基础上适用补充责任，因此通过补充责任获得的赔偿数额要小于不当得利返还的数额。

2. 补充责任和不当得利返还的竞合

上文已经分别讨论了补充责任和不当得利适用的最佳情形，补充和完善了网络服务提供者间接侵权的法律效果。除此之外，在现实中补充责任和不当得利的落实还需要解决竞合的问题，竞合问题也将影响着被侵权人的诉讼策略以及能否适用补充责任的问题。网络用户侵权时网络服务提供者的补充责任和不当得利返还竞合问题就是关于两种请求权是否可以同时主张以及一种请求权主张失败是否可以主张另一种请求权的问题。

对于同时主张两种请求权的问题，即对网络服务提供者同时主张不当

得利和侵权责任问题，笔者是持反对意见的，正如上文所述，在客体为知识产权的时候，被侵权人直接售卖知识产权和通过让渡知识产权而获得广告收益是两种互相排斥的收益模式，无法兼得。因此如果支持同时行使两种请求权则违背了上述原理，会使利益失衡，使预期的法律效果功亏一篑。被侵权人只能向网络服务提供者主张补充责任，或者主张不当得利返还，即只能选择其一向法院提出诉讼请求。

对于一种请求权主张失败是否可以主张另一种请求权的问题，笔者持否定意见。网络用户实施侵权行为时，被侵权人向网络服务提供者提出的补充责任请求权，抑或不当得利返还请求权均基于相同的基础事实，即网络用户的侵权，依据传统的判决既判力理论，原告基于一定的事实向被告提出的诉讼请求，法院所做的判决具有法律效力，原告人就同一被告和法律关系（同一诉讼标的），基于同一事实和理由，向法院提出同一诉讼请求的，法院不再受理原告的诉讼请求。基于同一侵权事实引发的补充责任请求权和不当得利返还请求权，因为性质的不同，赖以存在的法律关系也不同，即诉讼标的不同，而且，证明两种请求权成立的理由不同，对前者而言，是网络服务提供者有过错，未及时采取必要措施，对后者而言，是网络服务提供者因侵权事实发生获得了利益。依据传统的既判力理论，原告在主张一种请求权失败后，再主张另一请求权的，不属于前一判决既判力所及范围，故，原告有理由再主张另一请求权。但是，两种请求权毕竟基于同一侵权事实而发生，"因为实体法上的请求权竞合而具有不同的诉讼标的，那么原告可以多次起诉，而前诉对后诉却没有既判力，这样当然会造成被告的多次应诉，法院重复审理同一案件，增加了法院的工作负担"①。"民法和民事诉讼法均服务于宪法规定的诉权实现，民法对应适用的裁判规范未明确规定，或者请求权竞合时，法官可以根据宪法规定的平等原则确定诉讼标的。"②因此，笔者认为，原告提出某一请求失败后，不可以再行提起另一请求。但是，为了最大限度地实现被侵权人的利益诉求，法官在审理案件时，应当对原告人请求权的性质及利害进行释明，以

①② 常怡，肖瑶.民事判决的既判力客体范围. http://cdfy.chinacourt.gov.cn/article/detail/2011/10/id/580491.shtml.

确保原告权利的实现。

侵权损害赔偿请求权和不当得利返还请求权都应该遵循诉讼时效的规定。在我国两者都是 3 年，诉讼时效自知道或者应当知道侵权或者不当得利时开始计算。所以当一个请求权超过诉讼时效后，如果另一个请求权没有超过诉讼时效，则被侵权人可以行使。例如，我国台湾地区"民法"第 197 条规定，"损害赔偿之义务人，因侵权行为受利益，致被害人受损害者，于损害赔偿请求权之消灭时效完成后，仍应依关于不当得利之规定，返还其所受之利益于被害人。"当然不一定总是损害赔偿请求权先过诉讼时效，因为在普通的侵权中，遭受了损失就知道侵权的存在，而在网络用户侵权时被侵权人不一定知道网络服务提供者是否侵权，但对网络服务提供者的不当得利可能有认识，那么这种情况下不当得利返还请求权的诉讼时效就先于侵权损害赔偿请求权的诉讼时效归于消灭。因此，在实践中确定网络用户侵权时被侵权人知道或者应该知道网络服务提供者侵权或者获得不当得利的时间点是确定诉讼时效起算点的关键。

综上，在侵权损害赔偿请求权与不当得利返还请求权存在竞合的情况下，被侵权人可以任意选择主张一种请求权，无论这种请求权是否成功另一个请求权都归于消灭。当一个请求权超过诉讼时效后，如果另一个请求权没有超过诉讼时效，则被侵权人可以主张。

第五章　大数据时代惩罚性
赔偿制度体系构成

一、美国惩罚性赔偿制度体系构建的成功经验

19 世纪的美国法院曾经将惩罚性赔偿制度视为异类，"惩罚性赔偿是一种从普通法渊源中借来的制度，尽管我们的法院明示或暗示地在判决中承认这种制度，但它实际上并不是美国法固有的一部分"①。美国惩罚性赔偿制度来自英国②，自 1784 年的 Genay v. Norris 案③以来，美国惩罚性赔偿制度在超过两百年的司法实践基础上，不断发展、完善和壮大，时至今日呈现出繁荣的景象：适用范围广阔，不局限于产品责任、环境污染和机动车交通事故侵权等传统侵权案件，也拓展到现代化通讯工具大规模侵

---

① Dirmeyer v. O'Hern, 39 La. Ann. 961；3 So. 132；1887 La. LEXIS 372.

② David G. Owen, "A Punitive Damages Overview: Functions, Problems, and Reform", 39 *Vill. L. Rev.* 363.

③ 1 SC 3，1 Bay 6 (1784).

权、内幕交易和身份盗窃等大数据时代的新兴侵权案件中；不仅仅适用于行为人主观心态是故意、恶意和蓄意等传统故意侵权案件，也扩展适用于莽撞、不计后果和重大过失等不构成故意但是又比一般过失恶劣的诸多案件。特别是近年来，惩罚性赔偿制度已经成了美国侵权法必不可少的重要组成部分，"惩罚性赔偿制度的适用频率和额度不断增加。更为重要的是，这一制度已经成为今天民事诉讼中例行主张的诉讼请求之一"①。

在美国惩罚性赔偿制度发展过程中，许多出于偏见、猜疑和误解而产生的批评和指责，为理论研究、立法工作和司法实践设置了诸多障碍。惩罚性赔偿制度因其与传统侵权法逻辑"损害填补"貌似格格不入的"惩罚性"，一直为学者所畏惧。这些批评多是关于惩罚性赔偿的频率、数额和可确定性的。然而，经过近年来美国学者的深入研究，这些批评本身就存在着误解和偏见的成分，"20世纪80年代开始美国民法界开始批评惩罚性赔偿，但是当时对于惩罚性赔偿制度的实际调研却少之又少。随后20年的研究澄清了许多关于惩罚性赔偿制度的误解"②。第一，惩罚性赔偿的适用频率并未异常增长。随着惩罚性赔偿制度的繁荣，这一制度日渐融入美国侵权法体系，并成为其不可分割的重要组成部分。因此，惩罚性赔偿日渐为人们所熟悉，又由于其数额对于受害人主张权利产生了难以忽视的重大激励，这就导致偏见的形成：惩罚性赔偿制度的适用频率异常增长。实际上，惩罚性赔偿制度的适用频率并未异常增长。美国全国范围内不存在这种异常激增，"没有证据表明20世纪80年代开始频率发生了上升；同时也没有证据表明，在侵权法没有进行改革的条件下，当时就会发生频率的上升"③。自1985年以来进行的六项调查指出：原告获胜的案件中，2%~9%的被判处了惩罚性赔偿，因为在最终作出判决而不是庭外和解的案件中，原告在50%的案件中获胜，因此所有案件中的4%~4.5%

———————————

①　American Tort Reform Association：http：//www. atra. org/issues/index. php？ issue＝7343. ［2011－07－09］.

②　Marc Galanter，"Shadow Play：The Fabled Menace of Punitive Damages"，1 *Wisconsin Law Review* 2.（1998）.

③　Anthony J. Sebok，"Punitive Damages：From Myth to Theory"，92 *Iowa Law Review* 964（2007）.

的原告获得了惩罚性赔偿。① 就各州的情况而言，"有证据表明南部的边境州比如加州等地区更易于判处惩罚性赔偿，而东北角则频率较低，同时惩罚数额虽然整体上在增长，但是这种增长是由少数案件的极端巨额判决所带动的而不是整体上普遍的激增"②。"20 世纪 80 年代之前惩罚性赔偿适用的频率较低、数额较少，那么之后的增长就为异常的论断从逻辑上就是错误的"③。尤其是，"惩罚性赔偿针对的案件类型明朗化，集中于故意侵权和经济损害而不是传统上认为的身体损伤，在这两种类型的案件中数额常常会更加巨大"④。在可以适用惩罚性赔偿的案件中，"惩罚性赔偿的频率十分低。即使在频率最高的案件类型中，也只有至高 20% 或 30% 的案件方才适用"⑤。因此，美国构建的惩罚性赔偿制度体系本身就避免了惩罚性赔偿制度的过度适用。第二，惩罚性赔偿制度的数额并未异常增加。路易斯安那州的学者依据本州法院的数据指出："20 年前，上诉法院所认可的最大惩罚性赔偿数额为 250 000 美元，但是当前该数据已经不止 30 倍"⑥。但是，仅就这一事实就批评惩罚性赔偿数额异常增加则有失偏颇。这些数额与行为人的恶性相比是否为畸形巨额赔偿，存在疑问，"很难知晓，依据侵权法上为惩罚性赔偿制度设计的严厉的功能目标，这一制度产生数额的总和是否过高"⑦。难以进行这种评价的原因在于："1. 无法证明惩罚性赔偿数额的总和和任何经济社会结果之间的因果关系；2. 即使可以从其他因素中成功分离该项制度产生的责任的作用，仍然难以区分填补损害性赔偿数额增长的效果和惩罚性赔偿数额增长的效果，因为这两

① Anthony J. Sebok, "Punitive Damages: From Myth to Theory", 92 *Iowa Law Review* 965 (2007).

②④ Marc Galanter, "Shadow Play: The Fabled Menace Of Punitive Damages", 1 *Wisconsin Law Review* 4 (1998).

③⑦ Anthony J. Sebok, "Punitive Damages: From Myth to Theory", 92 *Iowa Law Review* 969 (2007).

⑤ Anthony J. Sebok, "Punitive Damages: From Myth to Theory", 92 *Iowa Law Review* 975 (2007).

⑥ Donald C. Massey, Martin A. Stern, "Punitive Damages Symposium: Punitive Damages and the Louisiana Constitution: Don't leave Home Without It", *Louisiana Law Review*. (1996).

者紧密相连"①。这就导致可以被评价为畸形巨额赔偿的数额，在个案的具体情形中恰恰是与行为人的恶性相适应的。根据塞博克先生的考察，20世纪80年代和90年代的数据表明，"一般的惩罚性赔偿数额大约在38 000美元和52 000美元之间，而严厉的惩罚数额每年不同，最典型的年份为1992年的一件案例中的735 000美元，而大约75%的惩罚性赔偿数额少于250 000美元，正常年份类同"②。"没有理由认为，假设1960年惩罚性赔偿的数额是现在的一半，那么当时的情况就比现在更好。实际上从1960年开始美元将近贬值了一半，当时的数额所表征的惩罚可能比今天更为严厉。"③ 实际上，在进入21世纪以来，当前主流的惩罚性赔偿和填补损害性赔偿之间的适用比例不能支持惩罚性赔偿数额过巨的主张。美国惩罚性赔偿制度发展过程中对于数额计算规则的逐步丰富完善，实际上决定了惩罚性赔偿数额不可能为畸形巨额。第三，传统惩罚性赔偿制度的不确定性已经得到了明显改善。美国惩罚性赔偿制度体系构建的过程中，实际上通过一系列具体规定限制了传统惩罚性赔偿制度的不确定性，比如："惩罚性赔偿受到一系列因素的影响。最重要的因素是填补损害的数额……其他因素包括案件的类型、原告被告的身份和事故发生地"④。这些因素的存在均限制了惩罚性赔偿的任意性，提高了可预测性，"没有证据表明惩罚性赔偿的适用频率和数额存在规律，但是同传统上认为该制度具有任意性和不可预期性相比，有证据表明惩罚性赔偿的数额同填补损害性赔偿之间具有联系"⑤。对惩罚性赔偿可预测性的批评所选择的参照物是全体侵权案件，这一参照物的选择本身就是错误的，正确的做法是：惩罚性赔偿针对的就是所有案件中大约5%

① Anthony J. Sebok，"Punitive Damages：From Myth to Theory"，92 *Iowa Law Review* 970（2007）.

② Anthony J. Sebok，"Punitive Damages：From Myth to Theory"，92 *Iowa Law Review* 970（2007）.

③ Anthony J. Sebok，"Punitive Damages：From Myth to Theory"，92 *Iowa Law Review* 971（2007）.

④ Anthony J. Sebok，"Punitive Damages：From Myth to Theory"，92 *Iowa Law Review* 973（2007）.

⑤ Marc Galanter，"Shadow Play：The Fabled Menace Of Punitive Damages"，1 *Wisconsin Law Review* 4（1998）.

的案件，其中一般的惩罚性赔偿的数额非常少，同填补损害性赔偿数额的比例大约1∶1，这一部分有极高的可预测性，如果刨除这一部分的案件后，那么剩下的具有严厉的惩罚数额的案件，其数目必然少之又少。①总之，对惩罚性赔偿的批评与责难都得到了理论和事实上的有力反驳，而惩罚性赔偿制度的蓬勃发展则恰恰是最有力度的辩驳。构建我国大数据时代的惩罚性赔偿制度，应当对美国的成功经验进行分析与研讨。

（一）美国惩罚性赔偿制度体系构建的技术性成功经验

1. 美国惩罚性赔偿制度的适用范围

美国法中，惩罚性赔偿制度广泛地适用于各种类型的侵权案件中，包括故意侵权中的殴打②、非法禁锢③等和过失侵权中的具有莽撞和不计后果心理状态的侵权④，也适用于各类新兴侵权，比如内幕交易⑤和现代化通信工具大规模侵权。⑥以路易斯安那州的具体情形为例，"路易斯安那州中，从违反消费者信贷法（consumer credit laws）到违反乳制品价格稳定法（dairy stabilization）规定了数不胜数的惩罚性赔偿制度"⑦。美国法中适用惩罚性赔偿制度的各种类型案件之间并没有必然的联系，但是，其规定的相同点是：行为人的主观心理状态必须极端恶劣。因此，在美国法中，决定惩罚性赔偿适用范围的关键因素不是侵权行为的具体类型，而是行为人的主观恶性。确定美国惩罚性赔偿制度的适用范围时，必须首先回答这样的问题："为什么在蒙受同样损害的前提下，某些受害人不能获得

---

① Anthony J. Sebok，"Punitive Damages：From Myth to Theory"，92 *Iowa Law Review* 976（2007）.

② Fisher v. Carrousel Motor Hotel，Inc.，Supreme Court of Texas，1967 424 S. W. 2d 627.

③ Kilbourn v. Thompson 案，1 MacArth. & M. 401；1883 U. S. App. LEXIS 2584.

④ 《路易斯安那州民法典》第 2315. 4 条，徐婧，译. 最新路易斯安那州民法典. 10 版. 北京：法律出版社，2007：269。

⑤ 美国《证券交易法》SEC 21A.（15 U. S. C 78u－1）.

⑥ 美国联邦《电话用户保护法案》（Telephone Consumer Protection Act）（47 U. S. C. 227）.

⑦ Donald C. Massey，Martin A. Stern，"Punitive Damages Symposium：Punitive Damages and the Louisiana Constitution：Don't Leave Home without it"，56 *Louisiana Law Review* 745（1996），Summer.

惩罚性赔偿，而另一些受害人能得到这种赔偿?"① 实际上值得惩罚的行为不胜枚举，但是惩罚性赔偿却仅仅适用于这些行为人主观上极端恶劣的案件中。这是基于以下考量："侵犯行为的恶性并不意味着所有的不法行为均需要最多的社会资源加以惩罚。恰恰相反，有鉴于用于追求不同道德目标的社会资源的有限性，社会仅仅致力于追究和惩罚那些极端行为，从而有助于维持有益于人类多样化繁荣发展的社会条件。"② 就惩罚性赔偿制度的具体限制而言，早期美国法院就基于行为人主观上莽撞或不计后果的极端恶性而科处惩罚性赔偿，"19 世纪的法官和陪审团在肆意或者疏忽从而无视原告权利的案件中科处惩罚性赔偿"③。这一观点为后来的理论和实务界所接受，"在每个认可惩罚性赔偿制度的法域，存在这样的事实：被告必须具有心理上的可归责性，被告对他人权利漠不关心的行为必须表明其心理状态为莽撞、肆意、恶意或不计后果"④。"只有当被告的行为以恶意为动机或者被证明对原告的宪法权利不计后果或者漠不关心时可科处惩罚性赔偿。"⑤ 对于这些极端恶劣的主观心态，比较完整的表述如下："当被告的行为出于恶意（malice）、故意、莽撞、不计后果和对他人的利益无视或者漠不关心时可科处惩罚性赔偿。"⑥ 也有学者将其归纳为，"一般情况下，当被告的行为出于恶意（malicious）、压迫性（oppressive）、重大过失（gross）、肆意（willful）、莽撞（wanton）和欺诈（fraudulent）时可以科处惩罚性赔偿。"⑦ 就这些概念本身的界定而言，首先需要区分

①　Dorsey D. Ellis，JR.，"Punitive Damages：Fairness and Efficiency in the Law of Punitive Damages". 56 *South California Law Review* 1（1982）.

②　Dan Markel，"Retributive Damages：A Theory of Punitive Damages As Intermediate Sanction". 94 *Cornell Law Review* 239. 2009，January.

③　Michael Rustard，Thomas Koenig，"The Historical Continuity of Punitive Damages Rewards：Reforming the Tort Reformers".42 *American University Law Review* 1294. 1993，Summer.

④　Dan Markel，"Retributive Damages：A Theory of Punitive Damages As Intermediate Sanction". 94 *Cornell Law Review* 251. 2009，January.

⑤　Williams v. Kaufman County，352 F. 3d 994，2003.

⑥　Dorsey D. Ellis，JR.，"Punitive Damages：Fairness and Efficiency in the Law of Punitive Damages"，56 *South California Law Review* 37.（1982）.

⑦　Robert D. Cooter，"Punitive Damages，Social Norms，and Economic Analysis"，60 *Law & Contemp. Prob.* 73. 1997，Summer.

故意、莽撞、不计后果和过失这几个不同层次的恶意。《侵权法重述——概要》中区分为："如果行为人知道其行为肯定——或极有可能——导致该后果的发生，却依然采取该行动，他将在法律上被认定实际欲求了该后果的发生。如果该后果发生的概率降低，低于极有可能性，行为人的行为便失去了故意的特征，而变为第 500 节所定义的莽撞。如果该概率进一步降低，仅相当于该后果发生的一定风险，行为人的行为则变为第 282 节所定义的普通过失"①。小多塞·埃利斯先生则将恶意、不计后果的行为进一步详细界定为："恶意：心理状态；意图伤害他人，包括故意行为的主观心理状态。不计后果的行为：行为的实际结果造成他人必须承受不合理重大风险的危害性后果，其中，行为人明知这种后果，或者理性的第三人可以预见这种后果，行为人却仍然执意行为。"②

　　将惩罚性赔偿制度适用于主观极端恶劣的侵权案件的原因在于：一方面，就公平性而言，若惩罚性赔偿因为行为人不具有理性人的认识而惩罚，则是在惩罚行为人的心理状态而不是行为，这有失公平。所以，"在故意行为以外的场合科处惩罚将欠缺正当的理由。除非不计后果的行为被缩小化、类型化地限制于排除行为和危险之间具有合理的关系的情形，同时限制于行为人主观明知后果的情形"③。另一方面，就效率而言，恶意和不计后果的行为使得汉德公式④中的 P 不断增大，导致 L 不变的情况下 B 不断增大，最终和造成的损害（L）大致相等，这样就可能激励行为人以赔偿损害为成本侵害受害人权益，从而不能提供有效的阻却，影响效率。因此应当就恶意和不计后果的行为科处惩罚性赔偿。⑤ 在如此限制惩罚性赔偿制度之后，依据塞博克先生的考察，在故意侵权中最易于适用惩

---

① 许传玺，等译．侵权法重述——纲要．北京：法律出版社，2006（8）：5.

② Dorsey D. Ellis, JR., "Punitive Damages: Fairness and Efficiency in the Law of Punitive Damages", 56 *South California Law Review* 34 (1982).

③ Dorsey D. Ellis, JR., "Punitive Damages: Fairness and Efficiency in the Law of Punitive Damages", 56 *South California Law Review* 1 (1982).

④ 汉德公式，B=PL；B：预防事故的成本；L：一旦发生所造成的实际损失；P：事故发生的概率。United States v. Carroll Towing Co. 159 F. 2d 169 (2d. Cir. 1947).

⑤ Dorsey D. Ellis, JR., "Punitive Damages: Fairness and Efficiency in the Law of Punitive Damages", 56 *South California Law Review* 1 (1982).

罚性赔偿，原告获得惩罚性赔偿的案件中 31.8% 的是因为不法接触（bat-tery）、恐吓（assault）和非法禁锢（false imprisonment），除此之外的故意侵权案件占所有获得惩罚性赔偿的案件的 3.2%。但是故意侵权案件却仅占全部侵权案件的 8%。① 这些数据说明在侵权法整个体系中，惩罚性赔偿并不是常态，也不是基本的侵权赔偿责任类型，而是针对极端情形的特殊责任形式。而且上述数据还因为以下的事实而更加特殊：故意侵权比其他任何侵权类型更容易导致一美元象征性赔偿。② 此外，在所有获得惩罚性赔偿的案件中，人身损害仅占 15%。因此，实际上科处惩罚性赔偿的是那些数量极少、案情极其特殊的案件。

2. 惩罚性赔偿具有精密的技术设计和配套制度的支持

在侵权法改革浪潮中，惩罚性赔偿制度所面对的主要问题是：起诉在后的原告得不到赔偿，因此必须限制先起诉的原告所获得的多重赔偿和单一原告的异常获利。③ 实践中，艾奥瓦州通过精妙的技术设计和相应配套制度的支持，改革和完善惩罚性赔偿制度，从而避免了惩罚性赔偿制度不确定性所带来的种种弊端。依据艾奥瓦州实体法，在科处惩罚性赔偿时，陪审团应当回答两方面问题：a. 被告的行为是否对他人的权利持莽撞或者不计后果的态度；b. 被告的行为是否针对原告个人或者针对原告所属的群体。④ 在 2005 年 1 月的 Varboncoeur v. State Farm Fire & Cas. Co. 案⑤中，艾奥瓦州南部法院将这一规定解释为，若 a 和 b 的回答同时是肯定的，则原告可以获得陪审团所确定的全部数额的惩罚性赔偿；若 b 的回答是否定的，则原告最多可以获得惩罚性赔偿的四分之一，剩余的数额将归属艾奥瓦州特殊的民事司法基金。这意味着，无论陪审团所确定的惩罚性赔偿是否引起了社会性损害赔偿或者多重惩罚的问题，被告所承担的赔

① Anthony J. Sebok, "Punitive Damages: From Myth to Theory", 92 *Iowa Law Review* 957 (2007).

② Anthony J. Sebok, "Punitive Damages: From Myth to Theory", 92 *Iowa Law Review* 957 (2007).

③ ATRA (American Tort Reform Association). [2010-02-26]. http: //www. atra. org/issues/index. php? issue=7343.

④ Iowa Code § 668A. 1.

⑤ Varboncoeur v. State Farm Fire & Cas. Co. , 356 F. Supp. 2d 935.

偿责任不变，艾奥瓦州的做法仅仅确保原告不因此而获得"额外利益"。这一做法充分说明，可以通过技术性手段解决惩罚性赔偿制度所具有的不确定性问题。"学者的任务就在于理清混淆并提供行之有效的解决之道"①，既然适用惩罚性赔偿制度可能造成某种混乱，那么就由理论界为法官提供进行决策所需的必要信息和各种技术手段即可，而不是因为这些混乱的存在而放弃惩罚性赔偿制度。"世界上没有任何一种制度是十全十美的，人们总是需要在利弊中作出选择，尽管惩罚性赔偿制度饱受争议，但英美国家仍然没有抛弃该制度，可见，其的确具有不可取代的特殊功能。"②

3. 惩罚性赔偿数额的计算规则已经构建成型

美国侵权法改革浪潮中，理论界和实务界就试图寻找一种规则，对于惩罚性赔偿的数额进行限制，以防止过度惩罚。③ 美国侵权法改革组织（ATRA）对于惩罚行赔偿数额的建议为："要求惩罚性赔偿的数额符合恶行和责任相适应的要求。"④ 实务中，美国联邦立法机关并没有提供清晰准确的标准。于是，各州的做法各有千秋：亚拉巴马州实体法的做法是在未造成身体损害的案件中，惩罚性赔偿数额依据损害填补性赔偿的数额或者 500 000 美元×3 确定；造成身体损害的案件中，惩罚性赔偿的数额限制在实际损害数额的 3 倍或者 150 万美元以内。阿拉斯加州实体法的做法是：限制多数案件中惩罚性赔偿的数额于损害填补性赔偿数额或者 500 000 美元的 3 倍以内，最多不超过 4 倍。这两种做法是美国比较通行的制度，如佛罗里达州、爱达荷州、伊利诺伊州、印第安纳州、内华达州、新泽西州、俄亥俄州、俄克拉荷马州的实体法均规定了相似的制度。科罗拉多州实体法要求惩罚性赔偿数额不得超过填补损害性赔偿的数额，

① Dorsey D. Ellis, JR., "Punitive Damages: Fairness and Efficiency in the Law of Punitive Damages", 56 *South California Law Review* 8. (1982).

② 王利明，周友军，高圣平. 中国侵权责任法教程. 北京：人民法院出版社，2010：543.

③ Victor E. Schwartz, Cary Silverman and Christopher E. Appel, "The Supreme Court's Common Law Approach to Excessive Punitive Damages Awards: A Guide for the Development of State Law", 60 *South Carolina Law Review* 3. (2009).

④ American Tort Reform Association. [2010 - 01 - 20]. http://www.atra.org/issues/index.php? issue=7343.

但是若庭审期间行为仍在持续，则可以判处损害填补性赔偿数额的三倍惩罚。[1] 以路易斯安那州的具体情形而言，在 Angeron v. Martin 案[2]中，路易斯安那州第一巡回上诉法院认为，在确定惩罚性赔偿数额时，应考虑"原告损害的种类和受损程度；被告的财富和经济情况；被告侵害行为的性质；被告侵害行为对于正义和公理的践踏程度"。本州庭审之中被告的财富经常是陪审团决定惩罚性赔偿数额的重要因素。此外陪审团也不愿科处被告责任保险金额以上的惩罚。此外，被告经常愿意举出以前曾经被严厉地处罚过的证据来减轻当前案件中自己可能蒙受的处罚。[3] 这些做法均从不同侧面提出了确定惩罚性赔偿数额的具体方法，表明美国在二百余年的惩罚性赔偿实践中不断积累经验、锐意推陈出新，逐渐构建了计算惩罚性赔偿数额的成熟规则。

4. 路易斯安那州民法典对普通法惩罚性赔偿制度的成功引入

路易斯安那州民法典是大陆法系背景下的民法典，路易斯安那州民法典中的机动车交通事故侵权惩罚性赔偿制度是在历经近二百年的司法实践后，为了回应强烈的现实需要，对于普通法制度的成功引入。

路易斯安那州民法典最初并未规定任何普通法上的惩罚性赔偿制度。路易斯安那州民法典具有浓厚的罗马法传统[4]，但是其又处于美国普通法的海洋之中，而且其民法典从诞生日起即具有不同于法国民法典的开放性特质[5]，所以，"路易斯安那州侵权和准侵权责任的发展受到了普通法的

① American Tort Reform Association. ［2010 – 01 – 20］ http：//www. atra. org/issues/in-dex. php? issue＝7343.

② 649 So. 2d 40；1994 La. App. LEXIS 3628.

③ Donald C. Massey, Martin A. Stern, "Punitive Damages Symposium：Punitive Damages and the Louisiana Constitution：Don't leave Home Without It", 56 *Louisiana Law Review* 773. Summer 1996.

④ A. N. Yiannopoulos, "The Romanist Tradition in Louisiana：Legislation, Jurisprudence, And Doctrine：A Symposium：An Introduction to "The Romanist Tradition in Louisiana：One Day in the Life of Louisiana Law", 56 *Louisiana Law Review* 249. 1995, Winter.

⑤ A. N. Yiannopoulos, The 20th John M. Tucker, JR., "Lecture in Civil Law：Two Criti-cal Years in the Life of the Louisiana Civil Code：1870 and 1913", 53 *Louisiana Law Review* 14. 1992, 9.

深刻影响；任何相反的主张都无法由事实加以支持"①。路易斯安那州正是在自身浓厚的大陆法系背景下对普通法持有兼容并包的开明态度，从而在大陆法系特征的民法典中引进了普通法中的机动车交通事故侵权惩罚性赔偿制度。最初路易斯安那州适用惩罚性赔偿制度并不依据民法典和实体法的规定，而是由法院直接援引普通法规则。但是，由于这一做法直接忽视本州民法典的作用，违反了大陆法系传统，同时，惩罚性赔偿制裁的严厉性和适用的无序性也在实践中造成了混乱，路易斯安那州最终要求只能依据民法典和实体法的具体规定科处惩罚性赔偿。路易斯安那州的法院于 1836 年 Summers v. Baumgard 案②中第一次科处类似的惩罚性赔偿，当时称作"smart money"③。从那时开始至 1917 年将近一个世纪的时间里，路易斯安那州的法院实际上判处了至少十次惩罚性赔偿。④ 但是，由于路易斯安那州的大陆法系背景，这种民法典中并未明确规定的惩罚性赔偿制度的正当性基础十分薄弱，"尽管 1808 年的路易斯安那州民法典并没有相关规定，本州的法院还是在超过八十年的时间里遵循普通法的理论而科处惩罚性赔偿。"⑤ 此后，路易斯安那州最高法院曾经试图援引民法典 1934 条（现行民法典第 2324.1 条⑥）的规定："依据该条规定，陪审团有权决定超过实际金钱损害的赔偿数额。"⑦ 但是这种尝试失败了。此后，无论是实务界还是理论界仍然认为民法典中该条款并不是关于惩罚性赔偿的规定。⑧ 路易斯安那州最高法院在 1917 年的 Vincent

① Vernon Valentine Palmer, "The Fate of The General Clause in A Cross-Culture Setting: The Tort Experience of Louisiana", 46 *Loy. L. Rev.* 538.

② 9 La. 161；1836 La. LEXIS 31.

③ 这一概念的历史考察参见 Dirmeyer v. O'Hern 案判词，39 La. Ann. 961；3 So. 132；1887 La. LEXIS 372。

④ John W. deGravelles, J. Neale deGravelles, "Louisiana punitive damages: A Conflict of Traditions", 70 *Louisiana Law Review* 583. (2010).

⑤ John W. deGravelles, J. Neale deGravelles, "Louisiana punitive damages: A Conflict of Traditions", 70 *Louisiana Law Review* 582. (2010).

⑥ "在侵权、过失侵权和准合同的损害估价问题上，法官或陪审团拥有较大的自由裁量的余地"。徐婧，译. 最新路易斯安那州民法典·10 版. 北京：法律出版社，2007：273.

⑦ Black v. Carrollton R. Co., 10 La. Ann. 33；1855 La. LEXIS 22.

⑧ John W. deGravelles, J. Neale deGravelles, "Louisiana punitive damages: A Conflict of Traditions", 70 *Louisiana Law Review* 584. (2010).

v. Morgan's L. & T. R. & S. S. Co. 案①中明确表明："我们现在认为，民法典 1934 条仅仅规定了法院或陪审团有权决定填补损害性质的赔偿而不是惩罚性赔偿"。

这种遵循普通法高度概括的一般原则和含混的具体规则科处惩罚性赔偿的做法导致的局面是，可以科处惩罚性赔偿的案件类型没有具体限制，惩罚性赔偿可以广泛地适用于各种类型、各种程度损害的案件；只要法院认可原告对于被告恶性的控诉即可。这就可能违反下文中将要阐述的经济分析方法所确定的标准。因此，为了应对这种混乱的局面，路易斯安那州最高法院于 1932 年的 McCoy v. Ark. Natural Gas Co. 案②中明确表明，"路易斯安那州的法律并没有授权进行任何惩罚性赔偿，因此，除非实体法明确授权，否则不得对某些特定行为科处惩罚性赔偿"。从此以后，路易斯安那州的法院开始要求除非实体法明文规定，否则不予科处惩罚性赔偿。③ 法院的这种态度决定了，如果在特定类型的侵权案件中适用惩罚性赔偿制度，从而积极回应迫切的现实需求，就必须首先在具有浓厚罗马法色彩的民法典中引入普通法中的惩罚性赔偿制度。

但是，在此后很长一段时期中，路易斯安那州民法典和各种实体法并没有规定惩罚性赔偿制度。路易斯安那州深受酒后驾车之苦，即便是日后民法典中规定了惩罚性赔偿制度，效果依然不明显。除民法以外，路易斯安那州政府和高等法院均采取了严厉的惩罚手段，可情况依然如故。④ 在这样严峻的事实面前，最初民法典中并没有规定第 2315.4 条，路易斯安那州酒后驾车的侵权案件依然遵循第 2315 条——一般性条款支配下的侵权法制度的逻辑进路。同时，"1980 年之前，路易斯安那州遵循共同过失（contributory negligence）理论，一旦发现原告具有过错，无论多么轻微，

① 140 La. 1027；74 So. 541；1917 La. LEXIS 1457.

② 175 La. 487；143 So. 383；1932 La. LEXIS 1856；85 A. L. R. 1147.

③ John W. deGravelles, J. Neale deGravelles, "Louisiana punitive damages：A Conflict of Traditions", 70 *Louisiana Law Review* 585. (2010).

④ Tiffany Garrick, "Case note：Peter v. State Through The Department Of Transportation And Development：Intoxication And Its Missing Effect On Recoverable Damages", 30 *Southern University Law Review* 49. Fall, 2002.

依然禁止原告求偿"①。在这样的前提下，法院关注的重点不是被告的酒后驾车行为，而是原告是否具有过错，只有在那些原告完全无辜的案件中，才进入考虑被告行为的阶段。② 这就导致即使被告酒后驾车体现出莽撞和不计后果等极其恶劣的心理状态，具有一般过失的原告不仅得不到更多的赔偿，甚至连填补损害性质的一般侵权赔偿都不能得到。这就意味着大量酒后驾车的案件中不能适用惩罚性赔偿，同时又由于民法典中一般侵权责任对于共同过失的严厉规定，导致大量醉酒驾车受害者的利益得不到保护，引发了法律规定和现实需要之间难以克服的矛盾。这一残酷的状态在 1980 年发生了改变，路易斯安那州民法典第 2323（A）条采纳了比较过错（comparative negligence）的理论③，从而使原告过错这一抗辩的功能由完全阻断诉讼转变为在过错承担阶段减轻责任。但是这样的转变既没有解决以下理论问题——在侵权法以赔偿为主要立场的前提下如何依据被告行为的恶劣性质确定不同层次的责任；也没有解决路易斯安那州面临的现实问题——如何在民法语境下治理酒后驾车并更好地维护受害人利益。此后，为了进一步促使责任和行为的恶性相适应，路易斯安那州进一步修改本州民法典，在民法典第 2323（C）条规定，当侵权人存在故意情形时，不得主张比较过错。但是这一规定依然没有涵盖现行第 2315.4 条所规定的莽撞和不计后果的行为。

终于，1984 年路易斯安那州决定在本州民法典第 2315.4 条明确引入普通法中的醉酒驾车侵权惩罚性赔偿制度："除一般和特殊损害外，如有证据证明被告在驾驶机动车时的醉酒状态所引起的忽视他人权利和安全的

---

① Tiffany Garrick，"Case Note：Peter v. State Through The Department Of Transportation And Development：Intoxication And Its Missing Effect On Recoverable Damages"，30 *Southern University Law Review* 52. Fall，2002.

② Roscoe Pound 先生将这种近乎苛刻的共同过失制度归结为普通法对于日耳曼法中严格法精神的继受。这种严格法精神指的是："以法定形式承担的任何责任都必须得以全面确切的履行。它不考虑意外事故，对违约者毫不留情。""正是由于这种严格法的精神，一定程度上为今天的共同过失、风险负担、视诉讼为博弈的极端辩论式诉讼程序所认同。"庞德．普通法的精神．修订本．唐前宏，廖湘文，高雪原，译．北京：法律出版社，2010（6）：11.

③ Tiffany Garrick，"Case note：Peter v. State Through the Department Of Transportation And Development：Intoxication And Its Missing Effect On Recoverable Damages"，30 *Southern University Law Review* 49. Fall，2002.

轻率和不计后果的行为，是造成他人损害的原因，则可判处惩罚性损害赔偿"①。这一重要的改革，实现了在本州侵权法体系中针对不同主观恶性构筑相应层次责任的补完计划：一般性条款规制大部分的一般过错侵权——在大多数情形下，侵权法以赔偿作为第一要务，原告的过错作为减轻被告责任的因素；故意侵权中被告不得主张比较过错；针对一般过错以上的莽撞和不计后果的行为的惩罚性赔偿，故意亦属于其调整范围自不待言。路易斯安那州民法典中的机动车交通事故侵权惩罚性赔偿制度从此开始一直被沿用至今。

路易斯安那州民法典的立法例，就是在大陆法系侵权法体系下借鉴普通法规则的绝佳参照。路易斯安那州不仅继受了普通法上惩罚性赔偿的正当性基础理论和构成要件规则，也结合本州实际情况和大陆法系背景，进一步丰富完善了机动车交通事故侵权惩罚性赔偿制度。这一制度不仅积极回应了现实需要，补全了路易斯安那州民法典中不同主观恶性导致的多层次侵权责任体系，从而更好地维护受害人利益，也通过维护民法典逻辑和体系完整性的方式，将惩罚性赔偿限制为针对主观极端恶劣情形的特殊责任，从而避免造成严刑酷法和畸形获利的混乱。因此，这是一次成功的法律移植。

（二）美国惩罚性赔偿制度体系构建的功能性成功经验

1. 惩罚性赔偿制度有利于维护受害人的权益

就功利的角度而言，惩罚性赔偿制度为受害人所提供的救济必然优于一般侵权责任。对比下面发生于中美两国的案件：案例一，机动车交通事故侵权人甲于 2008 年 12 月 14 日 17 时许，在大量饮酒后驾驶其别克轿车行至四川省成都市成龙路"蓝谷地"路口时，从后追尾一辆轿车。肇事后，行为人并没有停车处理事故，反而继续驾车超限速行驶，行至成龙路"卓锦城"路段时，越过中心黄色双实线，先后与对面车道正常行驶的四辆轿车相撞，造成六人死亡，六人重伤，以及公私财产损失 5 万余元。经鉴定，甲驾驶的车辆碰撞前瞬间的行驶速度为 134 公里～138 公里/小时；甲在案发时血液中的乙醇含量为 135.8 毫克/100 毫升。② 案例二，侵权人

① 徐婧，译. 最新路易斯安那州民法典·10 版. 北京：法律出版社，2007：269.

② 四川省高级人民法院（2009）川刑终字第 690 号刑事判决书，[2010 - 07 - 12] http://www. court. gov. cn/spyw/ywdy/alzd/201005/t20100531_5601. htm.

乙为美国路易斯安那州新奥尔良市的一名警察，于 1990 年 12 月 21 日在未当值的时间驾驶警车回家。开车前一个小时里，他喝了六杯酒且未进食。目击证人的证言表明该车车速为 70 公里/小时左右，未开前灯，而且在路上左摇右摆，甚至险些撞上路灯柱。随后他在路上高速行驶并且在撞上正在驻车等待红灯的原告驾驶的汽车后，并未停下反而高速离去。这一事故造成受害人人身和财产损害，截至审判时，受害人已支出医疗费 7 174.28 美元。乙于案发 4 小时以后血液中乙醇含量为 0.15％。① 假设案例一发生在中国，甲的行为所体现的主观心态和行为的危害性均比案例二恶劣，但是依据我国《民法典》，受害人仅能够获得损害填补性质的有限救济。这些损害填补性质的救济中，并不包括我国现行法上不承认的目睹至亲至爱之人罹难所蒙受的纯粹精神损害，不包括行为人极端恶劣地破坏社会秩序造成的社会性损害。甚至，因为客观上存在着无法填补的损害，故这些救济也不能完全填补受害人蒙受的损害，仅仅是缓和损害的救济。与之相比的是，案例二发生在美国，受害人不仅获得了医疗费等损害填补性质的救济，也依据路易斯安那州民法典中的机动车交通事故侵权惩罚性赔偿制度获得了 10 000 美元的惩罚性赔偿。

美国惩罚性赔偿制度不仅在赔偿数额上优于一般侵权责任，而且能够填补一般侵权责任难以顾及、却真实客观存在的损害。惩罚性赔偿具有的损害填补功能，使在以损害填补为主要功能的侵权法体系内确立该制度具有可行性，避免了难以调和的逻辑混乱和理念冲突。

（1）惩罚性赔偿具有填补依据现行法无法获得赔偿的损害之功能。

美国侵权法通过惩罚性赔偿制度，填补了许多传统侵权法不能提供救济的损害，最典型的为精神损害。1883 年的 Kilbourn v. Thompson 案②中，哥伦比亚特区最高法院大法官 Cox 就认为，大多数不实指控和非法禁锢案件中的损害都是精神上的，但是却只能依据物质损害受偿，这是不公平的。因此，"如果初审法院的陪审团认为惩罚性赔偿是惩罚性质的，那么他们在本案中判处的惩罚性赔偿就是错误的；但是，我认为，

---

① 719 So. 2d 627；1998 La. App. LEXIS 2732.

② Kilbourn v. Thompson，1 MacArth. & M. 401；1883 U. S. App. LEXIS 2584.

本案中的惩罚性赔偿是填补损害性质的"。本案中的惩罚性赔偿是填补原告人所受的精神损害。通过这种方式，美国法在几十年的时间里以惩罚性赔偿制度向受害人提供一般侵权责任难以估计的救济，从而实践正义。

（2）惩罚性赔偿具有填补金钱难以衡量的损害之功能。

实际上所有的非物质损害，因为千年以来的民法理论禁止人格财产化，它们无法通过市场交易的方式实现自身的价值，因此均难以用金钱衡量。"只有对于那些视金钱高于一切的人，金钱才能勉强填补他所蒙受的各种类型的损害。"[1] 在极端恶劣地侵害人身权益的案件中，一般侵权责任提供的救济不足，造成了法律提供的救济和损害填补目标之间难以容忍的裂痕。惩罚性赔偿填补难以用金钱衡量之损害的功能在恶意侵害儿童人身权益的案件中体现得最明显。[2] 1999 年的 Davis v. Monroe County Bd. of Educ. 案[3]中，原告的小女儿就读于公立小学时，遭受到同班同学长达数月的、在各种场合地点的言语性骚扰，并多次试图接触她的敏感部位。原告向法院提起诉讼，控告行为人、学校和学校直属的郡教育主管部门，请求惩罚性赔偿。本案件中，原告的女儿蒙受的损害难以用金钱填补。这些损害不仅包括她在童年将遭遇到的挥之不去、伴随她一生的阴影，也包括本案法院所指出的 "男同学对女同学日复一日地性骚扰性质的威胁，将客观上剥夺女同学对于学校提供的部分教育资源的利用，例如体育场和电脑室"，此种对原告的女儿受教育权益所造成的损害同样难以用金钱衡量。在此种极端恶劣地侵害人身权益的情况下，一般侵权责任提供的救济不足，造成法律提供的救济和损害填补目标之间产生了难以容忍的裂痕。一方面，一般的侵权责任在本案的情形中难以满足损害填补的要求。这种侵害人身权益造成严重精神损害的案件具有其特殊性，在侵害人身权益的案件中适用惩罚性赔偿应当考虑这样的事实：某些案件中有形的

---

① Margaret Jane Radin, "Compensation and Commensurability", 43 *Duke Law Journal* 59. 1993, October.

② Robert D. Cooter, "Punitive Damages, Social Norms, and Economic Analysis", 60 *Law & Contemp. Prob.* 73. 1997, Summer.

③ Davis v. Monroe County Bd. of Educ. 526 U. S. 629, 1999.

身体损害可能很小，但是无形的精神损害却很大。① 例如 Davis v. Monroe County Bd. of Educ. 案中，原告并没有蒙受身体损害，而是蒙受了巨大的精神损害，这种精神损害难以用金钱完全填补。传统的损害填补仅仅是在用金钱缓和受害人蒙受的难以用金钱衡量的损害，既然是缓和，就不同于恢复权利受害之前的"原状"，既不能客观上从受害人和所有相关人的记忆中抹去这段惨痛的记忆，甚至仅仅淡化这段回忆也不可能，这就导致填补损害的目标和法律提供的救济之间出现了裂痕。② 这种必然客观存在的裂痕在一般过失侵害金钱难以衡量的权益的案件中可以被容忍，也因此被忽视；但是在恶意侵害人身利益、践踏个人尊严的案件中，这种裂痕"是可忍孰不可忍"。比如，对于饱尝丧子之痛的父母而言，没有金钱能平复他们的痛苦，如果在恶意侵害他们的子女造成死亡的情况下仍然要父母忍受这种裂痕，那将何其残忍！"完美的赔偿在受害的是主体而非客体的时候可能将不可能存在。比如父母可能觉得没有金钱能够填补他们因为自己子女的死亡而蒙受的伤害。"③ 在此种情形下，传统救济不能满足效率的要求，"效率有时候要求禁止该行为而不是承担责任"④。针对这些不能填补的损害，如果再强调填补损害性的赔偿，将使人们对于此种情况下法律的目标产生误解。⑤ 在此类案件中惩罚性赔偿制度就发挥了独一无二的损害填补功能，惩罚性赔偿制度是在法院不能提供损害赔偿救济时一种有效的制度补充。⑥ 通过这一制度，就可以弥补损害填补目标和法律提供的有限金钱救济之间的令人难以容忍的裂痕，"很明显，在涉及个人尊严的案件中，填补这种裂痕是普通法认可惩罚性赔偿制度的原因之一"⑦。

---

① Joni Hersch，W. Kip Viscusi，"Saving Lives Through Punitive Damages"，83 *Southern California Law Review* 229. 2010 Jan.

② Margaret Jane Radin，"Compensation and Commensurability"，43 *Duke Law Journal* 67. 1993，October.

③ Robert D. Cooter，"Punitive Damages，Social Norms，and Economic Analysis"，60 *Law & Contemp. Prob.* 77. 1997，Summer.

④⑤ Robert D. Cooter，"Punitive Damages，Social Norms，and Economic Analysis," 60 *Law & Contemp. Prob.* 78. 1997，Summer.

⑥ 王利明. 美国惩罚性赔偿制度研究. 比较法研究，2003（5）：14.

⑦ Robert D. Cooter，"Punitive Damages，Social Norms，and Economic Analysis". 60 *Law & Contemp. Prob.* 75. 1997，Summer.

（3）惩罚性赔偿制度填补"另一种形式的损害"之功能。

传统侵权法提供的救济以损害填补为目标，追求的是回复原状。[1] 但是，本书将要介绍的以下三种观点是关于，只有通过惩罚性赔偿才能填补的"损害"，即假设行为人同意提供的赔偿恰好等同于现存意义上受害人全部的损害（包括侵权法认可的和不认可的全部损害）时，也可能存在"另一种形式的损害赔偿（another type of compensation）"[2]。假设受害人的全部损害数额为 10，行为人同意赔偿并支付了 10。从社会价值角度受害人的损害已经全部由行为人赔偿，其结果应为公允；但是，此种结果是在行为人的主导下无论受害人的意志为何均可达致的结果，其中将产生新的问题：从侵权法的角度审视此逻辑，是否意味着，只要行为人承担侵权法所强调的赔偿责任，就可以自由侵犯他人的权利？在极端恶劣的侵权案件中亦然？答案显然是否定的。以下三种观点分别从不同侧面论证了惩罚性赔偿制度在极端恶劣的侵权案件中发挥着填补一般侵权责任所难以涵盖甚至忽略的"另一种形式的损害"的功能：在极端恶劣的案件中，满足受害人复仇的诉求，回复私人尊严圆满不可侵犯的神圣状态，并实践正义的要求。通过惩罚性赔偿的方式，法律清晰地向行为人和社会上潜在的行为人昭示：私人尊严不容侵犯。

一方面，惩罚性赔偿制度的惩罚是在通过判赔超出损害的数额的方式，满足当损害已经完全转移由行为人承担的情形下，受害人报复行为人的诉求。虽然填补损害是侵权法的基本功能，也是其主要的功能，但回复原状这一实质目标并非侵权法的唯一宗旨，相反，侵权法同其他民法制度一样，有着其抽象的对"正义"的追求。[3] 基佩尔斯基先生认为："依据

---

[1]　Benjamin C. Zipursky，"A Theory of Punitive Damages"，*Texas Law Review*. 2005，April.

[2]　Thomas B. Colby，"Clearing the Smoke from Philip Morris v. Williams：The Past，Present，and Future of Punitive Damages"，*The Yale Law Journal*. 118：392（2008）.

[3]　美国法学者詹姆斯·戈德雷先生认为："基本的私法概念就植根于交换正义的概念中，这个概念不能从分配正义中分离出来。"以此结论为前提，戈德雷先生进一步认为："侵权行为的核心是损害他方当事人而得利的人应负损害赔偿责任"。戈德雷. 私法的基础：财产、侵权、合同和不当得利. 张家勇，译. 北京：法律出版社，2007（11）：16. 无论是交换正义还是"任何人不得因他方受损而得利"的理论，都不同于当代侵权法主流观点的矫正正义和回复原状的理论。英国法学者 Peter Cane 先生也认为："一旦我们将以下事实考虑进来，即法院判决可以创造可用来指导人们的行为和裁决其他案件的先例，我们就会明白，侵权法也与分配正义有关"。凯恩. 侵权法解剖. 汪志刚，译. 北京：北京大学出版社，2010（11）：19.

矫正正义（corrective justice）理论，侵权法机制的目的在于回复公平（making whole）；而依据民法理论，侵权法机制并没有此等实质性目标。"① 这实际上揭示了这样的原理：诚然侵权法以填补损害为主要功能，但是回复原状只是责任承担的方式之一，除此之外还有损害赔偿的责任形式；回复原状并不等同于填补损害，只是填补损害的外在形式，或为填补损害目的服务的手段。复仇与现代法律理念并不相容，复仇却又是客观存在的强烈诉求。② 但是，因为这种不相容就无视复仇的需求而不提供这样的制度吗？答案显然是否定的。"早期的美国侵权法强调，完全的损害填补有时要求对于侵权行为人进行报复。"③ David G. Owen 先生也认为："尽管报复性的目的经常过于安静以致遭到忽视，但是报复性正义却自然而然地和回复原状性正义一样，是私法领域所追求的目标。"④ 在极端恶劣的案件中，填补损害的目标不仅仅要求使受害人回复原状，也要求受害人对行为人进行报复，使行为人自食其果，"惩罚性赔偿制度存在的原因在于受害人被故意或者恶意地侵害了。蒙受了此种侮辱后，原告自己有权在不同的层次进行报复"⑤。其支持此种观点的理由为，有鉴于被告行为的恶性，其应当蒙受同样的后果，才能恶有恶

① Benjamin C. Zipursky, "A Theory of Punitive Damages", 84 *Texas Law Review* 105. 2005，April.

② 科尔比先生指出，西方社会在表面上极力否认复仇是正当的需求，而将其作为不健康的、原始的、本能的冲动。"同态复仇"本身就是邪恶的。但是，如同西方娱乐界常见复仇主题的动作电影所揭示的一样，复仇是客观存在的民众内心的一种需求，这种诉求不容法律否认。Thomas B. Colby, "Clearing the Smoke from Philip Morris v. Williams: The Past, Present, and Future of Punitive Damages", *The Yale Law Journal*. 118: 392 (2008). 也有学者的研究指出，美国社会中无论种族、性别、年龄或贫富，在对于这些极端恶劣的侵权行为的态度上，具有高度的道德共识，"人们在何种案件中适用惩罚性赔偿从而平复愤怒、进行惩罚的问题上具有高度的道德共识"。Cass R. Sunstein, Daniel Kahneman, David Schkade, "Assessing Punitive Damages (with Noteson Cognition and Valuation in Law)", *Yale Law Journal*, 107: 2071. 1998, May.

③ Anthony J. Sebok, "Private Law, Punishment, and Disgorgement: What Does It Mean to Say That A Remedy Punishes?", *Chicago-Kent Law Review* 78: 3. 2003.

④ David G. Owen, "Aggravating Punitive Damages", 158 *University of Pennsylvania Pennumbra* 181. (2010).

⑤ Benjamin C. Zipursky, "A Theory of Punitive Damages", *Texas Law Review*. 2005, April.

报。① 这就意味着在极端恶劣的案件中，仅仅将受害人承受的、法律认可的损害转由行为人承担，并不能满足损害填补的全部要求，还应当让行为人承受受害人的报复才符合正义的要求。"回复公平并非目标而只是手段，通过此种方式原告可以追诉其蒙受的不公"②，"原告可能不需要从被告处获得实际损失以上的赔偿就可以回复公平，但是原告却有权这样做"③。

另一方面，惩罚性赔偿的惩罚功能可以将私人的复仇控制在法律规定的范畴内，避免扩大损害或者发生新的损害。在被告极度恶劣的行为发生后，原告实际上具有复仇的诉求，如果这种诉求得不到满足，就会产生损害，惩罚性赔偿恰恰可以满足复仇的需要，并预防损害的扩大和衍生新的损害。当经过精细的制度设计的法律不能够在制度内给出满意的答案时，那么激愤难平的受害人只能选择跳出制度外；反叛此制度，采用以暴制暴的方式实现原始的、主观的和偏颇的正义，而那些只能依赖制度、生存在制度内的人又不得不反叛那些制度外的反逆者，如此恶性循环，重新回到个人对个人的战争的局面。④ "一个健全的法律体系首先要做到的是顺应社会的真实情感和要求，无论这些情感和要求是对是错。如果法律不帮助人们满足报复的渴望，则他们就会在法律之外寻求满足这种渴望。"⑤ 与私人肆意复仇相比，法律应当在制度内首先提供复仇的方法，普通法对此的回应就是惩罚性赔偿制度的出现。⑥ 这种复仇的需求，并不是行为人完全赔偿受害人的损失就能满足的，特别是在行为人主导的情形下反而易于造成受害人二次的屈辱。因此，复仇可以作为法律的合法目标之一，"复仇具有价值，只要它的发生处于法律限制的范围之内"⑦。Zipursky 的观点也支持了此种认识："国家允许并授权力于私人在文明和有限度的范围

①　Benjamin C. Zipursky, "A Theory of Punitive Damages", *Texas Law Review*. 2005，April.

②　Benjamin C. Zipursky, "A Theory of Punitive Damages", *Texas Law Review*. 2005，April.

③　Benjamin C. Zipursky, "A Theory of Punitive Damages", *Texas Law Review*. 2005，April.

④　洛克. 政府论（下册）. 叶启芳，译. 北京：商务印书馆，1964（2）：15.

⑤　霍姆斯. 普通法. 冉昊，姚中秋，译，北京：中国政法大学出版社，2006（1）：37.

⑥　Thomas B. Colby, "Clearing the Smoke from Philip Morris v. Williams：The Past, Present, and Future of Punitive Damages", *The Yale Law Journal*. 118：392（2008）.

⑦　Thomas B. Colby, "Clearing the Smoke from Philip Morris v. Williams：The Past, Present, and Future of Punitive Damages", *The Yale Law Journal*. 118：392（2008）.

内进行惩罚……"① 此时惩罚性赔偿不仅填补了受害人自身因强烈的复仇需求得不到满足而蒙受的损害，也预防了私力救济可能扩大的损害。私人以自己的意志向法院主张对被告科处惩罚性赔偿的做法，既不是国家行政机关执行行政职能，也不是法院主动的职权行为，更不是行为人意志主导下的"恩赐"，而是受害人意志主导的自主地执行私法、惩罚行为人的行为，是受害人在民法体系内通过意思自治方式实现的对于正义的正当诉求。在这种意义上，私人从观众真正成为演员，并即兴展现自己的精彩。这有助于实现民法所追求的促进私人主体意识觉醒的重要目标，"法律对人之主体资格的承认以及人之强烈的自我主体意识，构成了现代私权研究的立脚点"②。通过这种方式，受害人在民法范围内实现了依据私人意志寻求对行为人的极端恶行进行惩罚——符合法律规定并由法律规则进行约束的惩罚。

2. 惩罚性赔偿制度能够提供一般侵权责任所不具备的阻却功能

在主观极端恶劣的案件中，依据经济分析方法的结论，一般侵权也不能提供有效率的阻却。③ 小多塞·埃利斯先生关于恶意和不计后果的恶劣主观心态对于传统救济效率影响的分析，以汉德法官提出的三个因素的

---

① Benjamin C. Zipursky, "A Theory of Punitive Damages", *Texas Law Review*. 2005，April.

② 彭诚信. 主体性与私权制度研究——以财产、契约的历史考察为基础. 北京：中国人民大学出版社，2005：121.

③ 经济分析方法为侵权法理论提供了崭新的视野——三种不同层次的新的判断标准和研究方向："在第一个层面，它呈现为一种侵权法的结构和内容的解释理论；在第二个层面，它呈现为一种预测侵权案件处理结果的工具；在第三个层面，它呈现为一种判断特定侵权法规则或原则是否是可接受的标准"。凯恩. 侵权法解剖. 汪志刚，译. 北京：北京大学出版社，2010（11）：248. 科斯（Coase）先生在工厂排烟的案件的分析中就清晰地体现出经济分析方法相对于传统侵权法的全新判断标准——传统侵权法模式是否符合效率的要求，他提出一个例子：工厂 A 排放了有毒废气给邻居 B 的财产造成了损害。他认为，传统上认为 A 伤害了 B，因此侵权法应当解决的问题是如何限制 A；但是，如果应 B 的请求限制了 A，则实际上是伤害了 A。侵权法在此案中应当解决的问题是：A 应当被允许去伤害 B，还是 B 应当被允许伤害 A，依据社会整体效益的判断标准，二者之中谁才是应当被避免的、更严重的损害？ Ronald H. Coase：The Problem of Social Cost. 3 Journal of Law and Economics 1.（1960）。经济分析方法为在行为人主观上极端恶劣的情形中评价惩罚性赔偿提供了客观的标准——是否促进效率。侵权法的经济作用在于阻却"不经济的事故"，因此经济分析方法所追求的方法目标在于为此作用提供最有效率的制度设计，"有关侵权法效率的分析，应当以对于损害填补性的赔偿制度是否能够提供有效率的结果的判断为前提"。Dorsey D. Ellis, JR., "Punitive Damages：Fairness and Efficiency in the Law of Punitive Damages", 56 *South California Law Review* 1.（1982）.

（P×L＝C）相互关系为线索，"依据汉德法官的公式，可期待的损失（损害发生的可能性乘以损害的成本）等于损害预防的成本"[1]：依据他的研究，恶意导致损害发生的可能性（P）大于非恶意侵权的（P），若造成的损害（L）不变，则避免此种恶意导致的损害的成本（C）将超出非恶意时的（C）。站在行为人的立场，侵权将更有利于追求经济效益，因此将不能对侵权行为提供足够的阻却，导致以下三种情况下惩罚性赔偿制度可以提供有效率的结果：（1）当行为人承担责任的可能性小于损害实际发生的可能性时；（2）当行为人承担损害性赔偿责任的数额小于损害的实际数额时；（3）损害预防的主观成本大于法律认可的成本时。在第一种和第二种情形中，行为人对于自己责任的预期将小于实际损害，从而导致行为人主观计算的 L 减小，从而对其安排自己的 C 的投入不能提供有效的激励；第三种情形中行为人主观计算的 C 如果大于法律认可的 L×P，也不能提供有效的阻却。[2] 罗伯特·考特先生的研究发展了小多塞·埃利斯先生的理论，他认为在以下三种情形下，传统救济也不符合效率的要求：（1）当行为人受到了可能发生的填补损害性赔偿的数额小于损害的侥幸心理的激励时，他对于逃避责任产生了心理期待，为了节省预防损害的成本而故意侵权。（2）当恶意进行的侵权行为给行为人带来超过损害赔偿的利益时，比如某些不能用金钱衡量的心理满足和快感，这种获利将刺激他侵权。（3）对他人安全漠不关心的行为人因为特殊的精神状态丧失了一般理性人的勤勉和谨慎，比如周六喝醉的年轻人的所作所为，因为对他人安全漠不关心的他使自己陷入喝醉这种精神状态导致无法适当控制自己的行为。[3] 同时，罗伯特·考特先生也认为，实际上存在无法弥补的损害，"完美的赔偿在受害的是主体而非客体的时候可能将不可能存在。比如父母可能觉

---

① Dorsey D. Ellis, JR., "Punitive Damages: Fairness and Efficiency in the Law of Punitive Damages", 56 *South California Law Review* 1. (1982).

② Dorsey D. Ellis, JR., "Punitive Damages: Fairness and Efficiency in the Law of Punitive Damages", 56 *South California Law Review* 1. (1982).

③ Robert D. Cooter, "Punitive Damages, Social Norms, and Economic Analysis", 60 *Law & Contemp. Prob.* 73. 1997, Summer.

得没有金钱能够填补他们因为自己子女的死亡而蒙受的伤害"①。Steve P. Calandrillo 先生的经济分析则更加强调,惩罚性赔偿适用于行为人明知自己行为造成损害却逃避责任的情形。② 在这种案件中,尽管被告造成实际损害行为的恶性"不可能符合任何现代法适用惩罚性赔偿的要求,但是因为被告存在逃避责任的行为,也应当科处惩罚性赔偿"③。此外,在行为人主观上极端恶劣的侵权案件中,当事人双方的经济、社会甚至政治地位存在巨大的事实上的不平等时,传统的救济手段因为以下三种原因违反最有效率的救济要求:(1)原告意识到了损害的存在,但是因为可得的损害赔偿太低或者受害人自身的弱势地位而不愿起诉;(2)被告有逃脱责任的可能性;(3)涉及社会性责任的辐射而导致对损害的核算并不完全。④

惩罚性赔偿在此种极端情形中,迫使行为人承担传统损害赔偿未曾注意的成本,发挥了传统损害赔偿所不具备的促进效率的功能。首先,惩罚性赔偿提高了侵权的成本,增强了阻却的威吓效果,"惩罚性赔偿可以在法律认可的损害预防成本小于行为人主观认定的损害预防成本时提供有效率的阻却"⑤。其次,惩罚性赔偿激励受害人维护自身利益,提高了追诉侵权的概率,降低了行为人逃避惩罚的可能性,"惩罚性赔偿的科处本身就可以提高诉讼的可能性,因此提高行为人被认定负责的可能性"⑥。最后,惩罚性赔偿促进了行为人的反省和自觉,当行为人受到恶意心态的支配时,惩罚性赔偿将予以当头棒喝,"不同于一时的懈怠,某些行为人通

---

① Robert D. Cooter, "Punitive Damages, Social Norms, and Economic Analysis", 60 *Law & Contemp. Prob.* 73. 1997, Summer.

② Steve P. Calandrillo, "Penalizing Punitive Damages: Why the Supreme Court Needs a Lesson in Law and Economics", 78 *George Washington Law Review* 774. 2010 Jan.

③ Steve P. Calandrillo, "Penalizing Punitive Damages: Why the Supreme Court Needs a Lesson in Law and Economics", 78 *George Washington Law Review* 774. 2010 Jan.

④ Catherine M. Sharkey, "Punitive Damages as Social Damages", 113 *Yale Law Journal*. (2003).

⑤ Dorsey D. Ellis, JR., "Punitive Damages: Fairness and Efficiency in the Law of Punitive Damages", 56 *South California Law Review* 1. (1982).

⑥ A. Mitchell Polinsky, Steven Shavell, *Punitive Damages. Encyclopedia of Law and Economics*, Volume II, Edward Elgar Publishing (November 2000), 3700.

过故意违反法律和道德标准的方式对他人强加了过分的风险。为了阻却此种风险，就需要惩罚"①。

3. 惩罚性赔偿制度有利于促进法律的贯彻实施

惩罚性赔偿不仅可以通过激励受害人寻求民事救济的方式直接促进私法的实施，也可以间接激励受害人执行部分公法职能，促进公法目标的实现。

路易斯安那州就更加强调惩罚性赔偿具有促进私法规则的实施的作用，这一点在 Billiot v. B. P. Oil Co. 案②的判词中已有体现："惩罚立法禁止的侵权行为……阻却他人如此行为……为私人主体追诉不法侵害的行为提供激励"。Owen 先生指出："法律实施的目标同阻却的目标具有最紧密的联系。某种意义上，法律实施和阻却是一枚硬币的两面。阻却可被视为阻止潜在的违反法律规则的行为，而法律实施则起到相反的功能，即追诉和惩罚那些阻却无用的不法行为人"③。他认为，惩罚性赔偿制度有助于在极端恶劣的侵权案件中对不法行为人的确认。具体而言，惩罚性赔偿可以作为促使实际受到损害的受害人作为"私人检察长（private attorney general)"追诉不法行为的奖励，这种情况下，惩罚性赔偿超过填补损害部分的数额就是一种"悬赏"，使得所有应当被惩罚的不法行为均得到追究，以彰显正义④，"由此，那些在刑法领域仅仅得到部分彰显的正义，可以通过私人追诉人将不法行为人诉诸法院的公共服务行为而得到，即针对被告的私法上的罚款方式得以完全彰显"⑤。

此外，私法领域的惩罚性赔偿客观上可以起到促进公法的实施的作用，"一旦采用惩罚性赔偿，就可以形成一股巨大的社会监控力量，甚至可以起到即时监控的作用，这是政府执法所不具有的功能，至少可以弥补行政执法的不足"⑥。这一观点同前文所述的路易斯安那州以惩罚性赔偿

---

① Robert D. Cooter, "Punitive Damages, Social Norms, and Economic Analysis", 60 *Law & Contemp. Prob.* 73. 1997, Summer.

② Billiot v. B. P. Oil Co. , 645 So. 2d 604, 612 - 13 (la 1994).

③④⑤ David G. Owen, "A Punitive Damages Overview: Functions, Problems and Reform", 39 *Villanova Law Review* 370. 1994.

⑥ 王利明. 美国惩罚性赔偿制度研究. 比较法研究, 2003 (5): 15.

制度作为悬赏私人追诉不法行为的诱因的观点相一致。私人积极追究侵权行为人的责任，不仅仅是在执行私法，客观上也分担了部分公法的职能。① 日本学者就曾指出："如果我们是站在这样一个立场思考问题，即把私人间的诉讼作为法之执行的手段之一，并让其发挥积极作用，那么就会很自然地认为，当私人对法律违反者提起诉讼时，作为对法律实施负有责任的官厅，应当根据情况对诉讼原告予以援助，并努力通过此类诉讼实现法之目的。私人的这种诉讼旨在制裁违法者，并以此给予行政机关无偿的协助。从其机能上看，起到了临时替代行政机关履行职责的作用。因此，行政机关应当把对私人诉讼的适当援助理解为是对自己任务的有效履行。"② 私人对于公法职能的分担对于全社会具有重大的贡献，"在实现制裁和保护两个目标即一箭双雕效果的同时，原告及其律师的替代作用减轻了刑事制裁场合的警察、检察方面的负担"③。私人分担公法职能的前提是私人执行法律的"主动"性，为了培养这种"主动"性就需要对分担了公法职能、促进了公法实施的私人进行奖励，否则，对"主动"性的培养即无从谈起。惩罚性赔偿就是通过激励的方式引起私人的"主动"性，从而促进法律的实施，"通过规定两倍、三倍赔偿或最低赔偿额，一些此前不被提起的违法事件就可能以法律手段被提起诉讼"④。依据此种观点，惩罚性赔偿的"超额"获益部分可以理解为"官厅"对私人协助行为的"协助"或"感谢"。就如同路易斯安那州侵权法理论中所提出的，惩罚性

---

① 公法对于私人权益的保护必然存在局限性和救济的滞后性，如果忽视私法对于公法职能的促进、排斥私法对于公法已然涵盖的私人权益的保护，将造成恶劣的后果。"许多破坏环境的犯罪行为，恰恰是因为排斥了私法上的停止侵害请求权才得以如此猖獗。人们对于权利的侵蚀，已经得到了苦涩的报复。"梅迪库斯．德国民法总论．2版．邵建东，译．北京：法律出版社，2001（9）：65."现在的日本法既没有意识到损害赔偿这一法律手段对违法行为应有的抑制机能，更没有意识到应当充分发挥这种机能。法律在日本社会应有的作用被限定在了非常小的范围内，我们不能不对此表示担忧。"田中英夫，竹内昭夫．私人在法实现中的作用．李薇，译．北京：法律出版社，2006（5）：144.
② 田中英夫，竹内昭夫．私人在法实现中的作用，李薇，译．北京：法律出版社，2006（5）：87.
③ 田中英夫，竹内昭夫．私人在法实现中的作用，李薇，译．北京：法律出版社，2006（5）：157.
④ 田中英夫，竹内昭夫．私人在法实现中的作用，李薇，译．北京：法律出版社，2006（5）：147.

赔偿制度类似于吸引赏金猎人的"悬红"，"超额"赔偿为对于私人执行公法职能、制裁违法的奖励。

4. 惩罚性赔偿制度有利于促进庭外和解，节省司法成本

在美国，"98%的民事诉讼以庭外和解而收场"①。实际上，关于惩罚性赔偿的实证调研所揭示的数据还忽略了该制度的重要贡献，即存在惩罚性赔偿制度对于庭外和解协议的达成的贡献。加兰特先生引用 Monsanto 公司前 CEO 的话："学术研究和不完整的法院数据未能有效反映真实世界中产品责任案件的全部情况。世界的真相被掩埋在因为害怕惩罚性赔偿而签订的巨额私人和解协议之中。"② 98%的民事案件能够实现庭外和解，实际上惩罚性赔偿制度也是功不可没的。惩罚性赔偿制度不仅为行为人提供了一般侵权责任难以提供的有效阻却，其显著的惩罚性也恫吓了司法程序中的被告，敦促其努力寻求庭外和解，从而节省司法成本。美国法中，"完整进行并得出判决的民事诉讼很少，大多数都庭外和解"③。其中，在受害人可能获得惩罚性赔偿的案件中，"惩罚性赔偿的功能隐含在庭外和解协议中的加重的损害赔偿责任中"④。特别是在一些案件中，权贵和富有主体从事不法行为的隐秘性和复杂性、民主社会中行政资源受权贵和富有主体深刻的影响导致追究其责任困难的客观状况，以及诉讼过程中产生的高额追诉成本和不公平的司法资源利用率⑤，导致权贵和富有的主体很难被追究责任，即使庭外和解，其承担的责任也相当有限。惩罚性赔偿制度可以激励原告及其律师竭尽所能追究被告责任，客观上使原告获得了更多的司法资源，并大大提高了被告承担责任的概率。以生产有缺陷汽车导致事故发生的产品责任案件为例，"只有当联邦执法机关真正进行了数据

① Anthony J. Sebok, "Punitive Damages: From Myth to Theory", 92 *Iowa Law Review* 975. (2007).

② Marc Galanter, "Shadow Play: The Fabled Menace of Punitive Damages", 1 *Wisconsin Law Review* 5. (1998).

③ Marc Galanter, "Shadow Play: The Fabled Menace of Punitive Damages", 1 *Wisconsin Law Review* 5. (1998).

④ Marc Galanter, "Shadow Play: The Fabled Menace of Punitive Damages", 1 *Wisconsin Law Review* 8. (1998).

⑤ 作者指出："在美国，富人在刑事诉讼中享有更高的程序正义。"

调查，才能在缺陷产品和事故数量之间建立联系。假设，仅仅通过刑事程序而废除惩罚性赔偿制度，那么，行政机关立案时要求原告提供全国范围的汽车、工程设备和重机械等事故数据，这些数据基本是不可能被提供的。即使原告提供了这些数据，在这些数据与产品之间建立联系也是十分困难的。即使行政机关最终被说服确信这些事故中存在违法行为，那么也必须深入企业内部调查确证过错的存在。这些步骤要求的行政资源过于巨大，以至于没有联邦执法机关会真的进行如此调查"[1]。由于惩罚性赔偿制度的威慑力，在报道这些产品责任的案件时，美国新闻媒体更加关注原告胜诉和赔偿数额巨大的案件，从而形成了一种针对产品生产者更加严厉的社会氛围，也使这些生产者产生了一种共识：产品责任案件中败诉的可能性和承担巨额惩罚性赔偿责任的可能性都十分巨大[2]，"公司决策者们可能过高地估计了惩罚性赔偿制度的适用频率和数额"[3]。这样的社会环境，导致这类案件中的被告更易于接受庭外和解。在庭外和解确定数额时，惩罚性赔偿制度的存在使得这些和解协议中必然包含惩罚性数额而不仅仅是一般的损害填补责任。在这种情况下，惩罚性赔偿制度不仅节约了本来应当支出的诉讼成本，节约了诉讼资源，也通过激励受害人承担部分公法职能的方式，在不增加行政成本的前提下，实践了正义。

美国惩罚性赔偿制度历经二百余年的发展，尽管存在种种争议和批评，但是其适用范围和频率却没有停下不断增长的步伐，并且随着其体系构建不断丰富和完善，最终成了今天美国侵权法体系中重要的和不可分割的组成部分。

二、惩罚性赔偿制度体系构建的逻辑基点

《侵权责任法》第 47 条明确地规定了产品责任中的惩罚性赔偿制度，

---

① Dan Markel, "Retributive Damages: A Theory of Punitive Damages As Intermediate Sanction", 94 *Cornell Law Review* 311. 2009, January.

② Marc Galanter, "Shadow Play: The Fabled Menace Of Punitive Damages", 1 *Wisconsin Law Review* 9. (1998).

③ Marc Galanter, "Shadow Play: The Fabled Menace Of Punitive Damages", 1 *Wisconsin Law Review* 10. (1998).

"由此，拉开了我国侵权法领域中惩罚性赔偿制度的适用序幕。但根据法律规定，产品责任中的惩罚性赔偿，仅限于缺陷产品致受害人死亡或者健康受到严重损害的范围内适用，除此之外的其他损害不予适用，例如，财产损害"①。惩罚性赔偿受到如此限制的重要原因在于其争议性和迷惑性的名称——"惩罚性"（punitive）赔偿。这种"超额"的责任已超出传统意义上的损害填补范畴，因此，关于惩罚性赔偿的态度是极其谨慎的，但不可否认的是，尽管具有"惩罚性"的修饰词，这一概念的基础和本源依然是"赔偿"（damages）。既然是"赔偿"，那么，其先天具有的损害填补功能，将惩罚性赔偿制度作为民法领域的"制裁"同公法领域的"制裁"区分开来，并为在具有民事责任复原功能的典型②和填补损害的基本机能性③特点的侵权法体系内设计惩罚性赔偿制度提供了正当性基础，从而避免了难以调和的逻辑混乱和理念冲突。

美国惩罚性赔偿二百多年的立法发展中，因为惩罚的数额超过损害数额，不乏对惩罚性赔偿制度的批评与质疑，当我们要构建大数据时代的惩罚性赔偿制度时，我们可能仍然面临美国惩罚性赔偿制度发展中的问题，构建这一制度的逻辑前提就是要解释为什么惩罚的数额要高于损害的数额，或者说，高山部分的正当性根据是什么。只有将此问题解释清楚，才可以为侵权责任法私法性质的惩罚功能正名。即便我们认为大数据时代侵权责任法的惩罚功能具有重要的存在价值，但公法、私法的区分本质要求必须做到泾渭分明。因此，我们有必要对美国惩罚性赔偿制度构建中惩罚性赔偿制度与损害填补意义上的损害赔偿制度的关系进行认真梳理，从中探求惩罚性赔偿制度在私法上的正当性。

（一）美国法中惩罚性赔偿逻辑基点的理论证成

1. 对美国法惩罚性赔偿制度的历史分析

美国侵权法始终将填补损害作为惩罚性赔偿的本源，或者准确地说，惩罚性赔偿制度就是为了填补侵权法一般损害赔偿责任无法救济的损害而

---

① 王利明，周友军，高圣平．中国侵权责任法教程．北京：人民法院出版社，2010：545.
② 曾世雄．损害赔偿法原理．北京：中国政法大学出版社，2001：7.
③ 王泽鉴．侵权行为法1：基本理论·一般侵权行为．北京：中国政法大学出版社，2001：7.

产生和发展的。虽然惩罚性赔偿所填补的损害在历史变革中有所变化，但是，法制理念对于惩罚性赔偿制度中的损害填补功能仍然很执着。[①] 特别是当现有法律提供的损害赔偿不足以救济损害时，惩罚性赔偿总能发挥特有的损害填补功能，填补所有损害中超出法律救济的部分，实现侵权法所追求的损害完全填补的目标。

美国侵权法的惩罚性赔偿制度根植于英国法。1763 年，在英国 Huckle v. Money 案中第一次出现了"exemplary damages"一词。[②] 那一时期，惩罚性赔偿主要适用于侵犯受害人人格尊严，使受害人遭受巨大精神痛苦的案件。[③] 自 Huckle v. Money 案之后，英国法院致力于论证惩罚性赔偿的实际基础[④]，进而对其存在的正当性理由予以证成。英国法院提出，惩罚性赔偿的正当性理由在于通过科处超出原告有形损害的赔偿方法实践正义。[⑤] 惩罚性赔偿不单是人格尊严不受侵犯的证明和宣示，而且是受害人私人复仇的合法化，只有允许受害人寻求惩罚性赔偿方可以使其复仇的愿望得以满足。[⑥] 这种结论使人们对惩罚性赔偿制度的功能得到了新的解读——实质上是在满足受害人的某种需求，填补当前侵权法所不承认的、一般赔偿所不能涵盖的、不填补又有违公平正义的"损害"[⑦]。当惩

---

① Thomas B. Colby, "Beyond the Multiple Punishment Problem: Punitive Damages As Punishment For Individual Private Wrongs", 87 *Minnesota Law Review* 593 (2003).

② David G. Owen, "A Punitive Damages Overview: Functions, Problems, and Reform", 39 *Vill. L. Rev.* 363, 373 (1994).

③ Dorsey D. Ellis, Jr., "Fairness and Efficiency in the Law of Punitive Damages", 56 *South California Law Review* 1 (1982).

④ Thomas B. Colby, "Beyond the Multiple Punishment Problem: Punitive Damages As Punishment For Individual Private Wrongs", 87 *Minnesota Law Review* 593 (2003).

⑤ Dorsey D. Ellis, JR., "Punitive Damages: Fairness and Efficiency in the Law of Punitive Damages", 56 *South California Law Review* 1. (1982).

⑥ Thomas B. Colby, "Clearing the Smoke from Philip Morris v. Williams: The Past, Present, and Future of Punitive Damages", *The Yale Law Journal.* 118: 392 (2008).

⑦ 为了进一步证实损害填补功能的正确性，英国法院还对影响惩罚性赔偿数额的诸多因素进行了论证，英国法院明确指出惩罚性赔偿的数额受到受害人本人的职业、地位、行业，以及侵权发生的时间、地点和场所等因素的影响。这些具体因素不仅反映了行为人的恶性，也决定了受害人蒙受的损害的大小。例如，在皇家证交所的侮辱行为比在私人房间造成更大的损害，前者的赔偿额应当大于后者的赔偿额。Thomas B. Colby, "Beyond The Multiple Punishment Problem: Punitive Damages As Punishment For Individual Private Wrongs", 87 *Minnesota Law Review* 593 (2003).

罚性赔偿漂洋过海来到美国时，惩罚性赔偿的损害填补功能方不再停留于后人依据历史考察对当时判例的理论解读，而成为在司法界普遍适用的具有填补损害功能的赔偿制度。

19世纪的美国法院不承认精神损害的可救济性，惩罚性赔偿制度是为了填补侵权法未予司法救济的精神损害而产生的。1883年的Kilbourn v. Thompson案①中，原告被传唤到众议院作证，但是他拒绝回答一切问题。众议院委员会就下令众议院的军警将原告拘押35天。原告提起非法禁锢之诉并请求惩罚性赔偿。该案中原告并没有因非法禁锢而蒙受任何经济损失或人身损害，仅仅因为恶性非法禁锢蒙受了精神损害。依据当时的侵权法，受害人只能承受仅根据物质性损害方能获得救济的极端不正义的结果。然而，美国法院通过对被告的行为科处惩罚性赔偿而纠正这一不正义。哥伦比亚特区最高法院大法官Cox认为，大多数此类不实指控和非法禁锢案件中的损害都是精神上的，如果只能依据物质损害受偿，显然是不公平的。本案中的惩罚性赔偿是填补原告人所受的精神损害。19世纪判例坚持的惩罚性赔偿损害填补功能的立场，在当时和此后的数十年中为惩罚性赔偿提供了强有力的正当性理由。

20世纪，美国侵权法进入了繁荣时期，在隐私权保护、反种族与性别歧视等方面侵权法均作了较大调整。"采用惩罚性赔偿去填补这些损害的需要已经消失。实际上，许多最初无法求偿的'无形的损害'已经属于一般损害赔偿的范畴"②，但惩罚性赔偿制度并没有因为传统适用领域灭失而失去它应有的填补损害功能，只是由19世纪填补私人损害的立场向填补社会性损害的角度转变，这使惩罚性赔偿抛弃了19世纪原始损害填补功能的陋茧，完成了一次关键的进化。20世纪末和21世纪初，美国法院的三大著名案件代表了填补社会性损害的新趋势。我们可以清楚地发现其共同之处：法院均允许陪审团在确定惩罚性赔偿金额时参照被告对于原告以外其他人造成类似伤害的案情，此种条件下的惩罚性赔偿将具有填补受害人本人以外的社会性损害的性质。在BMW of North America,

---

① Kilbourn v. Thompson，1 MacArth. & M. 401；1883 U. S. App. LEXIS 2584.

② Dan Markel，"Retributive Damages：A Theory of Punitive Damages As Intermediate Sanction"，94 *Cornell Law Review* 239. 2009，January.

Inc. v. Gore 案①中，原告购买了一辆崭新的黑色宝马车，九个月后，却在汽车保养过程中发现汽车被重新喷涂过。原来被告宝马公司奉行不告知消费者出厂或运输时微小维修的政策，导致原告购买汽车时并不知道该车被重新涂过漆。原告个人蒙受的损害极小，因为交货前进行的维修导致的损害不足该车零售价格的 3%，但是原告主张被告公司在全国范围内的汽车销售中均采用了这样的欺诈手段，实际上进行了多重欺诈。原告请求陪审团在决定惩罚性赔偿数额时，参考这样的事实。此时，原告请求损害赔偿的依据不仅仅是自己蒙受的损害，也包括因为被告反复的恶劣行为导致其他人承受的部分损害——社会性损害。在 Campells v. State Farm Mutual Automobile Insurance Company 案②中，原告在被告处投保了 25 000 美元的汽车责任事故保险，在之后发生的交通事故中原告被认定负 100% 的责任，因而被判决赔偿 135 000 美元。但被告拒绝承担保险责任，并要求原告卖出自己居住的房屋以执行判决。虽然经过漫长的交涉，最终被告进行了赔偿，但是原告仍然起诉被告具有恶意保险欺诈的行为。庭审中，原告通过举证被告在全美国范围内的相似做法证明被告的恶意及重复欺诈行为，法院最后判处被告承担惩罚性赔偿。原告个人在保险公司进行了赔付后所受损失只是因漫长交涉而导致的精力和财力的损失，惩罚性赔偿实际上填补的是具有同样遭遇的其他人的损害——社会性损害。在 Philip Morris USA v. Williams 案③中，社会性损害的特征更加明显和极端，原告被初审法院允许，请求陪审团在确定赔偿金额的时候考虑在本州过去的 40 年里有多少像原告的亡夫一样因吸烟而损害健康的人。此时原告实际上是希望依据被告过去 40 年生产、销售香烟所造成的全社会性的损害而不仅仅是自己个人蒙受的损害获得赔偿。

社会性损害填补使惩罚性赔偿的损害填补功能摆脱了机械、被动地补充现行侵权法体系漏洞的附随性地位，也深刻地拓展了损害填补的广度和

① BMW of North America，Inc. v. Gore，517 U. S. 559，116 S. Ct. 1589，134 L. Ed. 2d 809（1996）.

② Campells v. State Farm Mutual Automobile Insurance Company，498 Utah Adv. Rep. 23；2004 Supreme Court of Utah.

③ Philip Morris USA v. Williams，127 S. Ct. 1057（2007）.

深度，最重要的是，惩罚性赔偿终于开始在以私人损害为主导的一般侵权之诉的体系之外，寻找到了自己专属的调整领域——填补社会性损害。至此，惩罚性赔偿随着美国侵权法一起进入了繁荣时期，并在个别州中呈现出独立于一般侵权之诉，并单独作为侵权诉因的趋势。例如，路易斯安那州的 Billiot v. B. P. Oil Co. 案①中，陪审团决定参照 B. P. 公司一贯的生产安全表现确定惩罚性赔偿的数额。在此案中，法院承认该州的惩罚性赔偿独立于一般侵权之诉，即可以单独依据民法典或者实体法有关惩罚性赔偿的规定起诉，而不必首先满足一般侵权之诉的要件。可以说，社会性损害填补是惩罚性赔偿损害填补功能的一次重要进化。

当然，惩罚性赔偿的社会性损害填补功能也遭到理论界诸如对抗正当程序原则、原告的异常获益和多重受偿等谴责②和适用的频率、额度和可预测性的激烈批评③，甚至于 2007 年 Morris 案的终审中被美国最高法院终审判决否定："我们先前没有明确提出陪审团不能因对其他人造成损害而科处惩罚性赔偿，但是我们现在决定这样做"④。但在许多州的司法实践中，仍然坚持社会性损害填补的立场，只是在赔偿额度上有缓和的趋势而已。伊利诺伊州北区东部法院 2008 年审理的 Centerline Equip. Corp. v. Banner Pers. Serv⑤ 代表了多数州法院的态度。美国联邦《电话用户保护法案》（Telephone Consumer Protection Act）（47 U. S. C. 227）禁止任何人利用电话传真发送垃圾广告，否则，收到垃圾广告的原告可依据该法案第（b）（3）（B）条的规定就其实际损害或者当实际损害不满 500 美元时以 500 美元为诉讼标的额提起损害赔偿之诉。原告的实际损害包括传真机打印这种垃圾传真所耗费的油印、纸张、耗材耗损和机器本身的耗损，以及原告阅读这种垃圾传真所浪费的时间和未能接受和阅读其他有用传真所造成的损害。若被告故意或者明知地向多数人发送这种垃圾传真，则原

　　① Billiot v. B. P. Oil Co. , 645 So. 2d 604 （La. 1994）.

　　② Marc Galanter, "Shadow Play: The Fabled Menace of Punitive Damages", *Wisconsin Law Review*. （1998）.

　　③ Anthony J. Sebok, "Punitive Damages: From Myth to Theory", 92 *Iowa Law Review*. 957 （2007）.

　　④ Philip Morris USA v. Williams. 127 S. Ct. 1057 （2007）.

　　⑤ Centerline Equip. Corp. v. Banner Pers. Serv. , 545 F. Supp. 2d 768.

告有权主张实际损害 3 倍以内的惩罚性赔偿。本案原告经由传真收到了一份垃圾广告，经查行为人向其他四十多人发送了相同广告并因此牟利。在庭审中，原告通过举证被告向四十多人发送广告的事实证明被告的"故意"与"明知"，法院采信了原告的举证，基于被告向其他四十人发送垃圾传真广告的事实判决被告承担惩罚性赔偿责任。

2. 理论界的论证与司法实践的证明

美国私法学者在证成惩罚性赔偿制度的正当性时必须回答两个问题：（1）私法中为什么存在惩罚性赔偿制度；（2）在公法制度之外建立惩罚性赔偿制度有何必要。关于第一个问题理论界已经形成共识，但第二个问题仍在讨论之中。

私法学者以惩罚性赔偿的损害填补功能论证制度的正当性，基于此，至少在两个问题上形成共识或形成通说。第一，惩罚性赔偿的首要功能是损害填补功能。学者认为私法体系中的侵权法的功能在于填补损害而不是进行惩罚。理论界"认为私法救济的目的在于填补损害而不是进行惩罚的观点可以追溯到 Blackstone 先生对公私法进行划分的时候"[1]。Greenleaf 先生也是公私法划分的坚定支持者，拒绝在作为私法的民法领域承认这种执行部分公法功能的超额赔偿[2]，并拒绝承认一切超出或小于损害的赔偿，坚持主张原告获得的赔偿应当同其蒙受的损害精确相等。美国侵权法这种损害填补的特征在理论和实务界已经根深蒂固，凡证成惩罚性赔偿制度的学者均拒绝承认惩罚性赔偿造成了超额赔偿的客观结果。以至于 Colby 先生将 Greenleaf 先生的理论总结为：惩罚性赔偿这一名称就是误解，甚至认为该种制度不存在任何惩罚的功能，只是为了填补原告蒙受的有形损害以外的精神损害和个人尊严所受的侮辱。[3] 第二，惩罚性赔偿填补一般赔偿责任提供的救济与侵权行为造成全部损害之间的缝隙。20 世纪 80

---

① Anthony J. Sebok, "Private Law, Punishment, and Disgorgement: What Does It Mean To Say That A Remedy Punishes?", *Chicago-Kent Law Review* 78: 3. 2003.

② Michael Rustad, Thomas Koenig, "The Historical Continuity of Punitive Damages Awards: Reforming the Tort Reformers", 42 Am. U. L. Rev. 1269 (1993).

③ Thomas B. Colby, "Beyond the Multiple Punishment Problem: Punitive Damages As Punishment For Individual Private Wrongs", 87 *Minnesota Law Review* 593 (2003).

年代，美国学者小多塞·埃利斯先生通过经济分析方法所得出的结论证实了这点。他主张至少在法律提供的损害赔偿小于实际损害诸种情形中，例如，法律不认可并不提供救济的损害、由受害人以外的其他人遭受的损害、很难用金钱加以衡量的损害，应当适用惩罚性赔偿。① 其他学者也认为"一般损害赔偿不能填补侵权行为造成的'全部损害'，就必须由惩罚性赔偿制度使行为人承担其侵权行为的全部成本"②。此时，惩罚性赔偿的功能就在于填补全部损害和法律提供的赔偿之间的缝隙。③

理论界在回答上述第二个问题所引发的争论以惩罚性赔偿填补损害的性质与内容为基点，即惩罚性赔偿究竟填补侵权行为所导致的私人损害，还是社会性损害，抑或二者兼有。尤其是美国最高法院 2006 年审理的 Morris 案之后，这样的争论表现得更加激烈。

（1）惩罚性赔偿填补社会性损害。

极端恶劣的侵权行为不仅侵害了受害人个人的权益，也给社会造成了损害，一般侵权责任难以顾及这种社会性损害。社会性损害的含义为："由于被告广泛造成的损害而引起的应当获得赔偿的社会性损害，此种损害超出了原告受害人蒙受的损害。"④ 这种损害包括了一种辐射性损害，意旨超出了私人原告和不能确定身份的特定个体所蒙受的个别损害之外，侵权行为给全体社会关系造成的损害。⑤ 惩罚性赔偿的社会性损害填补理论是在侵权法的理论繁荣和法经济学理论的发展影响下产生的，代表人物是夏基先生，他的社会性损害填补理论正是在 Campells v. State Farm Mutual Automobile Insurance Company 案以后对于当时司法判例趋势的宏观归纳整理和提炼的成果。他指出："State Farm 案代表了在惩罚性赔

① Dorsey D. Ellis，JR.，"Punitive Damages：Fairness and Efficiency in the Law of Punitive Damages"，56 *South California Law Review*. 1（1982）.

② Sheila B.，"Two Worlds Collide. How the Supreme Court's Recent Punitive Damages Decisions Affect Class Actions"，60 *Baylor Law Review* 880. 2008，Fall.

③ Robert D. Cooter，"Punitive Damages，Social Norms，and Economic Analysis"，60 *Law & Contemp. Prob.* 73. 1997，Summer.

④ Catherine M. Sharkey，"Punitive Damages as Social Damages"，113 *Yale Law Journal* 391.（2003）.

⑤ Catherine M. Sharkey，"Punitive Damages as Social Damages"，113 *Yale Law Journal* 391.（2003）.

偿领域中形成的新的视角——在单一或者数名原告的个案中，惩罚性赔偿却参照全州或者全国的规模而加以科处"①。他的理论试图通过将这种社会损害类型化特定化，从而使社会和私人在此种情形下位于同等地位，惩罚性赔偿发挥的功能不过是对于社会作为原告的损害填补，从而规避State Farm 案中确立的正当程序原则的限制。不仅如此，夏基先生的社会性损害填补理论还有力地回应了惩罚性赔偿百余年的司法实践中遭到的"多重赔偿""过分获益"的批评。这些批评源于 19 世纪美国法院和学者对"损害"界定所遵循的严格意义上的"私人"视角。夏基先生指出："由于被告造成的广泛损害而引起的应当获得赔偿的社会性损害，远远超出了原告受害人蒙受的损害。"② 原告只是作为社会成员的代表享受对于社会性损害的损害填补，可以通过后续辅助性的技术手段分割这些损害填补，使得所有社会成员得到共享。鉴于此，原告通过惩罚性赔偿制度获得赔偿也就不存在所谓的"过分获益"或"多重赔偿"问题。

在 2008 年著名的 Exxon v. Baker 案③的初审中，陪审团在确定惩罚性赔偿数额时就被告应当考虑该漏油事件致使整个阿拉斯加州与生态环境相关的各行各业所蒙受的损失，从而确定了 20 亿美元的赔偿额度。这一判决就是填补侵权行为给全社会所造成的整体性损害。

（2）惩罚性赔偿填补私人损害。

在惩罚性赔偿制度产生之初，惩罚性赔偿所填补的损害是受害人的精神损害。惩罚性赔偿究竟赔偿私人损害还是社会性损害的争论是在侵权法繁荣带来的惩罚性赔偿频繁适用、扩张适用后发生的。主张"填补私人损害"的学者因为对于社会性损害的共同批评——"社会性损害的填补"导致惩罚性赔偿制度承担了公法职能，从而与公法相混淆——而形成学术联盟。

当然，在这个学术联盟中也不乏理论上的分歧，并因为分歧而形成不

---

① Catherine M. Sharkey，"Punitive Damages as Social Damages"，113 *Yale Law Journal* 347.（2003）.

② Catherine M. Sharkey，"Punitive Damages as Social Damages"，113 *Yale Law Journal* 347.（2003）.

③ Exxon Shopping Co. v. Baker，128 S. Ct. 2605，2633.

同的学说。其一，满足复仇需求说。该说认为，在被告极度恶劣的行为发生后，原告具有强烈的复仇诉求，如果这种诉求得不到满足，就会产生损害，惩罚性赔偿恰恰可以满足复仇的需要，填补这种形式的损害，并预防损害的扩大。复仇与现代法律理念并不相容，复仇却又是客观存在的强烈诉求。① "早期的美国侵权法主张完全的损害填补有时要求对于侵权行为人进行报复。"② 正如考尔比先生借鉴霍姆斯先生的观点后指出：侵权行为发生时，"如果法律不能第一时间满足受害人的复仇诉求，人们将寻求法律之外的复仇方法，为了避免私人报复造成更大的不幸，则法律必须满足此种复仇的愿望"③。小多塞·埃利斯先生也认为："若受害人通过私力而不是法律和程序寻求对复仇欲望的满足则会造成更大的混乱。"④ 与私人肆意复仇相比，法律应当在制度内首先提供"复仇"的方法，而普通法对此的回应就是惩罚性赔偿制度。因此，复仇可以作为法律的合法目标之一，"复仇具有价值，只要它的发生处于法律限制的范围之内⑤。Zipursky的观点也支持了此种认识："国家允许并授权力于私人在文明和有限度的范围内进行惩罚……"⑥ 此时惩罚性赔偿不仅填补了受害人自身因强烈的复仇需求得不到满足而蒙受的损害，也预防了私力救济可能扩大的损害。其二，填补个人尊严损害说。人有尊严，并且神圣不可侵犯。科尔比先生认为："允许针对私人不法行为科处惩罚性赔偿证明了受害人的个人

① 科尔比先生指出，西方社会在表面上极力否认复仇是正当的需求，而将其作为不健康的、原始的、本能的冲动。"同态复仇"本身就是邪恶的。但是，如同西方娱乐界常见复仇主题的动作电影所揭示的一样，复仇是客观存在的民众内心的一种需求，这种诉求不容法律否认。Thomas D. Colby，"Clearing the Smoke from Philip Morris v. Williams：The Past，Present，and Future of Punitive Damages"，*The Yale Law Journal*. 118：392（2008）.

② Anthony J. Sebok，"Private Law，Punishment，and Disgorgement：What Does It Mean To Say That A Remedy Punishes?"，*Chicago-Kent Law Review* 78：3. 2003.

③ Thomas B. Colby，"Clearing the Smoke from Philip Morris v. Williams：The Past，Present，and Future of Punitive Damages"，*The Yale Law Journal*. 118：392（2008）.

④ Dorsey D. Ellis，JR.，"Punitive Damages：Fairness and Efficiency in the Law of Punitive Damages"，56 *South California Law Review* 1.（1982）.

⑤ Thomas B. Colby，"Clearing the Smoke from Philip Morris v. Williams：The Past，Present，and Future of Punitive Damages"，*The Yale Law Journal*. 118：392（2008）.

⑥ Benjamin C. Zipursky，"A Theory of Punitive Damages"，84 *Texas Law Review*. 105 2005，April.

尊严不容侵犯。"① 塞博克先生的分析更加细致，他认为：在被告侵犯原告时，"同时侵犯了原告的两种权利：首先侵犯了私权（身体权和财产权），其次侵犯了原告作为一个人享有的应当被他人尊重前述私权的权利"②。当前侵权法关注的仅仅是前一种私权，而忽视了后一种私权不受侵犯的尊严衍生的权益。③ 丹·马克尔先生进一步发展了塞博克先生的理论，并将其归纳为一种"法律面前平等的自由"："因为我们每个人都被法律强加了作为公民应当服从法律的义务，那么惩罚就发挥了维持部分平等的作用。"④ 他认为，国家通过设计某种程度惩罚的方式，努力使某一公民认为自己比他人更优越的主张无效。若国家没有提供此种惩罚，则明示地或者暗示地表明行为人拥有侵犯他人的某种特权或者"执照"⑤。David G. Owen 先生也支持了这种观点，他认为恶意侵权涉及两方面的侵权："从受害人处窃取利益和故意地侵害受害人法定权益，剥夺他们自主决定权"⑥。传统的损害填补性质赔偿仅仅针对第一种侵权，只有惩罚性赔偿才能同时填补两种损害。⑦

（3）惩罚性赔偿填补私人损害和社会性损害。

2009 年丹·马克尔先生发表文章试图在两种对立的观点之间寻求折中。他认为，行为人的不法行为破坏了自由社会的秩序，他的行为使他具有了高于他人的"自由"，从而违反了法律面前人人平等的基本原则，并背叛了主权国家宪法及法律的制度体系。因此，这种将自己置于主权国家

---

① Thomas B. Colby, "Beyond The Multiple Punishment Problem: Punitive Damages As Punishment For Individual Private Wrongs", 87 *Minnesota Law Review* 593 (2003).

② Anthony J. Sebok, "Punitive Damages: From Myth to Theory", 92 *Iowa Law Review* 957. (2007).

③ Anthony J. Sebok, "Punitive Damages: From Myth to Theory", 92 *Iowa Law Review* 957. (2007).

④ Dan Markel, "Retributive Damages: A Theory of Punitive Damages As Intermediate Sanction", 94 *Cornell Law Review* 239. 2009, January.

⑤ Dan Markel, "Retributive Damages: A Theory of Punitive Damages As Intermediate Sanction", 94 *Cornell Law Review* 239. 2009, January.

⑥ David G. Owen, "Aggravating Punitive Damages", 158 *University of Pennsylvania Pennumbra* 181. (2010).

⑦ David G. Owen, "Aggravating Punitive Damages", 158 *University of Pennsylvania Pennumbra* 181. (2010).

之上的不法行为损害的不仅仅是受害人的私人利益，还有作为主权体和真正有权制定法律规则的主体——国家的利益。① 由于罪刑法定原则的限制，以及不法行为的复杂性和隐蔽性、行政资源的有限性等缘故，国家不能或很难通过公法手段对全部的不法行为进行惩罚，因此，必须在公法之外建立一种符合宪法和自由社会要求的民主国家维护民主制度的自卫手段——惩罚性赔偿制度。通过在恶意或故意的侵权案件中适用惩罚性赔偿制度，可以使那些因为上述诸种原因而无法或难以受到责任追究的主体承担金钱责任；而且，还可以节约司法成本、避免刑事处罚对企业活力的扼杀。因此，惩罚性赔偿制度中超过一般侵权责任的赔偿不仅对私人受害者有利，也有利于社会和国家。②

（二）我国大数据时代惩罚性赔偿损害制度构建的逻辑基点

关于惩罚性赔偿在我国存在着存与废的激烈争论，赞成者有之③，反对者亦有之。④ 值得一提的是，无论是反对者，还是赞成者，他们所主张理由的内部均具有相同或相通的判断模式——赔偿额超出受害人实际损害的基本额度。由此，过度强调惩罚性赔偿的惩罚功能，而忽视其功能的另一面，或者更重要的一面——赔偿功能。严格地说，所谓的"超额赔偿"实际上是惩罚性赔偿的数额高于一般损害赔偿的数额。惩罚性赔偿的惩罚功能源于该"高于数额"，尽管"高于数额"，究其本质仍在于赔偿。忽视其本质，过分强调其"惩罚"，是惩罚性赔偿制度的反对者的共同认识和

---

① Dan Markel，"Retributive Damages：A Theory of Punitive Damages As Intermediate Sanction"，94 *Cornell Law Review* 263. 2009，January.

② Dan Markel，"Retributive Damages：A Theory of Punitive Damages As Intermediate Sanction"，94 *Cornell Law Review* 322. 2009，January.

③ 赞成惩罚性赔偿的理由：第一，有利于对加害行为的惩罚与遏制。第二，能够维护实质正义。第三，对经济发展具有积极作用。第四，对我国法治建设具有特殊意义［王利明. 美国惩罚性赔偿制度研究//张新宝主编. 侵权法评论. 2003（2）. 北京：人民法院出版社，2003.］。

④ 惩罚性赔偿"一是它与大陆法系上'任何人不得因损害而获得利益'的理念相违背。二是受害人取得超出其损害的赔偿的正当性基础难以证成。三是它与行政责任和刑事责任中的罚金罚的协调，会导致法律适用上的困境（与一事不二罚原则的协调）。四是它与既有的补偿性的损害赔偿制度难以协调。惩罚性赔偿具有私法上刑罚的功能，它与以恢复损害发生前的原状为目的的损害赔偿格格不入"（王利明，周友军，高圣平. 中国侵权责任法教程. 北京：人民法院出版社2010：321.）。

惯用逻辑，这为反对者提供了锐利武器，当然，也使持有同样认识的惩罚性赔偿制度赞成者作茧自缚。

1. 惩罚性赔偿制度之本在于赔偿损害

填补损害是赔偿制度的本质，无损害即无赔偿，惩罚性赔偿的损害填补功能便源于其赔偿损害的本质。纵观美国惩罚性赔偿制度的历史，自惩罚性赔偿产生时起，损害填补就被视作其基本功能。随着时代的变迁，惩罚性赔偿的损害填补的内容不断发生变化，致使损害填补功能也在各种抽丝剥茧般的争论之中不断进化。我们完全有理由说：惩罚性赔偿以损害的存在为前提，只要我们不是有意回避或忽视可见损害背后的无形损害，只要我们仍然尊重侵权法赔偿责任的一般原则——无损害即无赔偿责任，那么，损害填补便是包括惩罚性赔偿在内的所有民事赔偿责任永恒不变的基本功能，否认这一点，就是否认赔偿制度本身。所谓的"超额"赔偿实际上是对可见损害背后无形损害的赔偿，只是因为无形损害难以用金钱衡量，而以可见损害的合理倍数予以计算。法学家需要认真研究的不是惩罚性赔偿的存与废，而是"倍数"的合理性，以及哪一些侵权行为造成的受害人私人的损害，以及社会整体利益的损害需要惩罚性赔偿予以救济。这样一来，惩罚性赔偿制度的正统概念："加害人主观恶意，行为恶劣的，通过让加害人承担超出实际损害数额的赔偿，以达到惩罚与遏制严重侵权行为的目的"须作一修正。所谓惩罚性赔偿，是指侵权人主观恶意，行为极端恶劣，对受害人的权益或者社会的整体利益造成一般赔偿责任无法救济或难以救济的无法用金钱衡量的无形损害，以可见损害的合理倍数计算损害数额，并责令侵权人予以全部赔偿的制度。

当然，我们并不否认惩罚性赔偿对于恶性侵权行为的惩罚功能。但是，第一，惩罚功能以损害填补功能为其存在的正当性基础。惩罚性赔偿通过加重被告人的赔偿责任被称为"私法领域的制裁"，而具有惩罚与遏制功能，但是，加重责任的前提是主观恶意和行为恶劣的侵权行为所造成的无法用金钱衡量的无形损害远大于一般过失侵权行为造成的损害。丧失这一前提，惩罚性赔偿责任即丧失其存在的正当性基础。实际上，责任的轻重以危害后果的大小予以衡量是所有法律责任的共同逻辑，没有一个刑事责任不需考虑犯罪行为的社会危害性即予判定的，而犯罪行为的社会危

害性的认定取决于行为人的犯罪动机、犯罪手段、犯罪实施的场合及可见的损害后果。惩罚性赔偿这一民事责任同样遵循这样的逻辑，只不过是它填补了肉眼见不到的损害而凸显了它的惩罚功能，并由此遭到了惩罚性赔偿具有过度的公法功能和违背一事不二罚原则的批评。美国学者在回应诸如此类的批评时说："惩罚性赔偿制度并没有招致双重惩罚的危险，是因为它并非单纯为惩罚而存在，它是为了满足受害人复仇诉求而存在。"[1] 鉴于此，可以得出结论：惩罚功能是损害填补功能的辅助功能，并以损害填补功能为其存在的正当性基础。第二，惩罚性赔偿的惩罚与阻却功能通过损害填补功能得以实现。一般侵权责任所提供的救济和损害填补目标之间的裂痕，不仅导致受害人得不到应有的救济、损害得不到填补，也导致被告承担的责任不足，从而发挥不了应有的阻却功能。因此，美国学者论证说，在这种恶意侵害人身权的案件中，法律进行损害赔偿救济所追求的第一目标是阻却侵权行为的发生，而不是传统的损害赔偿。[2] 因为"效率有时候要求禁止该行为而不是承担责任"[3]，与其蒙受损害后寻求救济，不如一开始就避免发生这种难以弥补的损害，惩罚性赔偿不仅可以通过责令被告人为其侵权行为的损害后果全部买单，从而平复受害人因受侵犯导致心中的悲愤，并恢复他们的信心，还可以通过使行为人承担惩罚性赔偿责任的震慑性实现完全阻却这种恶劣行为的目的。

2. 惩罚性赔偿填补之损害

在我们论证惩罚性赔偿的本质是赔偿之后，余下的关键问题是赔偿之"高于数额"的损害为何种损害。笔者认为，该"高于数额"填补的是受害人私人可见损害背后的无形损害。该无形损害通常难以用金钱衡量，这就是为什么惩罚性赔偿通常以可见损害的倍数计算赔偿数额的原因。无形损害可以是受害人私人难以用金钱衡量的精神损害，也可以是难以用金钱衡量的社会整体利益的损害。

我国已经确立精神损害赔偿制度，受害人及其近亲属所遭受的精神损害在一定程度上适用精神损害赔偿制度即可予以救济。当侵权人恶意，并以极

---

①　Thomas B. Colby, "Beyond the Multiple Punishment Problem: Punitive Damages As Punishment For Individual Private Wrongs", 87 *Minnesota Law Review* (2003).

②③　Robert D. Cooter, "Punitive Damages, Social Norms, and Economic Analysis", 60 *Law & Contemp. Prob.* 73. 1997, Summer.

端恶劣的手段侵犯受害人权益时，应当适用惩罚性赔偿，对受害人所遭受的大于一般过失情况下的精神损害给予最完整的赔偿。《最高人民法院关于确定民事侵权精神损害赔偿责任若干问题的解释》以主观恶意及手段恶劣加重赔偿责任本身就是惩罚性赔偿制度的适用，赔偿的是一般精神损害赔偿在侵权人恶意，并以极端恶劣的手段实施侵权行为时无法填补的精神损害。对此种问题，美国学者论证道：在极端恶劣地侵害人身权益的情况下，传统的一般侵权责任提供的救济不足，仅仅是在用金钱缓和受害人蒙受的难以用金钱衡量的损害，既然是缓和，就不同于权利受害之前的"原状"，既不能客观上从受害人和所有相关人的记忆中抹去这段受伤害的惨痛记忆，甚至淡化这段记忆都不可能，这就导致填补损害的目标和法律提供的救济之间出现了裂痕。① 这种必然客观存在的裂痕在一般过失案件中可以被容忍，也因此被忽视，但在恶意侵害人身利益、践踏个人尊严的案件中，这种裂痕却不应容忍。

我国《民法典》第 1185 条、1207 条、1232 条规定的知识产权侵权、产品缺陷侵权、环境侵权②，《消费者权益保护法》第 55 条规定的欺诈行为③，《最高人民法院关于审理商品房买卖合同纠纷案件适用法律若干问题的解释》第 8 条规定的五种欺诈行为④，《食品安全法》第 148 条规定的

---

① Margaret Jane Radin, "Compensation and Commensurability", 43 *Duke Law Journal* 56. 1993, October.

② 《民法典》第 1185 条规定："故意侵害他人知识产权，情节严重的，被侵权人有权请求相应的惩罚性赔偿。"第 1207 条规定："明知产品存在缺陷仍然生产、销售，或者没有依据前条规定采取有效补救措施，造成他人死亡或者健康严重损害的、被侵权人有权请求相应的惩罚性赔偿。"第 1232 条规定："侵权人违反法律规定故意污染环境、破坏生态环境造成严重后果的，被侵权人有权请求相应的惩罚性赔偿。"

③ 《消费者权益保护法》第 55 条规定："经营者提供商品或者服务有欺诈行为的，应当按照消费者的要求增加赔偿其受到的损失，增加赔偿的金额为消费者购买商品的价款或接受服务的费用的三倍。"

④ 《最高人民法院关于审理商品房买卖合同纠纷案件适用法律若干问题的解释》第 8 条规定："具有下列情形之一，导致商品房买卖合同目的不能实现的，无法取得房屋的买受人可以请求解除合同、返还已付购房款及利息、赔偿损失，并可以请求出卖人承担不超过已付购房款一倍的赔偿责任：（1）商品房买卖合同订立后，出卖人未告知买受人又将该房屋抵押给第三人；（2）商品房买卖合同订立后，出卖人又将该房屋出卖给第三人。"第 9 条规定："出卖人订立商品房买卖合同时，具有下列情形之一，导致合同无效或者被撤销、解除的，买受人可以请求返还已付购房款及利息、赔偿损失，并可以请求出卖人承担不超过已付购房款一倍的赔偿责任：（1）故意隐瞒没有取得商品房预售许可证明的事实或者提供虚假商品房预售许可证明；（2）故意隐瞒所售房屋已经抵押的事实；（3）故意隐瞒所售房屋已经出卖给第三人或者为拆迁补偿安置房屋的事实。"

造成人身财产损害的行为①适用惩罚性赔偿填补的是社会整体利益的损害。社会整体利益的损害非受害人私人的损害，科以被告人惩罚性赔偿责任，将使原告人所获得的赔偿大于其所遭受的损害，但是，社会整体利益的损害仍为"损害"，具有借助惩罚性赔偿予以填补的正当性。众人皆知，所有权善意取得制度以背叛所有权神圣与意思自治原则，以及牺牲原所有权人利益为代价令善意第三人取得所有权。从表面看，善意取得制度似乎是原所有权人与善意第三人之间的利益取舍，实则不然，如果仅仅为了第三人，通过科处有过错的无处分权人的责任即足以补偿其所受损害，完全没有理由令无过错的原所有权人承受丧失所有权的不利后果，更没有道理破坏传统法固有制度体系的协调。因此，善意取得制度实际上不是原所有权人与善意第三人之间利益评价和选择的结果，而是原所有权人利益与整个社会交易安全之间的价值选择，善意第三人取得的所有权承载了社会的整体利益。如今，善意取得制度已为各国法律所肯认，没有人因为善意第三人借助社会整体利益的砝码取得所有权而否定善意取得的正当性。同样道理，当侵权人的恶意行为不仅仅使受害人蒙受损害，而且给整个社会的交易环境、生存环境、生活秩序与生活信念带来损害时，适用惩罚性赔偿，使赔偿权利人所获赔偿承载社会整体利益，也不应当被给予否定性责难。20世纪繁荣时期的美国侵权法对于环境污染、食品安全等公害案件以填补社会性损害为根据适用惩罚性赔偿。由于理论界对司法判例趋势宏观归纳整理和提炼的"社会性损害"实际上是社会上大多数人遭受的与原告相同的损害，惩罚性赔偿不过是通过原告填补与原告处境相同的其他人的损害，而引发了起诉在后的原告得不到赔偿、原告代表其他人受益违反正当程序原则、原告受益不当等质疑。21世纪，判例与理论所主张的社会性损害已经升华为国家与社会秩序的损害。在此，我们所论及的社会整体利益的损害，不是与原告处境相同的其他人损害的简单相加。适用惩罚性赔偿，是通过某一个案的原告保护社会的整体利益，便如同通过善意第三人取得所有权而保护整个社会的交易安全一样具有正当性基础。

---

　　① 《食品安全法》第148条规定："违反本法规定，造成人身、财产或者其他损害的，依法承担赔偿责任。生产不符合食品安全标准的食品或者销售明知是不符合食品安全标准的食品，消费者除要求赔偿损失外，还可以向生产者或者销售者要求支付价款十倍的赔偿金。"

几乎所有惩罚性赔偿制度均将行为人主观恶意、故意和行为的恶劣程度等作为认定责任的构成要件。① 与其说惩罚性赔偿是对行为人恶意与恶劣行为的惩罚，不如说，是对恶意、恶劣行为所造成严重损害的全部填补。侵权行为所导致的可见的损害后果可能不会因主观的恶意与否、行为的恶劣程度等因素而受影响，但是，对于可见损害之后的无形损害却影响甚重。一辆急送孕妇去医院分娩的轿车撞到路边玩耍的儿童，经抢救无效死亡与"撞伤不如撞死"心态驱使下将倒在车轮下的儿童反复碾压致死均有相同的儿童死亡的后果，但对儿童父母心理上的无形损害，以及对交通环境的破坏程度却相别甚大，非惩罚性赔偿不足以填补损害。"对于故意适用加重的赔偿责任，即是法律对侵权人的一种强烈谴责，也是对受害人的一种有力支持。"②

曾有观点认为："我国现阶段仍应以精神损害赔偿为主，惩罚性赔偿只能适用于法律规定的个别侵权类型"③；也曾有学者在学术报告中主张，既然我国《侵权责任法》已经正式确定了精神损害赔偿制度，惩罚性赔偿不必扩张适用，限定在《侵权责任法》第47条即可。显然，混淆了惩罚性赔偿与精神损害赔偿的关系。的确，侵权行为所导致的精神损害或精神痛苦是一种无形损害，难以用金钱衡量，法官认定赔偿数额只能以可见的有形损害或者法律的规定为根据④，这确是精神损害赔偿与惩罚性赔偿的共性所在，如果以此为根据主张法律已经确定精神损害赔偿制度，不必扩张适用惩罚性赔偿制度，那就犯了一个原则性错误。理由在于：第一，精神损害赔偿制度与惩罚性赔偿制度非有此无彼的关系。惩罚性赔偿填补一般损害赔偿责任无法或难以救济的损害，或者说是填补一般损害赔偿救济的损害与侵权行为导致的全部损害之间的缝隙。精神损害赔偿制度一经侵权法所确定，便由惩罚性赔偿转变为一般损害赔偿。两种制度的区别就表

---

① 张新宝，李倩．惩罚性赔偿的立法选择．清华法学，2009（3）：8-10.
② 张新宝，李倩．惩罚性赔偿的立法选择．清华法学，2009（3）：19.
③ 张新宝，李倩．惩罚性赔偿的立法选择．清华法学，2009（3）：17.
④ 《最高人民法院关于确定民事侵权精神损害赔偿责任若干问题的解释》第9条规定："精神损害抚慰金包括以下方式：（一）致人残疾的，为残疾赔偿金；（二）致人死亡的，为死亡赔偿金；（三）其他损害情形的精神抚慰金。"第10条第2款还规定："法律、行政法规对残疾赔偿金、死亡赔偿金等有明确规定的，适用法律、行政法规的规定。"

现在被告人赔偿责任的"加重"与否。如果因为被告人的主观恶意、行为恶劣而加重被告人的赔偿责任，赔偿责任的性质就由一般损害赔偿意义上的精神损害赔偿转变为惩罚性赔偿。美国的惩罚性赔偿产生于19世纪的现行法无法救济的精神损害的赔偿，但是，当精神损害额赔偿已经被20世纪的美国侵权法所承认，并在近百年的历史中以独有的方式救济这种损害时，惩罚性赔偿依然在相同案件中发挥着填补损害的功能。犹他州2010年的 V. W. v. Davinci Acad. of Sci. & Arts 案①中，原告是未成年少女，在学校遭到了学校职员的脱衣搜身，并且被迫在男性工作人员在场的情况下在一个垃圾桶里小便从而接受检验。原告以被告故意并行为恶劣造成精神损害为由请求惩罚性赔偿，法院支持了原告的主张。我国《最高人民法院关于确定民事侵权精神损害赔偿责任若干问题的解释》第9条第2款第2项也规定，法院在认定具有精神损害抚慰金性质的死亡赔偿金时，在极端恶劣的侵权案件中，可以加重赔偿数额。"加重"被告的赔偿责任，其目的就是填补法律、行政法规认定的赔偿额不足以填补的精神损害，同时，通过"惩罚性"手段，实现精神损害赔偿未能发挥的作用。因此，一般损害赔偿意义上的精神损害赔偿不能成为拒绝惩罚性赔偿的理由。第二，惩罚性赔偿填补的损害不仅仅是受害人的精神损害。美国侵权法改革的浪潮虽然从数额、诉讼程序和证据规则的角度给惩罚性赔偿施加了种种限制②，但是各州的司法实践之中，惩罚性赔偿仍然广泛地在从环境侵权、集团侵权、高度危险事故到故意或恶意侵害人身财产权益的各种案件之中③，发挥着不可取代的损害填补功能。"路易斯安那州从违反消费者信贷法（consumer credit laws）到违反日用品价格稳定法（dairy stabilization）规定了数不胜数的惩罚性赔偿制度"④，这些惩罚性赔偿，尤其是

---

① 2010 U. S. Dist. LEXIS 85217.

② American Tort Reform Association：http：//www. atra. org/issues/index. php? issue＝7343.［2010－01－20］.

③ Marc A. Franklin, *Gilbert Law Summaries*：*Torts*. Harcourt Brace Legal and Professional Publications, Inc. , Chicago, 24th Edition. p. i－ix.

④ Donald C. Massey, Martin A. Stern, "Punitive Damages Symposium：Punitive Damages and the Louisiana Constitution：Don't Leave Home Without it", 56 *Louisiana Law Review*, 1996, Summer.

产品责任中的惩罚性赔偿起到了政府强行性标准和传统一般侵权责任都未能起到的保护受害人的功能，使受害人免受大企业"标准政策"的迫害。① 纽约州在传统侵权法难以救济的种族歧视的案件中适用了惩罚性赔偿②，美国联邦《电话用户保护法案》规定的惩罚性赔偿都表明在精神损害额赔偿案件之外还有大量的非精神损害案件需要惩罚性赔偿予以救济。在我国亦如此，《消费者权益保护法》第 49 条③、《最高人民法院关于审理商品房买卖合同纠纷案件适用法律若干问题的解释》第 8 条④，以及《民法典》第 1185 条、1207 条、1232 条等规定的惩罚性赔偿均非填补精神损害，精神损害赔偿制度在更多的侵权行为所导致的无法用金钱衡量损害的案件中是无能为力的，如果以精神损害赔偿的存在而否定惩罚性赔偿的适用，将使国家利益、社会利益遭受的损害失去法律责任的救济。

三、大数据时代惩罚性赔偿制度体系构建的正当性

（一）大数据时代惩罚性赔偿制度的价值目标

价值概念来自经济学，主要指客体能够满足主体某一方面或某几方面

---

① Michael Rustad，Thomas Koenig，"The Historical Continuity of Punitive Damages A-wards：Reforming the Tort Reformers"，42 *Am. U. L. Rev.* （1993）.

② 2010 年的 Mendez v. Starwood Hotels & Resorts Worldwide，Inc 案，原告起诉他的前雇主在原告供职期间放任工作场所的种族歧视行为，导致原告长时间蒙受同事的言语甚至肢体侮辱和威胁，故在要求一般侵权损害赔偿的同时要求惩罚性赔偿。法院判决 100 万美元的损害赔偿和 200 万美元的惩罚性赔偿。2010 U. S. Dist. LEXIS 107709.

③ 《消费者权益保护法》第 55 条规定："经营者提供商品或者服务有欺诈行为的，应当按照消费者的要求增加赔偿其受到的损失，增加赔偿的金额为消费者购买商品的价款或接受服务的费用的一倍。"

④ 第 8 条规定："具有下列情形之一，导致商品房买卖合同目的不能实现的，无法取得房屋的买受人可以请求解除合同、返还已付购房款及利息、赔偿损失，并可以请求出卖人承担不超过已付购房款一倍的赔偿责任：（1）商品房买卖合同订立后，出卖人未告知买受人又将该房屋抵押给第三人；（2）商品房买卖合同订立后，出卖人又将该房屋出卖给第三人。"第 9 条规定："出卖人订立商品房买卖合同时，具有下列情形之一，导致合同无效或者被撤销、解除的，买受人可以请求返还已付购房款及利息、赔偿损失，并可以请求出卖人承担不超过已付购房款一倍的赔偿责任：（1）故意隐瞒没有取得商品房预售许可证明的事实或者提供虚假商品房预售许可证明；（2）故意隐瞒所售房屋已经抵押的事实；（3）故意隐瞒所售房屋已经出卖给第三人或者为拆迁补偿安置房屋的事实。"

的需要。在《元照英美法词典》中，价值被解释为一个在法律上也具有重要意义的经济学概念，它包括某一特定物品的有用性，以及转让该物品时对其他物品的购买力，前者被称为使用价值（value in use），后者则被称为交换价值（value in exchange）；*Black's Law Dictionary*（5th edition）中记载价值是指某物品满足人类需要、愿望的有用性，包括使用价值和交换价值两种。[①] 价值——每个人对其都有不同的理解。政治经济领域认为价值是体现在商品中的社会必要劳动；哲学认为价值是满足人和社会需要的那种属性，即物对人和社会的有用性，是指对人的生存、发展和享受具有积极意义的一切东西。[②] 马克思指出："价值这个普遍化的概念是从人们对待满足他们需要的外界物的关系中产生的"，"价值是人们所利用的并表现了对人的需要的关系的物的属性。"[③] 美国学者罗斯科·庞德认为价值问题虽然是一个困难的问题，它是法律科学所不能回避的。即使是最粗糙的、最草率的或最反复无常的关系调整或行为安排，在其背后总有对各种互相冲突或互相重叠的利益进行评价的准则。[④] 随着经济的发展、社会的进步，价值概念的外延已经由经济学逐步扩大到各个领域，法学领域也引入了价值的概念，并把法的价值作为法理学研究的重要内容。法律是基于满足社会的需要而产生的，即法律对社会是有用的，该有用性就是法的价值。

法的价值作为法的基本精神指导着法的制定、修改以及实施，因此法的价值是任何法律制度都必须面对的一个基本问题。惩罚性赔偿作为损害赔偿的一项法律制度存在，其制定和实施也必然需要充分论证其价值问题。惩罚性赔偿的价值，是指惩罚性赔偿在调整损害赔偿纠纷时，所体现出来的这一侵权违法赔偿制度的积极意义或有用性。惩罚性赔偿的价值不

① Bryan A. Garner，*Black's Law Dictionary*，West Publishing Co.，5th 1979，p. 1391.（Value. The utility of an objecting satisfying，directly or indirectly，the needs or desires of human beings，called by economists "value in use"，or its worth consisting in the power of purchasing other objects，called "value in exchange".）

② 杜齐才. 价值与价值观念. 广州：广东人民出版社，1987：9.

③ 马克思恩格斯全集：第26卷. 北京：人民出版社，1964：139，326.

④ 罗斯科·庞德. 通过法律的社会控制：法律的任务. 沈宗灵，董世忠，译. 北京：商务印书馆，1984：55.

仅仅是实体范畴的问题，即保证受害人因遭受损害而得到救助、补偿；而且还是一个关系范畴的问题，即通过国家强制力对侵害人的惩罚，调整被打破的社会关系，使其恢复或创建新的适合社会发展的社会关系，使既存的社会关系能够正常运转；因此不能把惩罚性赔偿的价值，理解为独立于当事人和惩罚性赔偿制度之外的存在，也就是说它的价值不是孤立的，而是一个与当事人和惩罚性赔偿制度相联系构成的整体。惩罚性赔偿的价值是司法机关通过确认当事人之间的关系、评价当事人的过错，作出的具有惩罚性质赔偿的裁决表现出来的，使惩罚性赔偿达到赔偿受害人的目的。当惩罚性赔偿制度被具体适用，并且符合或者能够满足受害人保护自身利益的目的时，会因为惩罚性赔偿制度的使用而形成一定的价值关系，该价值关系主要表现在：社会秩序的再确定；社会公平、平等的最终实现；社会效率的最优化。

惩罚性赔偿的价值是惩罚性赔偿满足了受害人主体的终极追求，也体现了惩罚性赔偿制度的立法目的和追求。由于惩罚性赔偿制度的独特性和争议性，惩罚性赔偿的价值也必然是多元的。惩罚性赔偿的价值具有以下的特征：第一，惩罚性赔偿的价值是相对性和绝对性的统一。所谓相对性，就是惩罚性赔偿价值的条件性，它表现为惩罚性赔偿的价值目标不是一成不变的，而是随着社会的发展、时代的不同、阶级分化的不同，而表现出多元化的发展。所谓绝对性就是指惩罚性赔偿价值目标的普遍性。尽管惩罚性赔偿的价值观念和主张作为一个制度整体有差异、有对立，但在同一时代、同一社会的人们，总会有某些共同的、类似的目标和追求；很多时候生活在不同时代、不同社会的人，也可能基于共同、类似的经历而有共同的价值内容。第二，惩罚性赔偿的价值是目的性和手段性的统一。"目的是全部法律的创制者。每条法律规则的产生都源于一种目的，即一种事实上的动机。"[1] 惩罚性赔偿的目的性，可以体现为惩罚性赔偿的立法本质，预期要达到的社会要求，惩罚性赔偿的目的是惩罚侵害人的不法行为，威慑相同或类似不法行为的发生，调整原有不符合双方当事人最初

---

[1]　E. 博登海默. 法理学：法律哲学与法律方法. 邓正来，译. 北京：中国政法大学出版社，1999：109.

发生法律关系的目的，试图建立一个新的正常秩序。手段性也是惩罚性赔偿自身的特征，惩罚是手段而赔偿是目的，前者是惩罚性赔偿的内在特征，而后者则是惩罚性赔偿的外部特征。惩罚性赔偿通过赔偿的方式达到惩罚的目的，也就是说手段性最终是服务于目的性的。第三，惩罚性赔偿的价值是社会公益性和对个体惩戒性的统一。惩罚性赔偿作为特殊的损害赔偿法律制度，它的功能不仅是弥补受害人的损害，而且在于惩罚和制裁严重过错行为。当加害人主观过错较为严重，尤其动机恶劣，具有反社会性和道德上的可归责性时，法官和陪审团可以适用此种赔偿。① 可见当应承担惩罚性赔偿的严重过错行为出现时，受到损害的可能不仅仅是受害人，而且可能是不确定的社会公众。因此，惩罚性赔偿具有一定的社会影响，通过对加害人个体的惩戒，可以实现对社会公益的一种特殊维护。

惩罚性赔偿在英美法系国家设立已有 250 年的历史，而且不断发展，大陆法系对惩罚性赔偿持抵制态度的国家，近年来也改变了抵制态度，可见惩罚性赔偿生命力顽强，惩罚性赔偿制度存在的价值已经为人们所接受。惩罚性赔偿的价值内容十分广泛，可以从不同层面、不同角度概括出惩罚性赔偿的系列价值内容，此处仅就秩序价值、平等价值、公平价值和效率价值四项基本价值作如下分析和讨论。

1. 惩罚性赔偿的秩序价值

所谓秩序，是指在自然界和人类社会运转过程中，事物之间存在着某种程度的一致性，事物发展变化具有某种程度的规律性，事物运动的前后过程呈现出一定程度的连续性，事物的性质在一定时间内具有相对的确定性。② 秩序是自然界、人类社会的基本属性之一，是人类从事各种活动的前提，也是人类追求的目标价值。按照中国的传统解释，秩即常，秩序即常度，指人或事物所在的位置，含有整齐守规则之意。③ 社会性质不同，其表现的秩序状态也不同。奴隶社会、封建社会、资本主义社会和社会主义社会存在不同的社会秩序，任何一个社会的秩序都是一定社会生产方式的内在本质在不同层次的展开。秩序要求人类社会建立各种各样的规则来

①　王利明．惩罚性赔偿研究．中国社会科学，2000（4）：114.

②　郑成良．现代法理学．长春：吉林大学出版社，1999：175.

③　周世中，黄竹胜．法的价值及其实现．桂林：广西师范大学出版社，1998：143.

管理的,这些规则主要表现为习惯、道德、宗教、命令、法律等,当统治阶级为了最大限度地维护本阶级的权益时,某些适用规则必然通过国家强制力来保证实施,即法律是为维护统治阶级所希望保持的社会秩序而产生并发生作用的。秩序价值"是人类在实践中所创立的法律体系经过有序化的过程形成的结果或状态。"① 大数据侵权具有个体受害数额小、侵权人获益大、侵权后果的波及面大、侵权人隐蔽等特点,使受害人维权成本远大于维权后的补偿。惩罚性赔偿作为一种法律制度,秩序价值是其最显著的目标价值。从根本意义上说,惩罚性赔偿的秩序价值是为了保护受损一方当事人权利的救济方式,是建立和维护社会秩序的手段。秩序价值在惩罚性赔偿制度适用中,体现的就是为受害人提供一个救济受害人权利的媒介,达到恢复受害人被侵权之前的权利秩序状态。惩罚性赔偿的秩序价值是通过对加害人的惩戒,达到对受害人的赔偿和救济,又能够在侵权责任范畴内最大限度地保证社会秩序的正常运转。

惩罚性赔偿的秩序价值的实现方式包括:(1)惩罚性赔偿的秩序价值是通过对侵害人的司法制裁来体现的。在民事法律行为中,当事人各方也许都自觉、积极地按照法律规定或合同约定实施作为或不作为,以期达到法律目的、个人目的或合同目的;也许最初就有一方当事人怀有恶意,放纵自身的行为去侵犯对方当事人的权利。无论何种情形导致惩罚性赔偿制度被启用,都必然使之前的当事人之间的关系,甚至社会秩序呈现出无序和混乱,而通过惩罚性赔偿制度的适用,可以修正已经被破坏的关系或秩序状态,从而建立一个新的关系或秩序。惩罚性赔偿对当事人之间的关系的调整是合法的、具体的,将当事人的冲突控制在法律秩序所允许的范围内,从而保证受害人的利益。但惩罚性赔偿本身的复杂性,导致惩罚性赔偿不能通过普通的社会程序,包括民间的第三方调解、行政调解及处罚等程序实现,它只有在法律明确规定的条件下,启用法定的司法裁判程序才能得到实现。(2)惩罚性赔偿的秩序价值是通过司法的裁决来确定的。在民事法律行为中,一方当事人为实现自己的不当利益,故意对对方当事人实施侵害,造成双方的利益冲突,甚至有时不顾国家和其他公民的利益,

---

① 杨震. 法价值哲学导论. 北京:中国社会科学出版社,2004:179.

以貌似合法有效的方式掩盖非法获取不当利益的目的。此时为了维护受害方和更多人的利益，及时解决双方①的纠纷和冲突，维护正常的交易秩序，就需要通过司法的方式来纠正错误，实现正义。正如美国学者彼得·斯坦指出："权利的存在和得到保护的程度，只有诉诸民法和刑法的一般规则才能得到保障。"② 法官的判决纠正了当事人之间无秩序、无规则的权利运行状态，以及因此造成的社会影响和可能影响的良好社会秩序。经过法官判决调整的当事人关系，已经改变了原有的秩序状态，惩罚性赔偿建立的新秩序状态，它不同于原有的秩序原型，是一种再造的秩序。惩罚性赔偿的立法目的是对受害人的保护，对潜在致害人的威慑和对社会固有良好秩序的保护，法官裁决适用惩罚性赔偿使这一保护得以确定化，使受害人的权利获得救济成为可能。(3) 惩罚性赔偿的秩序价值是通过国家强制力来保证实现的。法官在作出惩罚性赔偿的裁决后，仅是创设了新的秩序，但新的秩序尚未完成；新的秩序的完成，需要国家强制力通过强制执行程序才能得以实现。惩罚性赔偿的法定性特点，决定了惩罚性赔偿的秩序价值必须由国家的强制力来保证实现。惩罚性赔偿的法定性是指惩罚性赔偿的适用范围、适用条件、适用程序等必须由法律明文规定，任何主体不得随意创设、使用惩罚性赔偿。人与人之间纠纷的形式呈现出多种多样的变化，随之而来对权利的保护方式也日益增多。惩罚性赔偿制度调整的恶性侵权也越来越多，惩罚性赔偿与秩序具有的上述直接内在的关联，说明秩序价值作为适用惩罚性赔偿的基本价值，可以通过实施惩罚性赔偿制度预防今后更多无序状态的发生，以实现惩罚性赔偿对秩序价值的追求。秩序的价值就在于给人们提供一个稳定且安全的预期，从而使现在行为达到效益的最大化，法律秩序的目的不在于仅仅将其作为解决纠纷、补偿损失的工具，而是最大限度地减少纠纷和损害的发生。③ 惩罚性赔偿在维护秩序价值方面的作用，主要表现为已经适用惩罚性赔偿制度的案例，可以使正在发生的交易活动，摆脱任意性和随意性而获得相应的稳定性和连

---

① 杨震．法价值哲学导论．北京：中国社会科学出版社，2004：179.

② 彼得·斯坦，等．西方社会的法律价值．王献平，译．北京：中国人民公安大学出版社，1998：41.

③ 陈颖洲，高仁宝．惩罚性赔偿制度初探．法律适用，2001（5）：57.

续性。

2. 惩罚性赔偿的平等价值

"平等是一个具有多种不同含义的多形概念，它所指的对象可以是政治参与权入分配制度，也可以是社会地位与法律地位。它的范围涉及法律待遇的平等、机会的平等和人类基本需要的平等。平等可能关注诺成合同的权利与对应义务的平等的保护问题，关注因损害行为进行赔偿时做出恰当补偿或恢复原状的问题，并关注在适用刑法时维持罪行与刑罚间的某种程序的均衡问题。"① 在现实生活中，人们也是在平等基础上，实施各种社会行为，实现自己的价值。民事法律作为调整不同主体之间关系的基本法律手段之一，其得以实施的前提就是这些不同主体之间的平等，如果这些主体之间存在不平等的关系，则不能为民事法律所调整，而应当由行政法律和刑事法律等所调整。因此民事法律作为国家基础法律制度，一直以平等和公平为目标，平等因而也是民事法律目的价值之一。惩罚性赔偿作为对受害人实施特别赔偿的民事法律制度，则更应以平等作为其基础价值。在惩罚性赔偿中，侵害人与受害人在最初的法律关系中的地位是平等的，侵害人的行为却使受害人处于被侵害的地位，没有真正地实现地位平等的关系。

惩罚性赔偿将平等价值作为目的价值追求应包含以下内容：第一，惩罚性赔偿作为民事制度表明了当事人双方主体资格、地位的平等。不同于行政法律关系和刑事法律关系，不论是英美法系还是大陆法系，平等均是民事法律的基本原则。而不问民事主体性别、年龄、民族、宗教、信仰及文化程度等条件，民事主体的资格、权利能力一律是平等的。惩罚性赔偿制度这一特殊的民事赔偿法律制度，本身所依托的民法体系也是以平等主体为调整对象的，如果脱离平等的价值基础，那将不是惩罚性赔偿，而可能是行政罚款或刑事罚金。在惩罚性赔偿中，不会因为侵害人对受害人的伤害，使侵害人形式上的强势成为事实，因而任何一方都没有凌驾于另一方之上的特权，受害人在法律地位上与侵害人是同样平等的。第二，惩罚

---

① E. 博登海默. 法理学：法律哲学与法律方法. 邓正来，译. 北京：中国政法大学出版社，1999：285.

性赔偿的裁决体现了法官对当事人双方的平等对待。惩罚性赔偿体现的平等价值可以从审判程序看出，正当的审判程序可以使当事人渴望被平等对待的愿望得到实现。罗尔斯说："人们是平等的，这就是说在没有任何强制原因的条件下，任何人都没有受到特殊对待的权利。背离平等的做法在任何情况下，都应当在同一个为着全体人的原则体系的法庭上自我辩护并接受审判；基本平等是在受尊重方面的平等。"① 受害人通过诉讼要求得到平等对待，主要源于其自身人格尊严维护的需要。受害人在其受到不公平对待时，已经产生了受害的感受，如果在诉讼中，法官没有站在中立和保障当事人诉讼地位平等的立场，受害人就不可能有人格独立，也就无法达到他所要求的人格尊严。正如博登海默所述："当那些认为自己同他人平等的人在法律上得到了不平等的待遇时，他们就会产生一种卑微感亦即一种他们的人格与共同的人性受到侵损的感觉。"② 平等价值对惩罚性赔偿的适用有特殊意义。我们知道人们通常追求的是法律保护范围内行使自身权利的自由，法官在适用惩罚性赔偿制度时，如果不以平等主体的平等对待为要件，那么这一制度的立法本意就要被颠覆，人们追求的自由就失去平台。自由价值的发挥，实际上是由平等价值来保障的，实现自由价值内容要求以平等为条件，自由理应是平等的自由，要实现真正的自由必须要有真正的平等。③ 细化到惩罚性赔偿制度中，平等价值的位置，不能为其他任何价值取代，而是与惩罚性赔偿的其他价值交织在一起，并具有自身的独立性。我们知道惩罚性赔偿的适用有其特定的条件，侵害人的主观恶意是绝对性因素。受害人的诉讼行为，表明其法律地位与侵害人是平等的，而这是由这一制度的法律属性决定的，侵害人不会因为形式上的强势地位而不受到约束。最初的平等主体之间的法律关系，是因为侵害人的侵害行为而被破坏的。民事关系不仅强调对一方当事人利益的保护，也要求强化对相对方合法利益的维护，只有如此，才能真正体现出二者地位上本质的平等。

---

① 罗尔斯．正义论．北京：中国社会科学出版社，1998：326.

② E.博登海默．法理学：法律哲学与法律方法．邓正来，译．北京：中国政法大学出版社，1999：199.

③ 卓泽渊．法的价值论．2版．北京：法律出版社，2006：306-307.

3. 惩罚性赔偿的公平价值

所谓公平就是以利益的均衡作为价值判断标准，来调整主体之间的经济利益关系。这是一种价值评价形式，表现为人们对社会事务的价值进行评论时的一种观念，是人们从自身的角度出发对事物评价的结果。公平是法的客观追求，公平是法的重要价值目标，在道德、习惯等规则不能保证公平实现的情况下，法是保障公平能够实现的手段。在惩罚性赔偿中，赔偿主要是基于侵害人对受害人人身权利或财产权利的侵害，进而引起社会负面影响，而给予侵害人的一种惩罚。由法令侵害人以金钱方式赔偿，这种金钱惩罚往往大于侵害人的违法收益，具有对受害人的补偿功能，具有对侵害人侵权违法行为的制裁、遏制功能，惩罚性赔偿通常以这种方式来达成一种对受害人的公平。大数据时代惩罚性赔偿制度得以确立，是因为在大数据互联网世界中受害人往往居于弱势地位，导致其无法得到公平对待。所谓公平观念，是指以利益是否均衡作为价值判断标准来确定当事人之间的利益关系，追求公正与合理的目标。① 公平观念实质上是人们在一定的社会现实基础上概括和提出来的一套有关社会关系的理想模型和原则。契约关系中的公平多以双务合同为主要适用对象，强调一方的给付与他方的对待给付之间应具等值性，而民事侵权关系中的公平主要表现为，受害人通过法律途径诉求公平的对待。因为某个人或某个集团的行为造成的不公平，常会使受害人形成积怨。受害人定义的报复通常是以牙还牙、以眼还眼，不但有失客观而且伤及正义，也有使被报复者蒙受不公平对待的可能性。惩罚性赔偿是由中立的裁决者，依据双方的权利义务，结合侵害人造成的损失大小，以及社会大众可以接受的方式和程度来加以判断。给予侵害人的惩罚，是一种在第三方介入下的"正义"审判，惩罚性赔偿最终达到的是一种调整后的公平。公平价值作为惩罚性赔偿制度所追求的目标价值，可以通过以下几方面表现出来：第一，公平是惩罚性赔偿制度所追求的价值体现。公平是指一种公正、正直、不偏袒、公道的特质或品质，同时也是一种公平交易或正当行事的原则或理念。② 公平作为一种法

---

① 江平主编. 中华人民共和国合同法精解. 北京：中国政法大学出版社，1999：6.
② 王利明. 民法总则研究. 北京：中国人民大学出版社，2003：115.

律价值包含着很多的具体内容，而其在惩罚性赔偿制度中的体现，成为惩罚性赔偿的内容，惩罚性赔偿适用的整个过程就是"公平价值的法律化"过程。惩罚性赔偿制度本身体现的公平是动态规范意义的，其对公平价值内容的体现是"法律制度实现中的公平"。从惩罚性赔偿来看，惩罚性赔偿就是为了将受害人由侵害人那里受到的不公平对待转而施加于侵害人身上的一种制裁。第二，公平价值是惩罚性赔偿目的性的评价标准。惩罚性赔偿的目的是惩罚威慑类似行为的再发生，使已犯者不再犯，使有类似想法的人恐惧惩罚性赔偿，而不敢有侵害行为。从而达到给社会民众与受害人以公平。任何一项民事活动，是否违背了公平原则，常常难以从行为本身和行为过程作出评价，而需要从结果是否符合公平的要求来进行评价。如果交易的结果导致当事人之间极大的利益失衡，除非当事人自愿接受，否则法律应当作出适当的调整。① 第三，公平价值是司法给予被害人保护的理念。人们普遍认为民法充分体现了公平正义的要求，这是民法最基本的价值理念。惩罚性赔偿作为民事责任制度之一，其立法目的是要保护社会的公平正义，使弱势一方也能得到公平正义的对待。但能否落实惩罚性赔偿的保护理念则依赖司法的理念，依赖法官对这一制度的遵循。公平价值虽然是一个抽象的概念，但因为社会一般人对公平仍然有一个基本的价值评判标准，所以司法对惩罚性赔偿的适用应当符合法律和社会一般人的判断标准。惩罚性赔偿的公平价值的内涵是变化发展的，随着时代的发展、思想观念的变化，人们对惩罚性赔偿的公平价值概念也会产生相应的变化。惩罚性赔偿最初在实行时，只注重保护个人利益，寻求对个人感情伤害、精神痛苦给予公平的对待，但随着社会的发展，一些新情况的出现，惩罚性赔偿的公平价值进一步扩展到公司、企业的市场经营领域中，如《谢尔曼法》《克莱顿法》就明确规定了惩罚性赔偿的法定条件和数额幅度，对恶意竞争的惩罚性赔偿适用的判例，更多地体现出惩罚性赔偿公平价值的内容。有人认为公平是包括在平等之中的，公平就是平等的具体化。实际上，平等价值注重的是主体地位的相同，是对相同关系的反映，而公平价值注重的是结果的认同，是对利益分配合理的认定；平等是形式

---

① 王利明．民法总则研究．北京：中国人民大学出版社，2003：116．

上的，即表象上的，可以分为不同程度的平等，而公平是本质上的，即结果的，可以表现为一种思想意识，带有主观的倾向，平等可以说是一定条件下公平的内容之一。惩罚性赔偿制度作为实然和应然的结合，作为一种规范的制度，需要公平这种科学的社会价值理念。惩罚性赔偿体现了公平，它通过赔偿的方式恢复了矫正的正义，维护了作为社会正义法制的公平秩序。惩罚性赔偿是由国家强制力保障实施的一项法律规范制度，是将当事人等与国家强制性结合在一起，使民事制度所支持和保护的主体权利有稳固的保证。惩罚性赔偿是为保障当事人之间的公平而存在的，虽然公平并不是这一制度的唯一价值追求，但它一定是惩罚性赔偿的重要目标价值，也就是说，保障公平、实现公平是惩罚性赔偿的制度目的和任务。

4. 惩罚性赔偿的效率价值

经济学中使用效率这一概念的广泛程度位居各学科之首，经济学中更多的是关注资源配置的后果，认可以某种产出与投入的比，比另一种产出与投入的比更优的状态。惩罚性赔偿制度适用于侵权行为，所产生的实际效果，同惩罚性赔偿制度作为法律要达到的社会目的之间的比，可以看出惩罚性赔偿效率的高低。惩罚性赔偿调整的当事人之间关系的结果，反映并且达到了惩罚性赔偿的立法目的，说明惩罚性赔偿的效益高或比较高；反之，如果惩罚性赔偿调整的结果与惩罚性赔偿最初的目的相背离，则法律的效益就可以说低或比较低。惩罚性赔偿的效率价值，具体表现在惩罚性赔偿的创制与施行上。惩罚性赔偿作为民事责任的一种方式其创制成本的消耗应当是微小的，而这一制度的调整强度和影响应当是强大的。法官的惩罚性赔偿裁决推进了这项制度的实施，引发了资源的再界定和配置效率的调整，也就是惩罚性赔偿调整了当事人之间在经济领域收入分配的效率。在法律资源的配置方面，惩罚性赔偿的效率价值同样要求以较小的投入，获得较大的产出。意大利经济学家菲尔弗雷多·帕累托（Vilfredo Pareto）在1848—1923年期间，经过观察作出一项著名的"帕累托效率"准则，他认为：社会资源的配置，如果已然达到一种状态，即任何的重新调整，在不使其他任何人境况变坏的情况下，使任何一个人情况都变得更好，那么，这种资源配置的状况就是最佳的，就是最有效率的。如果达不到这种状态，即任何重新调整，若使某人境况变好的，而不使其他任何一

个人情况变坏，那么这种资源配置的状况就不是最佳的，是缺乏效率的。如果由于一种变动，使一些人获益而使另一些人受损，并且可以证明，获益的价值超过受损的价值，那么，这种变动就被称为潜在的有效率。如果获益的人能够完全补偿受损的人，并且会剩余某种东西，那么这就是实际地在侵权法领域有效地适用帕累托效率准则。大数据时代惩罚性赔偿的适用，使受害人通过行使权利获得有效的财产上的补偿及心理上的补偿，而且还对潜在的可能成为侵害人的其他人产生威慑作用，至少使其产生犹豫的心理威慑力量，这就实现了帕累托效率最优的准则。将效率作为惩罚性赔偿的价值目标，可以使当事人双方的权利义务关系被迅速地分拆析解，辨别出矛盾的最直接症结，可以用最优的方式解决纠纷，这样不但强化了惩罚性赔偿的调整职能，而且加速了惩罚性赔偿实施之后，新的资源配置关系的形成。对受害人利益需求的承认和保护，使这种利益需求成为权利，可以激励受害人在惩罚性赔偿制度范围内，尽可能地主张其需求，而不逾越其权利范围。同时，惩罚性赔偿调节的这种利益冲突关系，其整个过程实质上就是对当事人双方利益的重新衡量、重新选择、重新取舍，对双方的利益进行权威、规范、高速整合的过程。具体到惩罚性赔偿制度上，是否使用这一法律制度是由司法机关根据案情决定的，这一制度的适用，至少要保证受害人获益，并达到威慑潜在侵害人的效果，并便于法官在以一般侵权损害赔偿无法计算赔偿数额的情况下，可以迅速计算出赔偿数额。法官用这种模式思考保证了较简便的手续，最少的时间消耗和更多损失的避免，从而加速了解决纠纷的效率。尤其是，惩罚性赔偿的遏制、惩罚作用，有利于督促被告人主动以和解的方式解决纠纷，这从另外的角度彰显了惩罚性赔偿的效率价值，在惩罚性赔偿适用最发达的美国，和解率高足以证明这一点。

（二）大数据时代惩罚性赔偿制度的必要性

正当性的英文表示为 legitimacy，是针对某种制度、公共权利或者政治秩序[①]的一种抽象表述。惩罚性赔偿制度是在社会构筑文明之路上，有着重要意义的一种法律制度，但是，这种制度既可以行善，也可以为恶。

---

① 谢鹏程. 基本法律价值. 济南：山东人民出版社，2000：149.

惩罚性赔偿的正当性既可检测这一制度是否符合正义，也是对惩罚性赔偿行善而不作恶的期望。惩罚性赔偿的正当性是人们主观世界对惩罚性赔偿这一制度的美好期望或价值评价的一种理论表达。

1. 从功利主义看惩罚性赔偿的必要性

边沁是功利主义的代表人物，他认为惩罚本身是一种恶，这种恶被使用的着眼点在于威慑和预防犯罪，应使设定的惩罚给犯罪人带来的恶，相当于犯罪所获之利，以至于潜在的犯罪人打消或放弃犯罪。惩罚性赔偿这种制度存在的正当性是什么？穆勒在《功利主义》一书中说："行为的对，与其促成幸福的倾向成正比，行为的错，与其产生不幸福的倾向成正比。"① 由上可以看出，功利主义强调惩罚正当性结果的快乐值要高于痛苦值，这种原则不但适用于个人行为，也适用于法律制度的建构，为惩罚性赔偿的正当性提供了理论依据。惩罚性赔偿制度不仅关注人的行为，而且关注人的思想，它不但关注人的行为效果，而且还要考虑人的行为动机。从功利主义看惩罚性赔偿制度的制定目的，是确保这一制度保护的最大的善——社会大众的整体利益。惩罚性赔偿针对的是心理恶性和行为后果，通过对侵害人施以惩罚来达到威慑和预防潜在的违法行为人。从功利主义角度看惩罚性赔偿之所以是正当的，主要是因为，相对于侵权违法行为的作为或不作为，惩罚性赔偿可以使威慑的效果得到强化，使侵害人因侵权违法所受痛苦值大于快乐值。惩罚性赔偿之所以存在是因为这一民事制度可以使将来的社会净利益最大化，使被处罚的行为人恐惧，使潜在的违法行为人产生心理上的忌惮，从而控制自身的行为。这种社会效果支持了功利主义的原则主张，着眼于社会总体的利益保护，使惩罚性赔偿给社会所带来的善的总和远远大于惩罚性赔偿的恶。1955 年罗尔斯在《哲学评论》上发表了《两种规则概念》，他在文章中对惩罚从制度和实践两个层面阐述了自己的观点，对后来的惩罚问题的研究富有重要意义。罗尔斯所认为的功利主义惩罚观是："过去的就让它过去了。对于当下的决定而言，只有未来的结果才是重要的。惩罚正当性的证明与它所能带来的可能结果有关，结果是惩罚可以作为维持社会秩序的一种机制……如果惩罚能

---

① 转引自王立峰. 惩罚的哲理. 北京：清华大学出版社，2006：35.

够有效促进社会的最大利益，那它就是正当的，反之，它就是不正当的。"① 罗尔斯的功利主义认为惩罚性赔偿是否适用，取决于惩罚能否促进社会利益。他认为立法者把社会共同体的善放在首位，社会成员的个体行为都应遵循最佳规则。对这种最佳规则的违反，就应当适用惩罚性赔偿。从以上论述我们可以看到，对侵权违法行为人的处罚，功利主义者希望达到的结果包括威慑侵权违法行为人的心理和预防违法行为的发生。

2. 从报应主义看惩罚性赔偿的必要性

罗尔斯对报应主义的解释是"我认为报应主义的观点，惩罚的正当性来源于错误行为应当受到惩罚。一个做了错误行为的人应该为他的行为承受相应比例的痛苦，这种观点从道德上讲是恰当的。对罪犯根据其罪过、行为的邪恶程度而予以惩罚，并决定惩罚的量度。一种情形是错误行为者应得惩罚，另一种情形是错误行为者不受惩罚。前者从道德角度上看要好于后者；考虑惩罚的后果要好于不考虑惩罚的后果"②。按照报应主义理论观点，惩罚性赔偿的正当性要得到证明，侵权人要根据其侵权违法行为的轻重得到相应的惩罚，这种制度的存在必须具有一定的道德基础，在逻辑上与社会道德原则是一致的。道德原则从来没有把威慑或者未来效果作为惩罚制度的首要原则，从这一角度看，报应主义又无法周延惩罚性赔偿的惩罚性和威慑性。报应主义认为惩罚的目的是报应，惩罚性赔偿从报应主义者角度看来，强调的是侵权违法行为的恶性，并且这种侵权违法行为一定是给被害人造成了伤害，最终根据违法行为的程度，责任大小和应得惩罚决定惩罚的比例。惩罚性赔偿表明了对正义的追求，也是对现实民事侵权违法的检测和反思。从报应主义者的角度看，惩罚性赔偿应符合以下几个方面的条件：（1）当事人应该受到惩罚（Wrongdoers deserve to suffer）。报应主义认为侵害人应受惩罚，是因为他们之前的行为所种下的结果。（2）惩罚性赔偿可以提供满足抚慰（Punitive damages gives satisfactions）。惩罚性赔偿施加于侵害人身上，是因为侵害人对受害人造成了伤害，而伤害会造成某些负面情绪的滋生，使受害人有可能产生复仇的心理

---

①② John Rawls, "Two Concepts of Rules", *The Philosophical Review* 64 (1955), pp. 3 - 32.

和行为。法院的惩罚性赔偿判决，会使受害人的不平得到抚慰，可以使受害人因侵害行为产生的更多连锁的伤痛，以金钱的方式得到补偿。（3）赔偿对受害人是公平的（Fair to victims）。侵害人的行为使其获得了某种利益，但是他取得利益的方式，是以牺牲他人的利益和侵害他人的权利为前提的，对侵害人这种侵权行为的扭转才能显示对受害人的公正。带有惩罚性质的赔偿可以使侵害人感受痛苦，尤其在侵害人付出的赔偿，远远大于他所获得的利益时，侵害人的痛苦使受害人心理上感受到公平。（4）不赔偿对其他守法者不公平（Unfair to law-abiding citizens）。任何法律制度的存在，都是要保证大多数人的利益，惩罚性赔偿也是为了大多数人的基础利益不被侵害，是用来制裁那些侵害大多数人的利益，谋取个人非法所得而使侵害人应付出的代价。侵害人不因其侵害行为受到惩罚，对那些依法行事的人是不公平的，也会直接损害依法行事公民的权利。（5）平等地对待同类的侵害人（equality of treatment among offenders）。侵害人侵害他人的主观态度不同、情节不同，造成的损害严重程度不同，惩罚的程度也不同。报应主义者认为同样的违法行为应该受到同样的惩罚，在侵权法领域，违法行为的类型是千差万别的，同样的违法行为给予同样的惩罚是不容易办到的。首先，违法造成的伤害不会完全相同，而法官的裁量或多或少都会体现出他的个人倾向，所以报应主义者的这一观点有失机械。（6）亏欠社会（Debts to society）。惩罚性赔偿之所以存在，是因为有违法行为破坏了社会的秩序与和谐，而秩序与和谐恰恰是社会大众稳定生活的必要条件，一旦这种条件被破坏，侵害人不仅侵犯了受害人的利益，也破坏了社会大众的生活秩序和社会和谐，给予加害人的惩罚就是促使社会恢复原有秩序的手段。从报应主义理论看，侵害人承受的惩罚性赔偿，最直接也是最主要的理由是侵害人因侵权行为所受惩罚是其应得（desert）的。所谓应得，是侵害人的侵权行为所种下的原因，导致他以金钱方式赔偿受害人的结果。在报应主义者的眼中，应当由中立的裁决者作出，如法院、仲裁机构依据当事人双方的权利义务，侵害人给受害人造成的损失程度，社会大众可以接受的方式等多种因素判断，进行的正义裁判，确定侵害人"应得"的惩罚。根据报应主义理论，惩罚性赔偿就是加害人的"应得"，是其应当承受的大于其获利的惩罚。惩罚性赔偿的适用是一种基于

利益间相互比较与权衡所作出的判断，这一制度的立法，在最初是为了保证个体的权利。当个体权利受到侵犯，尤其给个体造成的损害，造成了社会大众的负面情绪时，不仅违反了公平原则，也使正义有所缺失，惩罚性赔偿制度的适用，就成为把不公平、不正义扭转为公平和正义的手段。惩罚性赔偿的适用主要是依据侵害人过去的行为而给予侵害人的惩罚，它扭转了侵害人对被害人的不公平对待，补偿了被害人的损失。英文中有些词，如 repayment/retribution 的前缀"re"都是指向过去的，惩罚性赔偿在形式上也要根据侵害人过去的违法行为情节来确定赔偿额度的大小。按照报应主义理论，侵害人以往的行为即使表现优异，没有不法记录，也不会影响惩罚性赔偿金数额的确定，即侵害人过去的不法记录不会增加现在涉案的惩罚性赔偿金额。按照报应主义理论，惩罚性赔偿这一对侵害人施与的惩罚，必须视其对受害人造成的侵害程度，以及因其侵害取得的不公平利益来加以权衡。按照报应主义理论，惩罚性赔偿是一种因果报应，形式上它要求侵害人偿还一些东西——以金钱的方式，实施这种方式的前提是侵害人已先行破坏了一些行为规则，而这些行为也必然损及了他人的权益，所以是侵害人应得到的惩罚，这是报应主义理论的要旨。

（三）大数据时代惩罚性赔偿制度的合理性

合理性，该词从本义上讲是"合乎理性"和"合理的特性"，它的英文表示为 rationality。传统观点认为合理性是基于"理性"而派生的有关概念，一般认为它是一个含义复杂、抽象的概念，学界关于"理性"的用法有很多种，进而导致"合理性"的内涵也很不统一。黑格尔对合理性的论述很多，他认为"抽象地说，合理性一般是普遍性和单一性相互渗透的统一。具体地说，这里合理性按其内容是客观自由（即普遍的实体性意志）与主观自由（即个人知识和他追求特殊目的的意志）两者的统一；因此，合理性按其形式就是根据被思考的普遍的规律和原则而规定自己的行动。"[①] 从黑格尔的表述可以看出，他认为合理性就是符合社会与个人的、合乎规律性的、合乎科学的原理。我国学者认为的合理性，就是合乎理智而被认为是正常的，合规范而被认为是妥当的，有根据而被认为是应当

---

① 黑格尔. 法哲学原理. 范杨，等译. 北京：商务印书馆，1979：254.

的，有理由而被认为是可理解的，有价值而被认为是可接受的，有证据而被认为是可信的，有目标而被认为是自觉的，有效用而被认为是可采纳的。① 对于合乎理性，不同主体的内在标准可以产生不同的合理性观念，如人们常说的合乎什么理，这是人们关于合理性的第一层理解。合理的特性，其重点在于追问什么是合理的，它是对事物的存在或人的活动及其结果是否"应当""正当""可取"的认识，是对对象的正当性、应当性、正常性、可接受性的认识和评判，由此而决定主体对客体的取舍态度。对合理性的讨论，目前主要是在以下意义上讨论，类型大概有三种：一是工具合理性，它仅考虑达到目的的工具手段的有效性。二是价值合理性，注重对目的本身的合理性进行反思，即从价值、利益手段及边际条款等考察目的的合理与否。三是基于人及其实践的规范合理性，它是最高意义上的合理性分类，强调从自我的生存发展及人性的无限丰富和自由解放出发。惩罚性赔偿的合理性有两条标准，即惩罚性赔偿的合乎需要性与惩罚性赔偿的合乎规律性。合乎需要，是指符合主体的需要，主体的需要即社会大众的需要；合乎规律，即符合生产力及其决定的社会关系的发展规律和惩罚性赔偿自身运行的规律。因此，一般认为惩罚性赔偿的合理性是惩罚性赔偿价值性与真理性的统一，惩罚性赔偿的符合规律性，就是其符合社会的发展规律。惩罚性赔偿能够满足人民群众对自身利益保护的需要和稳定社会经济秩序需要，惩罚性赔偿具有符合社会发展规律的属性，其具体内容表现在以下四个方面：其一，惩罚性赔偿是实现受害人需要的工具。多数人认为，人的主要需要是人类生命活动的表现和必然要求，人是社会的动物，人与人之间的社会关系也正是由需要产生的。对人的需要可以作不同的划分，有科学需要，政治需要，也有生理需要等。任何客观事物，如果不与人的需要相联系，就无所谓好坏、优劣、善恶，也就不存在合理不合理的问题。惩罚性赔偿也必须满足一部分主体的需要来体现这项制度的存在价值和合理性，无论是以直接或间接的方式都可以。惩罚性赔偿通过主体需要的满足，最突出地表现为主体的自由和秩序需要的满足，惩罚性赔偿是否满足受害人的需求，是决定惩罚性赔偿合理性的要素。其二，惩罚

---

① 吕世伦，周世中．论法治的合理性．当代法学，1998（2）：17.

性赔偿存在有其客观必然性。惩罚性赔偿能否持续存在，以什么样的方式存在，以及将来如何发展，有其客观的根据和必然，这种根据和必然最终决定着惩罚性赔偿的命运。在美国，惩罚性赔偿一直备受争议，有人认为其太过严苛，是恶法不宜存在，而有人认为惩罚性赔偿有严苛的一面，但不严苛不足以威慑实施侵害的行为人，不足以使其产生畏惧，也就不会有警钟长鸣的效果，所以严苛的经济惩罚是合理的。人类社会因人的需要而不断变换其存在方式和价值功用，惩罚性赔偿的合理性在于其合乎客观必然性，如果惩罚性赔偿背离客观必然性就不可能是合理的，其生命力也不可能延续到今天。其三，惩罚性赔偿的合理性取决于它的可行程度。这种可行程度包括惩罚性赔偿的可预见性、可计算性和可操作性。惩罚性赔偿的可预见性，是指人们对惩罚性赔偿可能产生的各种效果和未来发展的趋势可以提出一种有根据的、比较符合客观实际的预见。具体地说，就是根据经济关系的要求和社会关系参加者的行为，依照统治阶级的利益和惩罚性赔偿本身的性质，以及社会生活各方面对法律的要求，用科学方法对立法、司法和守法的各种结果以及一般发展趋势，进行估计和推断，事先提出一种有根据的预见。惩罚性赔偿的可操作性，是指惩罚性赔偿条件在形式上是具体的、明确的，结构上是完备的，体系上是和谐一致的。关于惩罚性赔偿的法律用语、条文必须是肯定的、明确的、具体的，而含混不清、粗疏笼统的法律既不适于遵守，也不适宜于实施。惩罚性赔偿没有一定的行为模式自然不行，但只规定行为模式而没有相应的、恰当的法律后果及处理手段，形成一个有机协调的系统，也是不行的。同其他部门法一样，制度内部的各部分之间必须有序、和谐、协调，内部存在矛盾，各部分之间不和谐的法律是不可操作的。其四，惩罚性赔偿的合理性受制于人的主观意志。惩罚性赔偿是立法者根据客观与主观自由的结合，体现出统治阶级的意志。"立法的过程，就是一个将人的主观世界转化为法律内容的过程。"① 人们立法的第一步，便是认识这个自在的客观世界从而形成自觉的主观世界，然后据之建立作为法律直接内容的主观意志。此外，从宗教领域看，惩罚性赔偿也有其合理性。宗教是有神论主义，它通过在人

---

① 吕世伦，周世中．论法治的合理性．当代法学，1998（2）：19．

的思想中树立一种信仰，使人以这种观念作为参照来约束自己的行为和判断周围人的行为，确立自己的追求方向。在人类的发展过程中，宗教一直扮演着非常重要的作用，西方社会的今天，神学仍然是一门独立的学科，在今天的中国，佛教学院依然存在，这些都证明了宗教在历经社会漫长的发展依然顽强地存留下来是社会人群信仰和推崇的结果。宗教、医学和法学从始至终都和人们的关系密切，人们认为宗教负责拯救人的灵魂，医学负责拯救人的肉体，而法学负责规范人的行为。在法律还没有诞生的时候，就有了宗教，宗教的教义成为对人们行为具有一定指引作用的准则，惩罚是所有教义中必不可少的内容之一。宗教教义中设立惩罚的目的，就是要人们不做违背教义的事，在教义的范围内可以享有绝对的自由。如果违背了教义，宗教企图建立的价值观和行为模式就会被打破，就要受到宗教内部规则的惩罚，以此来纠正违背教义的错误行为。例如，佛教中宣扬的今生作恶的人受到的惩罚，就是在其死后会受地狱轮回之苦，作恶的人不但会在现实世界中受苦，也会在转世的来生受尽折磨。在信仰伊斯兰教的国家中，《古兰经》是宗教圣典，这些国家的一些法律也是直接引用《古兰经》的。宗教的悠久历史，其中的一些积极有价值的因素也被法律和社会规范所借鉴。如基督教和佛教，都在教义中提倡人们要多做善事，关心他人，不能因一己之私去欺诈，去做对他人不利的事情。这些也成为今天法律发展过程中规制和保护的对象。惩罚性赔偿是对那些为了追求自己的利益而将社会大众的生命、财产和健康弃之不顾的人的惩罚。惩罚性赔偿惩罚的对象，是那些实施了侵权违法行为，却又有很大一部分不构成犯罪、无法通过刑事处罚来惩罚的一些人，这些人的主观态度恶劣，不给予惩罚就无法彰显社会的公平。惩罚性赔偿的处罚方式可以使他感受到失去的痛苦，会达到促使一部分侵害人和有侵害意图的人理性地回归的效果。惩罚性赔偿和宗教教义中提倡和反对的东西存在很多的共性，在实践过程中的共鸣也产生了很好的效果，达到了惩前毖后的目的。最后，从经济学的视角也可以看出惩罚性赔偿的合理性。经济学向人们揭示出在任何人行为的背后，都不可避免地隐藏着某种"利益动机"，即任何一个正常人都会先进行理性的思考再来决定自己的行为，在思考的过程中，不管自己是否意识到，成本与收益的思维路径都是已经在起着决定性作用的。适

用法律规则的不同，可以引起个体行为方式的变化，从而使个体的收益发生改变。补偿性赔偿的适用，使受害人被迫付出的成本不能被完全收回，收益是零；惩罚性赔偿的适用，就会使受害人的付出全部被补偿回来，会使受害人的收益呈现正向的增长，侵害人之前的收益变为负数。所以惩罚性赔偿可以经得起经济学的检验，它是通过经济学洞察现实中侵害人不同行为背后的利益动机，然后以惩罚性赔偿来调整当事人在不同行为模式下的收益，建立起有效的激励机制，来使个体的行为符合社会整体利益的责任制度。补偿性赔偿无法避免显失公平情形的出现，一些诉讼耗费了受害人的时间、精力和财产，在经历了旷日持久的诉讼之后，受害人即使取得了诉讼的胜利，这种形式上的正义也常伴随着经济上彻底的失败。这样的结果绝对不是法律所要达到的目的，惩罚性赔偿却可以弥补补偿性赔偿没有达到的实质正义。从经济学的角度来看，补偿性赔偿不能将侵害人的非法获利抵消掉，对受害人就是不公平，对侵害人和其他潜在的侵害人就不能产生遏制的作用；惩罚性赔偿会让侵害人将自己的非法收益，从自认为属于自己的财产中剥离出来，产生遏制的效果，所以不侵害他人的利益，是人类社会最基本的义务规范。社会成员获得利益要以无害的方式来保证其所得是正当的。在补偿性赔偿不能完全补偿受害人受到的伤害时，可以用惩罚性赔偿来补偿，在补偿了受害人的同时还起到了惩罚和遏制的效果。从经济学的观点看，对损害的不完全补偿，会使潜在的侵害人对类似的侵害行为不用积极的方式预防，有时也许会是对潜在侵害人的一种反向的激励，促使其为了获利而积极地实施侵权行为。行为人没有损害他人而依然获得利润时，行为人的获利经营是合理的，如果行为人违反了法律规定的义务，损害了他人的利益，也就说明他也将相应地丧失获利的资格。对侵害人获利的完全剥夺是补偿性赔偿无法达到的，只有惩罚性赔偿才能使其真正地丧失利益。我们用 L 代表受害人的损失，B 代表侵害人的收益，侵害人和受害人之间的诉讼存在着三种情形：（1）受害人的损害大于侵害人的获利（L＞B）；（2）受害人的损害等于侵害人的获利（L＝B）；（3）受害人的损害小于侵害人的获利（L＜B）。第（1）种情形中 L＞B时，侵害人只要承担补偿性赔偿责任，在填平受害人所受损害的同时，侵害人没有了获利；第（2）种情形中 L＝B 时，侵害人只承担补偿性赔偿

责任，在补偿完受害人的损失时，侵害人也没有了获利；第（3）种情形 L＜B 中，如果侵害人只承担补偿性损害赔偿责任，在补偿完受害人损失的同时，侵害人仍有获利。从上述三种情况我们可以看出在 L＞B 和 L＝B 的情况下，单纯的补偿性赔偿就达到了既补偿了受害人损失，又剥夺了侵害人获利的效果。但在 L＜B 的情况下，补偿性赔偿即使可以填平受害人的损失，也不能剥夺侵害人的获利，侵害人依然处于获利的状态。在对利益的追逐中，侵害人甚至会采取极端的方式从事侵害行为，来使自己的利益达到最大值。这种对侵害人反向的激励应是法律所禁止的，在侵害人和受害人之间适用惩罚性赔偿就能剥夺侵害人的获利，从而构建出一个合理的、正向的激励模式。这种模式下，侵害人会为了自身的利益，而尽可能地选择避免给受害者造成损害，否则高额的惩罚性赔偿金将真正地威胁到侵害人的利益。利益动机的正确驱动，会从根本上治理侵害人的恶意侵害行为，所以说惩罚性赔偿的存在是符合经济发展规律的，可以带来标本兼治的效果。

（四）大数据时代惩罚性赔偿制度的功能性

惩罚性赔偿制度的功能性，是指惩罚性赔偿制度自身所具有的一定责任构成内容的特殊性。它是在一般侵权民事责任制度基础上存在的一种特殊的侵权责任方式，惩罚性赔偿制度的功能性能够体现出与侵权责任体系内的其他侵权责任制度相区别的本质内容。惩罚性赔偿制度的功能性内容丰富，但是，作为惩罚性赔偿制度的本质、特征、目的、功能、责任构成、程序和方式等内容，在不同程度上，都体现了惩罚性赔偿制度的价值精神，但是，它们不是价值本身，它们是价值基础。在这里仅选择惩罚性赔偿制度的功能内容，论述它在惩罚性赔偿实现过程中成为其价值范畴的建构基础。关于惩罚性赔偿的功能有以下几种观点：（1）三元论观点认为惩罚性赔偿的功能包括惩罚、遏制和补偿三项内容，其主要代表人物是美国的学者查普曼和弗雷比尔考克①；（2）另一种三元论的观点认为惩罚性赔偿的功能应包含赔偿、制裁和遏制。主张三元论的理由主要是惩罚性赔

---

① Bruce Chapmanm, Michael Tebilcock, "Punitive damages: Divergence in Search of Rationale", *Alabama Law Review* 40 (1989), p. 741.

偿不是独立的请求权，其诉讼的提起是要以补偿性赔偿的提起为条件的，这一制度是通过剥夺侵害人从受害人处获得的利益，来制裁、惩罚侵害人实施的主观恶性严重，在道德上具有可谴责性的不法行为。（3）四元论的观点认为惩罚性赔偿的功能包括惩罚、遏制、执行法律和补偿，其代表人物是大卫·欧文①，这是目前拥有支持者最多的观点。此外还有多元论的观点：认为惩罚性赔偿的功能包括惩罚被告、遏制被告再犯、遏制其他人从事相同行为、维护和平、诱导私人追诉不法行为、补偿被告依照其他法律不能获得填补的损害、支付原告的律师费用。② 下面主要从惩罚功能、补偿功能、遏制功能和激励功能四个方面，论述惩罚性赔偿制度功能性的具体内容，以及在建构惩罚性赔偿制度价值方面的事实基础。

1. 惩罚功能（punishment）

本处所谓的惩罚是指通过惩罚性赔偿对侵害人的违法行为科以严厉的民事制裁。惩罚功能针对的主体是实施违法行为的侵害人，要达到在经济上惩罚侵害人的目的。19 世纪中叶，惩罚性赔偿已被法院普遍采纳，当时的法官认为这一制度的主要功能是惩罚被告，并对原告作出补偿。③ 惩罚性赔偿作为民事责任的一种，确与其他的民事责任不同，一般民事责任的惩罚功能通常都是次要的，主要是一种"对价交换"，对加害人的惩罚是有限的，尤其当加害人的经济实力较为强大时，惩罚从根本上就发挥不了作用。这种情形下侵害人是没有实质损失的，侵害人实际上就是归还了从受害人处取得的不法利益，即一般民事责任中侵害人只是被强制地放弃了从受害人处的所得，归还了受害人的损失。所以说民事责任主要是以赔偿受害人为目的，惩罚的成分是次要的，而惩罚性赔偿从字面上就可以看出是以惩罚侵害人作为主要目的，因而惩罚是首要功能。如在 1987 年的 Lay v. Mount 案的判决中，法官指出："惩罚性赔偿的目的不是补偿原告，

① David G. Owen，"Punitive Damages in Products Liability Litigation"，*Michigan Law Review* 74 (1976)，pp. 1257 - 1287.

② Dorsev D. Ellis Jr.，"Fairness and Efficiency in the Law of Punitive Damages"，*Southern California Law Review* 56 (1989)，p. 3.

③ 王利明. 美国惩罚性赔偿制度研究. 比较法研究，2003 (5)：3 - 4.

而是惩罚被告"①。惩罚性赔偿是对侵害人处以补偿性赔偿之外的额外赔偿，是将属于侵害人自己的财产部分拿出来给受害人，使其品尝到利益损失的痛苦，以达到制裁的目的。关于惩罚功能的理论基础，英美法系归结为两种，其一是"权利论"，其二是"报复论"。英国最早记录惩罚性赔偿的判例是 1763 年的 Wilks v. Woody 案件，该案中原告被非法剥夺人身自由，而人身自由是人们公认的一项基本的权利，是应该作为最基本的权利被保护的。所以权利论者认为：一些重要的权利如人身权利，法律明文规定给予保护不能被侵犯，如果被侵犯，就可以用惩罚性赔偿来保护。报复论者认为：作恶者该受到惩罚，或者说因为他们伤害过别人，反过来也应当受到伤害，即有恶必报；只有那些作恶者才应受到惩罚；惩罚的轻重应同罪责的大小相适应。惩罚的目的即在于恢复被犯罪人破坏的道德秩序和法律秩序。② 从经济学角度来看补偿性赔偿，是使受害人受到的损害，恢复到其受损害前应该享有的效用曲线或利润曲线，其内容就在于弥补受害人遭受的实际损失。补偿性赔偿被侵害人计入成本内化之后，侵害人认为不法行为仍然会为自己带来利润的话，侵害行为就会发生。惩罚性赔偿是作为惩罚侵害人的一种方式而给予受害人的损害赔偿金，这里强调的是一种惩罚手段，它是在给予受害人补偿性赔偿的基础上，依据一定的计算方法得出的侵害人应付出的额外代价。惩罚性赔偿的设定使侵害人要支出的损害赔偿总额变成了补偿性赔偿与惩罚性赔偿的总和，这样就会使侵害人的赔偿额高出了他预期的成本，也高出了他的既得利益，对于侵害人来说惩罚性赔偿就是一种有效的惩戒。

2. 补偿功能（Compensatory）

所谓补偿，是指由侵害人以受害人受到的损失为限，对受害人进行相应的赔偿。补偿功能关注的主体对象主要是被害人，这一功能的主要目的是，使被害人的权益恢复到未受侵害之前的状态。惩罚性赔偿的补偿功能的救济目标，不仅是使受害人的主体权利得到实现，更是要弥补受害人利益的损失和情感上的创伤。惩罚性赔偿是在补偿性赔偿制度不能对受害人提供充分补

---

① 王雪琴．惩罚性损害赔偿制度研究//梁慧星主编．民商法论丛（第 20 卷）．香港：香港金桥文化出版有限公司，2001：130.

② 陈聪富．侵权归责原则与损害赔偿．北京：北京大学出版社，2005：213.

救的情形下适用的赔偿责任，惩罚性赔偿的补偿功能不同于补偿性赔偿中的补偿。惩罚性赔偿的补偿功能可以解决以下几个问题：（1）补偿无形损害计算的困难。任何一种损害都会使受害人感到痛苦，任何形式的损失都会给受害人带来一定程度的伤害。这些伤害带来的痛苦都是对受害人权利的侵犯，这些伤害和痛苦也是难以计算的，补偿性赔偿对这些情感上的损失是无法给予补偿的。惩罚性赔偿最初的源起就是本着对受害人的精神损失和痛苦而施加给侵害人的责任，美国一些州的法院就是通过采用惩罚性赔偿的方式对受害人给予情感上的慰藉，对受害人遭受的精神上的痛苦、情感上的伤害等无形损害给予补偿。（2）弥补完全赔偿无法达到的缺憾。完全补偿无论在理论上还是实践中都难以实现，法官对受害人受到的潜在损害和未来损失的赔偿作出裁判时，常常在受害人未来的生活、收入等偶然因素上考虑过多，从而将赔偿的额度降低下来，使受害人完全补偿的愿望落空；法官计算赔偿金时，对地区差异、消费水平、收入差别等因素通常是不给予考虑的，而有些法官又会考虑一部分，所以法官对赔偿金的计算结果会有很多的变化，导致补偿的不完全是审判中经常发生的事情；在计算赔偿金的时候，通常用的是估算的方式，人为估算的方式会不可避免地出现计算结果的千差万别，最终导致的结果就是会因为这许多的变化因素而无法使受害人的损害获得完全赔偿。根据民事主体地位平等的原则，传统民法的补偿理论认为损害赔偿仅仅具有补偿性。但是社会的进步、市场经济的繁荣使原来的平等主体因经济地位而出现的不平等的客观条件受到冲击，补偿性赔偿不能够弥补的主体之间失衡的社会利益和社会安全经由惩罚性赔偿可以达到，惩罚性赔偿可以通过对侵害人的制裁来弥补受害人的损失。（3）覆盖受害人支出的费用。一般的受害人是不具有维护自身利益的相应的法律知识的，而受害人的利益受到侵害时，通常是要通过诉讼的方式来保障权利的，这就需要寻求专业人员的帮助。利益的维护需要受害人向律师咨询和雇请律师，这些都会支出费用，惩罚性赔偿诉讼需要的时间必然会影响受害人及其家庭成员的正常生活，会对正常的事物造成延误。在适用补偿性赔偿的情况下，法官是不会考虑受害人的这些费用支出的，这些都会成为受害人的负担。惩罚性赔偿诉讼虽然时间长，但作为对侵害人的处罚，高额的赔偿金确实达到了补偿受害人实际损失的效果。在惩罚性赔偿中，补偿功能并不是它的主要功能，因为惩罚性赔偿

的成立，就会使受害人的损失全部被赔偿。受害人因为补偿性赔偿无法达到的赔偿数额，也全部会被惩罚性赔偿所覆盖，惩罚性赔偿的补偿功能，因惩罚性赔偿成立，就会自然地达到补偿受害人的效果，而能否惩罚到侵害人，威慑到潜在的侵害人才是惩罚性赔偿的主要目的。

3. 遏制功能[①]（deterrence）

所谓遏制是指通过对侵害人的惩罚和对受害人补偿这两个功能的实现，对侵害人和其他潜在的侵害人可能意图实施类似的违法行为，形成震慑的效果，达到使相同或类似违法行为不再发生的目的。英国在 Huckle v. Money 一案中第一次使用了 Exemplary Damages 来表示惩罚性赔偿，Exemplary Damages 的本意是指示范性的赔偿，指由于被告的暴力、强制、诈欺、恶意行为加重了原告的损害，从而判决给予原告以超过实际或通常程度的损害赔偿金。这一制度对侵害人进行制裁，是为了避免这类的行为使社会大众产生恐惧心理和威胁到 18 世纪的社会秩序，本案中使用这个词，是为了用这种救济措施来遏制当时富人的财富和避免权力的滥用。在 1964 年 Devlin 勋爵在对 Rookes v. Barnard 一案的审理中，他也是倾向于用 Exemplary Damages 来表示惩罚性赔偿，表明惩罚性赔偿有遏制的功能。遏制功能要达到的目的就是通过惩罚性赔偿案件树立起一个典型，来防止同样违法行为的再次发生，使得其他的不法行为人有警戒的心理，不敢再犯同样或类似的违法行为，如果再犯就会得到同样的或者可能更严厉的处罚。美国的大多数法院都认为惩罚性赔偿的功能中最主要的就是它的遏制功能，甚至有些州的法律将遏制功能作为适用惩罚性赔偿的唯一功能。赛伊（Harold See）教授在归纳了 17 篇专题研究惩罚性赔偿的论文后，得出的结论是几乎所有的学者都承认惩罚性赔偿的遏制功能。[②]遏制功能关注的对象，从单个个体延伸到对包括被害人在内的社会上所有的个体，希望达到对社会普遍保护的目的。遏制可以分为一般的遏制和特别的遏制。一般的遏制是指通过惩罚性赔偿，对加害人以及社会一般人产

[①] 遏制一词的英文是"deterrence"，我国台湾地区学者如谢哲胜、陈聪富关于惩罚性赔偿的文章中将其译为"吓阻"，大陆学者有的将其译为"威慑"，如王立峰《论惩罚性损害赔偿》，或"遏制"，如王利明《惩罚性赔偿研究》，也有的学者将其译为"抑制"和"预防"。

[②] Harold See, "Punitive Damages: A Supporting Theory", *Ala. L. Rev.*40 (1989), p. 1227.

生遏制作用，特别遏制是指对加害人本身产生威吓作用。① 一般遏制针对的是社会大众中没有实施侵权行为的人，严厉的惩罚性赔偿金额，会使社会大众感受到法律对某种不法行为的强烈否定，从而消除或最大限度地使社会大众实施同类侵权行为的欲望的可能性降低；特别遏制是针对侵害人而言的，由于对侵害人实施了加倍甚至是多倍赔偿金的惩罚，使侵害人也感受到利益受损的痛苦，心里产生不当利益将被加倍剥夺的畏惧，这种威慑的效果，甚至使侵害人丧失了再次实施侵害行为的经济基础和社会基础，不敢再对他人轻易地实施不法行为，转变为能够认真地、较为妥当地尊重他人的权利。英国学者霍斯顿和钱伯斯说："损害赔偿判决的第一个目的在于补偿受害人所受到的损失，以便尽可能使之恢复到不法行为人的侵权行为发生前的状态。然而，损害赔偿还有一个目的，通过使不法行为人根据损害赔偿的判决而承担责任，法院力图遏制其他人犯类似的错误。"② 如果法院对损害只判决给付补偿性赔偿时，潜在的不法行为人的预期成本是可计算的，而且对于不法行为人来说，当预期成本不高于他的违法获利时，他的不法行为是有效益的；在适用惩罚性赔偿时，在不法行为人的预期成本里，还要加上惩罚性赔偿金这个成本，而惩罚性赔偿被支持的可能性和惩罚性赔偿金具体数额的计算是很困难的，不法行为的预期成本中又有了计算的成本，这样不法行为人总的预期成本就被提高，甚至远远高于其由不法行为获得的利润，从这一点上说，惩罚性赔偿能够起到遏制不法行为的效果，使潜在的不法行为人有可能望而止步。此外，从仅适用补偿性赔偿的角度看受害人，当侵害人从其不法行为获得巨大利益时，受害人对于所受的损失难以证明，或者通过诉讼也不一定会得到全额赔偿时，受害人很可能就不愿意为存在败诉风险和不是很多的赔偿金而提起诉讼。惩罚性赔偿可以鼓励受害人为获得赔偿金而提起诉讼，诉讼的过程就变成揭露不法行为的过程，就可以形成对不法行为的一种遏制。遏制功能在美国得克萨斯州法院 2005 年 8 月 19 日的 Karloer ernest v. Mork Inc. ltd. 一案中体现得很明显。本案中的默克公司是一家药品制造商，推出了一种名叫万络的消炎止痛药。从默克公司的内部相关文件和

---

① 王利明. 惩罚性赔偿研究. 中国社会科学，2000（4）：116.

② Rebecce Dresser, "Personal Identity and Punishment", B. U. Rev. 70 (1990), pp. 395 - 419.

电子邮件可以看出，早在 1977 年的时候，默克公司的科研人员就已经发现万络可以引起心血管类疾病。然而，默克公司的高层对此不予理睬，公司不但未就该药可能存在的风险向医生和患者提出警告，而且采取了各种措施规避来自医生的疑问和药品监管部门的审查。本案的原告在死亡之前一直长期服用这种止痛药，这种药的自身缺陷和默克公司对药品缺陷的漠视，使原告的律师认定原告的死亡与被告是有因果关系的，被告对消费者隐瞒其药物潜在风险具有主观恶意的严重性。原告律师用大量的证据证明了他的论断，并说服了陪审团 80％的成员，法院判处被告默克公司承担 0.24 亿美元的补偿性赔偿金和 2.29 亿美元的惩罚性赔偿金。美国的舆论界认为，本案中的巨额赔偿金所要表达的就是，通过惩罚性赔偿，对医药公司在知道自己的药品有潜在风险时，恶意不采取风险防范措施的侵权违法行为施以遏制。惩罚性赔偿制度所具有的遏制功能在大数据时代更加具有重要意义。

4. 激励功能（law enforcement）

民事诉讼与刑事诉讼不同之处，在于民事诉讼是由当事人自己启动诉讼程序，而刑事诉讼是通过公安机关立案侦查、检察机关提起公诉的方式启动刑事诉讼程序的。在现实生活中，如果被告势力强大，原告往往害怕被报复，对今后的生活造成不便而不敢采取维权的行动；在消费领域，有些商品的价值非常小，无论是向经营者主张权利，还是提起诉讼，都会使消费者的精力和时间被大量消耗。而在网络世界中，被告人的隐蔽性、个体损害的微小性等特征，也使维权成本远大于维权后的损害补偿。法律起不到应有的保护作用而形同虚设，这样的情况会导致更多不法行为的发生。但是，如果人们能为自己的权利而斗争，不仅维护了自身的权利，同时也对社会尽了自己的义务，即使不能完全恢复原来的权利状态，也会有一定的修复效果。人们普遍不具备强烈的法感情，不一定具备为权利而斗争的最高阶段的动机，即为了实现有利于社会的法理念，而且社会对此也不能苛求。但若能满足人们为权利而斗争的最低阶段的动机，即利益的需求，也能调动人们为权利而斗争的积极性。受害人在提起补偿性赔偿诉讼的时候，因为侵害人主观的恶性符合惩罚性赔偿要件，再提起惩罚性赔偿诉讼，如果惩罚性赔偿诉讼被支持的话，受害人就可以获得补偿性赔偿金之外的一笔金钱赔偿，这笔额外的赔偿金会使受害人因损失得到完全的补偿而受到鼓

舞。激励功能的另外一个作用是引导纠纷由公力解决，这种方式可以将私人之间因权利受损或利益不平衡，引起报复的可能性降低。相反，补偿性赔偿会使受害人认为即使胜诉，得到的也只是微不足道的补偿，尤其在损害不大的情况下，就更没有多大的意义。侵害人的恶意加害行为，会使受害人试图以私人的方式解决，这样就会造成很多不稳定和不确定的因素，惩罚性赔偿就是通过一种利益引导的方式达到使受害人寻求公力救济手段的目的。①

四、内幕交易惩罚性赔偿的制度构建

《中华人民共和国证券法》（以下简称《证券法》）第 50 条将内幕交易界定为"禁止证券交易内幕信息的知情人和非法获取内幕信息的人利用内幕信息从事证券交易活动"。内幕交易是"始终伴随中国证券市场成长的顽疾"②，证券市场成长与成熟的过程实际上是证券市场法律制度，或更准确地说是内幕交易法律规制的制度体系构建与不断完善的过程。1990 年中国人民银行发布的《证券公司管理暂行办法》首次对证券公司实施的内幕交易行为做一般禁止性规定③，1993 年国务院发布的《股票发行与交易管理暂行条例》将内幕交易主体扩展至证券公司之外，并初步构建了民事、刑事和行政责任三位一体的制度体系④，同年发布的《禁止证券欺诈行为暂行办法》着重强调

---

① 鲁道夫·冯·耶林. 为权利而斗争. 胡宝海，译. 北京：中国政法大学出版社，1999：103，123，134.（耶林认为为权利而斗争是自己的义务，是对社会的义务。他认为人们为权利而斗争的动机有三个阶段，即从单纯利害打算的最低阶段开始为权利而斗争，驶向主张人格其伦理生存条件的更理想阶段，最后到达实现正义理念的高峰。）

② 耿利航. 证券内幕交易民事责任功能质疑. 法学研究，2010（6）：77.

③ 《证券公司管理暂行办法》第 17 条对内幕交易做了一般禁止性规定："证券公司不得从事操纵市场价格、内幕交易、欺诈和其他以影响市场行情从中渔利的行为和交易。"

④ 《股票发行与交易管理暂行条例》第 72 条确定了内幕交易的行政责任："内幕人员和以不正当手段获取内幕信息的其他人员违反本条例规定，泄露内幕信息、根据内幕信息买卖股票或者向他人提出买卖股票的建议的，根据不同情况，没收非法获取的股票和其他非法所得，并处以五万元以上五十万元以下的罚款。证券业从业人员、证券业管理人员和国家规定禁止买卖股票的其他人员违反本条例规定，直接或者间接持有、买卖股票的，除责令限期出售其持有的股票外，根据不同情况，单处或者并处警告、没收非法所得、五千元以上五万元以下的罚款。"第 77 条确定了民事责任："违反本条例规定，给他人造成损失的，应当依法承担民事赔偿责任。"第 78 条确定了刑事责任："违反本条例规定，构成犯罪的，依法追究刑事责任。"

了内幕交易的行政责任。① 1997 年《中华人民共和国刑法》对内幕交易行为的刑事责任进行了专门规定。至此，以《股票发行与交易管理暂行条例》为基础，多项法律相互配合协调而构建的证券市场法律制度体系已初具规模，尽管仅仅是轮廓性构造，但已经是那一时代证券市场行进步伐最完整的反映。1998 年发布的《中华人民共和国证券法》（以下简称《证券法》）对内幕信息、内幕信息知情人，以及内幕交易行为的类型等问题进行了清晰界定，从而为内幕交易法律规制的健全与完善作出了巨大贡献。最高人民法院于 2002 年发布《关于受理证券市场因虚假陈述引发的民事侵权纠纷案件有关问题的通知》和 2003 年发布《关于审理证券市场因虚假陈述引发的民事赔偿案件的若干规定》，虽然仅强化虚假陈述导致侵权的损害赔偿责任，并在此领域突破了行政责任与刑事责任的局限，但其为内幕交易的民事赔偿责任提供了可参照的根据。2006 年 1 月实施的新《证券法》将内幕交易行为置于整个法律禁止的交易行为之首，并详尽而清晰地对内幕信息的知情人、内幕信息、内幕交易行为进行了界定，同时，对内幕交易的民事责任②、行政责任③、刑事责任④以及民事责任的优先性⑤作了缜密规定，第一次以法典的形态完成了内幕交易规制体系的构建。2019 年修订的《证券法》在 2006 年《证券法》的基础上扩张了责

---

① 第 13 条第 1 款规定："内幕人员和以不正当手段或者其他途径获得内幕信息的其他人员违反本办法，泄露内幕信息、根据内幕信息买卖证券或者建议他人买卖证券的，根据不同情况，没收非法获取的款项和其他非法所得，并处五万元以上五十万元以下的罚款。"第 14 条规定："发行人在发行证券中有内幕交易行为的，根据不同情况，单处或者并处警告、责令退还非法所筹款项、没收非法所得、罚款、停止或者取消其发行证券资格。"

② 第 76 第 3 款规定："内幕交易行为给投资者造成损失的，行为人应当依法承担赔偿责任。"

③ 第 202 条规定："证券交易内幕信息的知情人或者非法获取内幕信息的人，在涉及证券的发行、交易或者其他对证券的价格有重大影响的信息公开前，买卖该证券，或者泄露该信息，或者建议他人买卖该证券的，责令依法处理非法持有的证券，没收违法所得，并处以违法所得一倍以上五倍以下的罚款；没有违法所得或者违法所得不足三万元的，处以三万元以上六十万元以下的罚款。单位从事内幕交易的，还应当对直接负责的主管人员和其他直接责任人员给予警告，并处以三万元以上三十万元以下的罚款。证券监督管理机构工作人员进行内幕交易的，从重处罚。"

④ 第 231 条规定："违反本法规定，构成犯罪的，依法追究刑事责任。"

⑤ 第 232 条规定："违反本法规定，应当承担民事赔偿责任和缴纳罚款、罚金，其财产不足以同时支付时，先承担民事赔偿责任。"

任主体范围，加大了内幕交易的行政处罚力度。但是，如果以此为由认为我国内幕交易法律规制的制度体系已经健全和完善了，那还为时尚早，原因就在于：其一，《证券法》对民事责任的规定仅仅是原则性规定，内幕交易行为给怎样的投资者造成损失，造成的损失如何估量在实践中都难以认定，以至于有学者以内幕交易行为与损害后果因果关系的认定困难为由质疑内幕交易民事责任的功能[①]，致使法院对于内幕交易、操纵市场等违法行为引发的民事赔偿案件持谨慎态度。[②] 其二，《证券法》对内幕交易民事责任的规定尚未立足于大数据时代背景，对大数据时代内幕交易的新特点、新类型尚缺乏足够的认知。鉴于大数据时代内幕交易的隐蔽性、迅捷性，违法成本的低廉性，违法手段的多样性，以及投资者损害救济的艰巨性，对于内幕交易行为应当施以惩罚性赔偿，以促进证券市场的稳定运行与健康发展。

（一）内幕交易惩罚性赔偿制度构建的理论前提

既然惩罚性赔偿可以通过填补一般损害赔偿不能予以救济的，无法用金钱衡量的损害来惩罚和阻却恶意、故意、恶劣的加害行为，惩罚功能因损害填补功能而具有存在的正当性基础，那么，当被告人恶意、故意、恶劣的侵权行为致使社会整体利益受到无形损害，非惩罚性赔偿无以填补全部损害与一般损害赔偿救济的损害之间的缝隙时，惩罚性赔偿制度就具有存在的必要性与正当性，这一情境也便成为我们思考构建惩罚性赔偿制度的理论出发点。

1. 内幕交易具有大数据时代侵权行为的典型特征

惩罚性赔偿责任产生于侵权法，之后，虽然扩张适用于合同法、消费者权益保护法、食品安全法等法域，但始终是侵权行为应当承受的结果，惩罚性赔偿责任性质为侵权责任。内幕交易民事责任以证券法禁止内幕交易为前提，知悉证券交易内幕信息的知情人员或者非法获取内幕信息的其他人员，不得买入或者卖出所持有的该公司的证券，或者泄露该信息或者建议他人买卖该证券，此为行为人的法定义务。违背法定的不作为义务实

---

① 耿利航. 证券内幕交易民事责任功能质疑. 法学研究，2010（6）：77.

② 傅穹. 我国证券法实施后时代下的投资者赔偿基金制度构想. 投资者（9）：56.

施内幕交易行为，给他人造成损害后果，性质当为侵权行为。在此意义上，内幕交易是常态下惩罚性赔偿制度可规制的侵权行为。

大数据时代，传统的知识产权侵权，名誉权、隐私权、个人信息等人格权益侵权，以及银行账户等财产权利的侵权，都因为大数据科技手段而具有了大数据的时代特征。内幕交易行为也不例外，互联网交易平台与互联网交易手段，以及大数据分析、大数据算法等使内幕交易具有了传统内幕交易所不及的高效性与隐蔽性等新特征。第一，内幕信息的传播具有高效性和隐蔽性。电讯技术和网络技术的飞速发展，为信息的传播开拓了更加便捷、高效的渠道，内幕交易者也借此机会丰富了内幕信息的传播和泄露途径。我国尚未实行网络实名制，很难追寻内幕信息的传递的源头与出口①，这使内幕信息的传播，不仅具有高效性，更具有隐蔽性；第二，内幕信息获得具有高效性与隐蔽性。依据《证券法》的规定，发行人及董事、监事、高级管理人员；持有公司5％以上股份的股东及其董事、监事、高级管理人员，公司的实际控制人及其董事、监事、高级管理人员；发行人控股或者实际控制的公司及其董事、监事、高级管理人员；由于所任职务或者因与公司业务往来可以获得公司有关内幕信息的人员；上市公司收购人或者重大资产交易方及其控股股东、实际控制人、董事、监事和高级管理人员；因职务、工作可以获取内幕信息的证券交易场所、证券公司、证券登记结算机构、证券服务机构的有关人员；因职责、工作可以获取内幕信息的证券监管机构工作人员；因法定职责对证券的发行、交易或者对上市公司及其收购、重大资产交易进行管理可以获取内幕信息的有关主管部门、监管机构的工作人员；国务院证券监督管理机构规定的可以获取内幕信息的其他人员等可能获取内幕信息的人是内幕信息的知情人。这些人利用尚未公开的内幕信息，或者泄露信息，致使他人在信息公开前进行证券交易，获得巨大利益。然而，在大数据和人工智能算法的强力支持下，证券公司等市场交易主体能够通过提取客户投资交易等核心内幕数据，分析数量庞大的资金端投资者的投资习惯、品种偏好以及风险承受能力等深度信息，从而进一步掌握资产端标的企业的经营发展基本面、预测

---

① 张丽娜．内幕交易犯罪取证难点与对策研究．法制与社会，2015（4）（上）：95.

销售量和预估企业运营状况等关系到投资甚至投机行为成败的关键信息，而且完全避开内幕交易监管机构及监管人员对内幕信息敏感人员的关注。内幕交易者主观上巨大利益的驱动以及大数据手段自身的科技优越性，使得内幕信息的获得具有了前所未有的高效性与隐蔽性。第三，内幕交易行为实施的高效性与隐蔽性。大数据时代互联网的发展及新技术的应用，金融电子化，内幕交易的传统操作方式都移植于互联网上，网络交易的迅捷与后台操作方式增强了内幕交易的高效性、隐蔽性，不仅给内幕交易的监管、规制提出了新的挑战①，也为内幕交易者开启了方面之门。尽管近些年对内幕交易的行政处罚呈上升趋势，但内幕交易仍屡禁不止。

除此之外，大数据时代，内幕交易还具有获益的精准性。内幕交易行为利用尚未公开的内幕信息提前进行证券交易，由于内幕信息能否成为既成事实具有一定的不确定性，尤其是瞬息万变的股市对既成事实的信息的反应未必一定如行为人所预期，故，内幕交易者不乏赔本之人。② 内幕交易能否获利、获多大利更多地取决于市场对既成事实的反应。因此，传统的内幕交易实际上具有获益与否的不确定性。然而，大数据时代，内幕交易者通过对投资者的投资偏好、投资交易习惯、承受风险的心理素质、投资关注领域等进行大数据分析、计算，同时，以互联网平台的自媒体的分析报道予以配合，影响、干扰、引导众多投资者对信息的反应和行动，从而大大增加内幕交易获益的精准度。大数据时代，内幕交易的隐蔽性高、违法成本低，这可能是导致涉案人数和金额逐年上升③的重要原因。有鉴于此，内幕交易的惩罚性赔偿应当居于大数据时代惩罚性赔偿制度体系之首。

2. 内幕交易导致的损害为无形损害

如前述，惩罚性赔偿的"高于数额"为可见损害背后的无形损害，通常难以用金钱衡量，这就是为什么惩罚性赔偿以可见损害的倍数计算赔偿数额的原因。无形损害可以是受害人私人难以用金钱衡量的精神损害，也可以是难以用金钱衡量的社会整体利益的损害。我国《民法典》第1185

---

①　杨璐. 互联网时代下内幕交易的危害及防范措施研究. 信息化与信息技术.

②　李耀杰. 大数据时代"老鼠仓"行为的刑法规则. 证券市场导报. 2015（9）：7.

③　傅穹. 我国证券法实施后时代下的投资者赔偿基金制度构想. 投资者，9：56.

条规定的知识产权侵权责任①、第 1207 条规定的产品责任②、第 1232 条规定的环境侵权责任③,《消费者权益保护法》第 49 条规定的欺诈行为④,《食品安全法》第 148 条规定的因食品质量造成人身财产损害的行为⑤适用惩罚性赔偿填补的是社会整体利益的损害。社会整体利益的损害非受害人私人的损害,科以被告人惩罚性赔偿责任,将使原告人所获得的赔偿大于其所遭受的损害,但社会整体利益的损害仍为"损害",具有借助惩罚性赔偿予以填补的正当性。当侵权人的恶意行为不仅仅使受害人蒙受损害,而且给整个社会的交易环境、生存环境带来损害时,适用惩罚性赔偿,通过保护个案的原告保护社会的整体利益,便如同通过善意第三人取得所有权而保护整个社会的交易安全一样具有正当性基础。

总之,惩罚性赔偿以损害的存在为前提,以赔偿损害为其基本功能,否认这一点,就是否认赔偿制度本身。所谓的"超额"赔偿实际上是对可见损害背后无形损害的赔偿,只是因为无形损害难以用金钱衡量,而以可见损害的合理倍数予以计算。所谓惩罚性赔偿,是指侵权人主观恶意,行为极端恶劣,对受害人的权益或者社会的整体利益造成无法用金钱衡量的无形损害,以可见损害的合理倍数计算损害数额,并责令侵权人予以全部赔偿的制度。当然,我们并不否认惩罚性赔偿对于恶性侵权行为的惩罚功能,因为"效率有时候要求禁止该行为而不是承担责任"⑥,与其蒙受损害后寻求救济,不如一开始就避免发生这种难以弥补的损害,法律进行损

---

① 《民法典》第 1185 条规定:"故意侵害他人知识产权,情节严重的,被侵权人有权请求相应的惩罚性赔偿。"

② 《民法典》第 1207 条规定:"明知产品存在缺陷仍然生产、销售,或者没有依据前条规定采取有效补救措施,造成他人死亡或者健康严重损害的,被侵权人有权请求相应的惩罚性赔偿。"

③ 《民法典》第 1232 条规定:"侵权人违反法律规定故意污染环境、破坏生态造成严重后果的,被侵权人有权请求相应的惩罚性赔偿。"

④ 《消费者权益保护法》第 49 条规定:"经营者提供商品或者服务有欺诈行为的,应当按照消费者的要求增加赔偿其受到的损失,增加赔偿的金额为消费者购买商品的价款或接受服务的费用的一倍。"

⑤ 《食品安全法》第 148 条规定:"生产不符合食品安全标准的食品或者经营明知是不符合食品安全标准的食品,消费者除要求赔偿损失外,还可以向生产者或者经营者要求支付价款十倍或者损失三倍的赔偿金;增加损失的金额不足一千元的,为一千元。"

⑥ Robert D. Cooter, "Punitive Damages, Social Norms, and Economic Analysis", 60 *Law & Contemp. Prob.* 73. 1997, Summer.

害赔偿救济所追求的第一目标是阻却侵权行为的发生，而阻却目标恰恰是通过让被告承担同他行为相适应的损害填补责任的方式实现的。① 当一般侵权责任所提供的救济同行为人造成的损害不符时，不仅导致受害人得不到应有的救济、损害得不到填补，也导致被告承担的责任不足，从而发挥不了应有的惩罚功能。惩罚性赔偿不仅可以通过惩罚被告人的方式完全填补损害，还可以通过惩罚性赔偿责任的震慑性实现完全阻却这种恶劣行为的目的。

有学者主张内幕交易无害论，认为内幕交易仅是利用其掌握的尚未公开的信息进行证券交易，对相反方向投资人并不存在欺诈，而且证券交易皆出于自愿，价格自愿协议，因此不会给相反交易者造成损害；同时，内幕交易给市场提供了信息，那些与内幕人一起从事交易的人将与内幕交易人一样以较高价格出售股票，或者以较低价格买进股票，同向交易者因此获利或避损。② 更有学者认为，内幕交易不但没有损害市场的利益，反而提高了市场的效率，其结果是大多数人都由此获得了好处。③无害论观点现已经遭到众多学者的批评和立法的否定，这无疑为内幕交易民事赔偿责任的确立扫清了障碍。但是，对内幕交易科处民事责任仍面临巨大的难题：何人干内幕交易中受到何种程度的损害。这就是为什么自《证券法》规定内幕交易的民事责任后，历经 5 年仍没有被告承担赔偿责任判例④的主要原因。依据传统的民法理论，因内幕交易受损而主张赔偿请求权的应当是与内幕交易人进行配对交易的反向投资者。然而，由于证券交易通常采用无纸化电脑集合竞价交易方式，现实中难以断定与内幕交易人进行配对交易的反向投资者。即便于极特殊情况下能够确定，仍难以认定配对交易的反向投资者确有损害，因为他们在进行此项交易时可能因内部人给出的更高价而获得了好处，而且，即使他们不与内部人做交易，也会出售其

　　① Steve P. Calandrillo, "Penalizing Punitive Damages: Why the Supreme Court Needs a Lesson in Law and Economics", 78 *The George Washington Law Review* 774. 2010, June.

　　② 耿家财. 内幕交易中民事损害的认定——从投资者角度进行研究. 南京财经大学学报, 2004 (2): 100.

　　③ 李琴. 论内幕交易的经济危害性. 新疆社科论坛, 2006 (1): 59.

　　④ 耿利航. 证券内幕交易民事责任功能质疑. 法学研究, 2010 (6): 78 - 79.

股票①，其交易的相对人是否为内部人客观上对其交易的后果并无影响。②
因此，这些投资人看上去更像受益者而非受害者。③

　　确如学者所言，由于"证券交易的复杂性、专业性，尤其是交易方式
的非面对面性，使得以传统的民法理论解决内幕交易民事责任问题的确成
为一个难题"④，但内幕交易所导致的损害却又是有目共睹的，笔者认为，
此种损害的性质应当是一种无法用金钱衡量的无形损害。表现为，第一，
使证券市场失去公平、公正性。内部人因提前拥有可靠信息，大量买进或
大量卖出，使自己完全摆脱证券交易的风险；而一般投资者在信息尚未公
开之前，对可能影响股市的信息全然不知，每一次交易都存在潜在的巨大
风险。第二，将内幕人的获益全部转嫁为一般投资者的损失。内幕信息公
开前某一证券的价格因信息公开而发生变化，私用内幕信息者确知价格的
变化而买进或卖出，均可以获得利益，其所获得的利益完全转嫁为一般投
资者的损失。遭受损失的投资者既可能是反向交易投资者，也有可能是同
向交易投资者。第三，使证券市场失去效率。有学者认为，内幕交易将导
致市场价格向与该信息最适宜的方向变化，如此，市场的信息效率将得以
增加，市场的效率状态会有一些实质性的改善。因此，从整体上看，内幕
交易提高了市场的效率。⑤ 但是，市场信息的传播效率并不意味着证券市
场的效率。证券市场的效率应当是以最小或尽可能小的资源配置最有效地
实现证券市场的筹资功能、资本定价功能以及资本的合理配置功能。而内
幕交易恰恰在相当程度上干扰了筹资功能、资本定价功能和资本合理配置
功能的有效实现。第四，使有意证券投资的人对证券市场失去信心和投资
的欲望。内幕交易在将内幕人的获益转嫁为投资者损失的同时，沉重地打
击了投资者投资证券的积极性，并严重损伤了有意投资证券的人投资信心
和欲望。第五，影响证券市场的健康发展。内幕交易的种种危害，最终将

　　① 李琴．论内幕交易的经济危害性．新疆社科论坛，2006（1）：59．

　　② 耿家财．内幕交易中民事损害的认定——从投资者角度进行研究．南京财经大学学报，
2004（2）：100．

　　③ 李琴．论内幕交易的经济危害性．新疆社科论坛，2006（1）：59．

　　④ 耿家财．内幕交易中民事损害的认定——从投资者角度进行研究．南京财经大学学报，
2004（2）：98．

　　⑤ 李琴．论内幕交易的经济危害性．新疆社科论坛，2006（1）：59．

归结为对证券市场健康发展与运行的破坏，直至影响上市公司的经济增长。上诉种种损害如同我国台湾地区在判处内幕交易赔偿责任的判决中对内幕交易所导致的损害进行的论证：内幕交易"破坏证券市场交易制度之公平性，足以影响一般投资人对证券市场之公正性、健全性之信赖，故内线交易之可非难性，并不在于该内部人是否利用该内线消息进行交易而获取利益或避免损害，而是根本腐蚀证券市场之正常机制，影响正当投资人之投资决定甚或进入证券市场意愿。"①

内幕交易导致的无形损害给一般民事赔偿责任提出了极大的难题，甚至是传统民法理论无法逾越的鸿沟，同时也造成了一般赔偿责任所能填补的损害与法律应当救济的损害之间的巨大缝隙，这个缝隙应当由，也只能由惩罚性赔偿予以填补。

3. 内幕交易行为与无形损害之间有因果关系

证券市场特殊的交易方式所导致的内幕交易行为与投资者损失之间因果关系的模糊是内幕交易民事赔偿责任的又一大理论障碍。对于如何认定因果关系，能否由于因果关系而影响内幕交易民事赔偿责任，我国学者形成了两种截然对立的观点。

种观点主张因果关系的认定应当采用推定规则，即只要原告与内幕交易者反向、同期交易，无须证明因果关系存在，法律应当直接推定其损失与内幕交易行为存在因果关系，由此认定内幕交易民事赔偿责任成立。此种观点的主要论据是美国1988年Basic Inc. v. Levinson虚假陈述案中美国联邦法院认定公司虚假陈述与投资者损失之间因果关系的推定规则，以及美国1988年修订的《证券交易法》第20条（a）的规定。此外，我国最高人民法院2003年发布的《关于审理证券市场因虚假陈述引发的民事赔偿案件的若干规定》的因果关系推定规则也是其重要的理论根据。② 值得一提的是，几乎所有内幕交易民事赔偿责任论者均以因果关系推定的正当性与合理性证明内幕交易民事责任的可行性与正当性。笔者认为，推定存在因果关系，仅仅是推定，不是真正存在因果关系，以一种推定，即将

---

① 1999 年台上字第 2015 号。

② 郭峰. 内幕交易民事责任构成要件探讨. 法律适用，2008（4）：88.

假定的事实状态视为真正的事实状态，并依据此种假定的事实状态认定一方当事人的赔偿责任，这是一种极其不负责任的态度。当然，因果关系的推定并不是法律上"推定"的先例，于原告无法证明被告有过错时，为了保护弱者的合法利益，立法技术上的有效处理是免除原告的举证责任，推定被告有过错，但同时赋予被告举证的权利，被告能够证明自己无过错的，民事责任不成立。而推定内幕交易行为与投资者损失之间有因果关系时，却不赋予被告人证明无因果关系的权利，这样的立法技术是有瑕疵的。从另一个角度上看，无论是美国判例，还是我国的司法解释，"因果关系的推定规则"均适用于虚假陈述赔偿责任的认定。这种观点的错误就在于不加区别地将内幕交易行为混同于虚假陈述的欺诈行为，"并想当然地认为美国也是如此……basic 案的理论基础在内幕交易中根本无法适用"①。

另一种观点则主张在内幕交易行为与投资者损失之间不存在因果关系。内幕交易不同于操纵市场或虚假陈述，不存在欺骗、引诱、误导投资者错误判断，并进行受损交易的问题，无论是否存在内幕交易，投资者都有可能卖出或买进股票；而且，内幕交易仅占市场交易的很小份额，即便是大量交易，也不会引起股票价格的显著波动，不会诱导投资者的买卖行为。即便内幕交易造成了股价可观察的变动，理性的投资者应当模仿内幕交易者进行同向交易，而不是进行反向交易，即证券市场上投资者所遭受的损失是投资者应当承担的市场决策风险，与内幕交易无关。② 这种观点以内幕交易行为与投资者损失之间不存在因果关系质疑内幕交易民事责任的正当性，直接的逻辑结果便是对内幕交易民事赔偿责任的动摇，甚至是否定。显然，与我国《证券交易法》的规定相悖，也与内幕交易民事责任的全球化趋势背道而驰。

内幕交易的危害性是一种客观存在，即便是主张因果关系不存在者也承认内幕交易对投资者的整体利益造成了危害，给证券市场效率造成损失、影响投资者的信心。③既然内幕交易确确实实有危害，那么，在内幕

---

① 耿利航．证券内幕交易民事责任功能质疑．法学研究，2010 (6)：81.
② 耿利航．证券内幕交易民事责任功能质疑．法学研究，2010 (6)：79－81.
③ 耿利航．证券内幕交易民事责任功能质疑．法学研究，2010 (6)：83.

交易行为与危害之间就一定会存在因果关系，我们为什么非要拘泥于某个具体的投资者的投资损失是否与内幕交易有关系，而不去发现与内幕交易行为有因果关系的客观危害呢？究其原因，是因为我们始终纠结于一般损害赔偿的概念体系难以自拔。如果我们在惩罚性赔偿制度的框架下思考问题，那么，一切难题都迎刃而解了。

惩罚性赔偿制度填补一般损害赔偿无法填补的难以用金钱衡量的无形损害。内幕交易行为的损害后果是社会整体利益的损害——无形损害，内幕交易行为与某个投资者的损害之间的因果关系或许难以认定，但是，与该违法行为所导致的社会整体利益损害之间的因果关系却清晰存在，这已经为禁止内幕交易行为的各国证券法及司法实践所肯定，无须进行证明和阐述。该"因果关系"能够证成损害赔偿的正当性，同时也更加证明惩罚性赔偿制度是摆脱传统一般损害赔偿理论的困境，对内幕交易导致的损害后果予以救济的唯一有效方式。

4. 内幕交易惩罚性赔偿的载体——相反交易投资人的可见损害

我国《民法典》第 1185 条、1207 条、1232 条，《消费者权益保护法》第 49 条，《食品安全法》第 148 条规定的惩罚性赔偿，所填补的均为社会整体利益的损害，只是这种社会整体利益的损害需要借助于受害人的可见损害作为载体，这是惩罚性赔偿不同于一般损害赔偿的重要特征。内幕交易惩罚性赔偿的载体应当为相反交易投资人的可见损害。

首先，相反交易投资人有可见的损害。内幕交易人利用利好消息买入股票，证券市场外部股东持有的股份总额将减少，内幕交易人于利好消息公开后因享受升值价格而获暴利；同样，内幕交易人利用利空消息卖出股票，证券市场外部股东持有的利空消息公开后贬值的股份总额将大量增加，内幕交易人凭借信息优势摆脱风险，并获得利益。总之，内幕交易使证券市场发生了财富转移，即"外部股东的财富'净溢出'到内幕交易人手中"[1]。无论股票投资人的相反投资是基于自己的判断失误，还是内幕交易的误导，内幕交易人于内幕交易中所得暴利是因相反投资人财富向内

---

① 耿利航. 证券内幕交易民事责任功能质疑. 法学研究，2010（6）：91.

幕交易人方向转移而得是不可置疑的客观事实，没有相反投资，内幕交易人获利无法实现。证券交易的特殊性使得不宜认定哪一投资者的财富流向内幕交易人，但这并不影响财富总体流向的判断，投资者于内幕交易同期的反向交易的价格与消息公开后的市场价格之间的差价，即为相反交易投资人的可见损害。

其次，相反投资者的可见损害作为载体具有正当性。第一，内幕交易隐蔽性强的特点决定了调查、发现内幕交易的难度大、成本高，甚至"可能导致投入的巨额执法成本没有回报"①。以相反投资者的损害为载体对内幕交易行为施以惩罚性赔偿，填补内幕交易给社会整体利益造成的损害，一方面能够极大地激励相反投资者积极收集内幕交易的证据、提起民事诉讼的积极性，从而降低行政执法机关的调查成本与执法成本；另一方面能够发挥惩罚性赔偿的惩罚与阻却功能，以遏制内幕交易行为，强化民事诉讼威慑内幕交易行为的功能。第二，内幕交易行为导致的社会整体利益损害，从理论上说应当由国家有关机关依据公法赋予的公权力予以整治。然而，任何一个社会的和谐状态需要公权力与私权利的合理配置，这不仅需要通过制定法律来合理地廓清公权力与私权利的行使边界，以避免公权力或私权利的过分强大，还需要公权力与私权利的相互制约与相互协助。相互制约意在杜绝权力（权利）的滥用，而相互协助意在矫正权力（权利）行使不利、不便或怠于行使带来的不利后果。尊重私权，强化私权对公权力的制约与协助对于和谐社会的构建具有极其重要的作用。赋予投资者惩罚性赔偿请求权，对于国家相关机关工作人员怠于行使权力、因为调查不利未发现有力证据等情况存在时，能够发挥协助公权力的积极作用。第三，以某一个体利益的可见损害作为载体，保护社会整体利益是惩罚性赔偿制度的主要特色。就我国现行法而言，《民法典》《消费者权益保护法》《食品安全法》《最高人民法院关于审理商品房买卖合同纠纷案件适用法律若干问题的解释》等规定的惩罚性赔偿均以受害人个人利益作为载体保护社会整体利益。只有基于这样的原因，受害人得到"高额"赔偿方具有正当性基础。同理，内幕交易惩罚性赔偿以相反投资者的可见损害作为载体

---

① 耿利航. 证券内幕交易民事责任功能质疑. 法学研究，2010（6）：92.

具有正当性。

(二) 内幕交易惩罚性赔偿制度构建的立法经验

1. 美国法的经验

美国对于内幕交易 (insider dealing) 实施民事罚金 (civil fine) 制度。在美国, 民事罚金是历史悠久的惩罚性赔偿制度, 与一般惩罚性赔偿的区别就在于, 提起侵权之诉的原告不是自然人, 也不是法人, 而是美国政府。美国最高法院在 1850 年 Cotton v. United States 案的判词中对美国政府作为民事罚金的请求权主体的正当性进行了论证:"作为一个享有主权豁免的主体, 美国在面对违法侵害时, 不应当被限定为政治主体。美国也享有实在的或者受法律拟制的缔约和享有财产的权利, 如果认定美国这些权利不能享有同自然人相同的法律保护, 将会十分的荒诞怪异。尽管美国在被诉时享有主权豁免, 但是在行使缔约和享有财产的权利时, 美国和公司以及行政机构一样受到法律的保护。因此, 作为美国所有州的所有权人, 美国政府的权利和自然人一样受到法律的保护。"[1] 民事罚金的功能不在于惩罚, 而在于填补损害, 是损害赔偿的特殊表现形式。美国最高法院在 1943 年的 United States ex rel. Marcus v. Hess[2] 案的判词中清晰地界定了民事罚金的性质:"实体法规定民事罚金的主要目的, 在于为政府因欺诈受到的损失提供救济, 特定的数额在于确保政府的损害被完全填补。"同时, 该院利用 Helvering v. Mitchell 案的观点支持自己的主张, 认为 "Helvering v. Mitchell 案的判决要求我们确认本案中的民事罚金是填补美国政府因追诉犯罪重塑社会正义的过程中所蒙受的经济损害所必需的"。

"美国规制内幕交易的立法被世界各国公认为是最严格、最全面的。"[3] 在证券法颁布之前, 即以侵权法中的 "虚伪陈述" 理论作为对内幕交易行为进行规制的理论基础。[4] 1933 年美国制定《证券法》, 以专节

---

① Cotton v. United States, 52 U. S. 229.

② United States ex rel. Marcus v. Hess, 317 U. S. 537.

③ 何春兰. 论美国对证券内幕交易的法律规制. 法制现代化研究:第六卷:726.

④ 罗怡德. 证券交易法. 台北黎明文化事业股份有限公司, 1991:23. 转引自何春兰. 论美国对证券内幕交易的法律规制. 法制现代化研究:第六卷:727.

对证券欺诈行为进行了规定。作为 1933 年《证券法》实施细则的 1934 年《证券交易法》不仅对反欺诈条款予以了细化①，而且首次对内幕交易作了成文法上的规制，但尚未涉及内幕交易的民事罚金问题。进入 20 世纪 80 年代，美国证券市场上内幕交易案件大量增加，涉案金额越来越大，严重影响了证券市场秩序以及证券市场的健康发展。1984 年制定并通过了《内幕交易制裁法》以修正 1934 年的《证券交易法》，该法强化了对内幕交易人的行政处罚和刑事处罚。1987 年，几个内幕交易大要案的侦破使内幕交易又成为立法者关注的焦点。以改善内幕交易的预防程序和救济手段为立法目的，1988 年再次对 1934 年《证券交易法》进行修改，制定了《1988 防止内幕交易和证券欺诈法执行法》（INSIDER TRADING AND SECURITIES FRAUD ENFORCEMENT ACT OF 1988），在加重了对内幕交易者刑事处罚的同时，明确确立了内幕交易的民事罚金制度，将之定位于《证券交易法》的 SEC 21A 中。

内幕交易的民事罚金制度的特点：第一，民事罚金请求权主体是美国证券交易委员会（The Securities and Exchange Commission）。任何人违反《证券交易法》的规定，基于所掌握的未公开的重大信息买卖证券或者本法规定的证券性质票据，或者将此信息泄露给证券非公开发行对象的交易人时，美国证券交易委员会有权在美国地方法院提起诉讼，请求法院判决责任人承担民事罚金。第二，承担民事罚金的责任主体包括内幕交易人和于内幕交易人违法时直接或间接实施控制的人。对于直接违法的内幕交易人的民事罚金数额，法院基于个案的具体情形决定，但最高不得超过违法行为人因买卖而获利或者得以避免损失的数额的三倍。"获利"和"损失"系指原先证券的购买或者出售价格与内幕信息披露后合理时间内价格变化的差额。对于控制人的民事罚金数额，美国法院也基于个案的具体情形决定，但最高不得超过控制人获利或者得以避免损失的数额的三倍或一百万美元。第三，依《证券交易法》的规定，除非有特别法律规定，民事

---

① 第 10 节（b）规定："任何人直接或间接利用州际商业工具或方法或邮政，或利用任何全国性证券交易所的任何设施，从事下列行为皆为非法：在购买或销售已在证券交易所注册或未如此注册的任何证券时，违反 SEC 制订的为公共利益或保护投资者所必需或适当的规则和条例，利用或使用任何操纵性、欺骗性手段或伎俩。"

罚金应当向财政部缴纳。依据 2003 年 1 月生效的《萨巴尼斯-奥克斯莱法》第 308 节规定，在 SEC 提议下，民事罚款和没收的非法所得可用作投资者公平基金，以补偿受害者。①

大数据时代，依靠大数据技术及人工技能算法，通过对目标企业经营发展的基本面、企业运营状况、企业与上下游企业的往来、企业的投资习惯、企业实际控制人的状况、市场投资者对目标企业的关注度等核心内幕数据进行分析、计算，从而获得关系到投资甚至投机成败的关键信息，"内幕信息"概念的外延急剧拓展。2011 年美国证监会开始调查某职业证券经理人，怀疑其涉嫌利用其代客投资过程中接触到的客户信息、投资规模、风险偏好和受益偏好等并未公开的内部信息，设计并建议客户采用一套"仅仅方便证券经理人榨取佣金却不适用于任何客户"的投资策略和投资方案进行投资。2017 年，由于行为人的相关行为具有高度专业性和隐蔽性，美国证监会最终仅能够证明该职业经理人利用相关不当投资策略和投资方案，侵害了 13 位客户的权益。2019 年 2 月 25 日，法院判决美国证监会胜诉，没收该职业经理人 132 076 美元的违法收入，并且承担1 950 000美元的惩罚性赔偿责任。② 该案充分表明，大数据时代，"内幕信息"已经不再仅仅是传统意义上信息，还包括同时有权接触内部信息和掌握大数据技术的主体通过加工、分析提炼出的间接信息，而且，后者往往更为专业、隐蔽而且具有更大的利益诱惑。

2. 我国台湾地区的经验

我国台湾地区于 1968 年制定的"证券交易法"，全文共 183 条，未对内幕交易作禁止性规定，仅有第 157 条对股票发行公司内部人员于 6 个月内进行股票买卖所获利益归入公司所有，以及符合欺诈等要件同一般人交易承担民事责任或刑事责任的规定。

因为规范的缺失，证券市场管理漏洞频发，一时内幕交易泛滥，对证券市场的健全发展构成了妨碍。鉴于内幕交易的法律禁止已成为世界性的趋势，美国、英国、澳大利亚、加拿大、菲律宾、新加坡等国均在其公司

① 许征文．中美内幕交易法律制度比较．北京：中国政法大学：2003：44 - 45．

② Petition for Writ of Certiorari．2021 WL 4976579（U. S.），at 5．

法或证券法规中明定不得为之，违反者须负民、刑事责任，于是，我国台湾地区于 1988 年借鉴美国 1934 年《证券交易法》第 10 条规则及修改"证券交易法"①，增加第 157 条之 1，第一次明确禁止内幕交易，并规定了内幕交易的民事责任。依此条规定，内幕交易的民事责任包括一般损害赔偿和惩罚性赔偿。内幕交易情节非重大者，对善意从事相反买卖之人承担一般损害赔偿责任，赔偿额以消息未公开前内幕交易人买入或卖出该股票的价格与消息公开后 10 个营业日收盘平均价格之差额为限。内幕交易情节重大的，内幕交易人承担惩罚性损害赔偿责任，法院根据善意从事相反买卖之人的请求，将赔偿额提高到一般损害赔偿的三倍。

2002 年 2 月台湾当局对"证券交易法"再次修改：第一，将规范客体由"股票"扩充及于"其他具有股权性质之有价证券"，第二，将对股票价格有重大影响之消息扩展至"公开收购"之消息等 。

2006 年 1 月，台湾当局对"证券交易法"第三次进行大规模修正，对第 157 条之 1 作了五处重要修改：一是，对于禁止内幕交易的时间明确限定在消息未公开前或公开后 12 小时内；二是，赔偿额不再以内幕交易人于消息未公开前买入或卖出的价格与消息公开后 10 个营业日收盘价格之差额为限，而是以善意从事相反买卖之人当日买入或卖出价格与消息公开后 10 个营业日收盘平均价格之差额为限；三是，对于内幕交易情节轻微者，法院可以酌情减轻赔偿金额；四是，重大影响股票价格之消息确定为涉及公司财务、业务或该证券之市场供求、公开收购，对其股票价格有重大影响，或对正当投资人之投资决定有重大影响之消息，其范围即公开方式等事项之办法，由主管机关定之；五是，对内幕交易人增加依"公司法"第 27 条第 1 项规定受指定代表行使职务的自然人及丧失前三款身份后，未满六个月者。

2010 年 6 月，台湾当局再次对"证券交易法"第 157 条之 1 进行修改。经过这次修改，内幕交易的构成要件更加明晰化：第一，内幕交易的时间限定在消息明确后，未公开前或公开后 18 小时内；第二，内幕交

---

① 赖英照. 证券交易法逐条释义（四）. 台北：自版，1991：531.

易人的买卖包括自行买卖和以他人名义买卖；第三，内幕交易的规范客体增加非股权性质之公司债。

我国台湾地区"证券交易法"第一次修改确定的惩罚性赔偿责任，究其法源，从立法史考察，应系源自美国法。① 之后以赔偿额基点、构成要件为中心几经修改，不断完善。2006 年 5 月与 2010 年 12 月其分别制定了两个实施细则："'证券交易法'第 157 条之 1 第 4 项重大消息范围及其公开方式管理办法"和"第 157 条之 1 第 5 项及第 6 项重大消息范围及其公开方式管理办法"，也均以构成要件为重点。我国台湾地区内幕交易惩罚性赔偿制度进化完善的过程表明这一制度确有存在的正当性和必要性。面对"内线交易犯滥，但司法却鲜少将其定罪之窘境。为促进资本市场之公平，平息投资人对市场之疑虑，并处罚此种行为，立法者希冀藉由内线交易构成要件之明确化，以增加成功论罪之比率，进而遏阻内线交易"②。台湾地区在判词中阐述道：禁止并制裁内幕交易之理由，即在资讯公开原则下，所有市场参与者，应同时、平等取得相同之资讯，任何人先利用，将违反公平原则。该行为本身已破坏证券交易制度之公平性及健全性，足以影响一般投资人之权益而应予禁止。③

（三）内幕交易惩罚性赔偿制度的框架结构

1. 内幕交易惩罚性赔偿的请求权主体

我国《证券法》第 53 条第 3 款规定："内幕交易行为给投资者造成损失的，行为人应当依法承担赔偿责任。"从此规定看，受到损失的投资者是损害赔偿请求权人。但该条文规定颇显粗糙，缺乏可操作性。故，有学者主张，内幕交易损害赔偿请求权主体包括两大类：非集合竞价内幕交易的反向投资人和集合竞价内幕交易的反向投资人。④ 此种关于损害赔偿请求权主体的观点从一般损害赔偿的角度看，应无非议，但是，从惩罚性赔偿的角度则应仔细斟酌。

笔者认为，非集合竞价方式内幕交易的反向投资人不宜作为惩罚性赔

① 赖英照．证券交易法逐条释义（四）．台北．自刊，1991：531.
② 赖英照．证券交易法逐条释义（四）．台北．自刊，1991：531.
③ 1998 年度台上字第 1606 号判决。
④ 王江凌．内幕交易民事责任主体问题研究．国家检察官学院学报，2006（1）：138.

偿请求权主体。非集合竞价方式的内幕交易特点在于一方当事人掌握利好或利空信息，并利用信息优势与对方当事人在证券交易所之外面对面、自愿协商订立证券交易合同。内幕交易人从中获得的所有利益均为与其直接交易的反向投资人一人的损失结果，对整个证券市场大多数投资者没有造成实质意义上的损害，也没有损害大多数投资者投资的热情与信心，甚至对证券市场的秩序及稳定没有造成伤害，即该种内幕交易行为没有造成社会整体利益的损害，或者对社会整体利益没有造成多大的损害。没有借助惩罚性赔偿填补损害的必要性，该因与内幕交易人交易而受损失的反向投资人可以作为一般损害赔偿请求权主体起诉请求一般损害赔偿。

集合竞价方式的内幕交易的反向投资人是惩罚性赔偿请求权的主体。但须具备一定的条件：（1）主观善意。即于进行集合竞价方式的证券交易时不知道，也不应当知道内幕交易人利用利好或利空信息在证券市场从事内幕交易。证券交易后得知的，不影响善意的认定。（2）相反交易。即以集合竞价方式进行的与内幕交易人交易方向相反的证券交易。内幕交易人利用信息优势在证券市场上获利，是证券市场的财富自相反投资人向内幕交易人涌流的结果，相反投资人遭受损失。与内幕交易人方向相同，并期间相同的证券投资人尽管不知道内幕信息，但因与内幕交易人交易方向相同而获得暴利，或者免遭损失，是受益人，而非受害人，故不可作为惩罚性赔偿请求权主体。（3）同时交易。所谓同时交易是一个相对的概念。相反投资人数众多，与内幕交易人的配对交易人无法确定，以同时交易的概念在众多反向投资人中确定最接近的反向投资人。关于将何时参与证券市场的反向交易认定为同时交易，理论与实践中形成了三种观点：其一，始于内幕交易开始，终于内幕交易结束。这种观点最符合"同时"的字面含义。其二，始于内幕交易开始，终于内幕交易行为结束后一段合理的时间。这种观点源于违法行为发生后，必然对证券价格产生影响，而违法行为结束后，此影响并非立即消失，而可能要持续一段时间。其三，始于内幕交易开始，终于正确信息披露为止。这种观点从信息披露的角度出发，最符合内幕交易的定义。[①]笔者认为，前三种观点尽管各有其可取之处，

---

① 于莹. 证券法中的民事责任. 北京：中国法制出版社，2004：228-229.

但"当日交易"较之前三种观点都更具操作性和合理性。即惩罚性赔偿请求权的主体应当界定为集合竞价方式下当日、善意从事与内幕交易相反交易的投资者。我国台湾地区证券交易法的立法实践证实了这一点。①

总之，集合竞价方式下当日、善意从事与内幕交易反向交易的投资人为惩罚性赔偿请求权主体。

2. 内幕交易惩罚性赔偿额的基点

关于内幕交易惩罚性赔偿额基点的界定，不外乎有两种方法：第一，以当日、善意与内幕交易人反向交易的投资人因内幕交易而遭受的损失额为准认定；第二，以内幕交易人获利或者得以避免的损失的数额为准认定。不否认无论以反向投资者的损害为基点，还是以内幕交易人的受益或避免损失为基点可能会得出相同的数据或相近似的数据，但既然惩罚性赔偿的主要功能在于填补损害，在此基础上实现惩罚与阻却功能，那么，以反向投资者的损害为基点更合乎论证逻辑。

接下来的问题是如何计算当日、善意从事反向交易投资者的损害。我国台湾地区 1988 年的"证券交易法"规定以消息未公开前内幕交易的反向投资者买入或卖出该股票的价格与消息公开后 10 个营业日收盘平均价格之间的差额为准计算反向投资者的损失。之后，证券交易法虽经三次重大修改，但对此损失额的认定没有任何修改。但是，消息公开后多长时间内能够发生价格的颠覆性变化受很多因素的影响，因个案投资者对信息的反应及其他情形不同而有区别，严格以"10 个营业日收盘平均价格之间的差额"为准计算会导致因内幕交易而遭受损失的反向投资者获得补偿的不均衡，因此，应当赋予法官裁量权，法官可以根据个案的实际情况公正合理地作出决断。

3. 可见损害倍数的合理性

纵观各种惩罚性赔偿可见损害的倍数的认定，或者惩罚性赔偿数额的认定，有几种方法：第一，法律明确规定可见损害的倍数，法官只能依据法律的严格规定认定惩罚性赔偿额。例如，美国亚拉巴马州规定造成身体

---

① 历经多年的司法实践，我国台湾地区于 2006 年修改"证券交易法"时，将惩罚性赔偿请求权主体界定为"当日善意从事相反买卖之人"，2010 年的"证券交易法"对此修改予以肯定和坚持。

损害的案件中，惩罚性赔偿的数额为实际损害数额的三倍，或者 150 万美元以内。这种做法为比较通行，佛罗里达州、爱达荷州、伊利诺伊州、印第安纳州、内华达州、新泽西州、俄亥俄州、俄克拉荷马州等均以此种方法确定惩罚性赔偿额。[①]我国的《消费者权益保护法》规定惩罚性赔偿为可见损害的一倍，《食品安全法》规定惩罚性赔偿为可见损失的 3 倍，或者价款的 10 倍。第二，法律规定一个幅度，由法官在这个幅度内决定合理的倍数，或者认定惩罚性赔偿额。美国阿拉斯加州规定惩罚性赔偿额在 50 万美元的三倍以内，最多不超过四倍。第三，法律将裁量权完全赋予法官，法官决定可见损害的倍数，或者惩罚性赔偿的数额。美国最高法院在 1996 年的 BMW of North America，Inc. v. Gore 案[②]中首次明确指出惩罚性赔偿应当与可见损害具有合理的关系，并在之后 2007 年的 Philip Morris USA v. Williams 案中[③]继续坚持 BMW 案所确定的"合理的关系"标准，并明确指出惩罚性赔偿数额认定只能以原告所蒙受的实际损害为基点，而不得以被告相同行为对其他人造成的同类损害为基点。[④] 我国《民法典》第 1185 条、1207 条、1232 条未对惩罚性赔偿的合理倍数予以规定，而是将裁量权赋予法官。[⑤]

关于内幕交易的惩罚性赔偿的计算，我国台湾地区与美国的证券交易法均采取上述第二种态度，即确定一个幅度，在这个幅度内，法官有一定

---

① American Tort Reform Association：http：//www. atra. org/issues/index. php？issue＝7343.［2010－01－20］.

② 517 U. S. 559，116 S. Ct. 1589，134 L. Ed. 2d 809（1996）.

③ 127 S. Ct. 1057（2007）.

④ 但美国最高法院的这种态度被 2008 年的 Exxon v. Baker 案打破，在这个案件中美国最高法院首次提出"惩罚性赔偿数额是受害人可见实际损害的一倍"［128 S. Ct. 2605，2633（2008）］。

⑤ 经济分析的方法为将惩罚性赔偿数额同损害填补赔偿相联系的做法提供了理论支持。为了使惩罚性赔偿发挥促进效率并维护公平的作用，罗伯特·考特先生提出了新的公式：假设完美赔偿的数额为 10，发现和证明侵权并使侵权人承担责任的可能性为 50%，则惩罚性赔偿的数额为 10/50%＝20，他将其命名为"交互式规则"，依据此公式，惩罚性赔偿的倍率等于发生责任认定错误概率的倒数。A. Mitchell Polinsky 先生和 Steven Shavell 先生支持了考特先生的公式，他们将损害作为 h，行为人承担责任的可能性为 p，则科处惩罚性赔偿时总共需要赔偿 h/p，为了避免双重赔偿或过分赔偿问题，应当减去 h，故惩罚性赔偿的数额为 $[(1-p)/p]*h$。该公式不同于美国法中主流观点所主张的宪法限制，而是依据普通法以损害填补为主要功能的侵权法规则、从惩罚性赔偿本身的机制提供的一种制度设计。

的裁量权。但是，我国台湾地区和美国仍有些许差异。我国台湾地区的证券交易法原则上以反向投资人可见损害的三倍认定惩罚性赔偿，情节轻微的方得以适当减少，美国《证券交易法》规定了一个上限——内幕交易人获利或者避免的损失数额的三倍，或者一百万美元。法官可以在此限度内根据个案的具体情形自由行使裁量权。

经济发展的情况直接作用于证券市场。经济生活中有多少因素影响上市公司的业绩不在上市公司，甚至不在国家管理部门的预料和掌控之中。内幕交易行为将给证券市场及整个国家经济的增长带来何种程度的破坏，以及惩罚性赔偿以可见损害的几倍认定较为合理非立法者所能预知和科学计算的。鉴于此，对于惩罚性赔偿额的计算，不应严格规定可见损害的倍数，应当赋予法官一定的裁量权，在个案中根据内幕交易给社会整体利益造成的损害程度予以认定。当然，还应当考虑法官的判断能力和司法环境等各种复杂情况，对法官的裁量权予以一定的限定。我国台湾地区与美国的惩罚性赔偿的认定，在赋予法官裁量权的同时，又予以一定的制约这一点对我们具有极其重要的借鉴价值。

鉴于我国幅员辽阔，人口众多，证券市场投资人规模庞大，上市公司发展受各种可变因素影响等多种原因，惩罚性赔偿额应当在可见损害的2-5倍之间。在此之间，由法官根据个案的具体情况决定合理的倍数。法官确定倍数应当参照的因素包括：第一，被告人的过错程度；第二，内幕交易行为导致的社会整体利益损害的程度；第三，被告人清偿能力；第四，原告受害的程度。①

五、通信工具大规模侵权惩罚性赔偿制度的构建

《民法典》第 1194 条规定了互联网侵权责任的特殊规则，开启了信息

---

① 美国路易斯安那州法院在界定在 1985 年 Watson v. State Farm Fire and Casualty Insurance Co. 案确定的标准："a. 行为是否出于轻率或者涉及事先知晓风险；b. 行为造成危险的巨大程度；c. 行为所追求目的的重要性；d. 行为人的能力大小；e. 是否存在促使行为人欠缺考虑而仓促行动的具体情形"〔Watson v. State Farm Fire and Casualty Insurance Co. 469 So. 2d 967 (La. 1985)〕。路易斯安那州第一巡回上诉法院在 Angeron v. Martin 案中考虑的因素："a. 原告损害的种类和受损程度；b. 被告的财富和经济情况；c. 被告侵害行为的性质；d. 被告侵害行为对于正义和公理的践踏程度"（Angeron v. Martin . 649 So. 2d 40；1994 La. App. LEXIS 3628）。

时代侵权法规制现代化通信工具大规模侵权行为的全新课题。时至今日，随着现代化通信工具的不断发达，人与人之间交往的频率和程度都达到了史无前例的高度，"地球村"的寓言日益成为现实。然而，连"村庄"这一意象都未能涵盖的深刻现实是：即使是原始的群落，只要存在私人和个体意识，人与人之间也会存在樊篱和隔阂；在信息爆炸的今天，现代化通信工具在带给人们无限便利的同时，也直接或间接地导致了人与人之间自我保护性隔绝措施的失效，人们被迫无时无刻地与他人交换信息，人的个体性也受到前所未有的威胁。比较典型的例子是：人们的手机、电子邮箱和微信、传真等现代化通信设备无时无刻不受到垃圾信息的侵扰。人们被迫毫无防备地与这个世界结合，在全世界闪烁的目光中，每个人都像是新生儿一般无助。这种情况滋长了私人信息泄露、侵犯隐私、通讯欺诈、冒名顶替和侵扰私人生活安宁等恶劣侵权行为的发生。这些不分时间、地点和场合，不计后果的大规模侵权行为，不仅给受害人造成了巨大的伤害，也严重地扰乱了社会秩序。有必要通过设计和论证适用惩罚性赔偿制度的合理性和正当性，在《民法典》的逻辑强制和体系规范之中，治理现代化通信工具大规模侵权行为。

（一）通信工具大规模侵权行为的种类与特点

1. 现代化通信工具大规模侵权行为的种类

现代化通信工具本身的危险性造成他人权益的损害（如生产销售一批存在严重安全隐患的手机造成大量人员伤亡），以及行为人利用现代化通信工具针对特定人实施的侵权行为（如在互联网上诽谤他人名誉、泄露他人隐私）已经得到现行法较为完善的救济，故不在本文探讨范围之内。本文所称现代化通信工具大规模侵权，意指行为人利用现代化通信工具向不特定众多人实施的使众多受害人遭受损害，自己获得巨大利益的恶劣行为。

（1）利用现代化通信工具向众多人发送垃圾广告。

广告行为人通过窃取、购买或者号码自动生成系统等手段掌握大量手机、传真、邮箱、微信等个人信息，并利用所掌握的信息向众多不特定人发送垃圾广告。通过此种方式发送广告较之通过媒体发布广告，具有成本低、收效大的优势。然而，对于无意接收广告的人却是一种灾难，在美国

的一起案件中，行为人通过传真连续几个月内向同一位受害人发送近百封内容是宣传金融服务的垃圾广告①，严重干扰了受害人的日常生活，受害人不仅仅因为接收垃圾广告而遭受精神损失，还因损耗打印纸、墨粉、电力而遭受财产损失。通过电话发送垃圾广告，尽管不会发生打印纸、墨粉等损耗，但仍会给受害人正常生活或工作造成干扰，如果受害人接收时在异地或在国外，受害人还将遭受电话资费的损失。垃圾广告传播的另一种更便捷的方式是通过网络发送，这种传播似乎不会打扰受害人的日常生活和工作，但仍会导致受害人的财产损失和精神损害。通过网络发送垃圾广告有两种渠道，一种是通过窃取电邮地址或自动生成系统发送垃圾广告至受害人的电子信箱中，尽管各大网络服务商已经将邮件进行分类，但是仍有分类不准的可能，导致一些重要文件归类于垃圾邮件中，而垃圾邮件归类于收件箱中。阅读、甄别、删除垃圾广告给接收者造成时间、电力，以及网络资源的浪费，甚至有可能遭受误将正常邮件当作垃圾邮件删除或屏蔽的不幸，由此导致受害人产生巨大的精神压力和痛苦。另一种是通过网络直接发送至电脑页面，只要网络有链接，商家的广告便不断地跳跃在电脑屏面上。不断跳跃的商家广告常常遮住工作页面，使受害人的工作状态受到严重影响，从而危害受害人正常的生活和工作。总之，利用现代化通信工具发送垃圾广告，不仅使接受广告之人遭致财产损害，其私人生活安宁也受到极大的伤害。《民法典》第1032条将私人生活安宁与私密空间、私密活动、私密信息一起界定为隐私权的客体，第1033条将"以电话、短信、即时通信工具、电子邮件、传单等方式侵扰他人的私人生活安宁"认定为侵犯隐私权行为。这种侵权行为在现实生活中频频发生，甚至无人可以幸免。从现在的情形看，即便《民法典》实施，这种行为仍难以规制，受害人仍难以获得救济，唯有惩罚性赔偿能弥补这种遗憾。

（2）诱使回拨电话以套取话费。

行为人利用购买、窃取或自动生成系统获得的电话微信、邮箱等私人信息，以各种手段诱使机主回拨电话、回复微信或短信、点击链接，从而套取电话资费骗取钱款。侵权人手段繁多，花样百出受害人防不胜防。常

---

① Dawson v. American Dream Home Loans，2006 WL 2987104 Ohio Co.

用的手段是群拨电话，并在极短时间内挂断，诱使机主，尤其是等待重要来电的机主回拨电话。另一种手段是窃取 QQ 号及身份等信息，发送短信："某某，我想你了，有时间给我回电话"，待回复电话时里面响起资费昂贵的音乐。最为可耻的手段是拨通电话后播放语音："这里有你的刑事传票，限你 24 小时内前来领取，否则将采取强制执行措施。欲知详细情况，拨打电话×××××号。"这种近乎卑劣的手段在给机主造成电话资费损失的同时，还会给缺乏法律常识的机主带来恐慌和心悸。

（3）诱使下载软件获取资费。

行为人获取个人信息，发送下载软件的通知，并有意造成无偿下载的假象，导致受害人下载软件费用的损失。行为人以某品牌手机及经销商的名义发送以"服务信息"为名的短信信息，通知下载消毒软件，受害人相信是该品牌手机的特殊服务，下载了软件，结果扣除资费若干元，非但如此，下载的软件为病毒软件，导致所有的信息无法收取，造成了无法用金钱衡量的精神损害和机会利益损失。

（4）变相强制消费获取资费。

通信公司为了获取更大的利益向众多手机使用人增设名目繁多的服务项目，同时为取消这种有偿服务设置了极其烦琐的程序，并告知手机使用人可以通过其设置的程序取消增设的服务，依据《民法典》第 480 条的规定："承诺应当以通知的方式作出，但根据交易习惯或者要约表明可以通过行为作出承诺的除外。"如果手机使用人未按要求取消服务，似乎可以认为使用人对增设特殊服务项目的要约的承诺，通信公司收取服务费用具有正当性。但是，对于因年长或工作繁忙而无暇或无能力按照其设置的程序取消服务的使用人而言，等同于被剥夺了自主决定权，被迫接受通信公司增加的有偿服务，致使手机使用人的财产在其毫不知情的情况下从手机账户慢慢转移至通信公司，甚至给使用人造成更大的损失。与上述侵权行为一脉相承的另一种行为是强迫受害人承担因拒绝继续接受行为人发送的信息或取消有偿定制而产生的费用。通信公司向众多手机使用人发送垃圾广告，甚至不属于垃圾广告的一般信息，并告知如果不想继续接收此类信息，可以通过发送短信的方式通知"拒绝接受"；或者，通信公司增设有偿服务项目，告知使用人依照其设置的程序短信回复拒绝接受服务。表面

上人性化的服务暗藏着利用短信收取费用的目的，以一条短信一角钱计算，全国若有一亿手机使用人回复此类短信，仅此一项，通信公司即可获益一千万元人民币。

（5）利用网络窃取账号等重要信息诈骗钱财。

行为人注册网络平台，设计精美网页，以学校出毕业年刊等各种理由诱使有意者点击链接，输入信用卡号等重要信息，即便有意者未填写重要信息或者填写信息未提交，只要点击链接，行为人即可窃取到银行账号等重要信息，并通过信息实施诈骗；行为人在微信朋友圈、QQ、支付宝等软件上发布广告招聘兼职，通过应聘者填写应聘信息，获取联络方式实施电信诈骗；行为人以各种理由诱使受害人扫描支付宝、微信二维码的方式或者购买淘宝虚拟产品的方式骗取钱财；以游戏玩家购买游戏装备、网络投资理财、网购门票、网购物品质量赔款、冒充客服退款等方式骗取钱财。总之，利用网络骗取钱财的手段花样日益翻新，不胜枚举，受害人稍不警觉即可能落入侵权人的圈套，丧失钱财。

2. 行为特点

（1）行为貌似合法。

行为人的行为尽管给广大的受害人造成财产以及精神的损害，行为人也从中获得不应当得到的巨大利益，但迄今为止，我国尚无法律明确禁止利用现代化通信工具发送广告等行为。因此，行为人自称其行为不具有不法性，从而通过该行为获取暴利。这已成为在现行法框架下对行为人的行为予以法律制裁的巨大难题或障碍。

（2）行为隐蔽。

行为人多以无记名号码或者貌似于 95×××、100×× 类的特服号码，或者难以辨识身份的邮箱、微信、QQ 等向受害人发送广告或者信息，行为极其隐蔽。受害人无从得知行为人是谁，在何处。寻找加害人的成本远比受害人获得的赔偿大。

（3）行为导致的单个受害人的物质损害小。

单个受害人在现代化通信工具大规模侵权行为中遭受的损害主要表现为微量的电力、印刷成本、时间利益、短信费用、电话费用等物质性损害，以及私人生活安宁的侵扰。依据我国传统侵权法理论，"对于极少量

的财产损失或极其轻微的人身、精神损害，法律则不认为有必要进行补救"①。这种数额不大的损害因其欠缺法律上的可救济性因此会被侵权责任法所忽略。而且，即便是可以予以救济，也因为诉讼成本远高于经诉讼得到的赔偿，受害人宁愿遭受损失，也不愿意向行为人主张权利。

（4）行为人不当获益巨大。

行为人向不特定的众多人实施侵权行为，所有被行为人猎取个人信息的人均在行为人侵害范围之内。行为人在每一个侵权行为中都将获得巨大利益。以回拨一个电话获利一角钱计算，一亿个回拨电话即可获利一千万元。

（5）社会利益损害严重。

行为人利用现代化的通信工具大规模侵权给社会大多数人正常的工作生活秩序造成不良影响，甚至是破坏。在美国的一起案件中，行为人雇佣一名广告人在 2006 年 6 月短短两天的时间内向 8 336 个医疗机构或者与之相关行业的受害人发送宣传自己销售的医疗设备的垃圾广告邮件②，这种行为严重影响了众多医疗机构或相关行业的正常信息传播，严重破坏了整个医疗行业的信息交流和信息共享的正常秩序和运行机制。

（二）惩罚性赔偿制度构建的美国法先例

手机和互联网作为现代化通信工具的代表均诞生和繁荣于美国，美国也最早深受现代化通信工具大规模侵权之害。自 1991 年美国联邦《限制使用电话设备法》（Restrictions on use of telephone equipment）规定了故意或者明知向众多人发送垃圾广告的惩罚性赔偿制度。此后，其他相关法律也相继出台，如 2003 年的《控制垃圾黄色信息和垃圾促销信息法》（Controlling The Assault Of Non-Solicited Pornography And Marketing）和 2010 年的《防止滥用电话促销法》（Tele-marketing Sales Rule）等。几十年的审判实践经验证明，对现代化通信工具大规模侵权适用惩罚性赔偿制度，既可以有效地填补社会整体利益的损害，又能够激励受害人主张权利的积极性，并且以最小的成本遏制恶

---

① 张新宝. 侵权责任构成要件研究. 北京：法律出版社，2007：123.

② Exclusively Cats Veterinary Hosp. v. Anesthetic Vaporizer Services，2010 WL 5439737 (E. D. Mich.).

性的侵权行为。

1. 关于行为的不法性问题

通过现代化的通信工具，巧妙地掠夺众多人的财产，以获取自己最大利益的行为，应当得到法律的制裁和规制。而行为的不法性是科以惩罚性赔偿责任的首要前提。美国联邦《限制使用电话设备法》对通过电话、传真、电脑或其他设施发送广告须具备的条件作了严格规定：第一，向已经建立商业关系的客户发送广告；第二，收信方基于与发信方之间存在商业关系自愿提供号码，或者收信方在电话本、广告或因特网上自愿留下自己的传真号码以供联系；第三，广告本身符合商业广告的硬性要求①，如广告内容必须于第一页清晰明了地表明，发送人在发送这种商业广告之前必须获得接收人同意等。非具备上述条件，通过电话、传真、电脑或者其他设备向未经同意接收广告的人发送宣传自身商业能力以及财产或者服务质量的广告属于违法行为②，这类广告被称为垃圾广告。③《限制使用电话设备法》［47 U. S. C. 227］第（b）（2）（D）条规定：如果发送方在发信时留下了拒绝继续接收此类信息的联系方式，接收方通过此种方式取消定制时必须承担费用的，则无论发送方发送的信息是否构成垃圾广告，也会因为迫使接收方承担有偿联系的费用而被定性为垃圾广告，具有不法性。《联邦贸易法案》（Federal Trade Commission Act，15 U. S. C. 45）第（1）条规定：任何通过不正当的方式竞争或影响交易的行为，以及任何通过不正当或欺诈的方式影响交易的行为，均违反本法。因此，类似于通信公司以各种名目实施的强制消费行为违反了《联邦贸易法案》（15 U. S. C. 45）第（m）（l）（A）条的规定，具有不法性。

2. 关于惩罚性赔偿制度的适用范围问题

（1）发送商业营利性质的垃圾广告。

违反前述法律规定之情况，即是向他人发送垃圾广告，应承担惩罚性赔偿责任。如果行为人以盗窃、购买或利用号码自动生成系统或地址自动生成系统获取的号码和地址大规模地向不特定的众多人发送广告，即使发

---

① Restrictions on Use of Telephone Equipment，47 U. S. C. 227，（b）（1）（C）.
② Restrictions on Use of Telephone Equipment，47 U. S. C. 227，（b）（1）（B），（C）.
③ Restrictions on Use of Telephone Equipment，47 U. S. C. 227，（1）（5）.

送的内容并不满足垃圾广告的要求，也必须承担发送垃圾广告所必须承担的惩罚性赔偿责任。"自动生成系统"通过特殊功能的设备有序地产生、存储和生成电话、传真号码或电邮地址，再通过该设备的特殊功能拨打电话，群发短信、电子邮件或传真邮件。① 通过使用这种自动生成系统，行为人不必去了解每一个接收者的具体信息，而只要进行"地毯式"的大规模发送行为即可达到自己传播信息的目的。除了上述垃圾信息大规模侵权的行为之外，由于这种利用号码自动生成系统的侵权行为所威胁的潜在受害人甚多，而且行为人的心态又多是故意或者不计后果，因此，美国法制裁这种行为时采取极为严厉的态度，科以惩罚性赔偿责任。

（2）冒用他人身份获取利益。

现代化通信工具的高速发展，使行为人更加轻而易举地获取他人身份信息，并且利用电子商务的漏洞假冒他人，并利用假冒的身份侵害他人权益，最终造成大规模的私人损害和社会性损害。典型的冒用他人身份获取利益的案件是冒用他人为家庭日常生活需要而设立并反复使用的信用卡、银行账户、抵押贷款、汽车借贷、保证金账户、手机银行、水电费账户、支票账户或储蓄账户。美国法通过实体法将冒名顶替他人的侵权行为从一般司法救济中独立出来，并注重加强对受害人的救济。②行为人在发送电子邮件时，即使发送人地址、身份或使用的姓名为虚假，只要内容和主题均为真实，就会因为冒用他人身份而可能承担惩罚性赔偿责任。③ 此外，美国法不仅规定了直接侵权行为人必须对受害人承担责任，也规定了相关服务的提供者必须对使用自己服务的消费者的身份信息负有保护义务。例如，当消费者可能因身份被盗窃而蒙受损害时，那些收集和管理消费者信用信息的机构必须及时对消费者提出警告④，一旦相关服务的提供者未能

---

① Restrictions on Use of Telephone Equipment，47 U. S. C. 227，（a）（1）.

② Nicki K. Elgie，"Identity and Data Loss：The Identity Theft Cat-and-Mouse Game：An Examination of the State and Federal Governments' Latest Maneuvers"，*Journal of Law and Policy for the Information Society*. 2008～2009，（4），Winter.

③ Controlling The Assault Of Non-Solicited Pornography And Marketing，15 U. S. C. 7704（a）（1）（A）.

④ Consumer Credit Protection，15 U. S. C. A. 1681c-1.

履行这种义务导致消费者蒙受损害，就必须对消费者承担民事责任；一旦服务的提供者故意违反这种保护性义务，就将导致惩罚性赔偿。

（3）通过诱使接收方有偿回拨电话套取电话费。

费用发送方纯粹地以诱使回拨的方式诈取通信费用，将承担惩罚性赔偿责任。首先，行为人需要承担违反《限制使用电话设备法》（47 U. S. C. 227）第（b）（1）（B）、（C）条规定的责任。其次，依据《联邦贸易法案》（15 U. S. C.）第 45（m）（l）（A）条的规定，行为人应当为自己每一次的违反行为承担不超过 10 000 美元的惩罚性赔偿。例如，在 U. S. v. Comcast Corp 案①中，被告电信公司和第三方合谋，拨打了 900 000 次诱使回拨的电话以诈取资费，因此，法院判决被告承担 900 000 美元的惩罚性赔偿。

（4）通过欺诈性链接的电子邮件套取由此产生的资费

依据 2003 年《控制垃圾黄色信息和垃圾促销信息法》［15 U. S. C. S § 7704（a）（1）］的规定：“任何人通过商业性、交易性或者其他关系下的电子邮件向其他受保护的电脑传播包含或者附带标题信息为重大误导性或虚假性内容的信息均违反本法。”如果行为人发送的电子邮件中包含诱使接收方在不知情的情况下点击并因此产生资费的链接，将承担违反该法的责任。②

（5）强迫接受有偿服务或者强迫有偿取消定制

行为人强迫受害人接受某种有偿电信服务③，或者尽管是无偿服务，若取消该种服务必须支付因取消服务产生的费用④，亦严重侵害众多受害

① No. 09 1589，2009 WL 1181046（E. D. Pa.）.

② Tagged，Inc. v. Does 1 through 10，No. C 09-01713 WHA.，2010 WL 370331（N. D. Cal.）.

③ 行为人可以强迫众多受害人接受有偿短信服务，如果受害人并未自行取消该项服务而是基于各种原因一直保持沉默，行为人将因此继续获得收益。由于行为人在剥夺了受害人决定权的基础上获取了不当利益，其行为违反了《联邦贸易法案》（15 U. S. C. 45）第 1 条关于“任何通过不正当的方式竞争或影响交易的行为，以及任何通过不正当或欺诈的方式影响交易的行为，均违反本法”的规定，也必须依据《联邦贸易法案》（15 U. S. C. 45）第（m）（l）（A）条的规定承担惩罚性赔偿责任。

④ 一旦行为人要求受害人必须承担因取消这种有偿服务而产生的费用，则违反了《限制使用电话设备法》（47 U. S. C. 227）第（b）（2）（D）条的规定：如果发送方在发短信时留下了拒绝继续接收此类信息的联系方式，但是一旦接收方通过此种方式取消接收此类信息时必须承担费用，则无论发送方第一次发送的信息是否构成垃圾广告，也会因为迫使接收方承担有偿联系的费用而承担垃圾广告侵权责任。因此，即使行为人仅仅向受害人发送了一条并不属于垃圾广告的短信，而且该短信中包含了一种拒绝继续接收此类信息的方式，只要受害人因为遵循行为人提供的这种方式，在拒绝继续接收此类信息时承担了费用，则行为人也必须承担向他人发送垃圾短信的侵权责任。

人的消费自主权，同时对社会大众的自由、自主和生活安宁也造成了严重威胁。行为人须承担惩罚性赔偿责任。

3. 关于惩罚性赔偿的数额

美国法采用法律规定与法官裁量权相结合的方式认定惩罚性赔偿的数额。具体有三种认定方法。第一，原告可以证明实际损害的，在实际损害的三倍以内确定惩罚性赔偿额。《电话用户保护法案》、《限制使用电话设备法》以及《控制垃圾黄色信息和垃圾促销信息法》均规定法官有权在原告举证的实际损失的三倍以内予以认定。原告可以证明的实际损害包括物质损害、精神损害和纯粹经济损失。物质损害包括因接收垃圾传真和电子邮件而耗费的打印纸、墨粉以及电力[①]，因接听垃圾广告电话而浪费的电话费（尤其是国际漫游费用），因手机诈骗损失的财产和因强迫定制有偿服务或有偿取消服务损失的财产等；精神损害包括接收垃圾广告导致的精神痛苦，阅读垃圾短信和电邮带来的烦恼困扰，因诱使回拨导致的强烈的厌恶感；纯粹经济损害包括接收传真并阅读垃圾广告浪费的时间，因接收传真或邮件耽误工作或接收其他更重要的传真或邮件的机会，受害人因为阅读垃圾广告、删除垃圾广告浪费时间、影响工作或生活等。第二，原告的损害无法计算，或者虽能计算但不足 500 美元，以 500 美元确定惩罚性赔偿额。《限制使用电话设备法》（47 U. S. C. 227）第（b）（3）（B）条规定："私人可以对违反本法的行为造成的实际损害请求赔偿，或者当实际损害不满 500 美元时依 500 美元起诉。"第三，损害赔偿额以 250 美元为基数乘以违法次数计算。2003 年《控制垃圾黄色信息和垃圾促销信息法》（15 U. S. C. S，§ 7706）第（f）（3）（A）条规定："损害赔偿的数额为 250 美元乘以违法次数。"

（三）通信工具大规模侵权惩罚性赔偿制度构建的必要性

1. 惩罚性赔偿制度是填补特殊损害的有效途径

"我国现行民事立法虽然已经相当完善，但仍然难以完全适应尚处于转型时期的我国经济、社会的发展。"[②] 现代化通信工具大规模侵权所导

---

① Centerline Equip. Corp. v. Banner Pers. Serv.，545 F. Supp. 2d 768，2008.

② 王利明. 民法总论. 北京：中国人民大学出版社，2009：94.

致的损害，尽管从理论上属于《民法典》的救济范畴，但客观上这种救济很难奏效。从美国法的司法实践看①，惩罚性赔偿制度的适用是摆脱侵权法困境，有效填补损害的唯一可行的途径和方法。

（1）填补《民法典》尚难以涵盖的精神损害

《民法典》第1183条和第996条对精神损害赔偿进行了规定。第1183条规定："侵害自然人人身权益造成严重精神损害的，被侵权人有权请求精神损害赔偿。因故意或者重大过失侵害自然人具有人身意义的特定物造成严重精神损害的，被侵权人有权请求精神损害赔偿。"《民法典》第996条规定："因当事人一方的违约行为，损害对方人格权并造成严重精神损害，受损害方选择请求其承担违约责任的，不影响受损害方请求精神损害赔偿。"由此两条规定得知，其一，《民法典》对精神损害赔偿的规定主要限定在人身权益遭受损害致使精神损害的范畴，第996条将精神损害赔偿的保护范围扩张至违约行为造成的损害，但仍以人格权损害导致精神损害为前提；其二，受害人提起精神损害赔偿之诉，以其遭受"严重精神损害"为前提要件。这两个方面的限定性规定，使得精神损害赔偿具有极大的局限性。

在现代化通信工具大规模侵权的案件中，因为现行法的限定性规定导致部分精神损害难以得到救济。一方面，被告的行为没有侵犯原告享有的、现行法认可并提供救济的民事权益，尽管导致原告蒙受了精神损害，原告也得不到救济。前面列举的诸多侵权行为中，有侵扰私人生活安宁的成分，《民法典》确将私人生活安宁界定为人格权的保护范围，但更多的侵权行为所致的损害是财产损害，不在现行法精神损害赔偿的范围内，而

---

① 美国法中，惩罚性赔偿制度可以适用于通过电话和传真进行的大规模侵权案件，依据美国法（47 U. S. C. 227）《限制使用电话设备法》（Restrictions on use of telephone equipment）的规定，"若法院认为被告明知或故意地违反本法，法院可以依据自由裁量权判决原告获得第（B）规定的数额三倍以内的损害赔偿。"惩罚性赔偿制度也可以适用于通过电子邮件进行的大规模侵权案件中，依据《2003年控制通过垃圾黄色和促销信息法案》（Controlling The Assault Of Non-Solicited Pornography And Marketing）的规定，法院可以在行为人严重违反本法的情形下加重其责任，但不得超过本法确定的损害赔偿的3倍。美国法中都将惩罚性赔偿制度应用于极端恶劣的、涉及身份盗窃的大规模侵权中。Mignon M. Arrington. Establishing Appropriate Liability Under the Fair and Accurate Credit Transactions Act. 15 North Carolina Banking Institute 383. 2011, March.

且个体损害不大。依据我国传统侵权法理论，这种极小的损害因其欠缺法律上的可救济性因此会被侵权责任法所忽略，"对于极少量的财产损失或极其轻微的人身、精神损害，法律则不认为有必要进行补救"①。因此，原告因蒙受这种为侵权责任法所忽视的物质性损害而造成的严重精神损害也得不到侵权法的有效救济。另一方面，虽然被告侵害了原告受现行法保护的物质性人格权益，但是造成的精神损害程度不能达到"严重"，则原告同样得不到救济。在 2006 年的 Dawson v. American Dream Home Loans 案②中，三名原告在 2002 年至 2003 年期间分别收到了被告发送的32 封、38 封和 16 封宣传被告提供的房屋贷款的垃圾广告传真。这些垃圾广告给原告造成的物质性损害极小，但是这种在一年内连续不断地骚扰原告的行为，干扰了原告工作和生活的安宁，无疑给原告造成了精神损害。三名原告依据《限制使用电话设备法》确定了最低 500 美元的损害赔偿求偿。在 2006 年的 Dawson v. Global Quality Assurance 案③中，13 名起诉的原告每人收到数量不等的垃圾广告传真，最多的 13 封，最少的 1 封，大部分原告收到 5 封以内。此案中，每位原告个人蒙受的精神损害都十分有限，明显达不到我国法律要求的"严重"程度，因此难以得到我国法律的救济，但是，被告的行为造成原告们整体上蒙受了严重的精神损害。如果侵权责任法不提供救济则难谓公平与正义。这种由多名原告分担损害导致个体蒙受损害难以得到救济的典型社会性损害将在下一部分展开讨论。

只有建立现代化通信工具大规模侵权惩罚性赔偿制度才能填补现行法难以涵盖的精神损害。美国侵权法中通过惩罚性赔偿制度，填补许多传统侵权法不提供救济的损害，最典型的为精神损害。1883 年的 Kilbourn v. Thompson 案④中，哥伦比亚特区最高法院大法官 Cox 就认为，大多数此类不实指控和非法禁锢案件中的损害都是精神上的，但是却只能依据物质损害受偿，这是不公平的。因此，"如果初审法院的陪审团认为惩罚性

---

① 张新宝. 侵权责任构成要件研究. 北京：法律出版社，2007：123.

② No. 06CV000513，N. E. 2d，2006 WL 2987104（Ohio Com. Pl. ）.

③ No. 05CV002783，N. E. 2d，2006 WL 2594982（Ohio Com. Pl. ）.

④ Kilbourn v. Thompson，1 MacArth. & M. 401；1883 U. S. App. LEXIS 2584.

赔偿是惩罚性质的，那么他们在本案中判处的惩罚性赔偿就是错误的；但是，我认为，本案中的惩罚性赔偿是填补损害性质的"。在现代化通信工具大规模侵权案件中，通过惩罚性赔偿制度，就可以为受害人提供更加全面完善的救济，涵盖上述被告的行为没有侵犯原告受法律保护的物质性人身权益，但是却导致严重的精神损害的情形，或者尽管被告侵犯原告的民事权益，但是原告并没有蒙受巨大的精神损害时原告为现行法忽视的损害。

（2）填补纯粹经济损害

依据我国传统侵权法理论，纯粹经济损害不能得到侵权法救济，"在承认纯粹经济损失的法域里，其遵守的是纯粹经济损失一般不赔偿的原则"[1]。在现代化通信工具大规模侵权的案件中，一些损害属于纯粹经济损害。在 2008 年的 Centerline Equip. Corp. v. Banner Pers. Serv. 案[2]中，被告多次反复向包括原告在内的不特定多数人发送垃圾广告传真。原告主张的实际损害包括："传真机打印这种垃圾传真所耗费的油印、纸张、耗材耗损和机器本身的耗损，以及原告阅读这种垃圾传真所浪费的时间和未能接受和阅读其他有用传真所造成的损害"。在这些损害中，如果说"传真机打印这种垃圾传真所耗费的油印、纸张、耗材耗损和机器本身的耗损"为实际损害，那么，"原告阅读这种垃圾传真所浪费的时间和未能接受和阅读其他有用传真所造成的损害"则为纯粹经济损害。[3] 两者相比，实际性损害极小，而纯粹经济损害极大。如果仅救济前者而忽视后者，将意味着，现代化通信工具大规模侵权对受害者造成的很多损害将不在侵权法救济的范畴之内。以拨打垃圾广告电话为例，"对于接到垃圾广告电话的恐惧可能迫使人们采取一种或者几种降低电话使用效率的措施，而这迫使社会承担的额外成本将明显大于垃圾广告创造的效益"[4]。这些为了避免接到垃圾广告而承担的额外成本，以及他人与其联系不便带来的机会利

---

① 张新宝. 侵权责任法立法研究. 北京：中国人民大学出版社，2009：427.

② 545 F. Supp. 2d 768.

③ 张新宝. 侵权责任法立法研究. 北京：中国人民大学出版社，2009：426.

④ Christopher T. Pickens, "Don't Call Us, We'll Call You：Why Telemarketers Are Tort Feasors", 17 *Albany Law Journal of Science & Technology* 626. (2007).

益损失都是现行法忽视的纯粹经济损害。又如在利用现代化通信工具进行的身份盗窃案件中，每一位受害者都需要耗费很长时间处理身份盗窃问题，10％的受害者至少耗费 55 个小时，另有 5％的受害者需要耗费 130 个小时①，在 TRW Inc. v. Andrews 案②中，原告就主张："自己因为被告的行为损失了时间和金钱，丧失了商业机会并且承担了不便和困扰"。这些额外成本都是现行法不予考虑的纯粹经济损害。鉴于现代化通信工具大规模侵权案件本身具有的这种特殊性，只有通过建立惩罚性赔偿制度才能有效地填补这种现行法不予保护的纯粹经济损害，实践公平与正义。在 Centerline Equip. Corp. v. Banner Pers. Serv. 案中，法院判决，依据《限制使用电话设备法》，被告须赔偿实际损害 500 美元，惩罚性赔偿 1 500 美元。

（3）填补社会性损害

社会性损害的含义为："由于被告广泛造成的损害而引起的应当获得赔偿的社会性损害，此种损害超出了原告受害人蒙受的损害"③。社会性损害包括了一种辐射性损害，意指超出了私人原告和不能确定身份特定个体所蒙受的个别损害以外，侵权行为给全体社会关系造成的损害。④ 行为人的不法行为破坏了自由社会的秩序，他的行为使他具有了高于他人的"自由"，从而违反了法律面前人人平等的基本原则。这种违背法律面前人人平等原则的行为同时是对主权国家宪法及法律制度体系的背叛。因此，这种将自己置于主权国家之上的不法行为损害的不仅仅是受害人的私人利益，还有作为主权体和真正有权制定法律规则的主权国家的利益。⑤

在现代化通信工具大规模侵权的案件中，传统侵权法的损害填补漠视局限于私人视角，容易忽视对于社会性损害的填补，不仅使行为人逃避部

---

① Nicki K. Elgie, "Identity and Data Loss: The Identity Theft Cat-and-Mouse Game: An Examination of the State and Federal Governments 'Latest Maneuvers", 4 *Journal of Law and Policy for the Information Society* 621. 2008 - 2009 Winter.

② 534 U. S. 19, 122 S. Ct. 441, U. S., 2001.

③④ Catherine M. Sharkey, "Punitive Damages as Social Damages", 113 *Yale Law Journal* 391. (2003).

⑤ Dan Markel, "Retributive Damages: A Theory of Punitive Damages As Intermediate Sanction", 94 *Cornell Law Review* 263. 2009, January.

分责任导致阻却效率不足，也无法兼顾社会公共利益。行为人以现代化通信工具向众多人实施侵权行为，受害者个人蒙受的损失极小，社会整体蒙受的损失巨大，表现为行为人的侵权行为对社会共同生活秩序的破坏，对社会道德风尚的不利影响。在因受害人缺乏维护权利的积极性、主动性，使行为人不承担与其行为相适应的责任，甚至完全逃避法律责任时，行为人侵权获益后的逍遥自得对法律的权威性、规则体系的严密性造成颠覆性破坏，使法律的预防功能、阻却功能，以及损害填补功能丧失殆尽；法律的尊严、主权国家的利益都受到巨大影响。即便大规模侵权行为中所有的原告均获得了救济，也仍然存在被传统侵权法理论所忽略的破坏社会共同生活秩序所造成的特殊损害。一般侵权责任因其成本甚巨而难以涵盖这种因违反社会规范和道德造成的社会性损害，因为，如果在民法领域以社会规范和道德取代一般侵权法逻辑体系，将面临法律制度崩溃的风险，"以社会规范取代法律逻辑的高风险在于，要么彻底矫正社会上的此类行为，要么使法律本身丧失公信力"。这种代价实在太过高昂，使得法院必须依据侵权法逻辑而非社会规范和道德判断一般侵权责任，从而也要忍受一般侵权责任所导致的阻却不足。[1] 在美国，仅 2008 年一年，记录在案的利用现代化通讯工具进行的身份盗窃案件为 256 000 件，造成经济损失总数超过 1.2 亿美元。[2] 在这样严峻的社会现实面前，只有建立现代化通讯工具惩罚性赔偿制度，才能使行为人承担与其恶性相适应的责任，也填补社会性损害，维护社会公共利益。

2. 惩罚性赔偿制度可以有效助成公权力对大规模侵权的治理

《中华人民共和国电信条例》赋予国务院信息产业主管部门对全国电信业实施法监督管理，省、自治区、直辖市电信管理机构在国务院信息产业主管部门的领导下对本行政区域内的电信业实施监督管理。对于利用电信网络扰乱社会秩序、破坏社会稳定的行为，对于利用电信网络从事窃取

① Robert D. Cooter, "Punitive Damages, Social Norms, and Economic Analysis", 60 *Law & Contemp. Prob.* 79. 1997, Summer.

② Nicki K. Elgie, "Identity and Data Loss: The Identity Theft Cat-and-Mouse Game: An Examination of the State and Federal Governments 'Latest Maneuvers", 4 *Journal of Law and Policy for the Information Society* 621. 2008~2009 Winter.

或者破坏他人信息、损害他人合法权益的活动，对于盗接他人电信线路，复制他人电信码号，使用明知是盗接、复制的电信设施或者码号的行为，对于伪造、变造电话卡及其他各种电信服务有价凭证，以及以虚假、冒用的身份证件办理入网手续并使用移动电话等行为都有权责令改正、没收非法所得，甚至科以行政罚款。对于情节严重，构成犯罪的行为，司法机关可以依法追究刑事责任。总之，对电信网络的管理监督是社会治理的组成部分，是公权力重要职责。但是，由于行政资源的有限性，国家机关不可能通过公法手段对全部的不法行为进行查处、惩罚。在公法之外有必要建立一种有效的辅助和补充制度。现代化通信工具大规模侵权惩罚性赔偿就是助成公权力、实现治理能力法治化的有效制度。第一，现代化通信工具惩罚性赔偿制度有利于将部分行政成本转由受害人暂时承担并最终由行为人承担，有利于在不增加行政负担的条件下实现更多行政目标。电信网络通信工具大规模侵权具有侵权行为实施的便捷性、隐蔽性等特征，国家主管机关调查、发现侵权行为具有相当的难度，并须承担相当的时间、人力、财力成本。由于这类案件原告本身蒙受的实际损害很小，又导致追诉这种案件的成本和收益不成比例。如果仅仅由原告依据一般侵权责任起诉，即使在美国存在最低 500 美元赔偿的规定，与诉讼成本相比，也不足以激励原告积极行使诉权，维护自己的合法权益，更何况我国没有类似规定。惩罚性赔偿制度使原告通过维权获得的利益远超过其所受的损害，激励原告积极行使权利，使行为人的侵权行为暴露在司法阳光之下，在不增加行政成本的前提下，实现对被告不当行为的追诉。这种惩罚性赔偿制度可以使原告及其律师竭尽所能追究被告责任，客观上使原告获得了更多的司法资源，并大大提高了被告承担责任的概率。① 此外，在庭外和解确定数额时，惩罚性赔偿制度的存在使得这些和解协议中必然包含惩罚性数额而不仅仅是一般的损害填补责任。因此，通过建立现代化通信工具大规模侵权惩罚性赔偿制度，"可以使那些因为侵权行为的复杂性和隐蔽性从而难以承担刑事责任的主体承担金钱责任。这些主体的不法行为虽然侵害了

---

① Dan Markel，"Retributive Damages：A Theory of Punitive Damages as Intermediate Sanction"，94 *Cornell Law Review* 311. 2009，January.

公共利益，但是因为其行为的复杂性和隐蔽性往往难以追究。惩罚性赔偿也使那些行政机关受限于行政资源的有限性而难以顾及的不法行为得到了有效追究"①。第二，现代化通信工具大规模侵权惩罚性赔偿制度改变了国家对于司法资源的分配，使得那些本来被国家忽视的侵权案件获得了更多的司法资源《民法典》禁止以现代化的电信通信工具侵扰私人生活安宁，但尚未因此而建立相应的治理机制，通过建立这种惩罚性赔偿制度，就可以激励更多的原告起诉，为这种类型的案件争取更多的司法资源，并为最终建立该种治理机制积累更多经验。第三，现代化通信工具大规模侵权惩罚性赔偿制度中超过一般侵权责任的赔偿不仅对私人受害者有利，也有利于社会和国家，"在惩罚性赔偿促进责任同不法行为的恶性相适应、促进市场交易、节约诉讼成本和避免刑事处罚扼杀企业活力的过程中，公共利益随处可见"②。

3. 惩罚性赔偿制度可以激励小额受害人主张权利

一般侵权责任在原告意识到了损害的存在，但是因为可得的损害赔偿太低或者受害人自身处于弱势地位时难以发挥有效地激励原告起诉的功能。③ 在大部分的现代化通信工具大规模侵权案件中，受害人依据一般侵权可以获得的救济十分有限，导致受害人起诉的意愿降低，并进一步导致行为人逃脱责任的恶果。通过建立现代化通信工具大规模侵权惩罚性赔偿制度，就可以有效地激励小额受害人积极起诉，追究行为人的侵权责任。美国法中规定了最低 500 美元的损害赔偿额度，并通过三倍的惩罚性赔偿激励受害人起诉并阻却行为人的类似行为，"法律允许任何收到垃圾广告传真的人起诉并获得最低 500 美元的赔偿的目的在于，保护人们免受此类垃圾广告传真的骚扰"④。Owen 先生指出："法律实施的目标同阻却的目标具有最紧密的联系。某种意义上，法律实施和阻却是一枚

①② 　Dan Markel，"Retributive Damages：A Theory of Punitive Damages as Intermediate Sanction"，94 *Cornell Law Review* 322. 2009，January.

③ 　Catherine M. Sharkey，"Punitive Damages as Social Damages"，113 *Yale Law Journal*. (2003).

④ 　Mlc Mortgage Corporation v Sun America Mortgage Company，212 P. 3d 1199，2009 OK. 37.

硬币的两面。阻却可被视为阻止潜在的违反法律规则，而法律实施则起到相反的功能，即追诉和惩罚那些阻却无用的不法行为人。"[1] 他认为，惩罚性赔偿制度有助于在极端恶劣的侵权案件中对不法行为人的确认。具体而言，惩罚性赔偿可以作为促使实际受到损害的受害人作为"私人检察长（private attorney general）"追诉不法行为的奖励，这种情况下惩罚性赔偿超过填补损害部分的数额就是一种"悬赏"，使得所有应当被惩罚的不法行为均得到追究，以彰显正义[2]。"由此，那些在刑法领域仅仅得到部分彰显的正义，可以通过私人追诉人将不法行为人诉诸法院的公共服务行为而得到针对被告的私法上罚款的方式得到完全彰显。"[3] 通过科处惩罚性赔偿，可以激励受害人积极寻求侵权法保护，追究行为人的侵权责任，从而有效治理现代化通信工具大规模侵权行为。

（四）通信工具大规模侵权惩罚性赔偿制度构建

1. 通信工具大规模侵权惩罚性赔偿制度的一般条款

随着科学技术的不断进步与发展，现代化通信工具大规模侵权行为将呈扩张性、开放性的发展趋势，立法者无法预料有多少种类的行为构成大规模侵权。目前最高人民法院《关于互联网法院审理案件若干问题的规定》设立了北京、广州、杭州三个互联网法院，集中管辖所在市的辖区内应由几级法院受理的互联网合同和侵权纠纷案件。我们相信，随着互联网事业的进一步发展，互联网法院将扩展、覆盖至全国各个省份。为了应对更加复杂多变的利用电信、互联网科技手段实施的大规模侵权案件，最高人民法院应当将大规模侵权的惩罚性赔偿制度以一般条款的方式予以规定："利用现代化通信工具进行大规模侵权的，被侵权人有权请求惩罚性赔偿。"如此设计，不仅简洁明确、清晰易懂，节约司法解释资源，为具体特殊规则的设计预留了足够的空间，而且利于清楚明确地表明惩罚性赔偿制度的重要地位，以昭告社会，彰显这一制度重要的损害填补与惩罚、阻却功能。最高人民法院曾经在《关于审理商品房买卖合同纠纷案件适用

---

①②③　David G. Owen, "A Punitive Damages Overview: Functions, Problems and Reform", 39 *Villanova Law Review* 370. 1994.

法律若干问题的解释》对商品房一物二卖等行为科以不超过已付购房款 1 倍的惩罚性赔偿。[①] 在《民法典》对利用电信、互联网科技手段大规模侵权未明确规定惩罚性赔偿制度的情况下，最高人民法院有责任、也有能力对此以司法解释的方式作出规定。

2. 通信工具大规模侵权惩罚性赔偿责任的归责原则

惩罚性赔偿较之一般损害赔偿对侵权人而言是一种严厉的责任，美国法历来将行为人的极端恶劣的主观心态作为惩罚性赔偿责任的构成要件，以兼顾公平，限缩惩罚性赔偿制度的适用范围。[②] 学者对行为人恶劣的心态描述为恶意（malice）、故意、莽撞、不计后果，以及对他人的利益无视

---

①　最高人民法院《关于审理商品房买卖合同纠纷案件适用法律若干问题的解释》第 8 条规定："具有下列情形之一的，导致商品房买卖合同目的不能实现的，无法取得房屋的买受人可以请求解除合同、返还已付购房款及利息、赔偿损失，并可以请求出卖人承担不超过已付购房款一倍的赔偿责任：（一）商品房买卖合同订立后，出卖人未告知买受人又将该房屋抵押给第三人；（二）商品房买卖合同订立后，出卖人又将该房屋出卖给第三人。"第 9 条规定："出卖人订立商品房买卖合同时，具有下列情形之一，导致合同无效或者被撤销、解除的，买受人可以请求返还已付购房款及利息、赔偿损失，并可以请求出卖人承担不超过已付购房款一倍的赔偿责任：（一）故意隐瞒没有取得商品房预售许可证明的事实或者提供虚假商品房预售许可证明；（二）故意隐瞒所售房屋已经抵押的事实；（三）故意隐瞒所售房屋已经出卖给第三人或者为拆迁补偿安置房屋的事实。"

②　依据美国《限制使用电话设备法》47 U. S. C. 227，（b）（3）的规定："若法院认为被告明知或故意地违反本法，法院可以依据自由裁量权判决原告获得第（B）规定的数额三倍以内的损害赔偿。"依据《控制垃圾黄色信息和垃圾促销信息法》15 USCS § 7706 第（f）（3）（C）条和第（g）（3）（C）条的规定，法院可以在行为人明知或故意的情形下加重其责任，但不得超过本法确定的损害赔偿的三倍。美国法中，也将惩罚性赔偿制度应用于明知或故意地进行身份盗窃的大规模侵权案件中，参见 Mignon M. Arrington：Establishing Appropriate Liability Under the Fair and Accurate Credit Transactions Act. 15North Carolina Banking Institute 383. 2011，March。例如 2012 年的 Duqmaq v. Pima County Sheriff's Dept. 案中，被告为多名警官，于 2010 年 10 月侵入了原告所在郡的一个数据库，试图利用窃取的有关原告的个人信息从事身份盗窃，原告依据 42 U. S. C. A. § 1983 关于任何在司法程序中剥夺他人受法律保护的权益的行为都必须承担民事责任的规定提起诉讼，要求被告承担惩罚性赔偿责任。参见 2012 WL 1605888（D. Ariz.）。虽然 42 U. S. C. A. § 1983 仅仅规定了上述剥夺他人合法权益的行为必须承担民事责任，但是在司法实践中，Dang v. Cross 案中法院明确指出："只要行为人具有恶意动机、主观故意或者对于他人受联邦保护的权利具有漠不关心的心态，在适用 42 U. S. C. A. § 1983 的规定时就可以由陪审团科处惩罚性赔偿"，422 F. 3d 807，05 Cal. Daily Op. Serv. 7475，2005 Daily Journal D. A. R. 10，232。Dorsey D. Ellis，JR，"Punitive Damages：Fairness and Efficiency in the Law of Punitive Damages"，56 *South California Law Review*，1982.

或者漠不关心等，只有这样的主观心态方可科处惩罚性赔偿。① 也有学者将其归纳为："一般情况下，当被告的行为出于恶意（malicious）、压迫性（oppressive）、重大过失（gross）、肆意（willful）、莽撞（wanton）时可以科处惩罚性赔偿。"② 我国《侵权责任法》第 47 条规定的产品责任的惩罚性赔偿也要求侵权人主观有过错。《民法典》侵权责任编对知识产权、产品缺陷、环境污染等三种侵权行为规定了惩罚性赔偿。③ 并规定以侵权人故意或重大过失为要件。因此，惩罚性赔偿责任为过错责任。现代化通信工具大规模侵权的惩罚性赔偿责任亦应采过错责任原则。行为人明知自己行为的内容，也知晓这种行为在给自己带来便利或获取巨大利益的同时，将给众多人造成损害或困扰，仍然执意为之，为其有过错。

3. 通信工具大规模侵权惩罚性赔偿责任的构成要件

惩罚性赔偿制度的正当性源于惩罚性赔偿责任对社会性损害的填补功能。现代化通信工具侵权的惩罚性赔偿除具备一般侵权责任的构成要件之外，还应具备特殊要件，即大规模侵权。而认定大规模侵权应当从以下几个方面考察。第一，受害人数量。受害人数量巨大，直接结果是侵权人因侵权获得巨大利益，整个社会正常生活秩序受到巨大影响，具有惩罚性赔偿的必要性。第二，反复实施侵害行为。受害人人数虽然有限但侵权人反复实施违法行为，给受害人造成巨大伤害，由此造成严重的社会影响。第三，手段恶劣。行为人使用号码或地址自动生成系统发送短信、电邮、拨打电话或发送传真，无须考察接收人的数额，即可认定大规模要件成立。

4. 惩罚性赔偿数额的确定

借鉴美国惩罚性赔偿额的三种认定方法，笔者认为，鉴于我国幅员辽

①② Robert D. Cooter, "Punitive Damages, Social Norms, and Economic Analysis", 60 Law & Contemp, 1997, Summer.

③ 《民法典》第 1185 条规定：故意侵害他人知识产权，情节严重的，被侵权人有权请求相应的惩罚性赔偿。

第 1207 条规定：明知产品存在缺陷仍然生产、销售，或者没有依据前条规定采取有效补救措施，造成他人死亡或者健康严重损害的，被侵权人有权请求相应的惩罚性赔偿。

第 1232 条规定：侵权人违反法律规定故意污染环境、破坏生态造成严重后果的，被侵权人有权请求相应的惩罚性赔偿。

阔，人口众多，现代化通信工具大规模侵权会导致更大的社会利益损害，因此，惩罚性赔偿额应以实际损害的 20 倍予以计算确定，实际损害不易或无法计算的，或者实际损害数额极小，但侵权人获益巨大的，以 10 元乘以违法次数确定惩罚性赔偿额。

5. 通信工具运营商的不真正连带责任

现代化通信工具的运营商拥有管理运用现代化通信工具的设备和技术水平，有能力预防、发现和控制大规模侵权行为。在侵权行为发生后，有能力查清侵权行为人的身份、地点。更重要的是，运营商在行为人使用现代化通信工具大规模侵权的行为中，自己也获得了运营收益。因此，运营商负有义务管理、防范大规模侵权行为的发生，大规模侵权行为一旦发生，运营商有可归责的原因。因此，在侵权行为发生时，原告人可以向运营商，也可以向侵权人主张惩罚性赔偿责任。原告人向运营商起诉主张权利的，运营商承担责任后，有权向侵权人追偿；或者，运营商作为被告被诉之后，可以追加侵权人为无独立请求权第三人，直接由侵权人承担惩罚性赔偿责任。赋予运营商不真正连带责任可以督促运营商改进服务，预防和制止现代化通信工具大规模侵权行为，也可以有效地追诉侵权行为。或者更准确地说，只有赋予运营商不真正连带责任，现代化通信工具大规模侵权的惩罚性赔偿制度方得以贯彻实施。如果运营商与侵权人恶意串通实施大规模侵权行为，运营商应当与侵权人承担连带责任。运营商独自实施大规模侵权行为的，运营商独自承担惩罚性赔偿责任。现代化通信工具大规模侵权惩罚性赔偿制度的确立与实施，需要相关的配套法律衔接，即立法机关应当为各运营商在可能出现现代化通信工具大规模侵权行为时规定作为义务。可借鉴美国的《公平信用报告法案》（Fair Credit Reporting Act）。依据《公平信用报告法案》16 CFR 681.1 的规定，所有涉及保管和汇总他人身份信息的主体，包括银行、律师楼和医院等，只要与他人之间存在债权债务关系就必须依据本行业的情况，确立可能存在身份盗窃的判断标准，这些标准就是竖立起的一面面"红旗"。一旦发现了应当判断为身份盗窃的行为，义务人必须马上采取这一实体法所规定的措施防止和减轻损害，否则义务人就会被认为是违反了义务，应当承担相应的责任，他们的过错也像一面面红旗一

样昭彰。①《民法典》第 1195 条、第 1197 条对网络服务提供者的义务及责任进行了规定。② 鉴于《民法典》赋予网络服务提供者以义务，运营商必须建立配套的管理机制，有效监督他人是否利用自己提供的服务从事侵权行为；在出现可疑情况时，运营商应当及时通知当事人和主管机关；运营商在损害发生时必须控制和尽力减轻损害；尤其是，运营商还须为受害人追究行为人责任提供尽可能的帮助，包括提供服务记录、行为人个人信息和本公司运营方式等资料。

现代化通信工具大规模侵权惩罚性赔偿制度的构建应当分为三个层次；通过三个层次的制度明确不同主体的义务即相应的责任，构建一个体系完整、逻辑清晰和功能互补的有机治理体系。

六、大数据时代其他侵权行为的惩罚性赔偿制度构建

（一）个人信息侵权的惩罚性赔偿制度

大数据时代，中国和世界的科技、经济和政治格局均已发生了深刻变化。在科技层面，大数据、人工智能、云存储和云计算使得人们的一举一动、一言一行、一喜一悲均被收集、存储、利用。不仅推动了企业和社会组织的数字化转型，也使人们的生活变得更加智能化、便捷化。同时也导致个人信息侵权行为大量存在，数据黑产恣意妄为③，鉴于此，我们需要在对现行法的现状、个人信息侵权行为的特征进行分析的基础上，提出切

---

① Nicki K. Elgie, "Identity and Data Loss: The Identity Theft Cat-and-Mouse Game: An Examination of the State and Federal Governments'Latest Maneuvers", 4 *Journal of Law and Policy for the Information Society* 645, 2008 – 2009 Winter.

② 《民法典》第 1195 条规定：网络用户利用网络服务实施侵权行为的，权利人有权通知网络服务提供者采取删除、屏蔽、断开链接等必要措施。通知应当包括构成侵权的初步证据及权利人的真实身份信息。

网络服务提供者接到通知后，应当及时将该通知转送相关网络用户，并根据构成侵权的初步证据和服务类型采取必要措施；未及时采取必要措施的，对损害的扩大部分与该网络用户承担连带责任。

第 1197 条规定：网络服务提供者知道或者应当知道网络用户利用其网络服务侵害他人民事权益，未采取必要措施的，与该网络用户承担连带责任。

③ 张新宝. 我国个人信息保护法立法主要矛盾研讨. 吉林大学社会科学学报，2018（5）：45.

实可行的规制侵权行为的操作方案。

1. 现有法律、法规、政策对大数据下个人信息侵权的应对情况分析

随着大数据时代的发展，对于防范、遏制个人信息侵权在全球范围内越来越得到立法的高度重视，个人信息的保护是以对个人隐私的保护为目的展开的。联合国早在 1968 年就提出了保护公民个人信息隐私安全的问题，2013 年 12 月联合国大会通过了一项旨在保护网络用户隐私权的决议。美国 1971 年的《公平信用报告法》，1996 年《纸面工作精减法》(Paperwork Reduction Act)，2012 年的《消费者隐私权利法案》，均明确个人的数据信息作为私权予以保护，欧盟 1995 年颁布了《个人数据保护指令》，2002 年颁布了《欧盟隐私和电子通信指令》，2006 年颁布了《欧盟数据留存指令》。欧盟也在增强控制权和加强透明度、同意和监督等方面重新修订了《个人数据保护指令》。据学者 2013 年的统计，我国有 40 部法律、30 余部法规以及近 200 部规章涉及个人信息的保护。[①]《电子签名法》《中华人民共和国电信条例》《互联网电子公告服务管理规定》《计算机信息网络国际联网安全保护管理办法》《计算机信息网络国际联网管理暂行规定实施办法》《互联网安全保护技术措施规定》《关于加强网络信息保护的决定》《电信和互联网用户个人信息保护规定》《信息安全技术公共及商用服务信息系统个人信息保护指南》《网络交易管理办法》（失效）等均涉及个人信息的保护。2017 年颁布的《民法总则》明确规定："自然人的个人信息受法律保护。任何组织和个人需要获取他人个人信息的，应当依法取得并确保信息安全，不得非法收集、使用、加工、传输他人个人信息，不得非法买卖、提供或者公开他人个人信息。"这奠定了个人信息民法保护的法律基础。2020 年颁布的《民法典》在人格权编对合法处理个人信息的原则、条件及免责事由，信息处理者对个人信息的安全保障义务，国家机关及其工作人员对个人信息的保密义务等问题进行了规定。2021 年颁布并实施的"《个人信息保护法》是我国第一部个人信息保护方面的专门法律，该法律以保护个人信息权益、规范个人信息处理活动、促进个人信息合理利用为立法目的，对个人信息处理规

---

① 伍艳. 论网络信息时代的"被遗忘权"——以欧盟个人数据保护改革为视角. 图书管理论与实践，2013 (11)：6-7.

则、个人在个人信息处理活动中的权利、个人信息处理者的义务、履行个人信息保护职责的部门以及法律责任作出了极为系统完备的科学严谨的规定"①。

从各方面的现行法看，关于个人信息的界定似乎已经形成了共识。欧盟《个人数据保护指令》指出：凡"与一个身份已被识别的自然人相关的任何信息"均为个人信息。我国也将"身份识别"的信息界定为个人信息，《关于加强网络信息保护的决定》第1条规定："国家保护能够识别公民个人身份和涉及公民个人隐私的电子信息。"《信息安全技术公共及商用服务信息系统个人信息保护指南》中规定，个人信息是指"可为信息系统所处理、与特定自然人相关、能够单独或通过与其他信息结合识别该特定自然人的计算机数据。"我国《电信和互联网用户个人信息保护规定》在肯定"身份识别"的基础上，对个人信息的具体内容进行了清晰描述："个人信息，是指电信业务经营者和互联网信息服务提供者在提供服务的过程中收集的用户姓名、出生日期、身份证件号码、住址、电话号码、账号和密码等能够单独或者与其他信息结合识别用户的信息以及用户使用服务的时间、地点等信息。"《信息安全技术公共及商用服务信息系统个人信息保护指南》将个人信息分为个人敏感信息和个人一般信息。个人敏感信息包括：身份证号码、手机号码、种族、政治观点、宗教信仰、基因、指纹等。除个人敏感信息以外的个人信息均为个人一般信息。《民法典》人格权编对个人信息界定为"以电子或者其他方式记录的能够单独或者与其他信息结合识别自然人个人身份的各种信息，包括自然人的姓名、出生日期、身份证件号码、个人生物识别信息、住址、电话号码、电子邮箱、健康信息、行踪信息等"。《个人信息保护法》将个人信息界定为以电子或者其他方式记录的与已识别或者可识别的自然人有关的各种信息，不包括匿名化处理后的信息。

《民法典》人格权编将隐私权与个人信息权并列为同一章之中。个人信息主体对个人信息享有广泛的权利，如信息保有权、信息知情权、信息同意权、信息更正权、信息删除权、信息利用权和公开权②，《民法典》

---

① 程啸.个人信息保护法"十大亮点"彰显个人信息全面保护.检察日报，2021-8-30(003).

② 张新宝.我国个人信息保护立法主要矛盾研讨.吉林大学社会科学学报，2018 (5)：46.

对个人信息及权利的界定、收集信息合法性的条件、信息持有人及收集人的义务，以及免于责任的情形等诸多内容的规定凝结了多年来理论研究的理念与思想，借鉴了国外和我国现行相关立法的经验。公民个人信息作为人格利益，得到民法典的认可与保护，这是 21 世纪中国《民法典》的世界性贡献。《个人信息保护法》对个人信息的保护较之《民法典》呈现出诸多亮点：通过对个人信息概念的界定将"可识别"信息与"已识别"信息一起纳入个人信息范畴；对个人信息处理活动的规制从传统的个人信息处理方式扩张至对现代的自动化电子网络科技的处理方式的规制；对个人信息处理行为的规制，不仅包括国家机关的个人信息处理行为，法律、法规授权的具有管理公共事务职能组织抑或作为盈利法人的公司企业的个人信息处理行为，还包括非法人组织以及自然人实施的个人信息处理活动。从而极大地扩张了个人信息的保护范围。在禁止大数据杀熟，严格保护敏感个人信息，确定个人在个人信息处理活动中的权利，尤其是增加信息主体的"删除权"，强化个人信息处理者的义务等方面，《个人信息保护法》也有突出的贡献。① 最值得一提的是《个人信息保护法》架构了个人信息侵权的责任体系，详细规定了对个人信息侵权行为的行政责任、民事责任及刑事责任。其第 69 条对民事损害赔偿责任的规定，清晰地界定了损害赔偿额的确定标准："按照个人因此受到的损失或者个人信息处理者因此获得的利益确定；个人因此受到的损失和个人信息处理者因此获得的利益难以确定的，根据实际情况确定赔偿数额"，第一次提出了规制个人信息侵权行为具体的可操作性方案，在很大程度上弥补了《民法典》的缺憾。

法的生命力与活力在于法的实施，而法的实施需要法的价值主体具有主体意识、权利意识，以及行使权力、维护权利的积极性、主动性。② 在社会科学院法学研究所组织的调研中发现：在个人信息曾被滥用的被调查者中，仅有 4% 左右的人进行过投诉或提起过诉讼。导致公众在进行投诉、诉讼时遇到困难或不愿意投诉、提起诉讼的因素有：无法确定哪些机

---

① 王利明.《个人信息保护法》的亮点与创新. 重庆邮电大学学报（社会科学版），2021(5).

② 马新彦，刘婉婷.《民法典》人格权编规范实施的现实困境与可行路径. 宁波大学学报（人文科学版），2021（4）：17，18.

构应承担责任、无法确定向什么机构投诉或者以谁为对象提起诉讼、无法获得有力的证据、投诉或者诉讼成本过高等。① 《个人信息法》尽管有诸多创新与亮点，但是对于受害人"获取证据难、投诉难、诉讼成本高，受害者维权欲望低"等问题仍然束手无策，这将是《民法典》以及《个人信息保护法》规范实施无法摆脱的现实困境。

2. 个人信息侵权行为的种类

随着大数据技术的不断发展，个人信息收集、获取、储存、传播、处理的方法在技术上不断更新，侵犯个人信息的行为亦因技术的不断进步而层出不穷。

（1）违法收集个人信息

《个人信息保护法》规定，除法律特别规定的以外，处理个人信息应当征得个人同意，"同意"应当由个人在充分知情的前提下自愿、明确作出，并且随时有权撤回"同意"，信息处理者不得以个人不同意处理个人信息或撤回同意为由拒绝提供产品或服务。"同意"是常态下收集、处理个人信息的先决条件，否则，为非法收集。②

随着大数据技术的进步与发展，公权力不再是强制信息收集的唯一机

---

① 《个人信息保护法（法律条款）百度百科》。

② 按照美国的法律，向有关机构提供个人信息有三种不同的方式：第一，强制提供，即公民和社会组织必须依法提交的信息，如企业和个人的纳税情况、工厂的排污量、车间的卫生指标、产品中各种化学物质的含量等，提交这些信息，是法定的义务。第二，选择提供。对于一些政府补贴或社会福利项目，公民和组织如果决定申请，就必须填报表格、提交信息，以证实其符合该项目的要求，否则，政府可以拒绝其申请。第三，自愿提供。多指政府开展的一些基于社情民意的调查，如政府关于征求公众意见开展的调查，参不参加调查、提不提交数据，完全取决于公民和组织的自愿。正因为公民有权拒绝，联邦政府常常为这些调查提供一些报酬和奖励，以鼓励社会的参与（涂子沛. 大数据：正在到来的数据革命，以及它如何改变政府、商业与我们的生活. 桂林：广西师范大学出版社，2015：118）。美国1996年《纸面工作精减法》（Paperwork Reduction Act）也有收集、使用个人信息合法性要求的规定，第3506（B）（ⅲ）款规定：任何机构在收集信息时均须向收集对象告知收集该信息的目的、使用方式、对其负担的估计，以及该信息收集工作是自愿的、法定的，还是有报酬的，并最后提示他们：在他们提供其个人信息前，有权审查收集信息的机构是否有"信息收集许可号"，如果没有，可以拒绝提供。总之，收集、使用个人信息须具有合法性，而"征得同意"是合法性的首要条件。其他条件不过是"同意"的预备和基础性要求，未经同意收集他人信息，或者骗取他人同意、强制他人同意收集个人信息，均属于违法收集，构成侵权。骗取他人同意是指虚假告知信息主体使用信息的目的和范围，并超越其告知的目的或范围使用个人信息。强制他人同意是指，以获取利益为诱饵变相强制信息主体同意提供个人信息，以避免"不同意"，规避侵权责任。

构，非公务机关的该项能力甚至更强。各大社交网站及手机 App 的运营商、网络公司通过免费提供网络产品、网络服务，或者给予某种优惠，从而换取个人信息，或者说，这些机构提供网络产品或服务的目的不是提供产品或服务，而是为了获取信息，然后通过云计算等方式对这些数据进行分析，并获得有价值的结果。而信息主体欲得到该网络产品，或通过互联网社交媒体参与社交活动，或者为了在日常生活中获得便利，不得不提供个人信息，进行登记注册。个人信息成为获得网络产品和网络服务的代价，这是一种变相的强制。这种变相强制取决于两个因素，第一，网络产品的提供者或网络服务活动的组织者主观动机不在于活动本身，而在于通过活动收集众多人的个人信息。无论是从技术上，还是活动本身的需求上，无须提供个人信息，活动完全可以运作。第二，信息主体不情愿，但无奈。2019 年中央电视台的春节晚会上，抖音 App 发动的发送红包活动即有强制收集之嫌。手机用户在抖音设置的 App 上抢到红包，无须登记注册完全可以展开发送红包活动，但按照事先设置的程序，必须登记注册个人信息，否则抢到的红包不能进入手机微信账户。值得一提的是，我国目前欠缺对个人信息收集、使用的有效管理机制，任何机构无须授权即可巧立名目收集个人信息，为强制收集个人信息提供了方便之门。

(2) 非法买卖、非法窃取个人信息

个人信息是法律赋予自然人的人格利益，不得非法买卖、非法窃取。信息收集者为获取报酬泄露他人个人信息的，构成侵权，性质严重的，构成犯罪，应承担刑事责任。我国刑法修正案将刑法第 253 条之一第 1 款修改为："违反国家有关规定，向他人出售或者提供公民个人信息，情节严重的，处三年以下有期徒刑或者拘役，并处或者单处罚金；情节特别严重的，处三年以上七年以下有期徒刑，并处罚金。"未经信息主体或信息合法持有人同意，以不为人查知的手段获得他人信息的，构成非法窃取个人信息。《民法典》第 1038 条规定：信息处理者未经自然人同意，不得向他人非法提供其个人信息。现实生活中个人信息的非法买卖、窃取事件频发，手段更新令人防不胜防。身份证原件、身份证对应的手机、身份证对应的银行卡，再加上网银 U 盾在黑产内被称作"四件套"，其黑市价格在400 到 700 元，除"四件套"以外，最常见、频繁的身份信息交易是身份

证正反面照片、工资收入情况，以及本人手持身份证的照片。这些资料往往都是成批出售的，在暗网、在一些小众聊天 App，走虚拟货币途径交易。① 另外，企业合并、重组、破产等，个人信息通常被当作"资产"进行处理。

（3）以数据分析、生成手段对个人信息的侵犯

信息主体自愿在社交网站、电商网站等网络平台输入个人信息，如用户名、密码，电子支付手段的密码等，以及通过浏览、搜索等网络行为留下个人的痕迹，大数据的掌控者利用大数据的技术手段，加工、整合、分析该信息主体在网络系统暴露的所有个人信息，形成完整的、全方位的、立体交叉的个人信息"数据库"，该数据库的内容几乎包括了该主体的所有敏感及一般个人信息，该个人信息的"数据库"蕴含着巨大的商业价值，阿尔温·托付勒（Alvin Toffler）将其称为"金钱都已经被'信息化'，消费者购买商品时，不仅提供了金钱，额外又提供了值钱的信息"②。在大数据这一分析、生成手段面前，每个人都以全裸形象交给了大数据的掌控者，这种悄无声息的侵权行为对人的人格尊严的伤害是巨大的。

（4）大数据的储存功能对个人信息的侵害

信息主体在网站平台自愿或被合法强制留下个人信息，该信息一经在数据平台上展现，因大数据的储存功能就被无限期地储存下来。一方面，一些个人隐私性信息被储存将给信息主体的工作生活带来困扰和负担，或者一些非个人隐私性信息经大数据的分析整合后构成对他人隐私的泄露。涂子沛在他的《大数据：正在到来的数据革命，以及它如何改变政府、商业与我们的生活》一文中记录了发生于美国的一则故事，某市位于偏僻处的一台 ATM 机在午夜时间段的使用率要高于该机在其他时段或放置在其他地方机器的使用率。后来终于得知其究竟，该 ATM 机附近有一处卖淫嫖娼场所，来此嫖娼的人多愿以现金支付，而非刷卡支付嫖娼费用，以避免暴露自己的行踪。这种结论经分析并被认同之后，凡于该时间段在此

---

① 微信公众号半佛仙人．起底身份倒卖产业：那些被公开叫卖的人生．

② 阿尔温·托服勒．权力的转移．北京：中信出版社，2006：66//李鹏．个人信息侵权问题研究．哈尔滨：黑龙江大学，41．

ATM 上提取现金的人，均有嫖娼之嫌。对于确实嫖娼的人而言，暴露了他的隐私，而对于偶尔巧合取现金的人而言，这种大数据的储存功能无异于侵犯了他人的名誉。另一方面，这些储存下来的信息随时可能引发新一轮的信息传播。如果说，信息主体在网站平台自愿输入或被合法强制输入个人信息具有合法性，不构成侵权，那么，信息未经信息主体的同意长期储存，不应当具有合法性，应定性为侵权行为。现实生活中，因个人信息存储引发的侵权纠纷也一定不会仅仅是个案。

3. 个人信息侵权的惩罚性赔偿制度构建

综上，由于大数据技术的进步，大数据越来越以各种形式、手段将自然人透明化、裸体化。而现有的法律法规在保护个人信息方面忽略了大数据时代的种种特性，并未将大数据因素真正纳入立法考量的前提中，因此尽管立法成果众多，但个人信息遭到严重侵犯致使信息主体受到的损害却并未因此而得到有效填补，在大数据环境下，补偿功能的实现在客观方面再一次面临着弱化的现实。历史总是惊人的相似，这种情况在侵权法史上并不是第一次发生，每当新的时代来临，侵权法补偿功能的弱化似乎都成为一种宿命，社会新生因素及结构的变化结果总是与侵权责任法的制度预期相悖。补偿功能始终与客观世界以及社会结构的变化形成了一种互动关系。对损害的有效填补始终是侵权法所要达到的最基本的功能，但客观世界的不断变化使得对损害的有效填补越来越难。损害填补功能弱化导致的最大结果是侵权人因侵权行为获得了无负担，并呈几何形式增加的巨大利益，由此，极大地激励了侵权人实施侵权行为的激情，增强了实施侵权行为的执行力和创造力。基于前文所描述的各功能之间的互动关系，由于损害填补功能的弱化，预防损害的功能也随之减弱，致使加害行为得不到有效遏制，损害进一步持续多发。

探其究竟，名目繁多的保护个人信息的现行立法未将大数据因素真正纳入立法考量的前提不失为重要原因。大数据个人信息侵权具有损害的微小性、分散性，网络环境造成的加害人和大数据侵权行为的隐蔽性，以及侵权手段的变换性、多样性、技术性等特征。损害的微小性影响信息主体维权的积极性和主动性；损害的分散性，以及加害人与侵权行为的隐蔽性加重了诉讼难、举证难导致的诉讼成本的加大；诉讼成

本与维权获益之间的巨大反差又严重制约了信息主体维权的积极性和主动性；侵权手段的多样性、变换性、技术性令个人信息侵权防不胜防。而诉讼法严格遵循的"不告不理"原则，阻却了公权力私法救济的主动性。致使个人信息侵权时时发生、人人受害，而损害却无法得到有效填补。侵权损害有效填补的概率达到了人类历史上前所未有的低的程度，侵权责任法补偿功能的实现效果再一次遭遇现实社会的巨大挑战。在此，我们不妨以强制收集信息和储存信息为例，随着大数据的广泛运用，公权力不再是强制收集信息的唯一机构，非公务机关的该项能力甚至更加强大，信息主体无奈被强制收集信息，无法表达自己的无奈。数据平台的分散性导致政府机构、航空公司、医院、物流、电商，甚至实体商店均成为数据的储存者，由原来的单点储存发展为多点储存，信息的保密与传播处于失控状态，已经无法期待对网络服务提供者课以责任便能有效控制损害的发生了。信息存储由原来的单点存储变为多点存储，意味着某一信息的掌控者可能有许多，想要在某一个具体的侵害个人信息的事件中查找到信息是从哪一个存储器中散播出去的已经不似以前那么容易。这样的情境之下，信息主体宁愿忍受个人信息的侵犯，也不愿主张权利。

改变这种状况的首要方法如同历史上多次重复过的那样，就是通过加重侵权人侵权行为的成本从而遏制侵权行为的再度发生，同时，通过加大信息主体维权后的所得，缩小维权成本与其所得的反差，或者加大逆反差，从而激励他们维权的积极性和战斗力。而这一点，唯有惩罚性赔偿可以完成。个人信息侵权惩罚性赔偿制度的确立，可以使失落的侵权责任法的补偿功能再度加强，并重新找回侵权责任法的本质。

我国《民法典》第 1034 条规定："自然人的个人信息受法律保护"，第 1038 条规定了信息处理者的义务[①]，但未有条文规定违反该义务的责

---

① "信息处理者不得泄露或者篡改其收集、存储的个人信息；未经自然人同意，不得向他人非法提供其个人信息。但是经过加工无法识别特定个人且不能复原的除外。信息处理者应当采取技术措施和其他必要措施，确保其收集、存储的个人信息安全，防止信息泄露、篡改、丢失；发生或者可能发生个人信息泄露、篡改、丢失的，应当及时采取补救措施，按照规定告知自然人并向有关主管部门报告。"

任，仅有条文规定免除责任的情形。① 而《民法典》侵权责任编对侵犯个人信息的侵权责任只字未提。《个人信息保护法》虽然对损害赔偿及数额计算标准进行了规定，但仍属于传统侵权责任损害赔偿的认定标准。个人信息侵权是大数据时代的新兴侵权形式，具有大数据因素的特有品性，非传统侵权责任法的规则、制度可以胜任对它的规制。个人信息侵权，除通过窃取银行卡信息盗取银行存款使信息主体遭受巨大损失外，信息主体因信息侵权所遭受的损失通常为私人生活安宁的破坏，以及交易偏好、阅读兴趣的泄露引发个人尊严的受损，等等。维权成本的高昂无法激励受害人积极行使权利。我们主张，最高人民法院应当以司法解释的方式明确规定个人信息侵权的惩罚性赔偿责任，以高额赔偿激励受害者积极维护自己的权利。

惩罚性赔偿的关键问题是惩罚性赔偿额的计算与确定。《民法典》规定的三种侵权行为的惩罚性赔偿尚未对惩罚性赔偿额的计算与确定问题进行规定。依据我国《消费者权益保护法》第 55 条规定，经营者提供商品或者服务有欺诈行为的，惩罚性赔偿额按照消费者购买商品的价款或者接受服务的费用的 3 倍计算；增加赔偿的金额不足 500 元的，按 500 元计算；经营者明知商品或者服务存在缺陷，仍然向消费者提供，造成消费者或者其他受害人死亡或者健康严重损害的，以受害人的损失为基数，在损失的 2 倍以内计算惩罚性赔偿额。依据我国《食品安全法》第 148 条的规定，生产不符合食品安全标准的食品或者销售明知是不符合食品安全标准的食品给消费者造成损失的，惩罚性赔偿额以消费者支付价款的 10 倍或者损失的 3 倍计算，增加的赔偿金额不足 1 000 元的，以 1 000 元计算。个人信息侵权责任与产品责任、食品安全责任不同，不存在受害人支付价款的问题，不能以价款的倍数计算惩罚性赔偿额。鉴于《个人信息保护法》以受害人遭受的损失或者以信息处理者所获利益为准计算损害赔偿数

---

① 第1036条规定："处理个人信息，有下列情形之一的，行为人不承担民事责任：

（一）在该自然人或者其监护人同意的范围内合理实施的行为；

（二）合理处理该自然人自行公开的或者其他已经合法公开的信息，但是该自然人明确拒绝或者处理该信息侵害其重大利益的除外；

（三）为维护公共利益或者该自然人合法权益，合理实施的其他行为。"

额，惩罚性赔偿数额也应当以受害人遭受的损失或者以信息处理者所获利益的合理倍数予以计算，由受害人选择以自己遭受损失的倍数计算，或者以信息处理者所获利益的倍数计算。《消费者权益保护法》规定惩罚性赔偿数额为损失的 2 倍以内，《食品安全法》规定为损失的 3 倍。产品责任抑或食品安全责任的惩罚性赔偿，其功能重在惩罚不良商家的恶意行为；个人信息侵权的惩罚性赔偿，其功能不仅在于惩罚信息处理者的恶意侵权行为，更在于激励信息主体维权的积极性、主动性，因此，其"倍数"应当高于"2 倍"和"3 倍"。而且，在信息主体所遭受的损失和信息处理者所获利益难以计算时，应当确定一个最低值或者确定一个最高限额，在最低值以上或者最高限额以内，由法官根据侵权人侵权行为的严重程度、当地的经济发展水平、受害人维权的成本及难度等诸多因素自由裁量。

（二）电商网站运营商侵权惩罚性赔偿制度构建

根据中国互联网信息中心发布的第 47 次《中国互联网发展状况统计报告》截止至 2020 年 12 月，我国网民人数达到 9.89 亿，互联网普及率达到 70.4%，手机网民规模达大到 9.86 亿。[①] 伴随着信息科技的发展，借助网络这一媒介，传统货物交易逐渐从实物化走向虚拟化和信息化，电子商务在当今的科技时代得到了极大的发展，社交拼团、海淘、O2O、团购、移动出行、分期消费等"时髦"的消费方式带给消费者极大的便利、实惠。其中，网络团购以及以营销为主要目的网站活动应运而生并高速发展，形成了电子商务繁荣的具象。网站运营商通过网络虚拟平台吸引众多具有购买意向的买家以形成量多优势，从而以相对低价从卖家处购进商品[②]，而团购网站则更展现出一般网站所不及之优势。自 2010 年 1 月我国第一家团购网站"满座网"建立以来，在低门槛准入和高水平盈利的双重刺激下，我国团购网站不断蓬勃发展。据中国电子商务研究中心、领团网联合发布的《2013 年度中国网络团购市场数据监测报告》显示，2013 年全年团购市场交易额累计达 532.89 亿元，与 2012 年相比环比大涨

① 第 47 次《中国互联网发展状况统计报告》，中国网信网 http//www. cac. gov. cn/2021−02/03/c_1613923423079314. htm，［2021−11−06］.

② 网络团购＿百度百科：http：//baike. baidu. com/link? url＝8y0y1Aof D0gmx8c Pk1BUs VQRCDjn KAPRno DBHd Cl-4BOu De1wb E7x2Emg Uy G6Pqm，［2014−04−07］.

52.8%，交易额净增 184 亿元。①由于与日常实物交易相比，网络团购中的产品存在价格更为便宜、款式更为多样、配套服务更为全面等诸多优点，因此，如美团网、拉手网、糯米网、窝窝团等团购网站成了备受我国众多网民青睐的购货渠道。但是，就在我国网络团购活动发展势头强劲、团购网站交易数额不断扩大的背后，由于这个行业还远没有发展到成熟的阶段，团购网站本身资质的良莠不齐以及相应的行业规范与法律规则的匮乏，使得团购网站背后的运营商们不断利用自身所具有的强大的技术、信息、资本等优势开展猖獗无度的侵权行为并以此获得了巨大利润。自 2011 年始，消费者关于网络团购交易的投诉量就居高不下，网络售假、退货困难、虚假发货、退换货难、售后服务差、网络诈骗、虚假团购、退款问题、账户被盗、霸王条款、发货迟缓等均构成了对消费者的严重困扰，甚至侵犯消费者的合法权益。依据中国电子商务研究中心发布的《2014 年中国电子商务用户体验与投诉监测报告》可知，通过在线递交、电话、邮件、微信公众号（DSWQ315）、即时通信等多种形式，共接到全国各地用户的电子商务投诉近 50 180 起，同比增长 21.32%。②"据中国电子商务投诉与维权公共服务平台监测数据，美团网（15.74%）、拉手网（14.99%）、Like 团（11.35%）、窝窝团（5.24%）、携程（4.69%）、万众团（4.22%）、去哪儿网（3.92%）、大众点评（3.83%）、麦圈网（2.55%）、77 座团购（2.33%）是全国用户投诉最多的生活服务电商。"③2016 年"中国电子商务投诉与维权公共服务平台"受理的全国网络消费用户涉及投诉案件数量同比增长 14.78%。零售电商类投诉占全部投诉64.20%（网络购物 52.54%、跨境电商 11.52%、微商 0.14%），比例最高，生活服务电商紧随其后，占据 21.19%，互联网金融类（7.62%），物流快递（3.11%），B2B 网络贸易领域投诉（0.12%），其他（如网络传

　　① 中国电子商务研究中心 . 2013 年度中国网络团购市场数据监测报告，http：//www. 100ec. cn/zt/2013wltg/，［2015－04－01］.

　　②③ 中国电子商务研究中心：2014 年度中国电子商务用户体验与投诉监测报告，http：//www. 100ec. cn/zt/upload _ data/bgk/20150313. pdf，［2014－10－28］.

销、网络诈骗、网络集资洗钱等）占 3.76％。①

可见，随着网站交易数额不断扩大，消费者对网站运营商的投诉量不断上涨，消费者因此而遭受的损害不可估量。然而，目前限于法律的滞后性，尚缺乏足够的法律对电商网站运营商交易行为进行有效规制。在我国，不乏学者从经济学或市场学角度对网站运营商的行为进行比较分析，从法律层面的学术探讨仅占据了其中一小部分。而在这为数不多的以法律为视角的参考文献之中，法学学者对网站的法律责任或网站与供应商、消费者之间的法律关系剖析也多是从合同法角度进行进一步探讨，对其侵权责任则缺乏更全面且深入的剖析。对于网站运营商实施的损害消费者利益的行为，构成侵权的，应当科以侵权责任。

1. 侵权行为的种类

网站运营商侵犯消费者合法权益的行为贯穿于信息公布、合同订立及合同履行等多个环节的流程运转中。据《2020 年度社交电商消费投诉数据与典型案例报告》监测数据显示，退款问题（16.98％）、商品质量（11.05％）、网络欺诈（10.00％）、发货问题（7.33％）、网络售假（6.63％）、虚假促销（6.40％）、售后服务（5.93％）、货不对板（4.77％）、退店保证金不退还（4.07％）、霸王条款（4.07％）、退换货难（3.02％）、恶意罚款（2.56％）、客户服务（2.09％）、物流问题（1.05％）、信息泄露（0.93％）、发票问题（0.70％）等，仍然是 2020 年度全国零售电商被投诉的主要问题。由此，可以归纳出以下几种侵权行为。

（1）欺诈行为。

网络交易作为一种新兴消费模式，最大优势在于其低廉的价格，由此吸引到一大批消费者，但也为网站运营商的欺诈行为提供了便利，以次充好、以假充真成为投诉的主要热点，扰乱了网络市场的正常秩序，给消费者造成损害。具体主要表现为：第一，虚假宣传。不同于传统的实体购物消费者可以通过实际地观看、接触等有形的可感知手段来辨别产品的优劣

---

① 2014 年度中国电子商务用户体验与投诉监测报告，http：//www.100ec.cn/zt/16tsjcbg2/，［2019－02－04］．

好坏，由于网络的虚拟性和技术性，在网络交易活动中，消费者只能通过网站运营商在网站上发布的宣传图片、文字介绍以及用户评价来"货比三家"。然而，网站运营商依托其强大的技术垄断优势，在发布信息的同时也掌握着控制、更改信息的能力，使得消费者难以直接辨别网站上所发布的信息的真伪。而在实际的网络交易活动中，部分网站为了吸引更多的消费者，的确会从营销与宣传方面对商家提供的信息进行二次包装，通过美化图片、润色文字甚者雇佣网络"水军"冒充消费者作出虚假好评等手段对产品作出夸张性的描述和宣传。消费者实际接收到的产品却往往与实物不符、服务往往与承诺不符，导致其有一种上当受骗的感觉。[①]团购网站除虚假宣传商品以外，还虚假发布团购销量的信息，以暗示消费者不要错过机会。消费者与团购网站运营商之间存在严重的信息不对称的情况，团购网站运营商在线下磋商环节，根据其与供应商之间签订的团购协议几乎掌握了团购产品的质量、数量、产地、生产者、批发商、销售商在内的所有信息，而消费者可获知的与团购产品相关信息却只能局限于团购网站运营商在团购网站上有选择地发布的内容，并以此作为购买的考量因素。其中，消费者往往将网络团购活动中的参团人数作为其作出购买产品、参加团购的判断的主要参照标准。而团购网站运营商也正是充分利用消费者的信息闭塞的弱势地位及其从众心理，通过虚高的团购销量以不断诱使、误导消费者进行消费。美团网作为我国知名团购网站之一，其首席执行官王兴也曾透露："团购网站存在的三大团购陷阱之一就是有些团购网站会把销量人为地标得非常高，动辄就是上万人参加，以此吸引消费者。这已是团购行业的潜规则"[②]。第二，虚假折扣。如前文所述，网络交易的基础是薄利多销、量人价优，强大的价格优势是其备受广大消费者青睐的主要原因。然而，部分运营商为了吸引更多的消费者关注并购买其产品，常常会事先在商品的原价上做手脚，即先是大幅提高商品或者服务的原价，然后提出较高的价格折扣率面向消费者打折销售。如此一来，消费者往往以为自己得到了很大的价格优惠，但其所购产品的价值实际上和市面上销售

---

① 陆云．美食团购有陷阱，货比三家谨防上当．文汇报，2013；7 版．
② 李斌．美团网 CEO 王兴曝团购内幕，http：//epaper．jinghua．cn/html/2011-03/22/con-tent_642848．htm，［2014-10-15］．

的商品价格却相差无几，甚至比商场专柜的零售价格还要高。① 第三，虚假产品。网站运营商销售虚假产品的问题并不鲜见，比较知名有如 2011 年高朋网爆出的出售假天梭手表事件②，以及近期不断爆出的窝窝团售假风波。③ 中国化妆品真品联盟亦曾于 2014 年发布的《中国化妆品安全指数报告》中表示，根据 100 多个著名化妆品商公布的供应在中国互联网销售的总数量与实际销售数量相比，可推算出有超过两成的网络销售化妆品为假货④，而网站运营商往往将责任推向供货商，各界对网站运营商与供货商之间的侵权责任区分亦存在争议。即便是供应商与网站运营商线下磋商环节，对供货商产品有所隐瞒或欺诈，也不能使网站运营商的责任免除。网站运营商知道或应当知道其销售产品质量问题却仍向广大消费者发布产品信息并销售的，应与商品供应商构成共同侵权。

（2）消费限制及强制消费行为。

这种限制消费与强制消费在网络团购中尤为突出。第一，消费限制。就当前的网络团购流程，无一例外都是先由团购网站事先发布产品信息，随后消费者通过点击网站上的"购买"按钮确认订单并支付相应价款后显示团购成功。在团购合同订立的过程中，消费者并不能事先就团购网站运营商发布的产品信息与团购网站运营商之间进行沟通和协商，其所发布的信息实质上是一种格式条款。而消费限制即指团购网站运营商不顾消费者的利益或意愿，在其发布的产品信息中以各种限制性条件强制消费者定制消费项目。⑤ 就我国目前的网络团购交易，经常见到的消费限制行为主要包括两种类型：一是对消费时间的限制，二是对消费条件的限制。其中，

① 苏海琴，刘振阳．"团购"：让利背后不一定有便宜，甘肃经济日报．2014 - 03 - 15：T06版．中国电子商务研究中心．团购网站消费侵权行为特点及监管对策研究，http：//b2b. toocle. com/detail-6037432. html，［2015 - 03 - 15］．

② 腕表之家．高朋网卖天梭假表风波详细报道，http：//www. xbiao. com/20111107/2102. html，［2014 - 11 - 15］．

③ 中国质量万里行．窝窝团售假冒伪劣产品，欺骗消费者知情权，http：//www. 315online. com/tousu/cloth/285169. html，［2015 - 03 - 17］．

④ 刘琪．迪奥香水 1 毫升卖 0.49 元，团购网站称"不敢保证是真的"．证券日报，2014 - 03 - 14．

⑤ 马新彦，黄立嵘．电信网络运营商强制消费惩罚性赔偿责任的立法论证．当代法学，2014（3）：75．

消费时间限制的情形，主要表现为消费者仅能在规定的时间内持团购网站发出的电子团购券进行消费，否则，商家将拒绝对消费者交付团购产品或提供团购服务。但是，在实际的网络团购中，往往存在因团购网站运营商发送错误团购券代码、商家与团购网站提前终止合同等原因拒绝消费者在团购券有效期内消费的情形。[①]而消费条件限制的情形，主要表现为在餐饮团购活动对消费者消费限制的条件较多。或者，团购网站运营商往往会要求消费者在使用团购券之前提前与商家电话预约。但在实际的网络团购中，也普遍存在部分商家，尤其是提供服务类产品的商家，盲目提高超出自己实际接待能力的参团人数，在对消费者提出"消费之前必须提前预约"等条件限制要求的同时又不断以"今日预约已满"为由拒绝消费者进行消费，并最终导致消费者因错过电子消费券规定的消费时间而不能使用。又或者，团购券虽然可以使用，但是使用范围仅限于特定的菜品（比如不许自带饮料酒水以及收取服务费）、特定的地点（比如只能在大厅使用，不能进包房）、特定的人数（比如规定只能8人以下享用，超过人数另收费）等。第二，强制消费。所谓团购网站运营商的强制消费行为，即指有的团购网站虽然提供的价格相对较低，却实行捆绑消费，要求消费者在加入团购行列时承诺消费其他的商品或者服务，否则拒绝消费者参与团购活动，导致整个消费可能无法进行下去，或者消费质量会受到影响。在当前的网络团购交易中，团购网站运营商的强制消费行为亦不少见。比如，根据新浪网2012年3月的报道，从2011年至今，搜房网通过不同的宣传手法，组织了十多次类似的楼盘团购活动，每次团购都以各种名目向客户违规收取1—3万不等的额外费用，累计敛财数千万，涉及受害消费者上千人。[②]上述强制消费行为让消费者为自己不喜欢或不愿意的消费付出代价，这种违背内心意愿的付出在生活中屡屡发生，导致消费者心情上的不悦和精神上的痛苦，有时这种精神上的痛苦让消费者感受到的伤害要

① 厦门网.网上团购体验券却被限制消费，商家：合同"提前终止"，http://news. xmnn. cn/a/xmxw/201408/t20140821_4015327. htm，[2015-03-16].

② 新浪网.搜房团购涉嫌强制消费，上千消费者要求退款，http://suzhou. house. sina. cn/news/ 2012-03-05/092843427. shtml，[2015-03-18].

远大于其遭受的财产损害。①

（3）拒不退款及拒开发票行为。

第一，拒不退款。网站销售产品的运营模式通常是消费者先付款，网站后支付货物，数额较大的商品以及网络团购的交易这种付款模式是常态。如果消费者接到货物认为质量不好，或者是消费者在参与团购活动以后由于个人原因并未消费，提出退款，网站却怠于退还款项。因缺乏对网站运营商的行为的制衡及监督，消费者的合法权益很难得到保障。目前，消费者反映普遍存在"退款难"的问题，团购网站运营商拒不退款，并强调只能退到指定的团购网站的余额账户。假如消费者不再进入此团购网站购物，所退款项就会变相地被团购网站运营商无止境地"冻结"，网站运营商其实是变相地侵犯了消费者对退款金额占有和使用的权利，并强制消费者在网站继续消费。第二，拒开发票。团购网站运营商在其发布的团购产品的相关信息中经常明示"不能提供发票"或者消费者向团购网站索要发票但网站拒不开出，这样使得与网络团购相关的所有交易信息都只保存在团购网站的网页上。一旦出现产品质量问题或其他纠纷，消费者根本无法掌握任何消费凭证，往往难以拿出有效的证据来维护自己的合法权益。而且，在此种情形下，消费者亦无法通过发票向实体商家主张对团购产品修理、更换及退款等要求，严重侵犯了消费者受损后寻求补偿的权利。

（4）泄露消费者个人信息行为。

在当前的网络交易活动中，消费者在交易之前往往被要求在网站上注册或点击签订《用户协议》以获得会员资格，然后再以会员身份参与网络交易活动。而在注册会员的过程中，网站运营商往往要求消费者提供姓名、住址、联系方式、银行账号等个人信息。然而，某些网站运营商通过泄露并出售会员的个人信息获利。又或者，因为消费者在注册网站账号时就会将电话、电子邮件、网银支付信息等大量个人信息留在网站的后台系统之中，这在无形中增加了个人信息被泄露和侵犯的风险。一旦网站遭受黑客袭击、黑客远程窃取用户资料与交易信息等对团购网站系统安全的威

---

① 马新彦，黄立嵘．电信网络运营商强制消费惩罚性赔偿责任的立法论证．当代法学，2014（3）：78.

胁，这将为消费者可能带来不可估量的损失。

（5）侵犯他人注册商标行为

商标侵权问题是网络交易纠纷中十分普遍的问题。供货商或者网站运营商基于逐利的目的往往会仿冒知名品牌的商品以次充好，又或者采取不同于传统进货渠道的购货方式购进"知名品牌"的商品，未经商标权人许可使用其已注册商标，对于消费者而言，属于欺诈行为，而对于商标权人而言，则属于商标权侵权行为。网站运营商因未尽合理审查义务而被要求承担相应侵权责任的司法判例即是此类知识产权纠纷的典型案件之一。如被媒体称为"国内团购第一案"的"株式会社迪桑特诉北京今日都市信息技术有限公司（嘀嗒团的运营商）、深圳走秀网络科技有限公司侵害商标权纠纷案"①。

综上可见，网站运营商的侵权行为种类诸多，且日渐频繁，确有必要在我国现行立法的框架内对其予以规制，以保护网络交易中消费者的合法权益，并规范整个网络市场的法律秩序。

2. 惩罚性赔偿适用的正当性理由

在当今大数据时代，互联网的影响已经深入到我们日常生活的方方面面，网络中一个细微的改变动辄就会影响到数以万计的网络用户，尤其随着当前手机客户端（App）技术的升级、第三方支付方式的兴起，网络销售作为一种新兴的消费模式，消费者对其热情持续高涨。据《中国电子商务报告 2020》的统计："2020 年，全国电子商务交易额达 37.21 万亿元人民币，同比增长 4.5％。其中，商品类电商交易额 27.95 万亿元，服务业电商交易额 8.08 万亿元，合约类电商交易额 1.18 万亿元。全国网上零售额达 11.76 万亿元，同比增长 10.9％。其中，实物商品网上零售额 9.76 万亿元，同比增长 14.8％。农村网络零售额达 1.79 万亿元，同比增长 8.9％。农产品网络零售额达 4 158.9 亿元，同比增长 26.2％。"② 这些数据意味着，一旦网站实施侵权行为，从受害人的数量而言，该行为无疑是学界所称的"大规模侵权"的典范。此种侵权案件中受害人的范围和损害

① 北京市高级人民法院（2012）高民终字第 3969 号。

② 2020 年中国电子商务交易额达 37.21 万亿元 同比增长 4.5％. 中国新闻网，［2021 - 11 - 29］.

后果的程度远远超出了一般单一侵权，突破了近代过错责任兴起以来以单一侵权模式作为侵权制度的设计基础。① 其首要特点是受害人人数众多。但我国学界对"多人"的标准如何进行界定尚未形成统一定论，以张新宝教授为代表的大多数学者都认为"大规模侵权的被侵权人至少是数十人，而不是数人。"与大规模侵权行为接踵而来的是对惩罚性赔偿适用的讨论。由于惩罚性赔偿制度中规定的高于实际损失的赔偿金额具有"公法化"的惩罚性质，既不同于传统大陆民法在民事赔偿领域实行的同质补偿原则，也不符合传统大陆法系对公私法进行区分的要求，因而至今仍未被大陆法系国家所普遍接受。② 就我国而言，"惩罚性赔偿制度"适用是否具有正当性也一直是我国民法理论中的热点争议问题。但笔者以为，在大数据时代，对于电商运营商的侵权行为适用惩罚性赔偿具有正当性基础。

（1）惩罚性赔偿制度顺应了当今社会的发展要求。

大数据时代，高科技的发展极大地改变了人类的生存方式和生活水平，也使得现代文明社会逐步迈入了"风险社会"。按照德国社会学家乌尔里西·贝克的说法，所谓风险社会，即是指在现代化进程中，随着生产力指数的增长，人类发明的技术和所从事的各种活动本身就可能带来风险，同时，人类的行为也会加重来自自然界的风险，使危险和潜在威胁的释放达到一个我们前所未知的程度。③ "风险性"改变了侵权法的社会基础，由于科学技术的进步和法人制度的发展，现代社会呈现出"社会交往的广泛性和高频率性，在生产、销售与消费领域都体现出大规模侵权的重复性，由此带来经济纠纷的复杂性和频繁性，群体性纠纷由此而伴生"。大规模侵权的损害不仅及于受害人自身，还会涉及不特定的多数人，其危害远大于一般的普通侵权，往往具有"私害公害化"的倾向，严重破坏社会公共秩序，直接影响社会公共安全。因此，针对当前风险社会中大规模侵权已经存在且重复发生的事实，现代侵权法的价值目标也理所当然地从"事后的救济"积极转变为对大规模侵权"事前的预防"，更注重发挥侵权

---

① 朱岩. 从大规模侵权看侵权责任法的体系变迁. 中国人民大学学报，2009（3）：9.

② 张新宝，李倩. 惩罚性赔偿的立法选择. 清华法学，2009（4）：5.

③ 陈年冰. 大规模侵权与惩罚性赔偿——以风险社会为背景，西北大学学报（哲学社会科学版），2010（6）：154.

法"预防"的功能。惩罚性赔偿制度的产生则是对现代侵权法"事前预防"需求的回应，恰如《美国侵权行为法重述·第二次》第 908 条的规定，惩罚性赔偿可以通过要求侵权人支付补偿性赔偿或名义上的赔偿之外的金额，以阻遏其与相似者在将来实施类似行为，由此最终起到"事前预防"的作用。①此外，也正是由于自 20 世纪以来，各种危害社会利益的行为随着经济的迅速发展逐渐增多，民法强调保护权利自由的同时兼顾社会公共利益的发展趋势，对所有权和契约自由开始加以一定的限制，法定义务不断增强，民法的价值从"权利本位"时期进入"社会本位"时期。而惩罚性赔偿制度的适用，在一定程度上实现了对社会整体利益的补偿，是对当前民法"社会本位"发展趋势的呼应。②

（2）惩罚性赔偿可以救济一般损害赔偿责任不能救济的损害。

一般侵权损害赔偿责任对大规模侵权行为的救济存在一定的局限。从制度基础来说，一般损害赔偿责任旨在对受害人个人遭受的具有法律上因果关系的损害进行补偿，在确定赔偿的数额上只考虑了受害人的因素，网站运营商通过网络交易行为实施的涉及众多人的大规模侵权行为的损害后果远远超出了一般侵权损害赔偿责任能够承受的损害赔偿的范围。这使得对大规模侵权的损害补偿已经无法满足对受害人进行合理的损害赔偿，更重要的是无法实现对社会无形价值损害的恢复③；另外，据《2020 年中国电子商务用户体验与投诉检测报告》中的投诉数据所载，消费者购买的商品价格多在 1 000 元以内的占比 49.9％，未选择金额占比 10.02％。网络购物金额相对不大，但考虑到诉讼程序的烦琐性和耗时性，更多的消费者宁愿选择委曲求全和自认倒霉。从制度效果来说，一般损害赔偿责任的主要作用只是通过填补损害以恢复权利原状，其在遏制大规模侵权发生方面的作用具有一定的局限性；而惩罚性赔偿制度所具有的惩罚功能，能够在实现对侵权人不再实施类似侵权行为的教育目的的同时警戒其他社会一般人要谨慎行为，有效地遏制了大规模侵权的继续发生。这主要表现在，从

① 陈年冰．大规模侵权与惩罚性赔偿——以风险社会为背景，西北大学学报（哲学社会科学版），2010（6）：155‐156.

② 李建华，管洪博．大规模侵权惩罚性赔偿制度的适用，法学杂志，2013（3）：33.

③ 李建华，管洪博．大规模侵权惩罚性赔偿制度的适用．法学杂志，2013（3）：32‐33.

现今包括团购网站侵权在内频繁发生的大规模侵权行为来看，大规模侵权的侵害人主体一般都是在行业中拥有垄断地位或者在交易中处于强势地位的企业或公司，如果仅适用损害赔偿与实际损失等额的补偿性赔偿制度，巨大的经济利润和微妙的赔偿数额根本不成正比，出于经济体逐利的惯性，此类企业或公司更倾向于利用自身的技术、资本优势等反复实施大规模的侵权行为。因此，在应对大规模侵权行为时，惩罚性赔偿更适应实际需要，只有通过巨额赔付才能起到震慑侵权人并醇化社会道德的作用，而这也利于实现侵权法"预防并制裁侵权行为"的立法目的。

　　3. 惩罚性赔偿额的计算

　　网络团购最大的魅力，对消费者而言在于价格低廉，而对于运营商而言则在于消费者群体的庞大。价格低廉意味着因侵权而遭受损害的消费者没有维权的积极性、主动性，而消费者群体庞大意味着运营商侵权的规模性及获益的可观性。科学、合理地计算惩罚性赔偿数额意义重大。惩罚性赔偿计算规则的核心问题是惩罚性赔偿额计算的基数及倍数的认定，以及确定的惩罚性赔偿数额仍不足以激励受害人维权时惩罚性赔偿计算规则的矫正。

　　（1）关于基数与倍数。

　　网站运营商的侵权行为在某种程度上与网络交易中买卖合同紧密相连，网站运营商侵权行为所侵犯权益的范围受制于合同的约定，于买卖标的物未造成受害人死亡、危及健康时，受害人所遭受的损失仅限于其支付的价金；于买卖标的物导致受害人死亡或危及其健康时，受害人的损失不限于支付的价金，还包括身体伤害所导致的财产损失。究竟以价金，还是以实际损失为明目计算惩罚性赔偿额，《食品安全法》与《消费者权益保护法》有不同的态度。《食品安全法》赋予消费者以选择权，消费者可以选择以价金为基数，也可以选择以损失为基数计算惩罚性赔偿。《消费者权益保护法》则未赋予消费者以选择权，买卖标的物未造成人身伤害的，消费者仅可以价款为基数主张惩罚性赔偿；造成人身伤害的，方可以损失为基数主张惩罚性赔偿。不仅如此，《食品安全法》与《消费者权益保护法》关于倍数的认定亦有不同：前者规定价款的 10 倍、损失 3 倍；后者规定价款的 3 倍、损失的 2 倍以内。鉴于团购网站运营商大规模侵权的特

质，惩罚性赔偿的计算规则应当在借鉴《食品安全法》和《消费者权益保护法》的基础上，施行统一的计算规则。第一，关于惩罚性赔偿基数的认定采《消费者权益保护法》的模式，买卖标的物未导致人身伤害的，受害人仅得以价款为基数主张惩罚性赔偿。价款损失通过网络系统即可认定，无须举证、质证，以价款为基数计算惩罚性赔偿数额有利于节省司法资源，提高司法效率，同时减轻原告人的讼累。第二，关于惩罚性赔偿的倍数应当高于《食品安全法》和《消费者权益保护法》的规定，例如价款的20 倍，损失的10 倍。这一方面有利于激励受害人维权的积极性、主动性，另一方面让利用网络技术及便利在大规模侵权中获得巨大收益的侵权人承受相应的代价，从而发挥遏制侵权行为、填补社会性损害、净化网络环境的功能。

（2）关于一般规则的矫正。

采《消费者权益保护法》的模式认定惩罚性赔偿的基数，并以价款的20 倍，损失的10 倍计算惩罚性赔偿额，当价格特别低廉、实际损害的数额过小时，惩罚性赔偿责任对于侵权行为也不能提供有效的阻却[1]，且容易造成"某一未造成严重伤害却具有高度社会保护价值的个案难以吸引社会资源"[2] 的恶劣结果。此种情况下就需要确立另一个规则以矫正一般规则。有三种矫正方案可供选择：第一，以确定的数额代替价款或实际损失作为基数，再乘以20 倍或10 倍。至于特定数额的确定可参照王利明先生的主张——最好的办法是各地结合本地的情况分别确定一个统一的标准，发达地区确定的数额高于不发达地区确定的数额，城市确定的数额高于农村确定的数额。[3] 就各省依据地方实际分别确定数额问题，已有立法及司法实践的先例——依据《行政处罚法》第13 条之规定，省级人大常委会有权规定本省罚款的限额；对于精神损害赔偿数额的确定各地法院也提出

---

① A. Mitchell Polinsky, Steven Shavell, "Punitive damages: An Economic Analysis", *Harvard Law Review* 111：902. 1998.

② Dorsey D. Ellis, JR., "Punitive Damages: Fairness and Efficiency in the Law of Punitive Damages", 56 *South California Law Review* 10.（1982）.

③ 王利明. 惩罚性赔偿研究. 中国社会科学, 2000（4）：122.

了适于本地客观情况的具体判断标准①，惩罚性赔偿的基准数额的确定也可以参照这些做法，由地方政府或法院依据本地具体情况确定。第二，采纳《食品安全法》的做法直接认定惩罚性赔偿的数额。《食品安全法》规定"增加赔偿的金额不足 1 000 元的，为 1 000 元"。鉴于团购网站大规模侵权的特性，直接认定的惩罚性赔偿数额应当高于《食品安全法》确定的数额，如惩罚性赔偿数额不足 5 000 元的，为 5 000 元。抑或由地方政府或法院依据本地实际情况具体确定惩罚性赔偿的数额。第三，保持原有基数不变，增加倍数。如价格不足 100 元的，以价款的 40 倍计算惩罚性赔偿数额；损失不足 200 元的，以损失的 20 倍计算惩罚性赔偿数额。第四，将惩罚性赔偿数额确定的裁量权直接赋予法官。《民法典》侵权责任编在原《侵权责任法》确定的产品责任惩罚性赔偿的基础上，确定了知识产权和环境侵权的惩罚性赔偿制度。但《民法典》尚未有惩罚性赔偿额计算的明确规定，仅规定"被侵权人有权请求相应的惩罚性赔偿"。这就表明司法机关在法律未预先确定倍数的情况下必须自由裁量，即《民法典》实际上赋予了法官就惩罚性赔偿数额计算的自由裁量权，在具体确定基数或倍数时，可以考虑"原告损害的种类和受损程度；被告的财富和经济情况；被告侵害行为的性质；被告侵害行为对于正义和公理的践踏程度"②，以及被告在侵权中获益的多寡等因素，从而促成受害人获得等同于其全部损害（并非仅仅是可获得赔偿的损害）的赔偿，使行为人受到足够教训去进行损害预防。

七、相关配套制度的确立

综上，因为大数据时代侵权行为所具有的侵权人隐蔽、侵权人获益巨大，权利人主张权利成本高等特征，惩罚性赔偿制度具有极其重要的现实意义和理论价值。随着科学技术的不断进步和发展，利用互联网平台实施的侵权行为的类型会层出不穷，是立法者难以预料的。社会的发展进步与

①　程啸．侵权行为法总论．北京：中国人民大学出版社，2008（1）：507.
②　Angeron v. Martin，649 So. 2d 40；1994 La. App. LEXIS 3628.

法律的稳定性、权威性要求法律的确定性与灵活性相统一，这要求我们在对大数据时代惩罚性赔偿予以制度化建构之后，还应当予以相关配套制度的建设，以实现法律的确定性与灵活性的完美结合，以应对现实生活中超出立法者预期的突发事件。经过前面的论述，认可了受害人有权在获得一般侵权责任所认可的损害填补性赔偿的基础上，进一步获得"额外的赔偿"——惩罚性赔偿。这些规定都是我国法律以开放的思维勇于探索，秉持兼容并包的态度，对西方先进制度进行的成功借鉴。在成功确立基本制度的基础上，我们认为应当在以下几个方面进一步加以完善，从而更加全面、有效地维护私人合法权益。

（一）确立法官依职权自主裁量惩罚性赔偿制度

法官依职权自主裁量惩罚性赔偿制度，其含义为：在审理具体案件时，无论原告是否提出这一诉讼请求，法官都可以依据职权决定是否判处被告承担惩罚性赔偿责任。这一制度包含两方面内容：一方面，法官有权在个案中依据自己的判断在当事人并未提出请求被告承担惩罚性赔偿责任主张的情形下，行使法律授予的职权，判决被告承担惩罚性赔偿责任。美国法中，就存在着法官依职权自主裁量惩罚性赔偿制度的情况。依据美国法 47 U. S. C. 227《限制使用电话设备法》（Restrictions on use of telephone equipment）第（b）（3）的规定："若法院认为被告明知或故意地违反本法，法院可以依据自由裁量权判决原告获得第（B）规定的数额三倍以内的损害赔偿。"此外，依据《2003 年控制通过垃圾黄色和促销信息法案》（Controlling The Assault Of Non-Solicited Pornography And Marketing）15 USCS § 7706 第（f）（3）（C）的规定，法院可以在行为人严重违反本法的情形下加重其责任，但不得超过本法确定的损害赔偿的三倍。另一方面，法官也有权在个案中依据自己的判断，在当事人依据法律规定请求被告承担惩罚性赔偿责任的场合下，拒绝判决被告承担该责任。在 Tagged, Inc. v. Does 1 through 10 案[1]中，原告经营一家社交网站，被告注册了多个用户名，并向原告的其他用户发送了 6 079 封包含一条某成人网站链接的垃圾广告邮件，只要原告的用户误点这一链接就会承担因此

---

① No. C 09-01713 WHA., 2010 WL 370331 (N. D. Cal.).

产生的资费。法院经审理认为："诚然，被告故意违反了实体法中关于禁止包含欺诈性内容和发送垃圾广告邮件的规定，应当判处惩罚性赔偿，从而惩罚和阻却类似行为……但是，我们认为，在本案的情形中，依据实体法关于最低损害填补性赔偿数额确定的责任数额和本院判处的永久性禁止令已经能够有效地惩罚和阻却这一行为，因此本案不予判处实体法规定的惩罚性赔偿"。

法官依职权自主裁量惩罚性赔偿的制度不同于法官在审理案件中对原告的诉讼请求依职权提供的建议和指导，而是授予法官一项属于不告不理原则例外情形的、自主追加或否定原告诉讼主张的权力。不告不理是我国民事诉讼法的一项重要原则，依据《民事诉讼法》第13条的规定："当事人有权在法律规定的范围内处分自己的民事权利和诉讼权利"。法官依职权自主裁量惩罚性赔偿制度，就意味着当事人对于民事权利特别是诉讼权利的行使要服从法官的决定。

建立法官依职权自主裁量惩罚性赔偿制度的重要价值在于：第一，有助于法官依据个案情况作出正确判断。立法者无法代替法官作出全部的行为指引和价值判断，特别是在案情极其复杂的情况下，法官必须拥有足够的自由裁量权，才能够对具体案件具体分析，作出正确的判决。第二，有助于节约立法成本。大数据高科技发展日新月异，侵权行为花样百出、层出不穷，旧有大数据侵权行为将不断被新兴侵权行为所取代，甚至完全超出立法者之预料。如果强求立法者予以事先规定，不仅客观上强人所难，也会极大地增加立法成本。如果由法院依据个案双方当事人提供的数据，特别是原告在受到可能获得的惩罚性赔偿激励下提供信息、数据，就会比立法者掌握更多的信息资源，从而作出正确的判断，节约立法成本。第三，有利于保护受害人权益，增强惩罚性赔偿制度的惩罚功能、阻却功能。对不断出现的新型侵权行为赋予法官惩罚性赔偿的自由裁量权，在社会上会形成关于此类案件和惩罚性赔偿具有密切关系的心理暗示，以及对惩罚性赔偿制度的正确认识；激励、引导民众积极地依靠法律的武器维护自己的权利。只有这样方可以让侵权人承受侵权获益的代价，维护法律的权威，增强惩罚性赔偿制度的震慑力，阻却侵权行为的频繁发生，填补受害人所遭受的损害，甚至减少、避免再度

被侵害的发生。

（二）惩罚性赔偿的隐性实现机制

在大数据时代为了有效规制侵权行为，于责任的承担上可设立相应的替代责任制度。除了让大数据侵权的实际加害人承担补偿功能下的损害赔偿责任外，可于满足特定的构成要件的前提下，规定相应的替代责任主体。比如，如果实际加害人是受雇于大型大数据公司的大数据从业人员，则可规定由受雇的主体承担损害赔偿责任。再比如，基于人工智能的发展，通过数据"喂取"的"机器学习"所自动导致的大数据侵权，应当将机器的所有权人及实际控制人规定为责任的承担主体。这里面临着法理上的一个重要问题是，随着人工智能变得越来越智能，越来越不受人类的控制，人工智能机器在法律上到底是"物"，还是应当因其可能存在的"意识"而将其界定为"人"。若机器真的越来越不受人类的控制，越来越具有主动性的意志存在，那么将其所有人或实际控制人规定为责任承担的主体，难免会与替代责任一样具有惩罚之意。当然，这需要根据时代的进一步发展对制度的具体构成要件及评判标准进行界定。上述所述之制度的法理基础可认为是大数据从业公司一方面从大数据分析产业中获得了巨额利润，理应分担为了促进大数据产业发展而产生的社会成本，另一方面也由于大数据产业的发展前提，即数据的高度流动，使整个社会都处在个人数据及信息失控的高度危险状态下，因此即便其在主观上无过错，也应当承担相应的责任。该种责任，对于责任承担人而言无异于一种惩罚，可称之为大数据时代惩罚性赔偿的隐性实现方式。

第六章 大数据时代侵权责任法 预防功能下的制度安排

王利明教授曾对《侵权责任法》第1条进行了高度的评价，称之为侵权法"功能上的创新"，认为其"在强化补救功能同时，实现了与预防功能的妥当结合"①。但是坦率地讲，在大数据时代仅仅通过课以严格责任②是无法有效实现预防损害的功能的，还需要通过加强补偿功能和确立惩罚功能来实现预防损害的功能。另外，在没有对具体的制度进行重构之前，"预防功能应当是侵权法的首要功能，补偿功能和惩罚功能皆服务于预防功能"③ 的应然性判断只能说是一厢情愿。预防功能大多数情况下都只能隐身在补偿功能身后，无法成为独立支撑起侵权法制度框架的内在属性。"1990年的《德国环境法》第一次将预防功能提升为其首要功能，开创了

---

① 王利明，周友军，高圣平．侵权责任法疑难问题研究．北京：中国法制出版社，2012：序言，3-4．

② 王利明，周友军，高圣平．侵权责任法疑难问题研究．北京：中国法制出版社，2012：序言，4．

③ 龚赛红，王青龙．论侵权法的预防功能．求是学刊，2013（1）：109．

现代环境责任法的立法先河，目前为欧盟立法以及其他国家立法所效仿。"[①] 但"预防功能的地位提升远远未达到损害赔偿功能的核心程度，并且只有在环境侵权等特殊责任方式中，预防功能才得以成为首要功能。"[②] 在大数据时代，要想改变预防功能附属品的地位，实现其独特的价值，需要通过建构独立于补偿功能和惩罚功能的预防性责任制度来实现。正如周旺生教授所言，应当善于发现、发掘和利用法的功能，设法使法所天然具有的这种资源能够得到充分和有效地实现，不至于辜负了法的功能，使它的价值空自搁置或浪费。[③]

一、大数据时代侵权责任法预防功能定位下的绝对权制度

随着大数据时代数据及信息的滥用不断高发，个人信息领域的相关权利得到了我国学术界的重视。随着人格权立法及学术研究的兴起，我国理论界不再满足于将人格权侵权行为仅仅定位于债的发生原因，也希望通过建立绝对权制度的方式，一方面彰显新时代对人格权保护的重视程度，另一方面拓展对人格权侵权责任的承担方式。在这种大背景下，我国"个人信息权"理论发展如火如荼。我国《民法典》第179条第1款规定了8种侵权责任的承担方式，其中停止侵害、排除妨碍、消除危险等责任承担方式被我国主流通说认为是为保护人格权及人格利益提供了更加充分多样的保护形式。在大数据时代，如果权利人在侵权行为已经发生但还未遭受损害之前，对个人信息通过行使自决权加以有效控制，就能够在损害实际发生前对加害行为进行有效的遏制，从而避免损害的发生。这也是"个人信息自决权"制度在大数据时代具有强大生命力、吸引诸多学者的主要原因。该制度在从理论建构到保护科技进步等问题上都并非没有探讨的空间。本节将对以"个人信息自决权"为核心建构起来的绝对权制度的兴起和发展进行考察，并对在大数据时代的背景下绝对权制度是否真的能起到有效的预防损害的功能展开讨论。

---

①② 朱岩. 论侵权责任法的目的与功能——兼评《中华人民共和国侵权责任法》第1条. 私法研究，2010（2）.

③ 周旺生. 法的功能和法的作用辨异. 政法论坛，2006（9）.

（一）绝对权制度的建构逻辑与预防功能阐释

针对个人信息的绝对权制度最早起源于德国。将个人信息被滥用的逻辑推向极致，便是对于个人在法律上的主体地位和人格发展自由的担忧，"如果个人无法知道自己的个人信息在何种程度上、被何人获得并加以利用，则个人将失去作为主体参与的可能性，而沦为他人可以操纵的信息客体"①。正是基于这种担忧，最早可追溯到的德国学者科勒（Kohler)②的"个人信息自决权"理论，后经由德国"小普查案"和"《人口普查法》案"的判决而最终被确立。该理论在应对个人信息保护时给出的解决方案是赋予信息主体一个强大的法律地位，像绝对权那样的强大权利，增强其对信息的控制能力，降低信息处理者的法律地位，从而与侵权行为者相抗衡。③由于采取与传统隐私权理论在理论进路上完全相反的模式，该理论不再是通过禁止性规范的形式划分一定的行为禁区，而是"个人可以决定向谁告知哪些和他相关的信息，哪些可以隐瞒。这项权利适用于一切个人信息，自然也适用于那些看上去无关紧要的个人信息，我们不再要求根据个人信息的内容来划分哪些处于私人领域，哪些处于公共领域"④。

"个人信息自决权"理论在学界颇受欢迎，无论是其发端国德国，还是日本都有大量附和者。诸多学者对其持支持、肯定甚至是极其赞扬的态度。与德国学者不同，日本学者多使用"自我信息控制权"的概念⑤，而

---

① Spiros Sitimis，Kommentar zum Bundesdatenschutzgesetz，4. Aufl.，1993，Art. 1，Rn. 169. 转引自杨芳. 个人信息自决权理论史略及其理论检讨——兼论个人信息保护法之保护客体. 比较法研究，2015（6）：25.

② 杨芳. 个人信息自决权理论史略及其理论检讨——兼论个人信息保护法之保护客体. 比较法研究，2015（6）：30.

③ Spiros Simitis，Kommentar zum Bundesdatenschutzgesetz，6. Aufl.，2006，§ 1 Rn. 36. 转引自杨芳. 个人信息自决权理论史略及其理论检讨——兼论个人信息保护法之保护客体. 比较法研究，2015（6）：24。

④ Christoph Mallmann，Datenschutz in Verwaltungsinfourmaitonssystem：zur Verhältnismässigkeit des Austauches von Informationen in der normvollziehenden Verwaltung，1976，S. 22. 转引自杨芳. 个人信息自决权理论史略及其理论检讨——兼论个人信息保护法之保护客体. 比较法研究，2015（6）：24。

⑤ 葛虹. 日本宪法隐私权的理论与实践. 政治与法律，2010（8）：139-140。

我国学者多使用"个人信息权"的概念。① 我国最近几年以"个人信息权"为核心问题域讨论所谓"新型（兴）权利"发展的研究可谓如火如荼，但直接使用"个人信息自决权"的概念多见于比较法上的研究。② 我国台湾地区的王泽鉴教授也认为，个人可以自主决定如何形成其私领域的生活，得自主决定是否以及如何公开关于其个人的数据（信息隐私），现在的隐私权法律体系已经变动为"以个人信息自主权为中心的法律体系"③。

在该理论下，传统理论上以重要程度对个人信息采取的分类体系不再存在，每一项个人信息的获取、传播与利用都需要得到权利人的认可，都是权利人自决的内容，因此不存在所谓不重要的个人信息。正如德国联邦宪法法院针对德国联邦政府于 1983 制定的《人口普查法》所做的违宪审查判决中写到的那样："一项看上去不重要的个人信息可能会在信息处理中获得新的意义；就此而言，在自动化信息处理技术面前，不再有'不重要的'信息。"④ 该理论认为，当个人信息等遭受侵害的时候，个人信息权作为一种人格权下的绝对请求权可以发挥有效的控制作用。因此，"个人信息自决权"在大数据时代才能展示出广阔的理论空间，并强烈地吸引众多学者。"个人信息自决权"理论的首要贡献是不再对个人信息以所谓的重要程度进行分类，权利人可以自己之意志对个人信息进行全方位的控制。在该理论下，这种控制可以并且应当渗透到信息从生成到存储再到传播、利用的各个环节。这一点与大数据时代信息在生成、存储、传播及利用模式方面的特征是相符合的。尽管个人信息在初次上传至计算机和网络的时候得到过权利人的认可，但在这之后的任何一个时空节点上，一旦权利人察觉到个人信息在网络环境下，有遭受大数据式侵害的危险，就可通

① 王利明. 论个人信息权的法律保护——以个人信息权与隐私权的界分为中心. 现代法学，2013（4）：70；王利明. 个人信息权在人格权法中的地位. 苏州大学学报（哲学社会科学版），2012（6）：68 - 75.

② 贺栩栩. 比较法上的个人信息数据自决权. 比较法研究，2013（2）：61 - 76.

③ 王泽鉴. 人格权的具体化及其保护范围·隐私权篇（中）. 比较法研究，2009（1）：9 - 10.

④ BVerfG 65，1，45. 转引自杨芳. 个人信息自决权理论史略及其理论检讨——兼论个人信息保护法之保护客体. 比较法研究，2015（6）：28.

过行使作为绝对请求权的个人信息权，实现对个人信息的有效管控。在我国，相应的请求权基础更有《民法典》第1179条第1款下停止侵害、排除妨碍、消除危险等责任承担方式相配合。简言之，通过个人信息自决权的行使，权利人可将自身对数据及信息的控制能力无限扩张下去，而不问数据及信息经过了怎样的传播及再生成的过程。这种绝对权上的管控自然有利于在数据及信息可能遭受损害时及时制止或阻断加害行为，起到预防损害的功能。

（二）绝对权制度的理论缺陷与预防过度批判

《民法典》第111条规定：自然人的个人信息受法律保护。任何组织或者个人需要获取他人个人信息的，应当依法取得并确保信息安全，不得非法收集、使用、加工、传输他人个人信息，不得非法买卖、提供或者公开他人个人信息。该条并未使用"个人信息权"的概念。《个人信息保护法》遵循《民法典》的立法模式，没有直接使用"个人信息权"的表述方式。其第1条规定"为了保护个人信息权益，规范个人信息处理活动，促进个人信息合理利用，根据宪法，制定本法"。其中的"个人信息权益"一词并非明确承认了"个人信息权"的概念，而仅仅是明确了附着在"个人信息"上存在一些需要保护的民事权益而已。但该权益究竟是什么，至今仍争论不休。因为《民法典》第111条是写在第五章"民事权利"一章，因此仍有一派学者致力于将《民法典》第111条解释为"个人信息权"或"个人信息自决权"的来源。比如，付新华认为："个人信息权是自然人在数据处理过程中对个人信息有限的自主决定和控制权，而非排他占有和圆满控制。人的尊严与自主性作为内在理由，可以独立证成个人信息权。当代中国语境下的'共同善'作为个人信息权的外在理由，可以为个人信息权的证成提供辩护力量。个人信息权是一个开放的概念，它可以有效弥补单一行为规制模式的缺陷，并构成对效用最大化的边际约束。对个人信息权的保护应当成为整个法秩序的共同使命，形成公法和私法的双重保护进路。"[1] 申卫星认为"我国民法典确立了个人信息权的基本框架，我国个人信息保护法进一步细化了个人信息权的主体、客体、效力、行使

---

① 付新华. 个人信息权的权利证成. 法制与社会发展，2021（5）.

条件、救济手段，从而形成了以个人信息的知情同意权、获取权、异议更正权、拒绝权、删除权等为权能的个人信息权利体系，成为我国个人信息保护制度的基础和核心。"① 郑维炜认为："通过创制个人信息权对个人信息予以保护，这是一般人格权在信息时代发展中所形成的新的社会形态的具体展现，是信息时代保护个人人格的要求。法律上创制的个人信息权是一项独立的人格权权利类型，并且这种权利类型的独立存在有其法哲学上的基础。通过《民法典》人格权编确立个人信息权保护的法律制度，侧重《民法典》人格权编与其他部门法的法律条文之间的相互协调与互为补充，是我国《个人信息保护法》的发展路径。"② 但以"个人信息自决权"理论为代表的针对个人数据及信息的绝对权制度存在明显的理论缺陷。以其发展简史观之，"个人信息自决权"诞生之初是为了应对个人信息自动化处理对个人隐私可能带来的威胁，适用范围被限定在自动化个人信息处理领域。然而随着理论的逐渐发展，该限制被抛弃。现在的"个人信息自决权"同样适用于非自动化个人信息处理领域。这一变化使该理论的适用范围急剧扩张，从而强调一种在任何环境下都适用的信息主体对于信息的全面、主动、积极的控制权。然而问题在于，首先，这种赋予信息主体强大到这般地步的主体地位将带来一个后果，那就是再也无法为他人的行为划分出严格的界限。而大数据时代的个人信息所具有的天然的海量性、外界无法识别性等特性必然导致个人信息权与他人的自由产生冲突。这种过于绝对的权利设置将严重阻碍数据及信息传播，一方面导致信息传播禁止，造成对言论自由的妨害，另一方面更有损于大数据的有效积累，不利于大数据技术的发展。其次，过于绝对的权利设置和过于宽泛的权利指向对象必然导致"个人信息自决权"的权利客体过于模糊，而缺少具体权利客体的权利将无法成为法学意义上的权利。正如学者批评的那样，"即使主张者把信息自决权表述为一种建立在个人信息之上的支配权，这么一项权利也不可能是私法权利体系中的绝对权或者支配权，甚至不可能是法学意义

---

①　申卫星. 论个人信息权的构建及其体系化. 比较法研究，2021（5）.
②　郑维炜. 个人信息权的权利属性、法理基础与保护路径. 法制与社会发展，2020（6）.

上的权利"①。另外，"个人信息自决权"理论虽然在某些方面符合大数据时代的特点，却也忽略了大数据环境中的信息生成逻辑下的一个重要推论，即大数据环境下新生成的信息的权利主体是谁。由于大数据环境下很多信息的生成是数据分析主体基于所掌握的技术对既有信息数据进行加工所得的结果，那么源信息主体对于新生成的信息是否具有权利，或者说具有多大范围的权利就难谓没有讨论的空间。"个人信息自决权"忽视了这部分问题的讨论，其将源信息权利人时刻都放在信息绝对权利主体的地位上实际上是不恰当的。"个人信息自决权"的确将权利所指向的客体设置的过于模糊，这不利于数据的有效流通，换句话说就是不利于大数据产业的发展和进步，还会对言论自由造成妨害。一言以蔽之，该制度将造成预防过度。

同时在我国，一直以来，尤其是《侵权责任法》第 15 条，曾将停止侵害、排除妨碍、消除危险等责任方式纳入侵权责任的承担方式体系当中的做法向来争议颇多。在我国，基于大陆法系的传统，通常认为应当作物权绝对权与债权相对权的区分，这与普通法系的做法截然不同。克里斯蒂安·冯·巴尔教授认为："在大陆法系对于物权的侵害可能产生物上请求权，这主要是因为大陆法系区分了绝对权和相对权，同时有关相邻关系的制度属于物权法的一部分，而不构成侵权法的内容。而在普通法中，凡是侵害他人的物权都构成侵权，因为普通法并没有采纳所谓绝对权的概念，因此不存在所谓所有权的返还请求权。"② 我国通说对于民事责任采取"后果说"，侵害权利的责任包括侵权损害赔偿责任（财产责任）和预防性责任（非财产责任）。前者属于债的范畴，后者对应传统民法物权请求权和其他绝对权请求权的内容，不属于债的范畴。③ 而作为绝对权的"个人信息自决权"与停止侵害、排除妨碍、消除危险这三项责任承担方式恰好可以互相搭配，形成侵权法制度上独立的预防性责任请求权，预防损害的

---

① 杨芳. 个人信息自决权理论史略及其理论检讨——兼论个人信息保护法之保护客体. 比较法研究，2015（6）：29.

② 克里斯蒂安·冯·巴尔. 欧洲比较侵权责任法（上卷）. 张新宝，译. 北京：法律出版社，2001：654.

③ 张新宝. 侵权责任法立法研究. 北京：中国人民大学出版社，2009：351.

发生。张新宝教授认为，在这样的立法模式下，对绝对权义务的违反会产生两种责任：一种是侵权损害赔偿责任，它与侵权损害赔偿请求权是同等范畴，这种责任实际上就是侵权之债，本质上属于债务；另一种是预防性责任，它与传统民法中的物权请求权等基于绝对权产生的请求权相对应。① 这种学说却引起了巨大的争议，反对该学说的观点认为传统物权请求权体系范围内的请求权与侵权行为之债发生原因的本质相冲突，因此物权请求权体系的预防性责任不应当被纳入侵权法制度当中作为侵权责任的承担方式。曹险峰教授认为，我国把本应属于物权请求权的内容也纳入侵权法的调整范围，如此创新一方面并无理论基础，另一方面也造成了适用上的混乱。② 将预防性责任确定为这种意义上的侵权责任后，在责任构成要件方面也存在判断上的逻辑困难。如前所述，损害是侵权责任构成的第一要件，那么在损害还未发生的前提下，就不能启动对侵权责任的判断，也就无从构成侵权法上的预防性责任。张新宝教授针对该立法模式"加重受害人的举证负担，不利于对物权的保护"的批评回应道：应当通过"一般损害"与"自身可诉性损害"的制度设计，将侵夺、妨害、危险等作为特殊的损害在侵权责任法中一体规定，完全可以实现"损害"要件内部的协调，断不会出现上述之局面。③ 可是该制度设计模式存在一个当然的逻辑推论，即将预防性责任请求权的第一构成要件定位于"一般损害"概念下的"特殊损害"，即侵夺、妨害、危险等还未造成实际损害但有可能于未来某一时间点上发生的损害。这么做同时也是在《民法典》第179条的条文下，解决预防性责任请求权构成要件的当然选择。然而，定义何为损害本身就是侵权法上之一大难题，产生过诸多的学说，须从多个角度加以考量，定义何为特殊损害又增加了一个不确定性的维度，困难可想而知。在大数据时代，大数据侵权的诸多特点更加加大了这种不确定性。另外，从朴素的语言表达及概念设定的意义上来说，将还未发生的"损害"定义为损害，无论如何强调其特殊性，都是不恰当的。

　　综上所述，针对个人数据及信息的绝对权制度不但存在明显的理论缺

① 张新宝. 侵权责任法立法研究. 北京：中国人民大学出版社，2009：325.
② 曹险峰. 侵权责任本质论——兼论"绝对权请求权"之确立. 当代法学，2007（4）：72.
③ 张新宝. 侵权责任法立法研究. 北京：中国人民大学出版社，2009：344.

陷，可能造成制度适用上的体系混乱，还有可能造成预防过度，对大数据时代的科技发展和进步造成阻碍，因此，尽管存在巨大的实现预防损害功能的潜力，但该制度仍不足取。

二、大数据时代侵权责任法预防功能定位下的相对权制度

大数据时代的特征决定了所有曾经被上传到计算机和网络上的个人数据及信息面临被永久保存，可随时被他人获取并加以利用的风险。人们都不希望自己的过往处于一种可以随时被唤醒的境地，而大数据分析工具就恰恰具备这种随时唤醒沉睡于数据当中的微弱信息，将各种数据及信息加以整合组成新的信息的强大能力。肇始于欧洲的"被遗忘权"制度尽管是针对且指向存储于网络空间的带有明显个人标示的信息的一种权利，却为建构大数据时代针对不带有明显标示性的数据或信息的相对权制度提供了思路。

（一）相对权制度的内容

大数据时代预防功能下的相对权制度的建构需要借鉴近几年不断发展的"被遗忘权"制度。首先要从"被遗忘权"制度的缘起和制度功能说起。人人都需要适当地跟自己的过去告别。即便是在远古时代，人类都具有抹去自己脚印的生物本能，大数据时代更加呼唤一种叫作"被遗忘"的美德。相比于绝对权制度对个人信息的绝对控制，近几年起源于欧洲的"被遗忘权"制度并不激进，于预防功能的实现上有诸多可取之处。本节将从分析"被遗忘权"制度的诞生过程及其所引起的各方争议入手，从中进行借鉴，探讨大数据时代损害预防功能在相对权制度方面的建构。

1998年，西班牙《先锋报》发表了一则财产强制拍卖活动的公告。在该份公告中一份遭到强制拍卖的财产是属于马里奥·科斯特加·冈萨雷斯（Mario Costeja Gonzale）的，因此他的名字出现在了公告中。几年后，该拍卖活动结束，相关信息失效。然而冈萨雷斯发现该公告以及他的名字被谷歌搜索引擎收录，并在时隔11年后通过谷歌搜索引擎依然可以找到。于是冈萨雷斯于2009年11月与该报纸取得联系，希望能够在网上删除这些与他有关的信息。他声称如果任由这些信息继续存在，会对其声誉造成

持续的伤害。然而《先锋报》回复称无法删除该信息，原因是该公告的授权方是西班牙劳动与社会事务部。冈萨雷斯于 2010 年 2 月与谷歌西班牙分部取得联系，要求他们删除该公告的链接。后者将该请求转交给了位于美国加利福尼亚州的谷歌总部。随后，冈萨雷斯向西班牙数据保护局（AEPD）提交了投诉，要求《先锋报》删除数据信息、谷歌西班牙分部或谷歌公司则须删除数据链接。2010 年 7 月 30 日，西班牙数据保护局驳回了他针对报纸提交的诉求，但支持他对谷歌西班牙分部和谷歌公司的诉求，并要求谷歌公司删除链接并保证通过搜索引擎无法打开该信息。谷歌西班牙分部和谷歌公司随后分别向西班牙国立高等法院提出了单独诉讼。西班牙国立高等法院在将两个诉讼合并后，将该案提交给了欧盟法院。欧盟法院依据《欧洲数据保护指令》，对诉讼中的一些问题进行了初步裁决，其中有一条涉及是否需要制定"被遗忘权"制度（the right to be forgotten）的问题。欧盟法院在广泛听取各方意见后，于 2014 年 5 月 13 日宣布了最终裁决，认为谷歌作为搜索引擎运营商，应被视为《欧洲数据保护指令》适用范围内的数据控制者，对其处理的第三方发布的带有个人数据的网页信息负有责任，并有义务将其消除；而对于是否制定所谓的"被遗忘权"制度这一问题，虽然谷歌西班牙分部、谷歌公司以及欧洲委员会等在这一点上都持否定态度，但是欧盟法院认为，有关数据主体的"不好的、不相关的、过分的"（inadequate，irrelevant，excessive）信息也应当从搜索结果中删除。据此，欧盟法院最终裁决谷歌西班牙分部、谷歌公司败诉，应按冈萨雷斯的请求对相关链接进行删除。① 这就是著名的"谷歌诉冈萨雷斯被遗忘权案"。

"被遗忘权"最早是由欧盟于 2012 年 1 月 25 日发布的个人数据保护立法提案中正式提出的新概念，即请求个人信息控制者对已经发布在网络上不恰当的、过时的、会导致其社会评价降低的信息进行删除的权利。② 然而 2013 年 10 月通过的立法提案却用欧盟 1995 年《数据保护指令》中就已经存在的老概念"消除权"（the right to erasure）取代了"被遗忘

---

① 杨立新，韩煦. 被遗忘权的中国本土化及法律适用. 法律适用，2015（2）：24.
② 杨立新，韩煦. 被遗忘权的中国本土化及法律适用. 法律适用，2015（2）：32.

权"（the right to be forgotten）。"被遗忘权"看似受到了冷落，然而事实却恰恰相反。"消除权"使概念更加明晰，从而不具有"被遗忘权"所多少带有的煽动性。同时，虽然概念的表述有所改变，但具体的内容非但没有减弱，反而有所增强。欧盟故意将被遗忘权的条款宽泛化、模糊化，其目的不过是更好地适应新技术的发展①，这种做法属于典型的"旧瓶装新酒"。最终，通过"谷歌诉冈萨雷斯被遗忘权案"，欧盟法院正式确立了"被遗忘权"的概念，并且使之成为信息主体的一项民事权利。②

杨立新教授将"被遗忘权"制度纳入个人信息权及隐私权的权利范围内进行研究，认为权利人行使被遗忘权的前提是已经发布在网络上不恰当的、过时的、会导致其社会评价降低的信息会对其个人信息权或隐私权等合法权益造成损害。③ 但在大数据时代，"被遗忘权"制度更大的启发性意义却在于，建构一种数据删除权，赋予权利主体针对已经发布在网上的或者存储于公共存储器当中的那些碎片化的数据及信息的删除权。更进一步讲，大数据时代侵权责任法预防功能下的相对权制度，其权利客体指向的不仅仅是那些不恰当的、过时的或者是由于带有明显个人标识性而会导致个人社会评价降低的信息，而是基于大数据分析工具，可能会作为上述信息的数据来源的那部分数据。权利人可通过删除数据及信息的方式预防信息被二次整合从而致人损害的情况发生。换句话说，在大数据时代，数据删除权制度的规制内容不限定于网络上不恰当的、过时的、会导致其社会评价降低的信息，而是扩大至所有曾经上传至网络的，可于日后被大数据分析工具所利用从而致人损害的数据及信息。其制度意旨更加符合大数据时代对数据及信息的传播与利用的特性和规制要求，能够更好地发挥预防损害发生的功能。

数据删除权制度将个人信息不作任何区分一并纳入可以删除的范围也许会招致一些反对的声音，认为这种做法过于极端，会不利于大数据产业

---

① Reding v. The EU Data Protection Reform 2012：Making Europe the Standard Setter for Modern Data Protection Rules in the Digital Age5. http：// europa. eu/rapid/ press Releases Action. do? reference ＝ SPEECH /12 /26&format ＝ PDF，（2016－12－20）.

② 杨立新，韩煦. 被遗忘权的中国本土化及法律适用. 法律适用，2015（2）：24.

③ 杨立新，韩煦. 被遗忘权的中国本土化及法律适用. 法律适用，2015（2）：30－31.

的发展或阻碍言论的自由。事实上，类似的担心和纷争于"被遗忘权"制度下早已展开。"被遗忘权"的概念甫一提出，学者便纷纷发表文章表达支持或者反对，一时间赞誉与批评相互碰撞，火花四射，成了欧洲乃至美国的热门话题，产生了大量文献。各方所秉持的观念基本上表现为以欧盟为代表的支持派和以美国为代表的反对派。

　　一如"被遗忘权"诞生于欧洲并最终被欧盟法院正式确立一样，欧洲是该项制度的坚定支持者，欧洲公民可通过"被遗忘权"对已在互联网上公开的有关信息主体"不好的、不相关的、过分的"信息进行删除。而美国方面反对"被遗忘权"的理由主要可归结为以下几点：首先，"被遗忘权"损害言论自由。质疑者担心，由于欧盟 2012 年的草案对行使"被遗忘权"的例外情形规定的过于模糊，互联网基于对面临罚款或遭到起诉的担心，将不分来由地删除大量信息。这不但会引起大规模的互联网审查，同时在审查过程中互联网公司在决定哪些信息该被删除时充当了审判官的角色，而不再是一个中立的平台。因此，美国通过的"橡皮擦法案"认为"被遗忘权"与美国宪法修正案第 1 条关于"国会不得制定剥夺言论自由或出版自由的法律"相违背。美国联邦最高法院也认为，只要某一信息是合法取得的，国家就不能通过法律限制媒体传播该信息，即使该信息的传播会造成所涉及对象尴尬的后果。① 加利福尼亚州于 2013 年通过加州参议院第 568 号法案将"被遗忘权"的适用主体限定为未成年人。其次，"被遗忘权"的遵约成本极其高昂。谷歌公司曾声称它们每天接到世界上数以万计的要求删除信息主体相关信息及其链接和副本的要求，而做到这一切几乎是不可能的。再次，"被遗忘权"阻碍数字经济的发展。在大数据时代，各大科技公司几乎已经将一切能免费的产品都免费了，而其盈利的基础就是基于大数据分析来定位客户所产生的收益。如果"被遗忘权"大行其道，允许客户随意删除个人数据，那么赖此生存的数字经济商业优势将不复存在。更有学者认为，欧盟提出的"被遗忘权"就是构筑"数据保护壁垒"，从而扶持欧盟的互联网企业。复次，"被遗忘权"不利于社交

---

① Jeffrey Rosen，"The Right to Be Forgotten"，64 *Stan. L. Rev. Online* 88（2012），p. 91. 转引自杨立新，韩煦．被遗忘权的中国本土化及法律适用．法律适用，2015（2）：25.

媒体历史数据的保留。美国国会图书馆于 2010 年将整个Twitter的数据收购并存档以做研究之用。在美国的社会科学研究当中，社交网络数据可被用来分析美式英语的地域分布情况，亦可被当作黑人妇女与陌生人建立初次社交关系中被认可度的有力证据。由此可见社交网络的研究价值正在受到越来越大的重视，存储于社交媒体上的数据将成为研究历史等学科的丰富的一手材料。最后，"被遗忘权"有害于国家和社会的安全。美国正面临着越来越严峻的反恐局势。以往，美国国家安全部门正是通过分析存储于社交网站上的数据等手段来定位、追踪恐怖分子，预防恐怖袭击的发生，并有效保留证据。"被遗忘权"的出现将严重影响政府打击恐怖主义犯罪的力度，使这一局面雪上加霜。①

但对于这种担心，"被遗忘权"的主要倡导者维克托·迈尔-舍恩博格的话可谓一语中的："我们说你从 Google 的数据库中被删除，意思就是你在网上搜索一下自己，没有相关信息出现。哪怕这时候相关信息可能还保存在 Google 的备份库中，只是 99％的人都看不到，这时候你就已经删得挺干净了"②。当权利人行使数据删除权后，个人数据及信息仅仅是与公众社会隔离了，而其并不当然地从此消失，它还可以被保存在数据库中。数据删除权制度仅仅是通过对大数据产业从业主体课以一定的义务使数据无法再通过便捷、低成本的方式被随意获取而已。在制度的倒逼下将数据与公众社会隔离的技术一定会在短期内取得长足的进步，可以有效解决问题。时至今日，很多社交网络都设置了信息删除功能键，这说明并不需要进入实质意义上的诉讼程序，数据的删除就可以一种低成本的方式实现。由此，"裸奔"的个人信息多少找回了一点遮羞布。应该说，只要行使数据删除权的目的不是逃避法律，不具有欺骗的性质，就是正当的。

姚建宗教授认为："基于利益诉求的权利诉求如果要获得其社会性的和正式的制度化的身份，要成为真正的法律权利，实际上还有一个作为包

---

① 伍艳.论网络信息时代的"被遗忘权"——以欧盟个人数据保护改革为视角.图书馆理论与实践，2013（11）：6-7.

② Viktor Mayer-Schonberger, *Delete*：*the virtue of forgetting in the digital age*，Princeton：Princeton University Press，2009//夏燕."被遗忘权"之争——基于欧盟个人数据保护立法改革的考察.北京理工大学学报（社会科学版），2015（2）：132.

括新兴权利在内的任何法律权利的必要条件的非常重要甚至是关键的动因，那就是主体的这种权利诉求必须是首先要获得社会认同或者说要具有足够的社会容忍度，其次这种权利诉求还必须具有政治无害性。"① 基于上述分析，对于数据删除权制度构建而言，言论自由就是其是否具有政治无害性的试金石。类似的"被遗忘权"制度之所以在欧洲与美国受到冰火两重天的境遇，可归结为二者对待言论自由的态度不同，而这实则是欧美各自独特的历史引起的。欧洲历史上，由于纳粹时代的德国政府曾经通过一系列手段掌握了大量的公民个人信息数据，并将其用在了对平民的大规模屠杀上，因此二战以后的欧洲形成了一种思潮，即必须严格控制对于个人信息的获取；而美国的情形则恰好相反，其非但没有类似的因大规模掌握个人信息数据而导致大规模屠杀事件更容易发生的先例，而且还面临着自 2001 年 "9·11" 事件以后越来越严峻的反恐形势。如前所述，个人信息数据分析是其反恐的重要武器。当然，这其中的分歧所导致的结果并不仅仅反映在对待"被遗忘权"的态度上，其在二战以后，双方或严酷或宽容地处理纳粹极权主义的态度上亦有所体现。甚至可以认为，对待"被遗忘权"的态度不过是这种历史情节的当代延续，而无关制度本身的逻辑。因此，数据删除权制度在我国完全有生存的空间，只需依据我国的国情加以适当的改造，就可起到恰当的预防功能。

　　基于上述分析，相比于"被遗忘权"制度数据删除权制度的适用范围应当有所拓展，尤其是在我国，并不存在诸如美国那样的历史包袱，需要考虑的仅仅是如何通过理论的建构更恰当地搭建起数据删除权制度，以保护个人数据及防止信息被滥用。

　　从《民法总则》的出台开始，到《民法典》的颁布，再到《个人信息保护法》的生效，大批学者从相对权而非绝对权的角度去阐释附着在个人信息上的权利。此为目前解释论上的主流意见，与前述之绝对权理论形成了鲜明的对比。比如高富平教授认为："个人信息保护权并不是一项全面的、绝对的支配权。"② "我国《民法典》第 1037 条规定的个人信息主体

　　① 姚建宗. 新兴权利论纲. 法制与社会发展，2010 (2)：10.
　　② 高富平. 个人信息保护：从个人控制到社会控制. 法学研究，2018 (3).

的查询、复制、更正、删除四种权利系请求权，旨在防御个人信息处理中个人信息主体的人格权益受侵害。个人信息主体权利是存在于特定处理关系中针对信息处理者不法或不当行为的请求权。个人信息主体权利不具有绝对性，信息处理者在部分情形下可以拒绝响应个人信息主体的请求，但需要论证其在个人信息主体权益、公共利益及信息处理者自身合法利益等利益间的衡量中占优势。"①"个保法应作为个人信息处理中个人主体权利保护的基本法，它规范个人信息处理行为，通过个人信息处理关系的权利和义务配置，实现在保护主体权利前提下的个人信息流动使用。个保法应当采纳基于原则的规范模式，其个人信息处理的正当性基础需要与其他法律衔接，其确立的基本原则也需要依赖特别法甚或行业准则细化执行。"②程啸教授认为："个人信息处理规则是个人信息保护法的主要内容，个人信息保护法采取强行性规范对个人信息处理进行全方位、动态性的调整。除了自然人之间因个人、家庭事务处理个人信息之外，所有的个人信息处理行为都属于个人信息保护法的规范对象。告知同意规则是确定个人信息处理行为合法性的原则，即除非法律、行政法规另有规定，否则都应遵循。告知同意规则并非民事责任的减责或免责事由，适用要受到其他规则与原则的限制。个人信息保护法中的敏感信息与民法典中的私密信息并不矛盾冲突，二者具有不同的规范目的和功能。原则上应当禁止处理敏感的个人信息，除非为了保护更高位阶法益而由法律、行政法规作出特别规定。"③"由于对个人信息权益的性质存在争议，我国《民法典》没有使用'个人信息权'的表述。从我国《民法典》对个人信息保护的规定来看，可以明确的是，自然人对其个人信息享有的是作为民事权益的人格权益，而非公法上的权利。自然人就其个人信息享有的人格利益和经济利益都可以通过作为人格权益的个人信息权益予以涵盖并保护，无须再确认作为财

---

① 高富平. 个人信息权利主体的性质和行使规范——《民法典》第 1037 条的解释论展开. 上海政法学院学报（法治论丛），2020（6）.

② 高富平. 论个人信息处理中的个人权益保护——"个保法"立法定位. 学术月刊，2021（2）.

③ 程啸. 论我国个人信息保护法中的个人信息处理规则. 清华法学，2021（3）.

产权的个人信息权益。"① "自然人对个人信息并不享有绝对权和支配权，而只享有应受法律保护的利益。该利益是指自然人享有的防止因个人信息被非法收集、泄露、买卖或利用进而导致人身财产权益遭受侵害或人格尊严、个人自由受到损害的利益。只有行为人违反保护性法律侵害个人信息时，才产生侵害个人信息的侵权责任。"②

（二）相对权制度的预防功能阐释

《个人信息保护法》第 46 条规定："人发现其个人信息不准确或者不完整的，有权请求个人信息处理者更正、补充。个人请求更正、补充其个人信息的，个人信息处理者应当对其个人信息予以核实，并及时更正、补充。"第 47 条规定："有下列情形之一的，个人信息处理者应当主动删除个人信息；个人信息处理者未删除的，个人有权请求删除：（一）处理目的已实现、无法实现或者为实现处理目的不再必要；（二）个人信息处理者停止提供产品或者服务，或者保存期限已届满；（三）个人撤回同意；（四）个人信息处理者违反法律、行政法规或者违反约定处理个人信息；（五）法律、行政法规规定的其他情形。法律、行政法规规定的保存期限未届满，或者删除个人信息从技术上难以实现的，个人信息处理者应当停止除存储和采取必要的安全保护措施之外的处理。"

数据的更正权、补充权及删除权制度的预防功能主要表现在损害还未发生之前，通过更正、补充和删除已经曝光于网络环境下的数据或信息，避免了虚假数据可能导致的损害以及数据及信息被滥用的未知风险。失去了大数据的大数据分析工具将不会对个人信息方面的权益造成损害，通过行使更正权、补充权及数据删除权，权利主体可有效地预防大数据侵权所带来的个人数据及信息权益方面的损害。但又不得不承认的是，上述权利在大数据时代在个人数据及信息保护上存在预防功能上的有限性。仅就数据删除权而言，由前述分析可知，被删除的数据的适用范围是有限的，除美国加利福尼亚州限定其适用主体的立法例外，无论是"被遗忘权"理论还是欧盟的著名判例都认为，个人信息权利主体可以主张权利的对象仅仅

---

① 程啸. 论我国民法典中个人信息权益的性质. 政治与法律，2020（8）.
② 程啸. 民法典编纂视野下的个人信息保护. 中国法学，2019（4）.

是谷歌公司这样的网络服务提供者及其提供的信息存储平台，其有效的规制范围仅仅在于个人信息数据的首次传播过程。换句话说，通过行使被遗忘权，权利主体可有效删除的数据及信息仅限于存储于包括网络服务提供者在内的大数据业务从业主体的信息存储平台的那部分。而前文所述之大数据时代的"去中心化"的特征和信息生成与传递模式决定了数据及信息已经不仅仅是在网络服务提供者与其用户之间进行传递，其更有可能向病菌一样在整个网络当中繁衍、蔓延。对于分散在世界各个角落当中，不知存于哪一台存储器当中的数据，数据删除权制度并不能提供太多制度上的保护，其于预防功能的实现方面有很大的局限性。但是依然不可否定，即便仅仅是切断了数据及信息的首次传播，亦会有效降低二次传播及利用的概率，也就有效降低了基于数据和信息的二次利用所导致的大数据侵权的发生概率。从这个意义上来说，数据删除权制度具有预防损害的功能，且其具有与以往通过补偿功能的实现来间接实现预防功能截然不同的功能实现方式，这对于大数据时代来说具有重要意义。预防功能不再仅仅是躲在补偿功能身后的"副产品"，而是具有与之相对应的独立的制度及责任承担方式的侵权法基本功能。

第七章 大数据时代侵权损害赔偿社会化

大数据时代侵权法的基本功能体系将与传统时代不同，应当由围绕补偿功能展开的单核心构成模式转变为以补偿功能、惩罚功能及预防功能为共同核心的多核心构成模式。惩罚功能被确立为侵权法的基本功能，预防功能则除了依旧通过补偿功能和惩罚功能间接实现外，一改其单纯的附属性质，从"影子功能"和"副产品"的地位一跃而成为应当具有相对独立的制度支撑功能。在新的基本功能体系构成当中，补偿、惩罚和预防这三大基本功能将释放不同的制度容量，以之为前提所建构的制度也各有各的规制范围。尽管如此，补偿功能仍然是侵权最核心的基础性功能。否认这一点，就是否认侵权责任法的本质。鉴于此，大数据时代对于侵权致他人之损害予以有效的填补仍然是侵权法最首要的使命。不可否认的是，一方面，尽管确定了侵权责任主体，甚至确定了损害的数额，但仍可能由于各种原因导致损害无法得到有效填补；另一方面，为了保护和促进大数据科技的发展和进步，相对以往来说个人在数据和信息安全方面作出了较大的让步，由此遭受之损害甚至有可能无法获得侵权法上的可救济性评价。由此可知，侵权责任法既有制度下的补偿功能，又有其制度所能够到达的边

界。为了更好地对损害进行填补，可通过突破侵权责任法的既有制度体系，建构相应保险法和社会保障法的方式来实现，将大数据损害通过社会化的方式加以分散。侵权损害赔偿社会化的制度思潮即是此例。

一、侵权损害赔偿社会化的一般理论

（一）侵权损害赔偿社会化的界定

1. 侵权损害赔偿社会化的称谓

侵权损害赔偿社会化的关键词是"社会化"，而如何理解"社会化"也是理解侵权损害赔偿社会化的重点。侵权损害赔偿社会化的实质就是私法社会化的结果。本文称之为"侵权损害赔偿社会化"，类似的称谓还有"侵权责任社会化""损失责任社会化""侵权救济社会化"等，但各自所指向的意思却是一致的，均是指在侵权行为发生后由社会团体力量代替侵权人承担赔偿损失的责任。不少学者对此问题发表意见，进行研究，但对此问题有不同的称谓。有学者提出"损失责任社会化"概念，认为损失责任社会化制度是个范畴的概念，一般来说它包括三个方面的内容，即一般商业意外保险、责任保险和社会保障制度。[①] 按学者的说法，损失责任社会化的救济手段只是上述三方面内容，显然还不够全面。另有学者提出"侵权救济社会化"的概念，即侵权救济社会化是指将特定侵权所造成的损失转移到社会层面之上，在全社会范围内或特定的社会群体范围内，分散损失金额的侵权赔偿责任机制[②]，完善侵权救济社会化的主要内容就是完善国家赔偿与社会保障的立法，可见其面向范围更为狭窄。而与本书最接近的称谓是"侵权损害赔偿之社会化"，在各国的现行法上，多采用侵权法、责任保险、社会安全制度相结合的模式来解决赔偿问题。[③] 以上称谓的字面虽然近乎相同，但外延不同。此外，还有学者提出了"侵权责任社会化"[④]，因侵权法原则中侵权责任的承担主体始终是侵权者个体，只

① 严禄. 论损失责任社会化在侵权赔偿上的运用. 南昌：江西财经大学，2010：10.

② 户玉鑫. 侵权救济社会化研究. 长沙：湖南师范大学，2011：2.

③ 林翠秀. 侵权损害赔偿之社会化趋势. 上海政法管理干部学院学报，2012（2）：95.

④ 张梓太. 我国环境侵权责任保险制度之构建. 法学研究，2006（3）：84.

是在承担责任的方式上采取社会化方式，转由更有能力的社会团体来承担。因此，笔者认为"侵权责任社会化"的称谓不够严谨，易产生歧义。比较各个提法的优缺点，确定"侵权损害赔偿社会化"的称谓更为精确、严谨。

"侵权责任社会化"，主要出现在环境污染侵权等大规模侵权纠纷之中，强调借助于社会力量化解因个体不当行为造成的大规模侵权赔偿不力的问题。① 侵权责任社会化的内涵类似于侵权损害赔偿社会化，克服了传统侵权责任要么损害由加害人承担，要么由受害人承担的局限，把损害赔偿不仅看作一个单纯的私人纠纷问题，而是同时把它也看成一个社会问题。侵权责任社会化不局限于从侵权法中寻求解决办法，兼采取其他法律部门中适宜的法律手段，组成一套包括民事责任保险、侵权损害赔偿、无过错补偿、社会保险在内的综合调整机制，将风险与损失分散于社会，使之消化于无形，从而给经营者带来安全，使受害者得到补偿。② 扩展损害的补偿符合人们对社会化的期望，特别是从受害人的视角看，私法上补偿具有社会化的意义；若是从承担责任的加害人角度看，那就只是损害的转移而已：受害人所得到的，正是加害人被剥夺的，只有当加害人比受害人更有能力承担损失时，通过赔偿损害的诉求来转移损害才具有社会化的意义。所以，现代损害赔偿法发展的方向就在于将损害转移到某一能够承担损害而又不会受到严重影响的主体，而这种主体主要是各种连带共同体（保险人）。③ 损害赔偿法本身已经发生了转变，它通过一个复杂的系统将损害转由一个有负担能力的债务人来承担。④王泽鉴教授就曾指出，现代西方国家侵权法的功能已经逐渐由"损失的移转"，发展为"损失的分散"，"立法者或法院在决定何人应该负担侵权责任时，政策上所考虑的，不是加害人的行为在道德上是否可资非难，而是他是否能够依市场上的价

---

① 有学者将其定义为"就是一种将因特定侵权行为所造成的损失转移到社会之上，在全社会范围内或特定的社会群体范围内分散损失金额的侵权赔偿责任机制。"张梓太，张乾红.我国环境侵权责任保险制度之构建.法学研究，2006（3）：84.

② 王卫国.过错责任原则：第三次勃兴.北京：中国法制出版社，2000：97-98.

③ 程杰.我国医疗损害社会化救济制度构建研究.武汉：华中科技大学，2013：86.

④ 马克西米利安·福克斯.侵权行为法.齐晓馄，译.北京：法律出版社，2006：7-8.

格机能和责任保险制度，将损失分散给社会大众，由大家共同承担。"①
侵权责任社会化能够弥补侵权责任法在赔偿方面的不足，可以很好地分散
风险。它不仅能够在最大程度上保障受害人得到赔偿，而且也能够很好地
减轻加害人的赔偿责任，特别对于企业来说可以把更多精力投入到生产、
研发及投入使用中来。但是损失责任社会化机制无论是一般商业意外保
险、责任保险还是其他社会保障制度，常常因为局限于侵权责任，赔偿的
标准往往过低，都有自身的不足。

　　侵权损害赔偿社会化实际上是将损失加到许多人身上，由集体承担损
失，从而使受害人所受的损失成为"微粒"②。侵权损害赔偿社会化的着
眼点在于损失如何得到弥补。这种分散损害的方式具有两个优点：一是使
被害人的救济获得较佳的保障，二是使加害人不致因大量损害赔偿而陷于
困难或破产。③

　　根据我国民法典侵权责任的规定，侵权责任承担方式除了赔偿损失之
外，还有消除危险、停止侵害、排除妨碍、返还财产、消除影响和恢复名
誉等其他承担方式，故侵权损害赔偿社会化针对的仅是"赔偿损失"的责
任承担方式，其他的责任承担方式不在概念范围之内；而侵权损害赔偿社
会化也只是针对赔偿损失这一种承担方式。但从概念的严谨性而言，其尚
未能排除其他 2 种责任承担方式，却只考虑赔偿损失这一种责任方式，故
本文采用了"侵权损害赔偿社会化"之称谓。侵权损害赔偿社会化只是使
侵权引起的损害赔偿转由集体承担，只是对侵权责任的救济方式有改变，
对于侵权责任的过错原因及侵权责任的其他责任承担方式在所不问。而
"侵权责任社会化"则不仅仅是损害赔偿责任的社会化，还包括侵权责任
主体社会化、侵权过错责任社会化、救济方法社会化等其他涉及责任主体
的内容。

　　2. 侵权损害赔偿社会化的内涵

　　从哲学角度理解，社会化是指个体为适应社会生活，在群落、部落、

　　① 王泽鉴. 中华人民共和国民法通则之侵权责任：比较法的分析//王泽鉴. 民法学说与判
例研究：第六册. 北京：中国政法大学出版社，1998：279 - 281.
　　② 王利明. 侵权行为法研究：上卷. 北京：中国人民大学出版社，2004：135.
　　③ 王泽鉴. 侵权行为法：第一册. 北京：中国政法大学出版社，2001：8.

家庭、学校等众人环境中，经过教育活动或个体间互动，产生自我认同并接受社会价值体系与社会规范，形成行为模式，并内化至个体心理，成为个体价值观与行为的准绳的过程。① 对个体而言，社会化就是指社会成员对社会文化精神的传承，接受社会文化，包括习俗、礼仪、语言、价值观念、等级、分工等一切方面；对社会而言，则是保持社会文化传承和社会生活延续的过程和功能。社会化的过程就是将自然人转变为社会人的过程，社会中的每个公民经过社会化才能使已存在的社会行为规范与准则内化为自己的行为标准，成为社会互通交往的基础，而且社会化是人类特有的行为，也只有在人类社会中才能实现社会化。②

公元 17 世纪至 18 世纪，在资本主义自由竞争发展过程中，资产阶级"个人主义""自由主义"等社会学思想应运而生，其中"个人本位"成为这些思想的理论基石。由于自由主义思想主张重视个人自由及权利的实现，认为国家不得妄加干涉，个人主义亦成为近代民法的指导思想。至19 世纪末 20 世纪初，随着生产高度的社会化和科学技术的迅猛发展，强调个人自由的绝对放任的资本主义自由竞争的弊端开始显露，出现了大量的如环境污染、劣质产品大规模侵权、工人工伤无保障等社会问题，而能够最有效来解决这些问题的主体则是代表公权力的政府。③ 到了 20 世纪初，由于个人本位思想所隐含的缺点，"个人自由"思想已经不合时宜，"团体主义"思想因此被推出。团体主义主张个人与社会为有机整体，个人真正利益亦系建立在社会真正利益之上，政府应积极扩大其行政职能，为人民谋取最大的福利。④ 在团体主义思想的影响下民法为适应社会的变化，亦由近代的个人主义的"个人本位"转向现代的团体主义的"社会本位"，传统的过失责任与个人责任为主的指导原则向无过失责任与社会责任的指导原则迈进，学理上把这个变革过程称为"责任的社会化"⑤。基

---

① 百度百科网：http：//baike.baidu.com/link? url＝pNL＿a8oLGGRNBhgjmL4igGTFm-Yp-1b14d＿WYmYQPoG91y9KYJvUsoKmrTcLPHk2rkgMBKWKYtdlLxg＿pncc2q.

② 张园.80 后群体职业化进程中自我认知研究.长春：长春工业大学，2010：10.

③④ 陈馨雅.生态文明的法制保障——2013 年全国环境资源法学研讨会（年会论文集），2013－06－04.

⑤ 邱聪智.公害之民事救济——比较法概说.法学丛刊，1986：96.

于保障个人权利的角度，也基于社会、他人利益的需要而必要地限制与制约个人权利，使民法体现出"社会本位"的一面。民法上将这种运用社会法理矫正私法自治原则缺陷的变化趋势称为"民法的社会化"，而"民法的社会化"则包含了私法公法化、权利社会化及责任社会化三个方面。[①]侵权法作为典型的私法，其社会化过程其实也是私法社会化的历史潮流体现，同时也体现出了侵权责任救济的社会化。

英国法学家戴维·M.沃克曾经点明现代侵权法的发展方向，认为侵权法不再以个体的损失和个体的责任为中心，而是将个体的损失扩及社会，由社会力量分担个体损失、分散风险。[②]这就是"侵权损害赔偿社会化"的渊源。侵权法作为一种补偿和预防侵权行为的法律，对受害人具有补偿功能，但普遍存在的受害人无法得到及时有效救济的事实，使得侵权法受到了社会保障法、弱势群体保护法等的挑战。而突破个人责任的相对性，将个人责任转化为社会责任，采取社会化的方式，才能更有力地保护被侵权受害者的合法权益。侵权损害赔偿社会化，其与侵权责任个体化相对应，具体而言是在个人承担侵权法律责任基础上，将个人侵权作为社会问题，将个人过错推定为社会过错，将个体承担责任的方式转为社会化方式承担责任。侵权损害赔偿社会化主要的特征是将个体承责模式转变为社会承责模式，以及将个人救济的模式转为社会救济的模式。

英美法系一直强调，"有权利必有救济"[③]。侵权法通过自身的不断改善，但无论是过错责任原则还是无过错责任原则，甚至公平责任原则，在面对侵权赔偿时都会暴露出对受害人救济不足，或者对侵权责任者惩罚过于严厉的缺陷。侵权责任法的上述缺陷可以归结为一点，即只追求个人责任、只寻求侵权者的个体责任，"损害要么由加害人承担，要么由受害人承担"的追责方式已经成为侵权责任法发展的绊脚石。

打破个人担责与个人救济模式，就需要把侵权不仅仅是看作是民事个

---

① 王利明.民法典·侵权责任法研究.北京：人民法院出版社，2003：617.

② 戴维·M.沃克言："从社会的角度看，侵权法的作用在于将一个人所遭受的损失转移到被认为是造成这一损失或应对这一损失负有责任的人身上；在某种程度上，侵权法的作用是将一个人的损失扩及一个企业甚至一个社会。"牛津法律大辞典.北京：光明日报出版社，1989：98.

③ 西谚："Where there is a right，there is a remedy."

体之间的双向关系而是一种多边的社会关系。把侵权行为的发生看作一种社会问题，也是社会发展从个人本位到社会本位的体现。① 侵权法历经悠久的发展，本身体系已经稳定，而且个人救济是侵权责任法的立身之本，也是"责任自负"民法原则的体现，侵权法自身或许很难有所突破，因为将侵权法基本原则推翻有可能会导致传统意义的侵权法毁于一旦，但是，从侵权法的外部途径来寻求解决方法却行之有效，这就是本文所介绍的"侵权损害赔偿社会化"②。侵权损害赔偿社会化在现实中已经建立了具体的制度，已经建立起来的有保险制度（特别是责任保险制度）、基金制度、社会救助金制度，以及在美国兴起的"市场份额制度"。

　　国外在处理普遍性、大规模性的侵权纠纷时，会分为两大类型的救济途径：一是采取诉讼化的救济途径，比如大规模侵权案件的团体诉讼制度（德国）、集团诉讼制度（美国）、选定代表人制度（日本）；二是采取非诉讼的救济途径，该救济途径在国外占据更主要的比例，包括行政救济、责任保险制度、救济基金制度等。③ 同样，自 21 世纪以后，我国也面临着类似的情况，缺陷产品侵权、医疗损害侵权、环境污染事故侵权还有交通事故侵权等，不断地给广大人民群众造成重大损害。对此，我国长期以来采用的行政主导非诉讼救济模式虽然比较有效率，但行政主导的方式在社会公平方面存在固有的"公平"缺陷以及配套制度缺失的问题却往往被忽视。行政主导的救济模式实质上是让整个社会的纳税人为肇事的个人和企业"买单"，对于全社会的纳税人而言并不公平，在资源分配上亦达不到高效率的目的。在现代法治社会，如何使对这样的损害后果进行救济既有效率又公平，是我们需要深入研究的问题，以现代多样化救济途径代替传统的行政主导救济模式，并全部或者部分取代民事诉讼程序，完全有利于兼顾效率与公平。④

　　我国证券市场根据新修订的《证券法》新设的投资者保护专章而设立了证券投资者保护基金，该基金正是应用损害赔偿社会化手段来解决虚假陈述、内幕交易及操纵市场三类大规模侵权赔偿问题。有学者认为，仅有

①② 严禄. 论损失责任社会化在侵权赔偿上的运用. 南昌：江西财经大学. 2010：5.
③　吴纪树. 侵权责任法功能之不足及其完善. 研究生法学, 2012（6）：62.
④　张新宝. 设立大规模侵权损害救济（赔偿）基金的制度构想. 法商研究, 2010（6）：23.

的证券投资者保护基金还不足以充分保护证券投资者的合法权益，还应该另行成立投资者赔偿基金，原因是"既有的证券投资者保护基金局限于证券公司风险防范的功能限缩，先行赔付机制局限于专项基金的个案补偿，证券行政执法和解仍处于尝试摸索之中。因此，搭建投资者赔偿基金与保护基金并存的多元化投资者救济体系渐成共识。""投资者赔偿基金作为一种非诉讼式的权利救济机制，就在于解决上述证券欺诈民事责任无法落实的投资者救济问题，使投资者在法院判决后能够无迟延地获取应得赔偿金，同时，通过投资者赔偿基金的公益性管理机构推动这一赔偿机制的有序化公平运行，实现公力救济与私力救济的结合。"①

综言之，"侵权损害赔偿社会化"的定义为：在侵权责任的实现过程中，加害人所应承担的损害赔偿责任不是由加害人自己的财产来承担，而是通过合理设计的社会化制度，让行业整体或社会全体来承担损失。侵权损害赔偿社会化包括了"赔偿主体社会化"、"责任原因社会化"和"承责方式社会化"等三个方面的内容。

3. 侵权损害赔偿社会化与相关概念的辨析

要全面理解侵权损害赔偿社会化定义，还要正确理解一些与"社会化"相近的哲学概念——功利化、福利化的差异，区别"侵权损害赔偿社会化"与其他责任社会化之间的差异。

（1）社会化与功利化

功利化，可以理解为实用主义。"功利化"往往带有一点贬义性，因为功利化注重投入与产出，追求短期内的利益最大化，而且走的是直线路径，利益得失清楚显现。短期内没有达到预期的目的，或者投入大于产出，就会认为该行为失败。此外，"功利化"还有一种"数据化"的特征，就是把所有的投入投资、收获收成，以及可能产生的支出全部都数字化，使之从不可计算的感觉变成可计算的数字，进一步降低成本和避免损失。就目前社会的普遍心态而言，"功利化"与生活的"固定化"是联系起来的，大部分人都愿意相信这种"数据主义"是达到提高物质生活水平，甚至是成功幸福的最直接的途径。

---

① 傅穹. 我国证券法实施后时代下的投资者赔偿基金制度构想. 投资者. 第9辑. 53-70.

英国法哲学家边沁是功利主义的代表人物。功利主义是功利化在法哲学上的体现。边沁认为功利主义是对自然法、社会契约论的否定，他认为自然法与社会契约都只是一种虚构，而且是有害的，法律既不来源于自然法，更不受自然法的指导；真正的权利，是真正的法律的作品；实在的法律产生实在的权利。①侵权损害赔偿社会化实质上也是功利化的一种体现，也是基于实用主义而产生的，是为追求社会团体层面的最佳效果而产生的承责方式。

侵权损害赔偿社会化是侧重于侵权损害的社会救济方式，强调侵权责任救济的目的是社会利益最大化。虽然侵权损害赔偿社会化与功利主义在计算社会效益上有一定的共通之处，但两者不是同一层次的法哲学概念，功利主义是较于侵权损害赔偿社会化更为基础的哲学概念，在内容上功利主义并不考虑法律后果，完全免除了法律正义的价值。侵权损害赔偿社会化之中含有一定的功利主义，在一定程度上功利主义引导了侵权损害赔偿社会化的发展，但侵权损害赔偿社会化是在法律正义的基础前提下的救济功利主义。

（2）社会化与福利化

"社会福利"的原始意义可解释为：人类为了追求更好的生活处境，通过社会结合体的运作，提升成员生活质量，促进社会整体发展的社会行动。② 社会福利的功能即是国家帮助普通民众获得生活所需，帮助个体有个性地生活，实现个体独立自主生活工作，让民众生活得尊严和体面。③广义的社会福利，则是指一切福国利民之措施，包括设置各种社会调整性设施，如慈幼、养老、救助残寡孤独之院所，提供医疗照顾、公共卫生服务、国民住宅、社会给付、康乐设施与文教服务等，以协助个人与其社会环境相互适应，获得生活上与健康上的适当满足，充分发展其才能，提高

①　蒋银华. 论国家义务的理论渊源：福利国理论. 河北法学，2010（4）：111. 在边沁眼里，《独立宣言》《人权宣言》有关整个自然权利与天赋的不可剥夺的权利之观念的言论，荒诞无稽；自然权利是胡言乱语；"自然而不可剥夺的权利是理论上的扯淡——踩着高跷的扯淡"。

②　王顺民. 超越福利国家——社会福利的另类选择. 台北：亚太图书出版，1999：364.

③　蒋银华. 论国家义务的理论渊源：福利国理论. 河北法学，2010（4）：111.

其人格与尊严。① "福利国家论"可以说是 20 世纪以来西方流行的一股最强劲的理论思潮，该思潮主张实现民众享有最美好的生活是国家的终极目的，而令民众过上有尊严和体面的生活则是国家的基本义务。②

福利国家理念虽真正出现于 20 世纪 40 年代的英国，但起源于 1883 年的德国，当时德国实施了疾病及工作伤害保险，并以 1911 年颁布的《国家保险法》为确立标志。③ 福利国家理念出现时，政府的参与范围是很有限的，但随着北欧国家陆续出现的社会法案，国家介入民众生活的范围越来越广，且强制性色彩越来越重。现代福利观念来自 18 世纪后半叶开始的经济学和社会科学的重要发展，特别是功利主义的兴起。可以说，边沁式激进功利主义是 19 世纪英国主导公共政策的官僚式福利国家的知识源泉。④ 边沁有一名言："最大多数人的最大快乐是衡量正确与错误的标准"⑤，这种福利哲学理论为早期立法干预带来了理论依据。

20 世纪 50、60 年代，为了实现战后复兴，英国、美国等主要资本主义国家纷纷建设"福利国家"，现代自由主义成为"福利国家"理论的重要基础。⑥ 英国凯恩斯提出的积极而全面地发挥国家职能的理论，被奉为建设"福利国家"的指导思想和基本政策。⑦ 20 世纪 70 年代，持续数年的经济大萧条和社会福利政策带来的国家复兴让社会形成共识，即个体无法置身于社会危机之外，社会利益与个体利益息息相关，国家有义务为贫困者、破产者提供必要的帮助。公民仅有政治上的言论自由权和选举权等基本权利还远远不够，贫弱者应当有权获得全社会的帮助。在美国自由主义者看来，普遍福利可以维护社会的一体性，国家的职能则为普遍福利的推行打下了基础。普遍福利和国家作用是公民社会发展的动力，是现代国家发展的重要领域。马歇尔认为：18 世纪是市民权利时代，其基本原则是个人自由，基本权利是公民财产权，契约权，言论、思想和信仰自由；19

① 唐文慧，王宏仁. 社会福利理论. 台北：巨流图书公司出版，1994：35.

②③ 蒋银华. 论国家义务的理论渊源：福利国理论. 河北法学，2010 (4)：111.

④ 诺曼·巴里. 福利. 储建国，译. 长春：吉林人民出版社，2005：20.

⑤ 边沁. 政府片论：序言. 北京：商务印书馆，1995：85.

⑥ 蒋银华. 论国家义务的理论渊源：福利国理论. 河北法学，2010 (4)：111.

⑦ "经济福利和保障的微观权利到完全分享社会成果，以及过一种按照社会通常水平的文明生活的权利"，蒋银华. 论国家义务的理论渊源：福利国理论. 河北法学，2010 (4)：111.

世纪是政治公民权时代，主要原则是政治自由，主要权利是普选权和政治参与权；20 世纪是社会公民权时代，基本原则是社会福利，主要权利包括经济福利和保障。①马歇尔提出，公民权的一个要素是最基本的经济福利与保障……以及过上相对于普遍社会标准而言的体面生活。② 在社会福利思想上，马歇尔主张国家对公民的福祉承担着某种义务，政府的角色是为社会中有需要的个人提供资金和服务，只有这样才能维护社会公平；通过就业、教育和文化机会的平等削弱阶级冲突，福利政策应当成为一种保证和扩大人权的途径。福利国家应当大力关注公民需要的结构和文化层面的决定因素，应致力于整合公民参与社会发展，实现经济的混合化、福利的多元化、公民权利和义务并重的模式，从而最终实现稳定的社会团结。从市民权到公民权，体现了福利国家从消极自由到积极自由的发展历程，体现了所有社会成员共享社会进步成果的理念。③ 现代自由主义、权利资格及国家任务的增长是福利国家理论构建国家义务的理论基础、内在诱因和外在动力。

福利化与社会化为两个概念，反映在侵权损害赔偿的承担上有着显著的不同：社会化是以多种方式，集中社会各种资源来分担侵权责任产生的损失，对于侵权责任人的责任还是清晰可见的；而国家福利化则是以国家保障的方式，替代侵权责任人承担所有的损害补偿责任，免除了侵权责任人的所有责任。可见，国家福利化对于侵权责任人的豁免更大。但国家福利化较于社会化、功利化的不同在于，国家福利化更不在乎侵权人与受害人的过错责任，在某些领域只要公民个体发生损失则由国家填补，当然，这需要有国家强大财政能力的支持。新西兰率先实现了无过错的国家补偿制度。

（3）侵权损害赔偿社会化与私法社会化

从近代到现代，私法经历了自由化与社会化两个阶段，个人本位与社会本位的矛盾始终贯穿其中。在不同的阶段有不同的解决方法，所侧重的

---

① 汪行福. 分配正义与社会保障. 上海：上海财经大学出版社，2003：224.

② T. H. Marshall and T. Bottomore. Citizenship and Social Class. London：Pluto Press，1992，p. 8.

③ 汪行福. 分配正义与社会保障. 上海：上海财经大学出版社，2003：225.

方向有所不同。在以法国民法典为标志的自由化阶段里，立法者所强调的是经济主体的自由，在私法的原则中体现为所有权绝对、意思自治、契约自由、过错责任等；从德国民法典编纂起，立法者已开始注重权利绝对平等的社会后果，对个人财产、自由权利加以限制，私法社会化观念已有所体现。①社会化的法律理念不是否定权利本位的私法原则，而只是对它作出限制和补充。也就是说，私法社会化从法律规范的表层看是对个人财产、自由等权利的限制，但是从民事立法思想的历史连续性看，至今为止，私法社会化思想的目的是更好地实现人的财产权和自由权。② 20 世纪以后，有两股思潮促使私法的社会化趋向越来越明显：一方面，要使公平正义克服形式公平的约束，在方法上和体系上改革传统私法的内容，出现了对所有权绝对、契约自由的限制，私法由权利本位向社会本位渐移；另一方面，一些社会因素从社会环境方面影响私法制度，并形成一个重要的生力军，例如劳工保护法、社会保障法、消费者保护法等，这些法律在传统民法典以外生成，并使传统私法的个人主义基础逐渐松动，民法典外部的私法社会化日益显著。

私法上的利益平衡是一种动态的平衡，许多因素都能使之失衡，高新技术便是其中之一。当现行私法没有相应的制度规范用以在市民社会的主体中分配高新技术所带来的巨大利益时，利益争夺处于一种无序的状态，主体之间的利益关系不可避免地会失衡。③通过利益衡量，立法者对主体行为所导致的利益转移或争夺经过判断，以此解决权利冲突的问题，并对权利背后的主体之间的利益关系进行实质判断。私法对高新技术的投资者（所有者）的合法权益进行保护，其立法理由在于："赋予技术创新者一种独占性权利、以保证实现其所追求的经济价值，防止他人随意使用权利人的技术成果，从而不再会有人花费大量的人力、物力去从事技术创新活动；并以此来鼓励人们从事高新技术的创造活动，从而推动科学技术进步、促进社会财富的增长。"④由此可知，权利人往往由于法律的授权（比

①③ 杨明. 私法社会化了吗？——高科技条件下民法价值取向的再思考. 科技与法律，2007（3）：37.

② 覃有土，樊启荣. 私法社会化思潮的源流. 私法研究：第一卷：7.

④ John Holyoak, Paul Torremans, *Intellectual Property Law*, Butterworths, 1995, pp. 13 - 14.

如专利权、商标权）而形成了垄断地位，私法社会化的结果是私法不仅要关注技术创新者的利益，也要维护社会公众的利益，从而使权利人、义务人及社会公众之间实现真正的利益平衡。当高新技术不断渗入私法所调整的社会关系时，对由此而形成的利益关系进行事实上的实质判断，能对技术市场的自由竞争秩序是否得以维持作出实质判断。私法维护个人与个人之间、个人与社会之间利益平衡的最终目的在于使市场处于自由竞争的状态之中。私法社会化包含的思想之一就是要限制高新技术所有人滥用其权利并限制市场竞争的行为。在此背景下，私法规范理应"在尽可能大的范围内保证市场处于竞争状态，并期待通过市场竞争，最有效地利用各种资源，创造更多的社会财富。"① "私法社会化"和"私法公法化"并非同一含义，因为私法社会化是对民事主体的私人绝对权进行限制，但还未达到国家强制性认定的公法化程度，而私法化与公法化区分的标准在于强制力的效力。

侵权损害赔偿社会化亦是私法社会化的一大重要组成部分，两者是部分与整体的关系，侵权损害赔偿社会化是私法社会化的具体体现。侵权损害赔偿社会化即是将侵权法上的个体责任转由社会承担，限制部分个体的自由，扩大风险责任主体范围，但两者在一定程度上仍有区别，比如私法社会化是权利自由的限缩，对归属于民事个体的私权作出一定的限制，而侵权损害赔偿社会化则是将个体的损害赔偿责任扩散至社会，将本应由个体承担的侵权责任转由社会化组织承担，是一种责任的分散。

私法的主要目的即是维护个人主义、自由主义，核心价值就是维护一种以权利为本位的私法秩序。但随着高科技发展对经济活动和人类社会生活的影响日深，私法社会化成为一种新兴的法学思潮与立法实践。② 私法社会化突破了法律部门的界限，将不同的私法规范重新组合起来。③但也

---

　　① 王晓晔. 反垄断立法的作用、现状和问题//王晓晔. 反垄断法与市场经济. 北京：法律出版社，1998：4.

　　② 杨明. 私法社会化了吗？——高科技条件下民法价值取向的再思考. 科技与法律，2007（3）：38.

　　③ "它以其新颖性和活力形成了一种手段，这种手段可以用来突破法律部门之间旧有的疆界，并且把从不同的传统规范，尤其是从近代的私法规范中引申出来的各种原理重新组合为一个有机体，以此适应社会发展与变迁的要求。"覃有土，樊启荣. 私法社会化思潮的源流//吴汉东主编. 私法研究. 创刊号. 北京：中国政法大学出版社，2002：116.

有学者认为，所谓私法社会化，只是对传统私法的个人本位或者说权利本位的限制，并未改变私法以权利为本位的价值取向。①侵权法作为典型的私法，其社会化的过程也是伴随着所有权绝对、契约自由之限制，权利本位向社会本位移动而引发。但侵权损害赔偿社会化相较私法社会化最大的特点在于侵权行为属于非合意行为，侵权损害赔偿的社会化方式亦是非合意行为所引致。侵权损害赔偿社会化除了行业强制性要求，还可以由潜在的侵权人自愿选择，也可能是行业强制性要求。侵权人可以主动借助社会力量，以承担其个人的侵权责任，也可能是被动地由国家强制要求承担责任。例如购买商业险是个体自由，理赔时只会让侵权人减轻负担，没有另外增加其额外责任，也未强制要求其购买，即便是强制险，也没有因此加大侵权人的责任。

（二）侵权损害赔偿社会化的具体途径

侵权损害赔偿社会化制度一般通过三种途径予以实现：责任保险、救济基金（或社会补偿金）和其他特有制度（如产品责任的市场份额规则）。这些具体制度的区别在于侵权事实发生后，由不同的主体启动，赔偿补偿的标准亦不同：在侵权事故发生后，责任保险制度一般是由侵权人或受害人启动，因为事先签订了责任保险合同，被保险人将本应由其承担的侵权损害赔偿责任转移给保险公司；保险赔偿金额除强制险统一之外，在保险合同中有所约定，赔偿金额以实际发生数额为准。救济基金（社会补偿金）是以国家为主导，其他社会成员或者团体参与来分散社会风险的制度，在侵权事故发生之后，由被害人直接向基金组织提起。基金多为公益性质，往往总资金有限，故其以补偿损失为原则，补偿金额往往不超过总的损失金额；而市场份额规则完全是由受害人提起，被告亦由受害人确定，其赔偿数额因为带有惩罚性质，往往比实际损失数额高出许多。

通过对这三种制度的简单介绍可以发现，要使保险制度发挥作用的一个关键前提是当事人必须事前购买保险，如果没有购买的行为，无论是责任保险还是一般的商业意外保险都不能发挥其分散损失的作用，所以保险

---

① 杨明.私法社会化了吗？——高科技条件下民法价值取向的再思考.科技与法律，2007（3）：38.

制度是一种社会化程度较低的制度；而救济基金（社会补偿金）由于是由国家主导，强制性、法定性都比较强，它不要求加害人或者受害人缴纳费用，具有社会福利性，因此属于社会化程度比较高的制度[1]；市场份额制度则完全是事后由法院认定的市场份额来确定责任比例，是由国家公权力强行决定之前不确定的被告承担民事赔偿责任的一种裁判方法，社会化程度最高。

（三）侵权损害赔偿社会化的特征

侵权损害赔偿社会化的特征有四点：侵权责任过错原则弱化、因果关系弱化、救济方式社会化、救济目的社会利益最大化，上述四个特点既是侵权损害赔偿社会化的外在表现特征，又是侵权损害赔偿社会化所追求的目标。

1. 侵权责任过错原则弱化

过错责任的起源可以追溯至阿奎那法典，甚至更早的罗马法时期，然而最早将过错责任抽象化并将之确立为一般性原则的，是 17 世纪法国著名法学家多马（Domat），多马在其相关著作中说明，由某人行为造成的所有损失、损害，都应该由该有过错之人予以赔偿。[2]而最早以立法形式确定"过错责任原则"是在法国拿破仑法典中，该法典第 1382 条规定，任何行为使他人受损害时，因自己的过错而致损害发生之人对该他人负赔偿责任。到了 19 世纪末至 20 世纪中后期，侵权法的"过错责任原则"，在西方主要发达国家出现了新的变化，呈现以下趋势：（1）从主观过失到客观过失；（2）过失推定形成；（3）违法即视为过失。进入 20 世纪之后，随着工业革命的兴起，各种损害事故日益频繁发生，侵权法又确立了新的归责原则：危险责任或无过错责任。[3]

随着近代侵权法的发展，侵权法的过错责任原则已经演变为无过错责任原则或严格责任原则，过错责任原则已经严重弱化，"违法性"淡化。由于近代合同契约的大量涌现，不论两个民事主体之间是否存在直接合同

---

① 刘铮铮. 侵权损害赔偿社会化制度研究. 重庆：西南政法大学，2012：36.

② 罗瑶. 法国法中的侵权过错概念及其对我国立法的借鉴意义. 比较法研究，2010（1）：32.

③ 程啸，张发靖. 现代侵权行为法中过错责任原则的发展. 当代法学，2006（1）：86.

关系，如果放到大的社会契约的角度去考虑，总能找到两者之间的直接或间接的合同关系。因合同关系产生的侵权责任，自然不存在过错责任，更多的是无过错责任与严格责任。而根据传统侵权法理论，侵权责任形成的三大要素为侵权行为、侵权损失与原因力，由于过错责任原则已转变为无过错责任原则或严格责任原则，因而导致侵权责任的原因力要素也随之弱化。侵权责任的重点已经由对加害人追责转变为对受害人救济，至于侵权人是否存在过错、是否合法在所不问。正如机动车事故中的汽车保险救济，保险公司之所以承担起受害人的损害赔偿责任，并不是因为保险公司在侵权事实中存在过错责任，而是基于车主，即侵权人为汽车购买的强制险或商业保险；在产品侵权领域，在市场份额规则下，承担责任的赔偿义务人，也不是因其生产的产品对受害人的侵权存在过错责任（至少无法证明），而是因其产品占有的市场份额比例而承担损害赔偿责任；再以环境污染侵权为例，各国通例以及学术界普遍认为，"合法排污"或者"达标排放"并不能成为免除民事责任的理由。而我国原来法律的基本规定①就与风险社会的要求不符，因此我国《民法典》第1229条对此作出修改，规定只要产生污染，造成环境损害的，污染者就应当承担侵权责任。② 可见，侵权法的过错责任原则在侵权损害赔偿社会化中已经被瓦解殆尽。

具有高度风险的现代社会，企业生产事故、交通意外事故、缺陷产品致损、环境污染公害等，在个人行为的可归责性上，已经缺乏道德标准的责难（虽尚存争议，但已经成为不争的事实），侵权者过错责任与过失责任的道德基础已不再牢固。很明显，侵权人与受害人双方的风险不对称，且现实中受害人与加害人的角色互换也没有可能，当效率或安全需要超过了其他的人性需求时，过错责任受到了严重的挑战。如何保护弱势一方（常常是群体一方）的利益，各国要么在归责原则上或适用无过错责任，或在其他要件事实的举证责任分配上作出特殊规定，如进行过错和因果关系推定，等等。总言之，过错责任原则在现代侵权法领域已经发生重大变

---

① 《民法通则》第124条规定：违反国家保护环境防止污染的规定，污染环境造成他人损害的，应当依法承担民事责任。

② 《民法典》第1229条规定："因污染环境、破坏生态造成他人损害的，侵权人应当承担侵权责任。"

化，不再是唯一的归责原则，而侵权损害赔偿社会化的救济途径更加显示出过错责任原则的弱化。由于救济者（承担侵权损害赔偿的主体）并非侵权者本人，侵权者个人的过错更与救济者无关，由社会层面代替侵权者承担损害赔偿责任是基于保险合同、行业协会规章、社会基金制度和特定诉讼制度，与侵权过错责任没有直接关系。

2. 法律因果关系弱化

事物的产生、发展、变化都是由特定的原因引起的，这种在时间顺序上引起与被引起的关系在哲学上被称为因果关系。[1] "因果关系"在哲学上的意义是指两个事实之间的一种引起与被引起的本质与必然性的联系，没有经过严密的科学论证，不能判断两个事实间是否存在着因果关系。但是，侵权法上的因果关系并不等同于哲学意义上的因果关系，将哲学中的因果关系的规则、理论适用于法律责任的认定的做法是不科学、违反法律逻辑的。因为虽然法律上的因果关系源于哲学上的因果关系，但是法律上的因果关系不仅引起损害后果的发生，而且是确定侵权责任主体和侵权责任范围的依据，应该采取更加严谨的态度。[2]

传统的侵权法学设定的侵权责任"三要素"为：侵权行为、侵权后果及因果关系。因果关系是连接侵权行为与侵权后果的纽带，是侵权责任认定中不可或缺的要件。是否存在因果关系，直接决定了行为主体是否承担侵权责任，因果关系的认定是确定侵权责任的关键。[3]

侵权法上的因果关系包括两种情况：一种是作为责任成立要件的因果关系，即事实上的因果关系，这种因果关系表明若无被告的行为事实则不会发生原告的损害事实；另一种是划分赔偿责任范围的因果关系，即责任范围的因果关系，这种因果关系在承认被告行为与原告损害之间存在事实因果关系的前提下，对事实因果关系上的损害进行政策性的、法的价值判断，以妥当地界定被告所应赔偿的范围。[4] 由此可知，侵权责任成立的因

---

① 赵克祥. 侵权法上因果关系概念辨析. 昆明理工大学学报·社科（法学）版，2008 (5).

② 王丽娟. 交通事故因果关系研究. 法制与社会，2014 (8)：275.

③ 克里斯蒂安·冯·巴尔. 欧洲比较侵权行为法：下册. 焦美华，译. 北京：法律出版社，2004：498.

④ 李劲：环境侵权民事责任因果关系新探. 政治与法律，2006 (2)：133.

果关系属于侵权行为的构成要件，而责任范围的因果关系则属于损害赔偿责任范围的问题。① 据此，法律上的因果关系可以表述为：无此行为，不必然生此损害，但有此行为，通常生此种损害者，是为有因果关系；无此行为，必不生此种损害，但有此行为，通常亦不生此种损害者，即无因果关系。② 也就是说，法律上的因果关系认定要以逻辑论证为基础，且具有更浓厚的价值取向意义。

在传统侵权法时代，因对过错责任原则比较重视，且因果关系恰是衡量行为人主观过错的一个重要指标，侵权人责任大小的确定，与因果关系的认定密切相关。但到了现代侵权法年代，在侵权损害赔偿社会化问题上，因果关系的认定也随着过错责任原则的淡化而弱化。这一变化主要体现在对证据规则的举证责任的具体规定上。譬如，在医疗事故纠纷中，对于患者所受到的伤害与医生的医疗行为是否有因果关系；产品使用者因产品所受的侵害是否由产品的质量不合格引起等，这类因果关系的证明责任在证据规则中都是由侵权人承担，而不再适用"谁主张谁举证"的普通证据原则。这证明了因果关系在侵权损害赔偿社会化中趋向弱化。再比如，在环境污染侵权纠纷之中，对于涉嫌产生污染源的企业，受害者只需举证其受害的事实及企业近似污染的生产行为即可，无须就企业的生产行为与污染结果之间的因果关系承担举证责任，承担损害赔偿社会化责任的基金或政府财政即可视受害人受害程度予以补偿。如此，因果关系的弱化，不仅在私力救济的诉讼中被支持，还在损害赔偿社会化的救济中更加宽泛地被应用。比如，基金赔偿模式将因果关系的确定标准客观化、标准化，而不是在个案中予以分别认定：在赔偿基金的规则中，符合一定地域条件，具备特定损害或者存在某些特定症状，即可认定行为与损害之间存在因果关系，除非另有明确的合法证据予以反证。通过这种更广泛因果关系的认定规则，将原因作为潜在性的加害行为来整体把握，这样个别行为同结果发生之间的个别性因果关系就被切断了。③ 这种"切断"的积极意义在

① 李劲. 环境侵权民事责任因果关系新探. 政治与法律，2006（2）：133.
② 李劲. 环境侵权民事责任因果关系新探. 政治与法律，2006（2）：134.
③ 渠涛. 从损害赔偿走向社会保障性救济——加藤雅信教授对侵权行为法的设想//梁慧星主编. 民商法论丛：第2辑. 北京：法律出版社，1994：296.

于，既减轻了受害人寻求赔偿的举证困难，同时也节省了损害赔偿所需的时间与成本，提高了赔偿的效率。①

3. 救济方式社会化

侵权损害赔偿社会化最典型的特征就是救济方式的社会化。

侵权损害赔偿社会化的目的不在于侵权责任的追究，更多地在于实现被侵权人损失填补的目标。侵权责任无论是在最初的同态复仇还是之后的侵权之债的建立，都是发生在侵权人与受害人之间的私人责任义务，只允许受害人向侵权人主张侵权责任的救济。而到了近代侵权法，侵权责任就不再是向单一的侵权人主张责任救济，受害人也可以向无过错的第三人主张。无过错的第三人可能是负责保险义务的保险机构，比如工伤保险机构、机动车保险机构或医疗保险机构，也可能是行业基金等社会机构。保险机构、基金机构作为无过错第三人，替代侵权人承担赔偿义务，将侵权责任的损害赔偿主体范围扩大到整个社会的范围，换句话说，即侵权损害赔偿的主体由个人转变为社会公共机构。具体表现为以下两方面：（1）救济对象除了受害人，同时兼顾加害人。在侵权行为发生时，除了受害人为市场经济主体，需要法律保障其合法权益，加害人同样作为市场经济主体，需要法律的保护。对于加害人的侵权行为不再仅仅是惩罚与威慑，对于无过错侵权行为在一定程度上予以包容，实现受害人与加害人总体利益最大化。（2）救济目的不仅仅是补偿受害人，更加着眼于保障市场高效运行。由保险机构替代侵权人承担赔偿责任，其目的并不是为侵权人遮掩过错、逃避责任，而是为保护及增加侵权人与受害人的共同利益，最后及于社会利益的最大化。不论是波斯纳的经济分析说，还是汉德法官的汉德公式，都体现了是过失的客观化，通过比较预防损害所需成本和可能性与损失之积来确定侵权人是否有过失，均可以证明以保险公司来替代个人承担侵权责任，对于整个社会利益而言都实现了最大化的结果。侵权损害赔偿社会化的目的即是分散风险，运用社会综合资源以对付现代社会的高风险责任，保障经济自由体的高效率。

4. 社会利益最大化

美国哲学家罗尔斯认为，社会正义是一种社会结构（社会体制）的正

---

① 邢宏．论大规模侵权损害赔偿基金．武汉：华中科技大学，2013：64.

义，主题是如何分配基本的权利和义务。①而其所认为的社会基本结构的正义包括两个层面，一是社会各种资源、利益以及负担之分配上的正义，二是社会利益冲突之解决上的正义。前者即是实体正义或分配正义，后者是形式正义或诉讼正义。②

侵权损害赔偿社会化的价值取向之一就是分配正义，原因在于分配正义对义务和责任的分配，有机地结合了效率与公平的原则，并通过协调处理二者之间的关系实现了侵权损害赔偿社会化的目的、功能和意义。其表现在以下三方面：第一，侵权损害赔偿社会化的目的在于通过责任社会化的方式解决经营民事主体的责任担忧，限制和预测企业的责任风险，避免企业在生产、经营高新技术产品的过程中因责任的承担问题患得患失而畏缩不前，从而充分调动企业的积极性，促进经济增长和科技进步，这正是分配正义以效率原则为标准配置各种资源的价值取向之所在；第二，侵权损害赔偿社会化目的也在于通过责任社会化的方式分配损失和承担责任，不仅保障作为社会弱势人群和处于较不利地位的受害人的损害得到及时有效的填补，而且也保证行为人生产经营的正常发展以及整个社会的稳定，这又体现了分配正义中公平原则对单纯的效率原则的规约与限定作用，以及其所要求的"人人得之应得之利益，担之应担之责任"的价值取向；第三，维护加害人生产经营的正常运转及整个社会的稳定，同样体现了分配正义中公平原则的价值取向。传统的侵权行为本身在法律规范的价值判断上就是一种纯粹的无价值的行为，即完全具有法律否定性的违法行为，如欠债不还、强占他人财产、伤害他人身体等行为。③

现代某些侵权行为，如环境污染侵权、医疗事故侵权、交通事故侵权等，在价值判断上具有社会妥当性和合法性，是一种"合法侵权"或"适法侵权"行为，其本身就是必要的经济活动或者伴随正常的生产、生活活

---

① "社会正义是一种社会结构（社会体制）的正义，即一个社会体系的正义，其本质上依赖于如何分配基本的权利和义务，依赖在社会的不同阶层中存在着的经济机会和社会条件。"罗尔斯．正义论．何怀宏，何包钢，廖申白，译．北京：中国社会科学出版社，1988：98.

② 张志文，王秋波．论环境侵权责任社会化的价值取向．云南大学学报（法学版），2004（4）：69.

③ 邹颖超．转基因生物技术损害赔偿制度探讨．长沙：湖南大学，2006：34.

动而产生的"副产品",是符合生产生活常规,是有意义、有价值的行为,而且在技术规范和行政管理规范上是合法行为,甚至是国家鼓励的行为,这种"合法性"的性质决定了通过侵权损害赔偿社会化的方式对加害人造成的损害进行分配是正当的,同时也是公平的。加之因上述侵权行为的地域宽广和受害对象广泛,对社会和他人的危害极大,产生的赔偿责任异常沉重,赔偿数额巨大甚至是天文数字,这样的损害并非是个人和一个企业能够承担的。如果没有侵权损害赔偿社会化的方式将损失分散,异常沉重的赔偿责任有可能致使加害人因无力承担损害而破产或关闭,又因此导致受害人得不到应有的赔偿,从而可能造成社会不稳定,这也决定了通过侵权损害赔偿社会化方式分配加害人造成的损害的必要性。因此,通过侵权损害赔偿社会化的制度维护加害人生产经营的正常运转,进而维护整个社会的稳定,是公平原则价值取向的内在要求。①

（四）侵权损害赔偿社会化的现实基础与理论根据

一直以来都有质疑损害赔偿社会化的声音存在,其主要理由在于认为由于损害赔偿社会化减轻了加害人的赔偿负担,导致加害人对自身注意义务的关注程度有所下降,这反而不利于预防损害的发生。然而机动车致人损害的社会化显示,尽管我国在机动车致人损害中适用强制保险制度,大大降低了机动车驾驶人因过失致人损害可能承担的赔偿责任,但这并没有直接导致机动车驾驶人注意程度下降,通过事故的发生频率与保险费用之间的联动关系,保险制度一方面起到了有效地分散损失的功能,另一方面并未大幅度提高机动车致损案件的发案率。建立大数据侵权损害赔偿社会化制度可能达成的调整效果,有诸多其他立法先例作为支撑。

1. 侵权损害赔偿社会化的现实基础

侵权损害赔偿社会化是侵权法经过一定历史时期的发展而呈现出的一种趋势,其产生有特定的历史背景,更有充分的理论根据。风险社会的形成、大规模侵权的大量出现和侵权法观念转变等历史背景,导致了侵权损害赔偿社会化的产生,也证明了侵权损害赔偿社会化的合理性和必要性,新的分配正义学、法社会学、现实主义法学和社会风险分担学说等理论则

---

① 张志文, 王秋俊. 论环境侵权责任社会化的价值取向. 云南法学, 2006 (4): 68.

证明了侵权损害赔偿社会化的科学性和逻辑性。

侵权损害赔偿社会化是工业社会发展到一定时期的产物，其产生的历史背景在笔者看来包括三方面：风险社会的形成、大规模侵权的大量出现和侵权法观念的转变。

（1）风险社会的形成。

随着工业社会的发展，人类征服自然的能力也随着科技能力的加强而增强，但社会潜在的风险也随之增多。因为科技应用带来的负面后果很难被人类所预知、预防和避免。人类应用科技改造自然与社会的同时，也把因技术产生的风险带到现实。风险无处不在，对人类的各种社会制度（包括法律制度）进行挑战。正如德国社会学家乌尔里希·贝克在其著作《风险社会》里提到，伴随着现代科技的发展与生产效率的提高，财富分配不平等问题会得到有效改善，但是人类面临着新出现的技术性风险，比如核风险、化学产品风险、基因工程风险、生态灾难风险等。因此，风险社会的核心问题从工业社会时期的对财富分配不平等的改善与合法化，转变为缓解伤害和分配风险。[①] "风险"在经济学意义上是指：或然发生的、可能导致经济损失、其不确定的后果与人们的期望有所偏差的事件。[②]

风险具有不确定性和损失可能性，现代意义的风险社会是伴随着工业化的生产而出现的。美国侵权法将过失界定为"未能（在具体场景下）尽到合理的注意"，或者"制造不合理的风险"。在风险社会里各种新的事故不断出现，损害的大量发生也成为生活的常态。[③]另以我国为例，2005年至2009年全国共发生各类事故265万余起，死亡51万余人，平均每年发生各类事故近53万余起；2009年新发各类职业病18 128例，其中尘肺病新增14 495例，死亡748例，并呈现低龄化、群发性的发展态势；中国每年因安全生产事故所造成的经济损失约占GDP的2～2.5%[④]，因此，侵权法不仅要符合社会的发展趋势，更要为新型案件中的受害人提供救

① 乌尔里希·贝克.风险社会.何博闻，译.南京：译林出版社，2004：36-39.
② 王卫国.过错责任原则：第三次勃兴.北京：中国法制出版社，2000：231.
③ 张俊岩.风险社会与侵权损害救济途径多元化.法学家，2011（2）：92.
④ 国家安全生产监督管理总局.安全生产科技"十二五"规划（征求意见稿）//百度文库，http：wenku.baidu.Com/view 50ccbb01a6c30c2259019ed4.html，（2010-11-10）.

济。对法律制度而言，风险的不确定性可能造成风险结果及其破坏程度无法推算，从而导致风险责任主体的缺失或不清。

（2）大规模侵权事故的大量出现。

现代化社会大生产随着历史的发展，逐渐取代了近代手工作坊式的生产和生活方式，民事主体得以平等及互益地作出判断，改变了某些类型的侵权案件中双方当事人之间的力量对比和利益平衡。公司企业之间的分工协调必不可少，生产方式、生产产品及产业化的庞大性决定了在生产生活中会发生大规模的侵权。随着生产技术的改良、社会经济的发展，各种生产服务风险屡现，社会关系出现了新的变化，社会成员出现了两极或多极分化，贫富差距越来越明显，劳动者与企业主逐渐产生对立、生产者与消费者亦产生对立。侵权法上的新课题有：缺陷产品致损、企业事故、交通事故、环境污染等。大规模侵权发生之后，若按照传统"谁损害谁赔偿"的原则追究侵权责任，势必造成作为被告的新兴企业的大量破产倒闭，新技术应用开发的无限期搁置，不利于现代生产力的发展。至此，除了保险业兴起为高风险行业分摊风险，还诞生了行业基金制度、社会救助金制度、无过错补偿制度及市场份额规则等危机处理措施。

国外在处理大规模侵权时，也并没有十分完善的实体法律规定，但一般会通过两种救济方式进行：一是个体化诉讼的救济方式，但由于大规模侵权的理论尚不成体系，故个体化诉讼上更多地体现在程序法的规定，诸如德国的团体诉讼制度、美国的集团诉讼制度、日本的选定代表人制度，而实体法的规定屈指可数；二是社会化的救济方式，该救济方式在国外较为盛行，其主要途径为责任保险制度、救济基金、市场份额制等。① 因此，在面对大量的、大规模的、高频率发生的侵权纠纷面前，在侵权法律规则关于此方面缺乏规定的现状下如何公平有效地救济这样的侵权损害，成了现代各国面对的共同问题。社会化救济方式的好处日益显现，比如张新宝教授极力主张借鉴国外日益盛行的"大规模侵权损害（赔偿）救济基金"②。在我国，一些大规模侵权案件，因为影响范围大、受害人人数众

---

① 吴纪树. 侵权责任法功能之不足及其完善. 研究生法学，2012（6）：54.

② 张新宝. 设立大规模侵权损害救济（赔偿）基金的制度构想. 法商研究，2010（6）：23.

多，给社会造成的危害大，如我们熟知的"重庆开县井喷事件""三鹿奶粉事件""甬温线动车追尾事故""郑州地铁洪灾事故"等，但我国尚未建立起成熟的应对机制，往往只是由政府临时成立专门小组处理。这种长期采用的政府主导的救济模式虽然也颇有效率，但公平正义的法理问题未得到重视，导致的弊端就是整个社会的纳税人要为肇事的个人和企业承担不应该承担的责任，而且实践中常常发生财政不足以补偿的问题。

（3）侵权法观念的转变。

最初的侵权法惯例明显带有同态复仇的性质，侵权法惯例只是为受害人的复仇提供合法依据。侵权法虽然自古罗马法开始就一直存在，但与合同法、物权法相比较，在传统上并不为西方法律体系所关注；此外此类案件数量也相当少，合同法与物权法经常被借用来解决侵权法领域的问题。直至19世纪末，当日常经济生活导致的人身伤害（尤其是医疗事故、环境污染事故、产品责任事故等）发展成为严重的社会问题且几乎无法避免，侵权法才开始受到关注。至此，作为法学概念的侵权法正式出现。在侵权法顺应时代的要求成为部门法的同时，它就已经在某种程度上变质：一方面，在现代社会中，公司日益频繁地成为侵权者，侵权法的道德色彩逐渐弱化；另一方面，因社会化思想传播的原因，损害越来越少地被作为不幸而接受，相反，它更多地被看作是应得到补偿的。

而在侵权法成为法学理论及进入国家立法之后，侵权法在资本主义自由竞争时期盛行传统的"所有人自吞苦果"观念。在该观念支配下，人们认为损失应当停留在它发生的地方，除非有正当理由，即可以归责，否则不应当对损失进行移转。[①]

在传统侵权法中，过错可以证明转移损失的合理性，即侵权行为人因过错导致他人损失，应当付出自己的财产来补偿受害人的经济损失。20世纪之后，以过错为要件的一般侵权规则不再盛行，无过错的特殊侵权制度广泛发展起来，诸如产品责任、环境责任、高危险作业责任、工伤事故责任等适用严格责任的侵权责任形态，不仅高发而且涉及范围广、影响大。[②] 特

---

① 刘凯湘，曾燕斐.论侵权法的社会化——以侵权法与保险的关系为重点.河南财经政法大学学报，2013（1）：25.

② 刘凯湘，曾燕斐.论侵权法的社会化——以侵权法与保险的关系为重点.河南财经政法大学学报，2013（1）：25.

殊侵权制度的发展有超越一般侵权制度的倾向，过错原则所涉及的个人责任以及个人行为自由保护的理念受到了冲击。此外，保险行业的发展对侵权法也产生了巨大的冲击：美国中级阶层自 19 世纪末开始为自己购买保险，德国、英国在最为紧迫的工伤事故领域发展出了社会保障制度，并扩展到其他领域。在西方国家，各种保险行业发展到现在，至少在人身伤害案件中，个人对个人的赔偿已经成为特例，损失大多由保险公司或基金来承担，已经实现了把损失以保险费的方式分配给了相关的所有投保人。此外，损失分担理论受到经济学的支撑，即事故损失如果得以在民众中随着时间而分散，那么事故损失带来的负担将降到最低。一个人的大量金钱的失去比许多人少量金钱的失去更能导致经济地位的失落。也有学者从受害人风险厌恶的预设出发，认为将风险分配给风险中性的主体，或者在风险厌恶的主体之间相互分担，会使得整体效用提高，因此社会福利可以通过增加一个主体进入分担风险的协议中而得到增加。① 在这种观念下能够最快速高效地完全填补损失，同时管理成本也可以适当减少。

　　人们对侵权法的整体理解发生了转变：加害人及其过错行为不再是关注重点，相反，许多学者认为优先考虑对受害人的赔偿才是侵权法的目标。②现代社会作为高度风险的社会，企业事故、交通事故、缺陷产品致损、环境污染公害等，从个人行为的可归责性上已经很难获得道德依据，这使自己责任与过失责任的伦理基础发生动摇。侵权人与受害人双方风险不对称，现实中受害人与加害人的角色互换也没有可能，当安全需要超过了其他的人性需求时，过错责任受到了严重的挑战。为了保护弱势群体的利益，各国要么在归责原则上作出处理，适用无过错责任，要么在其他要件事实的举证责任分配上作出特殊规定，如进行过错和因果关系推定等。然而，即便在适用无过错责任、过错和因果关系推定的情形下，也并不能说对特定群体的倾斜保护就是一边倒，以致另外一方没有任何行为自由，

---

　　① 斯蒂文·萨维尔．事故法的经济分析．翟继光，译．北京：北京大学出版社，2004：220 -222.

　　② 格瑞尔德·J．波斯特马．哲学与侵权行为法．陈敏，云建芳，译．北京：北京大学出版社，2005：97.

侵权责任法仍须在特殊利益保护上体现平衡精神。①

随着我国逐渐进入风险社会，频繁的交通事故、产品责任、医疗损害、环境污染等，可能引发大规模的、普遍性的侵权。我国虽然制定了《侵权责任法》，现经修订纳入民法典第七编"侵权责任"，但在填补损害及预防损害的功能上明显效果不佳。《民法典》侵权责任编的一般条款的规定似乎包括了所有的侵权类型，但实际上还是无法涵盖全部，在制度层面上依旧缺乏具体的应对措施，致使《民法典》侵权责任编在面对这些案件时缺乏现实的可操作性，换言之，"美好的制度构想被残酷、繁复的现实架空了"②。这些设想和建议对我国应对现代高发性的侵权纠纷是有益的，但在现实中还存在诸多难以克服的困难，比如在法律上缺乏有力支持，基金的设立是对政府财政的一大考验等。《民法典》侵权责任编第1216条规定的交通事故中的垫付基金③，已经是在立法方面对侵权损害赔偿社会化作出的肯定，但这还远远不够，对大规模侵权提供救济仍困难重重。这样的改革方向符合现代人的侵权赔偿观念，但除此之外，基于侵权一旦发生便会造成不可逆转且大面积的影响，与其待损害事实发生后提供充分救济，不如采取措施事前预防损害之发生，发挥侵权法预防功能之于侵权意义更为重大。侵权往往发生于高危行业领域。由于工业文明带来的这些风险是不可能被完全避免的，因而指望将大规模侵权完全消灭是不可能的，现实告诉我们只能尽力减少损害的后果。在应对侵权上，《民法典》侵权责任编应当将事后损害的填补与事前损害的预防有机地结合起来，但现行侵权责任编的规定还须进一步完善，比如如何在侵权责任编中确定侵权损害赔偿社会化的救济方式，要求从事高危活动可能导致侵权的企业必须作为生产成本向保险公司和救助基金提供资金来源，否则视为未采取预防措施，就发生的损害承担更重的责任。对本应采取投入保险金

---

① 张新宝.侵权责任法立法的利益衡量.中国法学，2009（4）：188.

② 吴纪树.《侵权责任法》功能之不足及其完善.研究生法学，2012（6）：62.

③ 《民法典》第1216条规定：机动车驾驶人发生交通事故后逃逸，该机动车参加强制保险的，由保险人在机动车强制保险责任限额范围内予以赔偿；机动车不明、该机动车未参加强制保险，或者抢救费用超过机动车强制保险责任限额需要支付被侵权人人身伤亡的抢救、丧葬等费用的，由道路交通事故社会救助基金垫付。道路交通事故社会救助基金垫付后，其管理机构有权向交通事故责任人追偿。

或投资基金却不作为的企业，施以惩罚性的赔偿等措施提高他们的风险预防意识。

2. 侵权损害赔偿社会化的理论根据

侵权损害赔偿社会化不仅是社会化大生产的客观需要，还有其充分的理论根据。新的分配正义学、法社会学、现实主义法学和社会风险分担理论为侵权损害赔偿社会化提供了强有力的理论根据。

（1）分配正义理论。

所谓的"分配正义"，是指表现于荣誉、钱物或其他可析分的共同财富的分配（这些东西一个人可能分到同等的或不同等的一份）的正义。与之相对的概念是矫正正义，即在私人交易中起矫正作用的正义。[①]侵权责任法属于私法范畴，侵权法中关于损失赔偿所体现的指导思想即矫正正义，在加害人与受害人之间，要么加害人因客观行为赔偿受害人损失，要么受害人自己承担损失，因此损失仅存在于侵权双方主体之间，无法实现对外转移。矫正正义体现的是所谓的近代民法的"形式正义"，它并不因加害人和受害人的社会地位或财富状况而区别对待，并不注重结果的实际公平。随着生产社会化及客观条件的变化，传统侵权法的矫正正义理论基础遭到质疑。

在工业化的社会中，受害人的范围被扩大，往往充当受害人角色的是工人或消费者，而相应的加害方也多为工厂或企业。由于受害人处于弱势地位，人们基于社会正义更容易接受事故损失的风险分配到工厂、企业。其后，人们又会进一步从社会正义角度思考工厂或企业如何承担风险。其中一个途径就是将损失风险向外分散，保险制度、基金制度等社会化救济手段正好迎合了社会需求。工厂或企业通过向保险公司投保或加入行业基金等手段就能将损失风险分散出去，其中缴纳的保险费、基金份额作为生产成本的一部分，又可以通过产品价格转嫁给消费者和社会大众。投保或加入行业基金的过程的本质是把赔偿责任转嫁于一个社会。在矫正正义理论下，人们只考虑加害人的客观行为，而新的分配正义则更关注加害人的社会地位和资源的占有，即现代民法所强调的"实质正义"，侧重于实质

---

① 亚里士多德. 尼各马科伦理学. 苗力田，译. 北京：中国人民大学出版社，2003：56.

结果的公平。很显然，在当今社会新的分配正义更为符合社会的要求。损害赔偿的社会化就是在这样的理论基础上产生的。[①]梁慧星教授所指的"实质正义"就是新的分配正义理念。

在法律形式主义论者眼中，法律规范只追求规则符合正义，比如形式主义代表人物 Weinrib 认为：法律目的的正当化价值是外在并独立于法律本身及其正当性的，以侵权法为例，赔偿受害人与预防损害是社会的需求，这独立于侵权法之外……如果侵权法能够促进这些价值，那固然好，然而这些目标的正当性并不能通过侵权法来得到印证。[②] 传统学派认为侵权法的内在价值是矫正正义，因为其他价值（例如赔偿、威慑等）无法通过侵权法得到最大化，这就为侵权人与受害人划定了直接关系的范围，若要考虑法律外的其他救济手段，则会打破直接关系范围的内在价值。同时，在康德与黑格尔的哲学体系中，私法是内在自由在外在关系中的最主要表达，人们通过它实现自觉（self-conscious）与自决（self-determing），从而实现理性的要求。既然私法调整的是自觉的主体之间的交易，它就不可能承认功能主义，因为后者要求自觉的主体屈于外在的目的。[③]

传统侵权法学派认为，侵权法并不体现损害赔偿与损害预防的功能，亦非作为分配工具；侵权法关注的是平等主体的私人间关系，至于个人社会地位及财富非考虑因素，因此侵权法不通过政策或当事人自治等方式达到效率分配之结果。[④]侵权法对加害人的惩罚，主要是根据法律对过错的纠正而要求加害方实际地对受害方交付一定数量的财产。相对地，分配正义的实质是在一个整体中对财产分配份额标准的确定，并不涉及财产的实际转移。因此，按照上述分配正义与矫正正义的互斥关系，侵权法根本无法以损失分散为指导原则。然而在现实保险业如此发达的当下社会大环境中，正如阿蒂亚（Atiyah）所指出的那样，侵权人在很大程度上分文不付，只不过是一个名义上的责任承担者，侵权法所要追求的矫正正义实际

---

① 严禄 . 论损失责任社会化在侵权赔偿上的运用 . 南昌：江西财经大学，2010：8.

② Ernest J. Weinrib, *The Idea of Private Law*, Harvard University Press, 1995, p. 4.

③ Weinrib, "the Insurance Justification and Private Law", 14 *J. Legal Stud.*, 681 (1985).

④ 刘凯湘，曾燕斐 . 论侵权法的社会化-以侵权法与保险的关系为重点 . 河南财经政法大学学报，2013（1）：26.

上已经受到了很大的消解。① 在传统学派的观念中，侵权法应当是最纯粹的侵权法，与赔偿给付、严格责任等无法共存，如此，传统观念流于法律形式主义，不能适应社会及时代的发展。

矫正正义是处理平等主体之间关系的理论原则，主要体现在强调任何主体必须对自身的不当行为承担相应责任，目的在于矫正被偏离的正义，因此追究个人责任成为矫正正义的必然选择；而分配正义则是处理个人利益与国家利益或社会利益冲突的基本原则，侧重点在于保护国家及社会利益。鉴于传统侵权法的侵权责任始终立足于追求个人责任，因此传统侵权法的价值取向为矫正正义。矫正的正义观是过错责任原则的思想基础，要求加害人用自己的财产弥补受害人的损害，即把损失从受害人转移给加害人，其首要目标是机会均等，而不是结果公平。

分配的正义观是无过错责任原则的思想基础，要求对社会成员或群体之间的权利、权力、义务和责任进行最优化的配置。要达到这一目标就要借助于损失分散的机制，因此，真正体现侵权责任法正义观发展的不只是无过错责任原则的出现，更重要的是作为损失分散机制的责任保险制度和社会安全保障制度的产生。② 这种分配正义偏重于社会的结果公平，因违反分配正义所安排的利益分配方式而产生的矫正正义为了使加害人在更多的情况下承担责任，一般不对其过错状态加以考虑。与此同时，承担责任的主体已经不限于个人而多表现为企业公司等集体组织。从侵权责任的角度来看分配正义的问题，基于对不幸损害的合理分配而确定责任的承担就不仅要考虑损害事实的存在，同时也要考虑当事人所处的社会经济地位和所具有的负担及分散损害的能力。如果从法哲学的层面考察，这种表现其实体现了一个新的分配正义观，即法律在特定领域规定将责任更多地分配给一方当事人承担，从而达到对另一方当事人（往往是弱势一方）的保护。③

分配正义理论是对损害赔偿社会化的理论支持。亚里士多德是最早提

---

①　P. S. Atiyah，*Personal Injuries in the 21st Century*：*Thinking the unthinkable*，*in P. B. H. Birks*（*ed.*）*Wrongs and Remedies in the 21st Century*，Oxford：Clarendon Press，1996，p. 2.

②　杨占栋．侵权责任法在构建和谐社会中的价值与功能．滨州学院学报，2009（4）：67.

③　杨占栋．侵权责任法在构建和谐社会中的价值与功能．滨州学院学报，2009（4）：68.

出矫正正义和分配正义区分的。传统侵权责任法中损害赔偿所要实现的是矫正正义，即"各得其所"。当侵权行为发生后，法律要求加害人赔偿受害人的损失，以为自己的不当行为付出代价，有利于阻止某些类似行为的再次发生。矫正正义的目的是调整受害人和加害人之间的利益，以达到两者之间的重新平衡，体现了法律对加害人不当行为的责难，但矫正正义理论只考虑了加害人的客观行为，而没有考虑加害人和受害人双方客观的社会地位和经济状况。与矫正正义不同，分配正义所主要关注的是在社会成员或群体之间进行权利、义务和责任配置的问题，分配正义的上述配置问题通常是由具有立法权的公权机关来处理。分配正义要求分配侵权责任时，不仅要考虑加害人的客观行为所带来的损害事实，还要考虑各方当事人的具体能力，尤其是考虑其分散损失的能力，应该由更有能力的一方承担责任。[1] "分配正义"理论的建立有两个前提：第一是"深口袋"理论，即在现代工业社会中，大量的侵权案件的受害人如消费者、产业工人等属于社会中的弱势群体，而加害人一方往往是处于强势地位的公司企业，弱势一方遭受了损失，而处于强势地位的另一方却从中获利。因此，将事故风险分配给具有"深口袋"的公司企业更能符合现代社会正义的要求。第二是"可保险性"理论。具有"深口袋"的公司可以通过购买保险将各种损失的风险分散给更多的投保人，其所花费的保险费用则可以通过产品分散给消费者。[2] 通过将损失分散能够达到及时、充分救济受害人的目的。由此可见，新的分配正义理论很好地论证了损害赔偿社会化的合理性与可行性。损害赔偿社会化的受众主体即主要是消费者与产业工人，首要目的就是解决他们的恢复损失问题，其次才是保障消费品提供者与生产企业。唯有借助于"深口袋"理论及保险等社会救济方式才能解决上述被侵权者损失的恢复问题。

（2）法社会学理论。

欧洲社会学法学的奠基者之一埃利希认为：法律发展的重心在于社会本身，国家的创制并不是法律形成的唯一途径，法律构成法院或者其他裁

---

① 刘铮铮. 侵权损害赔偿社会化制度研究. 重庆：西南政法大学，2012：26.

② 刘铮铮. 侵权损害赔偿社会化制度研究. 重庆：西南政法大学，2012：27.

决机构的裁决基础，它是这种裁决所产生的法律强制力的基础……法律是一种秩序化。① 从他的观点看来，法律区分为两个范畴，即具有强制性的国家法与支配社会生活本身的法律，后者即所谓的"活法"，其构成了人类社会法律秩序的基础，才应当是法律的基本形式。

美国学者庞德在埃利希"活法论"的基础上，进一步深化了法律应当是社会中的法律之观点：法律是增进未来文明的一种工具，而文明的本质是对人内在本性的控制，也就是社会控制；法律作为社会控制的首要工具，其价值在于有价值地实现某种社会功能；实现社会功能就是法律的目的，并且"某种法律制度要达到法律秩序的目的，就必须通过承认某些利益，包括个人利益、公共和社会利益；预定各种界限，在这些界限之内，上述各种利益将得到法律的承认，并通过法律规范使之有效；在法律规定的界限内努力保障这些已经得到承认的利益"②。庞德在肯定法律是对社会控制的主要手段时，并未忽视法律固有的局限性，例如案件事实确认的困难、法外空间、补救措施的有限性和法律主体的主观原因等，由此进一步强调宗教、道德及教育等方面对于法律的支持与配合。法律并非无所不能，法律对社会控制的实现仍需其他社会影响及社会控制工具的辅助，如此推动法律正常发挥其固有功能，并且不断克服种种局限。

在庞德建立的社会法学体系中，社会利益是核心范畴。所谓"社会利益"，是指与文明社会的社会生活有关，并以社会名义去争取的利益。与这种社会本位的立场相关的方法论就是，把个体利益视为社会利益，即社会利益本身可以代表个人利益。社会法学从社会现实的视角来观察法律现象，重视法律在具体社会中的实施效果与目的。私法的发展始终贯穿个人本位与社会本位这对矛盾，侧重于个人本位还是社会本位只不过是在不同阶段的不同解决方案。从法国民法典提倡的经济主体自由，到德国民法典对个人权利的限制，私法社会化已经开始体现出来。立法观念的社会化倾向并非在于否定权利本位，而在于通过对个人权利施加一定的限制，更好

---

① Eugen Ehrlich, *Fundamental Principle of the Sociology of Law*, Harvard University Press, 1936, pp. 23 - 24.

② 庞德.通过法律的社会控制法律的任务.沈宗灵，等，译.北京：商务印书馆，1984：33.

地实现个人的财产权利及自由权利。

以社会本位的立场，将被侵权人的个体利益视为社会利益，在社会化的机制中解决侵权责任问题正是侵权损害赔偿社会化的基本表现。侵权法属于典型的私法，出于社会利益的需要，私法社会化趋势明显，侵权法也逐渐渗入社会化的因素，不再是单独两个民事主体之间协议约定的权利义务，开始有第三方利益主体的加入，还有国家强制性的规定。比如交通事故强制险、工伤保险等，都已经突破侵权责任的私法性质，成为侵权损害赔偿社会化的具体制度。

（3）现实主义法学。

20世纪早期，现实主义法学兴起，其特点是立足于现实，反对传统法学。《不列颠百科全书》描述现实主义法学道："强调行动中的法；强调法的社会目的性；强调法和社会的不断变化；强调必须把应然和实然分开；强调对法学家提出的一切正统的假设保持怀疑；特别强调有必要用更切实可行的范畴来代替现代法学家的一切推论和概念。"①

美国现实主义法学派的代表人霍尔姆斯在其著作《普通法》中开始论述保险制度将会对侵权责任产生的影响，该书写道："可以设想，国家可以使自己成为防范意外的互助保险公司，在全部成员中间分配其公民之不幸的负担。也可以存在一种提供给瘫痪病人的养老金，国家可以对那些人身或财产受到暴风雨或野兽侵害的人给予援助。在个人之间，也可以力所能及地采取互助保险的原则，在双方都有过错时分担损害，就像海事法院的简单公正裁决，或者可以将所有的损失加给某一行为人，而不管其有无过错"②。这段话体现了霍尔姆斯的以保险责任来分担个人侵权责任的观念：在没有保险支持的情况下，受害人能否得到赔偿完全取决于加害人的个人财力，这意味着即使受害人胜诉，也可能事实上得不到赔偿。而保险可以为受害人提供稳定的资金来源，使受害人得到充分救济。

社会整体效益首次成为现实主义法学派关注的焦点，美国法学家赫里·舒尔曼与弗莱明·詹姆士指出：当侵权法关注的焦点是调整个体之间

---

① 张文显. 二十世纪西方法哲学思潮研究. 北京：法律出版社，1996：135.

② 小奥利弗·温德尔·霍尔姆斯. 普通法. 冉昊，姚中秋，译. 北京：中国政法大学出版社，2006：84.

的关系时，那么这里调整的质量如何，和在所有法律中一样，是指它对社会利益有什么效果。如果侵权法的作用仅仅在于将被告口袋中的钱转移给原告，就应该视为对社会财富和资源的浪费……法律更多地关心存在于人与人之间的问题，而不是单纯的规则或学说，并且，这些问题应该在规则或学说被适用之前就得到充分地理解。① 现实主义法学派批判了传统侵权责任法学说，认为侵权责任在两个具有同等风险承担能力主体之间进行分配完全是建立在错误的假设上，实际上大部分原告是没有风险承担能力的，而被告则可以转移风险。② 显然，现实法学派认为被告可以通过保险将损失进行分散。这样，现实法学派的理论就为损害赔偿社会化提供了充分的理论依据。

（4）社会风险分担理论。

"风险"一词最初被理解为客观的危险，体现为自然现象或者航海遇到礁石、风暴等事件。经济学意义上的风险，则是指或然发生的、可能导致经济损失、其不确定的后果与人们的期望有所偏差的事件，其对风险的理解更强调不确定性和损失的可能性。③ 经过两个多世纪的发展，风险的概念与人类的决策和行动的后果联系更加紧密，并被视为影响个人和群体的特定方式。④ 现代意义的风险社会是伴随着工业社会的产生而出现的。在工业社会，科学技术提高了人类改造自然和利用自然的能力，但是也带来了潜在的风险，因为对于科学技术应用的后果人们还无法清楚地认识和把握。技术进步在增加人类选择的同时，也把选择带来的风险变成了现实。⑤ 风险存在于社会生活，同时也在考验着各种社会制度，包括法律制度，例如，美国侵权法就将过失界定为"未能（在具体场景下）尽到合理的注意"，或者"制造不合理的风险"⑥。在现代风险社会，各种新的事故不断出现，损害的大量发生也成为生活的常态。在此背景下，侵权法如何

① Hurry Shulman，Fleming James，*Cases and Materials on the Law of Torts*，Chicago：Foundation Press，1942，p. vii.

② 刘铮铮. 侵权损害赔偿社会化制度研究. 重庆：西南政法大学，2012：31.

③ 张洪涛，郑功成主编. 保险学. 北京：中国人民大学出版社，2000：4 - 8.

④ 杨雪冬. "风险"概念的变迁. 学习时报，［2004 - 10 - 25］.

⑤ 张俊岩. 风险社会与侵权损害救济途径多元化. 法学家，2011（2）：93.

⑥ 冯钰. 汉德公式的解读与反思. 中外法学，2008（4）：45.

适应社会的发展，为新型案件中的受害人提供救济，成为一个迫切需要解决的难题。

按传统的侵权损害赔偿责任观点，受害方的损失当然要由侵权方加以赔偿弥补，这是以责任针对性为基础的。但是随着社会连带性的不断加强，侵权行为超越了纯粹的私人间的权利义务关系，逐渐具有了社会性，损害责任完全由侵权方承担不仅显失公平，还会因为超出其责任承担能力而使受害方得不到救济。[①] 正如戴维·M. 沃克所言，这是一种损失的移位，将个人所受到的损失移位给侵权人乃至社会。[②] 同时，风险社会的形成也是侵权损害赔偿社会化的主要成因之一。德国著名社会学家贝克于1986年发表的《风险社会：走向新的现代性》一书中首次提出了"风险社会"理论，风险社会的理念很快被传递到全世界，该书提到现代社会的核心已经从财富的分配转为风险的分配。[③] 风险社会的突出特征表现为：（1）风险发生具有一定随机性、偶发性及高发性；（2）风险亦由原来的单向传递演变为多方向扩散，风险类型繁多；（3）风险让社会个体之间的依附性变得更强。风险社会的上述特征都让社会个体难以应付风险，由社会整体联合来应对社会风险，分散责任风险已经成为必然趋势。

有学者认为，大多数侵权行为从道德角度上讲是无辜的。[④] 对于法律制度而言，一方面，风险的不确定性会造成风险结果及其破坏程度无法计算，从而导致风险责任主体的模糊和缺位，没有人真正地去对风险灾难承担应当承担的责任；另一方面，风险在现代社会常以合法状态存在。[⑤] 现

---

① 杨春治. 论医疗损害赔偿责任承担机制. 辽宁医学院学报（社会科学版），24.

② "从社会的角度看，这是一种损失的移位，即把某人所受的损失转移给被认为造成损失的人或对损失之发生负有责任的人，在某种程度上把这种损失转移至企业或整个社会，不仅仅由侵害人承担责任，还可能由社会不特定的多数人来分担"。戴维·M. 沃克. 牛津法律大辞典. 北京：光明日报出版社，1989：98.

③ "随着现代科技的发展，生产效率的提高，财富分配和不平等问题得到了有效改善，但是人类面临着新出现的技术性风险，比如核风险、化学产品风险、基因工程风险、生态灾难风险等。因此，风险社会的核心问题从工业社会时期的财富分配以及不平等的改善与合法化，转变为如何缓解伤害和分配风险"。乌尔里希·贝克. 风险社会. 何博闻，译. 南京：译林出版社，2004：36－39.

④ 安德烈·蒂克. 过错在现代侵权行为法中的地位. 外国法译丛，1989（2）：56.

⑤ 张俊岩. 风险社会与侵权损害救济途径多元化. 法学家，2011（2）：91.

代社会是一个风险社会，在侵权损害赔偿领域，很多国家或地区逐渐形成了以侵权损害赔偿、责任保险和社会救助为内容的多元化、系统化的受害人救济模式。① 我国致力于建构和谐社会，也顺应了世界法制的此种重要发展趋势，并依据我国法制的发展现状，以侵权责任法为基础，建立侵权损害赔偿、责任保险和社会救助并行发展的多元化受害人救济机制。

为了与风险社会形态相适应，当代侵权法更关注事故损害，即非故意损害。② 在这一领域，侵权法最为关注的是分配现实生活中的损失和风险，其惩戒、劝诫及威慑功能日益淡化。而无过错责任、替代责任等的出现，也使侵权法的"危机"成为学界讨论的热点。学者普遍认为侵权法在现代社会的急剧变化中呈现出衰落的趋势，需要对它进行重新思考和评价。例如伯尔曼在讨论西方法律传统的危机时，将包括侵权法在内的西方各国法律制度在 20 世纪经历的"前所未有的危机"称作"革命性的变化"③。梁慧星先生也指出，由于社会经济基础的变化，无论是契约法还是侵权法领域，都经历过不同程度的危机，19 世纪确立的一系列概念、原则、制度和思想体系，在现代正发生着重大变革。④至于侵权法危机产生的根源，学界通常将其归因于过错责任所导致的举证困难和救济不足，法律诉讼的高成本及其不确定性，自己责任以及由此导致的侵权法损害赔偿功能的局限性等。⑤ 在面对种种制约侵权法在现代社会发挥作用的不利因素时，侵权法的价值和理念要得到延续，就必须创造出新的存在方式与社会的变化相吻合，以避免法律作为平衡秩序的力量被削弱。⑥

第一，侵权法的理念发生变化。德国法学家昂格尔指出，侵权法只是

---

① 曹远. 论多元化的侵权损害救济机制的建立和完善. 杭州：浙江师范大学，2012：36.

② 张俊岩. 风险社会与侵权损害救济途径多元化. 法学家，2011（2）：93.

③ 哈罗德·J. 伯尔曼. 法律与革命. 北京：中国大百科全书出版社，1993：42.

④ 梁慧星. 从近代民法到现代民法——二十世纪民法回眸//梁慧星主编. 民商法论丛：第七卷. 北京：法律出版社，1997：229-254.

⑤ Ivar Strahl. *Tort Liability and Insurance. Scandinavian Studies In Law* (1959)，Volume 3，p. 212.

⑥ 张俊岩. 风险社会与侵权损害救济途径多元化. 法学家，2011（2）：93.

特定时期的产物①，一种法律制度"发挥怎样的社会作用""如何发挥作用"，是由当时的社会需要所决定的。侵权法的变化在很大程度上仰仗现代工业社会的发展改变了侵权法的社会基础。在市场经济不发达的条件下，各个市场主体在经济生活中的地位大致平等，然而法律上这种抽象的人格平等的假设前提随着公司和组织的扩大而失去了其合理性。公司组织形式对现代社会结构、经济制度和政治体制乃至社会价值体系产生了巨大影响，从而直接或者间接改变着我们的社会生活，尤其是规则体系，包括法律制度。社会共同生活中的危险来源由单个人之间的个人侵权，逐步过渡到以企业活动为中心的危险生产经营活动。作为复杂组织形式的企业，其经营活动成为现代社会重要的危险来源，由此导致以雇主责任为中心的组织责任成为现代侵权责任法中的重要归责事由之一。

第二，侵权法的制度发生变革。公司的规模化生产、销售，不仅密切联系着产品市场、资本市场，也改变了这些市场中的责任规矩。由于在大规模侵权、工业事故侵权、环境污染等领域无过错责任、举证责任倒置、比较过失责任等新型的责任制度出现，更由于责任规则的局限性，产生了强制保险等规则，进而直接促进了法律理念的变化。侵权法理念的变化在其功能定位上体现得非常明显。按照汉德公式的解释，侵权责任威慑作用的发挥是以事故的发生可以由人的意志控制、在实施行为时有选择的余地为条件的；而现代社会由于科学技术的发展，事故发生的原因复杂化，很多时候事故的发生并非人力所能控制，此时致害人在道德上可能并无可非难性。由于人们在某些事故发生时根本没有选择的余地，因此侵权责任的威慑作用也无从发挥。人们更期待侵权行为法和损失赔偿法能有助于保障个人的基本生存，法律强调的重心也从承担过错转移到补偿损失。侵权法功能的重心之所以发生这种位移，原因在于现实生活中的各类事故即非故意侵权大量涌现，造成了受者众、规模大、程度深的各种人身损害，产生了影响深远的社会问题。在政治正义和社会责任的压力之下，侵权法的思考重心开始从行为转变为损害结果，侵权法的关注目光也就自然地由行为

---

① 昂格尔："损害赔偿法，在特别程度上，乃是某一特定文化时代中，伦理信念、社会生活与经济关系的产品和沉淀物"。Handeln auf eigene Gefahr, 3. Aufl., 1904, S. 1.

人移向受害人。此外，社会连带理论作为侵权法中新注入的哲学思想，也开始在侵权法的某些领域产生影响，并形成了损害赔偿社会化的观念。[①]法国涂尔干提出的社会连带观点认为，现代社会基于劳动分工，既分化又合作，各司其职但又组成一个有机的整体。[②]

20世纪以来，各种工业事故、交通事故、环境污染、医疗损害等已成为严重的社会问题，此时应以"社会利益"为准则，以受害人为考虑的基点，加强对受害人的法律救济和社会救济，以缓和社会矛盾。受此影响，损害分散的思想逐渐成为侵权法的思考方式。此种分散损害的方式具有两个优点：一是使被害人的救济获得较佳的保障，二是加害人不致因大量损害赔偿而陷于困难或破产。[③] 这种思考方式不特别着眼于加害人的过失，而要寻找一个有能力分散损害的人，并认识到这是一个福祸与共的社会，凸显了损害赔偿集体化、社会化的发展趋势。侵权法为增强补偿功能的实现力度而寻找到了自己的援助性制度伙伴——责任保险与社会保障，随着这种由多数人分担损害的思想渗透开来，侵权法化解了自身的压力。

在风险社会理论提出之后，民法学界就针对风险社会提出了危险责任的论题，并且认为风险将代替财富成为社会分配的主要问题。然而侵权法律制度在面对不断涌现的新型侵权行为以及灾难性的或大规模的人身损害事故时，仍存在局限性。侵权法救济功能的实现以侵权人能够落实金钱的偿付为前提，如果对侵权人的起诉受到交易费用、诉讼成本的困扰，同时赔偿效果又受制于行为人的财力、司法制度的运行障碍等，则侵权法律制度本身无法对所有的事故受害人提供补偿保障。产品责任、交通事故、医疗过失等现代化事故的大量发生，以及因果关系认定的新手段、救济要求的逐步提高等，都使以裁判为中心的传统赔偿制度的非效率性与现代社会所要求的对损害迅速、确定的救济之间的矛盾日益突出，由此出现了绕开侵权法而寻求其他更为有效的社会化方式救济。

① 张俊岩. 风险社会与侵权损害救济途径多元化. 法学家，2011 (2)：91.
② 涂尔干. 社会分工论. 渠东，译. 北京：三联书店，2000：33.
③ 张俊岩. 风险社会与侵权损害救济途径多元化. 法学家，2011 (2)：92.

二、大数据时代侵权损害赔偿社会化的制度正当性

我国一直以来对损害进行分担都是通过侵权法内部制度进行的，民法典侵权责任编第 1254 条关于高空抛物致人损害的规定即为著例。与该条的立法过程不谋而合的是我国于一段时间内不断有媒体报道高空抛物致人损害的案例发生，这些媒体报道中受到损害的多为自然人个体，而由于无法查明具体的侵权人，法院最终判决由物体坠落的建筑物的全体使用人分担该损害，对受害者进行补偿。[①] 其后这一裁判思路直接以《侵权责任法》第 87 条的形式上升为法律，2020 年编入民法典第 1254 条。这种立法和裁判的思路明显是将本该属于社会法部门属性的条文纳入作为私法的侵权法当中了。公法和私法之间的划分体现了大陆法系的立法传统，各个部门法应当保持其该有的纯净属性，才能更有效地互相配合、发挥体系化的优势。然而，我国一直以来由于社会保险和社会保障法等社会法部门的不完善，无法起到有效救助弱势群体的目的，高空抛物案件当中的受害者身份经媒体不断炒作放大，立法机关当时正好借用我国《侵权责任法》出台的机会平息了社会舆论。可以说，这是社会法律制度在我国制度体系当中缺席的后果：直接导致完全私法性质部门的侵权法混入了带有公法性质的法律条文，当时有学者认为，借助侵权法律制度来实现损害分散的立法选择是不明智的。[②] 但不可否认，无论是法院的判决还是最终的立法结果，都包含着我国立法司法界一种倾向性态度，将包括保险法和社会保障法在

[①] 经媒体持续报道的著名案例发生在山东省，在裁判的过程中，山东三级法院直至最高人民法院有过反复的意见出现，最开始原告以对方现居住在事发楼单元的 15 人为被告，法院以欠缺明确被告主体为由，以《民事诉讼法》第 108 条为由裁定驳回了原告的起诉。经上诉，济南市中级人民法院维持了一审裁定。后当事人进行申诉，山东省高级人民法院遂向最高人民法院请示，最高人民法院审监庭于 2004 年 5 月 18 日以（2004）民监他字第 4 号书面答复山东省高级人民法院："经研究，同意你院审委会多数人意见，请努力对本案调解解决。"山东省高级人民法院审委会多数意见与原审两级法院意见不一致，山东省高级人民法院认为本案有明确的被告，一、二审裁定驳回起诉不正确，经实体审查后，如查不清具体的责任人，15 个被告应均担受害人的损失。这个意见与 2009 年出台的《侵权责任法》第 87 条的观点吻合。

[②] 当时对《侵权责任法》第 87 条的评价在我国学界分为两大阵营，一方持赞成的意见，代表人物是梁慧星教授；另一方持与本书相似的反对意见，代表人物是杨立新教授。

内的社会法制度融入侵权法制度当中。

（一）大数据时代风险程度的加重

工业社会的发展、人类征服自然能力的提高，社会潜在的风险也随之增多。因为科技的应用带来的负面后果很难被人类所预知、预防和避免。人类应用科技改造自然与社会的同时，也把因技术产生的风险带到现实。风险在社会生活中的存在是侵权损害赔偿社会化的社会背景。大数据技术革命使人类社会进入科技发展的全新时代，融计算机技术、通信技术、网络技术、传感技术、微电子技术等先进科学技术于一身的计算机信息处理技术成为这一时代最高级的科学技术，它将数据输送、获取、分析、使用、检测、处理等技术结合在一起，对数据信息进行统一的管理、控制。大数据高科技的广为运用，使人们陷入极度危险的境地：个人信息被不法分子盗取利用，网络安全受到病毒、黑客的攻击、破坏，银行卡被盗刷，信息的迅速传播能够瞬间让一个企业倾家荡产，让一个人名声扫地如过街老鼠。风险无处不在，让人无处躲藏。尤其是高科技手段下侵权人的隐蔽性和侵权行为的分散性，使风险责任主体难以判断，甚至无法搜寻。大数据时代风险对人类的危害程度，以及依靠侵权责任法予以损害补偿的难易程度都不亚于甚至严重于传统时代。

在这样的社会背景下，侵权损害赔偿社会化比以往更加具有其存在的价值和意义。

（二）大数据时代新型的大规模侵权事件的频发

如前所述，侵权损害赔偿社会化是应填补大规模侵权导致侵权人无力填补损害之需而产生的。大规模侵权是侵权损害赔偿社会化的社会动因。现代化社会大生产随着历史的发展，逐渐改变了现代社会的工作方式、生活品质，甚至改变了人与人之间的关系，也为大规模侵权提供了前提。现实生活中，影响范围大、受害人人数众多，给社会造成的危害大且为我们熟知的大规模侵权有"重庆开县井喷事件""三鹿奶粉事件""甬温线动车追尾事故""天津港特大火灾爆炸事故"等，都是最典型的大规模侵权案件。而进入大数据时代之后，互联网上大规模侵权事件形成时间更短，人数规模更大，所造成的经济损失则更为严重。

与现实社会的大规模侵权不同，网络世界的大规模侵权具有如下特

征：第一，侵权行为的技术性。凡有能力实施大规模侵权行为的，多为大数据平台的掌控者，或者尖端技术水平或某种技术手段的操纵者，一般的网络用户不具有实施大规模侵权行为的能力。例如，插件捆绑。自周鸿祎从 1998 年打开了插件捆绑的潘多拉魔盒后，很多互联网公司将插件捆绑视为利器，任何人随便到网上下载一个软件，很容易就会被绑上一堆插件，例如瑞星杀毒、百度影音、小兵天气、金山全家桶、hao123，等等。除非是产品经理或者运营总监，一般不具备专业技术的普通用户，随便点开网页都容易中招。插件捆绑在 PC 端疯狂肆虐，直到移动互联网的到来，手掌间的 IOS 系统使插件捆绑形势稍稍缓和，但并未真正消灭，其依然在互联网世界顽固存在。第二，侵权行为的隐蔽性。某种尖端技术或特种技术手段的操纵者隐藏在网络世界背后，非利用特有技术难以查知侵权行为人为何人，大规模侵权的受害人根本无法知道侵权人地处何方。第三，侵权行为的易发性。网络世界因具有技术手段而实施侵权行为，远比现实社会的产品质量侵权、交通肇事侵权及环境污染侵权要容易得多，由此导致实施侵权行为的时间成本与金钱成本远低于传统的大规模侵权。例如，互联网金融的非法集资。我国互联网金融中的 P2P（互联网金融点对点借贷平台）① 异军突起，中国式 P2P 凭借准入门槛低、收益高、操作简单等优势受到广大投资者的追捧，发展迅速。至 2015 年，中国已成长为全球第一大 P2P 市场，最高峰时有 2 600 多家平台。仅证大系的微金融公司即在全国建立了 300 多个分支机构和网点，客户达到百万数量级别，借贷款数额 150 亿元人民币。由于疏于监管，P2P 在快速发展的过程中出现了一些异化，自融自保、短期诈骗、资金池运作、庞氏骗局等不一而足，堆积起高额的金融风险。此类大规模侵权造成的危害远大于现实社会中的传统大规模侵权，而侵权人的侵权成本却远低于传统大规模侵权。第四，侵权行为波及面的广泛性。大数据时代，人人都参与网络活动，都在大数据平台留下个人信息和活动的轨迹，都有可能是大数据侵权行为的受

---

① 百度百科：P2P 是英文 peer to peer lending（或 peer-to-peer）的缩写，意即个人对个人（伙伴对伙伴）。又称点对点网络借款，是一种将小额资金聚集起来借贷给有资金需求人群的一种民间小额借贷模式，属于互联网金融（ITFIN）产品的一种，属于民间小额借贷，借助互联网、移动互联网技术的网络信贷平台及相关理财行为、金融服务。

害人。

鉴于大数据大规模侵权行为的特征，其损害赔偿更有社会化的必要性。传统大规模侵权损害赔偿社会化是避免"谁损害谁赔偿"原则导致新兴企业的大量破产倒闭，以及新技术应用开发的无限期搁置。大数据时代同样存在这样的问题：一些大规模侵权非侵权行为人恶意实施，或者在实施侵权行为时未获得巨大利益，由其承担大规模侵权行为损害赔偿责任，势必会阻碍大数据科技的深入发展，甚至制约现代生产力的发展。对于这种对国家经济发展具有战略意义的高风险行业无过错发生的大规模侵权行为，由行业基金制度、社会救济金制度承担赔偿责任，具有极其重要的现实意义。除此之外，大数据侵权行为的隐蔽性，更需要损害赔偿的社会化，从而使原告人所遭受的损害能够得到赔偿。

（三）大数据时代侵权责任法补偿功能的危机

在解决受害人的赔偿问题方面，侵权法有三大缺陷逐渐暴露出来：一是加害人若处于无力赔偿的境地，受害人无从取得赔偿；二是加害人若恶意拒绝赔偿而隐匿财产，受害人也无从取得赔偿；三是赔偿的主体仅为加害人，而加害人作为社会的个体，赔偿能力有限，对于巨额的赔偿难以承受，若强制执行，必然影响加害人的生活乃至生存，并影响社会生活的稳定。① 对于大数据大规模侵权而言，当赔偿主体处于行业或专业技术的领军地位时，如果承担了巨额赔偿，必然影响大数据行业的进步与科技的发展。加之大数据侵权具有损害的微小性、分散性，侵权人及侵权行为的隐蔽性，以及侵权手段的变换性、多样性、技术性等特征，导致的受害人诉讼成本与维权获益之间的巨大反差严重制约了受害人维权的积极性和主动性，损害无法得到有效填补，侵权责任法的补偿功能遭遇了重大危机。面对大数据侵权致人损害得不到有效填补导致的侵权法补偿功能的弱化现状，建构具体的损害赔偿社会化制度是增强侵权责任法补偿功能的必由之路。侵权损害赔偿社会化具有两个优点：一是使被害人的救济获得较佳的保障，二是使加害人不致因大量损害赔偿而陷于困难或破产。②王泽鉴教

---

① 邹海林．责任保险论．北京：法律出版社，1999：42-43.

② 王泽鉴：侵权行为法．北京：北京大学出版社，2009：8.

授就曾指出，现代西方国家侵权责任法的功能已经逐渐由"损失的移转"，发展为"损失的分散"。立法者或法院在决定何人应该负担侵权责任时，政策上所考虑的，不是加害人的行为在道德上是否可资非难，而是他是否能够依市场上的价格机能和责任保险制度，将损失分散给社会大众，由大家共同承担。① 机动车致人损害、医疗致人损害等方面的损害赔偿社会化制度正是在这样的大背景下诞生的，大数据时代应当更加注重对受害人权益的保护，因此大数据侵权致用户之损害应当通过社会化的方式分散给社会，其具有法理上的正当性。

（四）大数据时代国家与社会对受害人保护的责任

大数据技术革命使人类社会进入科技发展的全新时代，数据是新的石油，是 21 世纪最为珍贵的财产，"谁掌握了数据，谁就掌握了主动权"。国务院发布的《促进大数据发展行动纲要》高度概括了大数据发展的重大意义。首先，大数据改变了传统的生产方式和经济运营模式，可以显著提升经济运行水平和效率，激发商业模式创新、催生新生态，是经济转型发展的新动力。其次，大数据是国家重要的基础性战略资源，是重塑国家竞争优势的新机遇，发展大数据事业，挖掘和释放数据资源的潜在价值，有利于更好地发挥数据资源的战略作用。最后，大数据是提升政府治理能力的新途径，建立"用数据说话、用数据决策、用数据管理、用数据创新"的管理机制，有利于推动政府管理理念和社会治理模式的进步，有利于建设法治政府、创新政府、廉洁政府和服务型政府，实现政府治理能力现代化。总之，数据已经成为国家基础性战略资源，它不仅仅使人们的生活变得更加智能化、便捷化，对生产、流通、分配、消费活动以及经济运行机制、社会生活方式和国家治理能力都产生了重要影响。因此，我国已经将运用大数据推动经济发展，完善社会治理，提升政府服务与监管能力作为重大的战略目标，这将是大数据发展带给整个社会共同的福利。

任何事物的发展都有两面性，大数据发展带来如此重大的社会福利的同时，也将人们陷入极度危险的境地。人在面对时代的巨变时通常处于弱

---

① 王泽鉴. 中华人民共和国民法通则之侵权责任：比较法的分析//王泽鉴. 民法学说与判例研究：第六册. 北京：中国政法大学出版社，1998：279 - 281.

势的地位，历史一再证明了这一点。因大数据的特有品质，很可能相当一部分损害无法在侵权法上找到责任人，或者为了保护和促进大数据技术的发展和进步，侵权法不应对大数据从业者，尤其是对经济发展和国家治理能力提高有重要战略意义的大数据从业者课以过于严苛的责任。受害人因大数据所受的损害理应由国家或社会来分担，因为在大数据发展中直接受益的国家和社会理应为大数据发展中造成的大规模侵权买单。这是时代为了发展所必须付出的代价。科技的进步所带来的是人类社会的整体进步，是人类社会可因此而享受到得更加便捷、更加高效的生活方式，因此人类社会在集体享受大数据时代所带来的红利的同时，理应共同分担由此引发的风险，时代变革所需付出的代价不应该由某一具体群体承担。这便是大数据时代大规模侵权损害赔偿社会化正当性之所在。

三、大数据侵权损害赔偿社会化的制度模式

（一）确立责任保险制度

责任保险和侵权损害赔偿是我国侵权损害赔偿体系最主要的组成部分，责任保险最大的变革就是为了保护受害人利益，突破合同相对性的约束，适当增强侵权责任法和责任保险赔偿受害人损害的意识，以此强化两者之间责任分担的均衡程度，这对于责任保险的直接要求和侵权责任法价值的实现都是有利的。传统的责任保险中唯一的价值追求，就是补偿被保险人因对受害人承担赔偿责任而受到的财产损失。保险人依据责任保险赔偿的前提是被保险人的侵权行为。随着责任保险制度的完善，责任保险对受害人的保护力度逐渐加强，从前保险范围和保险功能只关注到被保险人对受害人进行赔偿的范围，而现在已逐渐演进至对受害人损失的全面赔偿，保障受害人利益的修护和补偿，即责任保险的功能已经是"填补被害人之损害"，而不再是"填补被保险人因赔偿第三人所致的损害"。这是20世纪30年代以来责任保险领域最突出的变化。大数据时代，侵权损害赔偿社会化首要的制度模式是责任保险制度。对于由侵权责任构成要件可以认定的损害，仅仅因为侵权人自身的赔偿能力等原因而无法得到有效

填补的，应当由保险法制度来保护。也许目前大数据侵权的现实状况并没有使人类认识到有必要通过设立保险来分散遭受大数据侵权的风险，但应当可以确信通过大数据技术的不断迭代和发展，大数据侵权会成为社会高发侵权类型之一，会造成巨大的损害。为了规避这种风险，设立相应的保险制度是必由之路，甚至可以对大数据从业者课以强制购买大数据侵权保险的义务，以应对损害的发生。这一方面并不会过重地加大大数据从业者的负担，另一方面又能保证其行为自由，满足科技创新性的要求。

关于大规模侵权发生后，受害人可否向保险人直接行使请求权，由于受害人并非责任保险合同的签订人，即使合同中明确约定保险人应直接向受害人支付赔偿金，但在行使权利时，受困于合同相对性原则，受害人并不享有直接的请求权。但是，被保险人怠于行使请求权时，受害人可以向保险人直接行使请求权。直接请求权的行使，可以限制保险人不能以诸如保险费支付迟延等违反其他应尽义务对抗被保险人的事由，来对抗受害人和应获赔偿的第三人等，可以更好地保护受害人的利益。

大规模侵权发生后，被保险人的赔偿责任通过建立保险合同转移给保险人，保险人究竟承担怎样的责任，与被保险人对受害人就其责任的承认、和解、否定以及赔偿金数额等问题所达成的协议有直接关系。为了各方利益的平衡，在被保险人与受害人协商赔偿的过程中，应当赋予保险人参与的权利，即被保险人未经保险人同意不得在诉讼中或诉讼外与第三人达成和解协议并据此赔偿受害人，这可以避免保险人的利益因被保险人任意承诺赔偿和任意确定赔偿数额而受到损害。被保险人与受害人达成的和解协议不能约束保险人，保险人可不依其协议所决定的范围对被保险人负责任。目前我国《保险法》尚无明确规定保险人的参与权，但在许多责任保险合同中有约定保险人的和解与抗辩控制条款，以确保保险人的参与。我国台湾地区"保险法"第 92 条规定："保险人得约定被保险人对于第三人就其责任所为之承认、和解或赔偿，对于保险人不受约束。"梁宇贤先生将"不受约束"解释为保险人可以在第三人与被保险人之间约定的内容

予以免责。① 梁先生认为保险人的参与权在性质上属于约定权利，而非法定权利。覃有土教授也认同梁先生的观点，认为保险人参与索赔诉讼属于合同约定权。② 当然也有相反观点，认为这种权利应为一种法定责任，而并非契约责任，故而保险人参与权并不与合同相对性原则相悖。但在目前我国最高人民法院的指导案例中，对于责任保险的被保险人给第三者造成损害，若被保险人未向该第三者赔偿的，法院仍认为保险人不得参与诉讼。由于责任保险的侵权诉讼会直接影响保险人的利益，而且最终的责任也是要由保险人承担，赋予责任保险人参与权在确保其诉权的同时，还能够减少保险人调查理赔的成本。

（二）确立救济基金制度

将在具有主观恶意的前提下以牟利为目的出售个人数据和信息以外的数据和信息传播行为都排除在过错的范围之外，甚至在数据和信息的保存方面出现的差错也不应当被认定为具有过失。这一方面保护了大数据技术和相关产业的自由发展，另一方面，也必然会给大数据侵权的侵权人诸多逃避承担侵权责任的借口，由此造成了相当一部分的损害无法通过侵权法制度和前述保险制度得到有效转移。由于造成这种局面是在损害填补和保护大数据科技的进步二者之间选择后者造成的，那么因此而获得利益的群体就应当成为该部分损害的分担主体。由于大数据科技的进步所带来的红利最终的获益者是整个国家和社会，那么国家和社会自然就成了承担损害填补责任的主体，国家应当设立相应的社会保障制度，将大数据侵权致人损害中的受害者作为受社会保障的一类人群。这类人群并不因为传统意义上的生活贫困而成为社会救助的对象，而是因为其不应当单独为社会的发展承担相应的代价而成为社会保障法应当保护的对象。用于填补损害的补偿款应当来自国家的税收以及其他财政资源，由此，该部分损害才能真正

---

① "为之承认、和解或赔偿，对于保险人不生效力，保险人不必依被保险人与第三人所约定之责任范围，负赔偿之义务。但保险人事先未经约定，则被保险人对与第三人就其所为之承认、和解或赔偿，纵未经其参与，保险人仍应受其拘束。"（梁宇贤．保险法实例解说．北京：中国人民大学出版社，2004：116.）

② "保险人的索赔参与权，性质上属于依照保险合同所取得的参与第三人索赔的契约权利，并非保险人依照法律规定而享有的法定权利。"（覃有士．保险法概论．2 版．北京：北京大学出版社，2001：409.）

地分散给整个国家和社会。将损害合理分散给国家与社会的办法是建立大规模侵权损害赔偿救济基金制度。

大规模侵权损害赔偿救济基金是指专项用于救济或赔偿大规模侵权事件中被侵权人人身、财产损失的基金。这种救济基金已经成为国际上很多国家在大规模侵权事件中救济受害者普遍采用的模式。美国在"9·11"事件后，为扶持航空业通过了《航空运输安全与系统稳定法》(Air Transportation Safety and System Stabilization Act，AT-SSSA)，设立了"9·11 受害者补偿基金"(The September 11th Victim Compensation Fund of 2001)，97% 的受害者通过向基金提出申请获得了赔偿。英国在"BP 石油公司漏油事故"中，也以设立救济基金的方式对因墨西哥湾漏油事件而生计受损的民众进行损害赔偿。①

与责任保险制度一样，救济基金制度是一项利于实现受害人、侵权人、整个社会利益共赢的重要救济方式。首先，从受害人角度来看，救济基金制度在保护受害人方面体现在它有着比司法程序和责任保险制度更加宽松的赔偿条件，能够为受害人提供最及时的救济，而且在情绪上对受害人也是一种安慰，让人们对灾难的发生少一点恐惧，对受灾后的赔偿多一份信任。其次，对于侵权人而言，救济基金制度的设计可以提高其赔付能力，避免其因为一次的大规模侵权事件而陷入诉讼甚至承担巨额的损害赔偿责任，轻则影响其正常的生产经营，重则使其陷入破产境地。最后，从整个社会的角度来看，救济基金制度比责任保险在更广泛的范围内实现了大规模侵权损害赔偿责任的分散，因为责任保险是实现损害赔偿责任在一个行业内的分散，而救济基金的资金来源渠道更加多样，不仅有潜在侵权人的缴纳，还有政府的财政拨款和社会捐助。② 真正实现了"一个健全的社会，不仅要有公平的利益分配制度，而且要有公平的损失分配制度"③。此外，就救济基金的建立，不仅国家为基金提供充足的资金，企业、公民也需要为基金提供力所能及的资金支持，这有利于培养企业的社会责任心

---

① 张新宝，岳叶鹏 . 大规模侵权损害赔偿基金：基本原理与制度构建 . 法律科学，2012
(1)：119.

② 魏娜 . 大规模侵权损害赔偿的社会化救济模式研究 . 北京：北方工业大学，2012：26.

③ 江平主编 . 民商法法律评论：第三卷 . 北京：中国方正出版社，2007：419.

和公民的慈善、互助意识，有利于弘扬社会主义核心价值观。

目前在我国，大规模侵权损害赔偿基金的设立主体为政府，设立的方式也是由政府主导。这是因为潜在的大规模侵权人缺乏设立的主动性，由政府主导可以保证基金设立的有效性，保证覆盖面的广泛性。就资金来源而言，可以有三个主要的渠道：第一，政府的紧急财政拨款是侵权损害赔偿基金的基本来源，政府可以通过财政预算的方式拨款。这一部分资金在基金中所占比例不可过高，却是基金持续稳定的基本保障，也是政府行使其公共服务职能的表现。第二，大数据从业者，即潜在的侵权人，以一定的利润比例提供必要的资金，一旦大规模侵权事件发生，潜在侵权人的出资即可以作为对其赔偿责任的抵销，也就是潜在的侵权企业先行出资对其可能承担的侵权赔偿责任进行垫付。向企业征缴侵权损害赔偿救济金的渠道虽是资金最充足的来源，但基于目前我国企业发展的困境，不应给潜在加害人过大的出资压力，否则潜在的加害人可能将这部分负担转移给其大数据消费者。第三，社会捐助也是侵权损害赔偿基金的资金来源之重要的一部分。社会捐助是指大规模侵权事件当事人之外的自然人、法人或其他组织对救济基金的捐款。①对这部分的出资形式不应有过多限制，即现金或实物均可，不论是资金的利息收入还是投资收益，都理所当然是基金的组成部分，甚至发行彩票等方式亦可以作为资金筹集的方式。对于利用基金的资金进行投资必须在投资对象、投资比例等方面进行一定的限制，以保证基金的稳定性。

关于基金的管理，应该根据大数据行业的情况设立专门的管理机构，可以有相关专业的专业人员参与。设立基金章程，对基金的管理予以规范，使基金管理做到公开透明和制度化。对基金的管理应该市场化，保障其资金保值增值。考虑到市场的风险性和基金的公益性，公益基金章程必须严格谨慎进行投资。管理机构在向受害人进行了赔偿后，就依法取得了向侵权人追偿的权利；当侵害人确定下来后，即可根据侵权人的责任类型和财力情况，对其进行适当追偿。

在基金运作的过程中如何进行监督，也是大规模侵权损害赔偿基金制

---

① 张新宝. 设立大规模侵权损害救济（赔偿）基金的制度构想. 法商研究，2010（6）：42.

度构建的一项重点。从监督主体和监督方法两个方面考虑：监督主体可以包括在基金内部设立的专门监督机构，政府也可以进行适当的监督以及行业、司法和媒体，等等。①行业协会与行业的发展具有紧密的联系，其作为一种社会经济组织具有公共服务的职能，故行业协会作为大规模侵权损害赔偿基金的监督主体有最明显的优势。另外，因政府特有的权威性，使得行政监管具有其他监管手段所没有的强制性。这种强制性一方面可以保证监管的有效性，另一方面，却也容易使救济基金蒙上浓厚的行政色彩，甚至可能滋生权力腐败。行政机关在基金运行中的权力应控制在监督上，并且监督权的重点在于监督基金赔付的及时、充分、有效。其可以对非法运作基金的行为进行撤销，对违法的人进行处罚。大规模侵权损害赔偿基金具有公益性，这就意味着社会中的任何人、任何组织都可以对基金的运作进行监督，包括个人监督、组织监督。基金管理人是否尽职尽责，基金运行是否规范、透明，是否专款专用等多个方面均是监督的重点内容。社会监督可以采取多种方式进行，对于违反基金管理的行为可以通过相关媒体进行曝光；可以向行业协会进行报告；可以向基金的行政监督部门提出建议和意见，等等。

责任保险和救济基金制度作为大规模侵权损害赔偿社会化救济的两种主要模式，各具特色、各有优势。如何定位社会化的救济模式在大规模侵权损害赔偿救济多元化的综合救济机制中的作用，如何使责任保险与救济基金制度与其他救济方式整合成为有逻辑、有层次的救济体系十分重要。对此，如果有责任保险的，大规模侵权事件一旦发生，可首先寻求责任保险的救济方式，因为责任保险是及时救济受害人并且程序相对简易的手段。若通过责任保险可以解决，就避免了烦琐的诉讼。若由于责任保险的赔偿限额的限制，受害人未得到全面的赔偿，则其仍有权通过诉讼维护自身的权益。另外，如果责任保险没有使得企业免于破产的命运，救济基金则可以发挥作用，给予受害人一定的补偿，实现缓和受害人情绪、维护社会稳定等目的。当然这也只是针对一般的情况，大规模侵权事件发生在特殊的领域，若出现了特殊情况，则需要针对具体的情况进行各种救济手段

① 魏娜．大规模侵权损害赔偿的社会化救济模式研究．北京：北方工业大学：28.

之间的整合，但是保护受害人的合法权益，实现各方利益的最大化是我们处理大规模侵权案件的不变主旨。

四、大数据时代侵权损害赔偿社会化在制度中的落实

"二十世纪七十年代以来，侵权法的危机成为学界一个非常关注的问题。"[①] 英国比较法教授乔洛维茨提出，"侵权法正处于一种危机状态（crisis）。"[②] "学者多认为，侵权法的危机是指无过错责任的扩张，责任保险、社会保险等多种补偿救济制度的快速发展给传统侵权法理论带来的冲击，侵权法的调整领域面临着被蚕食的危险。比如，1973 年新西兰颁布的《事故补偿法》（Accident Compensation Act）规定：因车祸、医疗事故等意外事故受生命、身体的损害者，无论是否出于他人的过失，皆得请求补偿，并禁止就死亡或身体伤害依侵权法请求损害赔偿。"[③] 而所有这些质疑或疑虑均源自损害赔偿社会化的现代法趋势。然而至少从新西兰的立法例当中可以看到，即便是新西兰这种在侵权损害赔偿社会化方面步子迈得较大的国家，实际上也并没有真正地发生侵权法的危机，因为新西兰并未将所有的侵权损害纳入社会化制度的体系当中，而是仅为了保障因车祸、医疗等事故引起的生命及身体上遭受之损害得到有效的填补，将其损害分散到整个社会。因此，损害赔偿社会化必须控制在合理的范围之内，"度"的掌控是避免引发侵权责任法危机的关键。大数据时代到来，大规模侵权案件以损害赔偿社会化填补受害人的损害，为了合理地协调侵权责任法补偿功能、惩罚功能、预防功能的互动关系，也应当根据不同性质的案件进行区分，从而决定是否应当社会化，以及以哪一种模式实现损害赔偿社会化。

（一）在不以营利为目的的大数据事业发展中的落实

随着信息技术和人类生产生活交汇融合，互联网快速普及，全球数据

---

① 王泽鉴．民法学说与判例研究：第二册．北京：北京大学出版社，2009：104-129.

② 王泽鉴．民法学说与判例研究：第二册．北京：中国政法大学出版社，1997：143.

③ 龚赛红，王青龙．论侵权法的预防功能——法经济学的分析视角．求是学刊，2013（1）：109.

呈现爆发增长，大数据对经济发展、社会秩序、国家治理、人民生活都将产生重大影响。谁掌握了数据，谁就掌握了主动权。现在，世界各国都把推进经济数字化作为实现创新发展的重要动能，在技术研发、数据共享、安全保护等方面进行前瞻性布局。大数据的发展对企业发展的积极意义包括帮助企业了解客户、锁定资源、规划生产、开展服务。在国家治理中确立以数据决策、管理的理念与社会治理模式，有利于推动政府管理理念和社会治理模式的进步，有利于建设法治政府、创新政府、廉洁政府和服务型政府，实现政府治理能力现代化。目前，在国家大数据的治理模式中存在着政府数据开放利用、数据的连续性管理、个人信息保护等三大问题。实现大数据服务于国家治理与经济发展的功能，将引发数据中心的大规模分化，数据平台的大规模管理，增设成千上万集群服务器，管理不同节点的服务配置与协调，实现大数据管理套件和传统管理套件的集成。①

大数据事业的发展涉及的各个环节，均可能会导致大规模侵权，如同建设核电站可能存在核泄漏一样。令大数据事业发展者承担侵权责任，会增加大数据研发者的顾虑、担忧，束缚大数据事业的手脚，显然会制约大数据事业的发展。那么，排除大数据发展者、掌控者的侵权责任，剩余的解决问题办法无非有两点：其一，赋予受害人容忍义务；其二，损害赔偿社会化。前者意味着人民要为国家与社会的现代化进步付出代价、承受负担。这显然与社会主义新时代的发展理念不符。由此得出的结论，在不以营利为目的的大数据事业发展中，非基于大数据利用者、掌控者的主观故意导致的大规模侵权，致使广大信息主体或网络用户遭受损失的，应当由救济基金承担赔偿责任，以将侵权法的补偿功能落到实处，让人民享受大数据"利"的同时，不为大数据的"弊"所害。

（二）在解决网络安全系统问题中的落实

网络安全问题是互联网发展的伴生现象，互联网安全防范技术的每一次创新，都会迎来破坏安全系统的新技术发明，想根本杜绝网络的安全隐患难上加难。侵权损害赔偿社会化的根本目标是最大限度地实现损害填补，以最大限度地保护受害人的利益。因网络安全问题致使受害人损害而

① https：//wenku. baidu. com/view/b657d6e28e9951e79b8927bc. html，[2019 - 02 - 26].

予以司法救济，最大的难处是找到被告人：无时无刻不受到威胁的广大网民不知被谁威胁，不知向谁主张权利，损失无法得到有效填补。这为大数据时代损害赔偿社会化的落实提供了制度空间。

据第48次《中国互联网络发展状况统计报告》所进行的大数据分析，2021年上半年网络安全问题的比例较2020年年末基本保持一致。通过对用户遭遇的网络安全问题进行区分可以发现，遭遇个人信息泄露占比22.8%，网上诈骗17.2%，账号或密码被盗的比例为8.6%，设备中病毒或木马的比例为9.4%，未遭遇过网络安全问题占比61.4%。2021年上半年工业和信息化部网络安全威胁和漏洞信息共享平台接到网络安全事件报告累计49 605件，相比2020年同期的125 139件下降60.4%。而就网络违法和不良信息举报而言，2020年上半年全国各级网络举报部门受理有效举报7 522.5万件，较2020年同期的8 104.6万件下降7.2%。

网络诈骗是当下最猖獗的利用数据信息和现代通信技术手段实施的以非法占有他人财产为目的行为。在此，我们不妨以网络诈骗为例阐述损害赔偿社会化的落实。诈骗行为无论是否构成犯罪，均构成侵权。如果导致众多人在诈骗行径中受害，则构成大规模侵权。网络诈骗的手段多端，方式变幻莫测，据第48次《中国互联网络发展状况统计报告》统计，网络诈骗主要有虚拟中奖信息诈骗、虚假招工信息诈骗、冒充好友诈骗、网络兼职诈骗、网络购物诈骗、钓鱼网站诈骗等多种。2021年上半年遭遇的网上诈骗类型中，虚拟中奖信息诈骗是最为常见的，占比40.8%；遭遇网络购物诈骗的用户比例为31.7%；"我国电信诈骗案件每年以20%～30%的速度增长；2016年第二季度，3亿民众收到诈骗短信、诈骗电话累计拨出18.8亿次，电信网络诈骗造成的总损失金额超29.9亿元，其中电话诈骗涉及金额达16亿元"[1]。电信诈骗之所以在近些年如此猖獗，原因有三：其一，电信诈骗行为的成本低廉。电信诈骗借助非法获取的海量公民个人信息，利用大数据科技手段实施，诈骗人坐在房间里就可以跨地域远程实施侵权行为。而我国目前虽然有丰富的保护个人信息的立法，但是

---

① 张新宝，葛鑫．基于个人信息保护的电信诈骗综合治理研究．中共中央党校学报，2016（5）：42.

保护个人信息的效果并不明显，个人信息被非法出售、泄露，以及被窃取的行为在全社会范围内普遍存在，屡禁不止，这为电信诈骗提供了便利，并极大地降低了电信诈骗实施者的侵权成本。这使"电信诈骗成本与收益之间呈现显著的逆向相关关系"①，极大地激励了侵权人实施侵权行为的积极性和创造性。其二，行政主管机关执法和监管不力。电信诈骗借助非法获取的个人信息，利用高科技通信系统和银行系统实现金钱的迅速转移，最终实现对他人财产的非法占有。在整个侵权行为实施的行为链条中，不同的人或机构的行为配合或技术配合是侵权行为成功的必要因素，缺少哪一部分，电信诈骗都难以成功。如果对个人信息处理业者、电信机构、金融机构的行政执法与监管得力，将有力地防范和打击电信诈骗。然而，我国目前并没有形成有效的监管机制，相关行政主管机关执法与监管不力，在一定程度上助成了电信诈骗行为。其三，电信诈骗破案率低。电信诈骗不仅仅因为利用高科技手段作案而具有隐蔽性特征，也因为高科技技术手段呈现出集团化、职业化、跨地区的作案特征：侵权行为的隐蔽性提高了侦破工作的难度，而侵权行为的集团化、职业化以及跨地域化又给以属地侦查为主的公安侦破行动带来更严重的困扰，很难迅速形成各地公安机关协同侦查、有效配合的合作状态，侦查、取证、信息共享等环节都难以形成较好的侦查合力，尤其是公安、电信、金融部门在电信诈骗治理上还未形成足够有效的协作机制……②诸如此类，都严重制约了侦破工作的顺利展开，影响了侦破工作的成效，破案率低、大量"无头案"的存在成为常态。侵权行为人有恃无恐，电信诈骗泛滥成灾。

　　侵权行为发生，受害人遭受财产损失，侵权人无疑是损害赔偿的责任主体，而无论他是否已经承受刑罚。但由于电信诈骗的行为人难以确定，受害人难以有明确的证据确定被告人，受害人所遭受的损失无法从行为人处获得补偿，甚至向人民法院提起诉讼的条件都不具备。那么，受害人的损失究竟应当怎样进行救济，这是摆在我们面前不容回避的问题。有学者

---

① 张新宝，葛鑫．基于个人信息保护的电信诈骗综合治理研究．中共中央党校学报，2016（5）：43.

② 张新宝，葛鑫．基于个人信息保护的电信诈骗综合治理研究．中共中央党校学报，2016（5）：44.

认为，在电信诈骗实施中，电信机构、金融机构、个人信息处理业者在客观上予以不同程度的协助，应当对电信诈骗实施中存在的过失或故意行为承担民事责任。① 对此我们持赞同态度：一方面，受害人的损失可以得到补救；另一方面，也可以警示这些机构忠于职守，积极地采取必要的防范与管理措施，从而降低电信诈骗的发案率。然而，这样一来，会让原告陷于极度严重的讼累之中，而且经过耗时耗力的诉讼之后，很有可能得到败诉的结果。因为实施了非法行为的个人信息处理业者具有与电信诈骗行为人一样的隐蔽性，一旦电信、金融机构以及个人信息处理业者在诉讼中证明自己没有过错，则完全可以不承担责任。

我们认为，受害人知道电信诈骗行为人，可以其为被告直接向人民法院起诉，并可以请求惩罚性赔偿；无法确定电信诈骗行为人的，受害人可以向救济基金管理机构申请救济基金，救济基金管理机构在查明损害的情况下向受害人赔付，及时实现对受害人的救济，使受害人免于损失，并使其免于承受主张权利的讼累。之后，救济基金管理机构配合公安机关侦查破案，破案有结果的，救济基金机构代位受害人向侵权人主张损害赔偿，发现电信、金融机构以及个人信息处理者对电信诈骗的实施有过错的，同时追加他们的责任。侦查未有结果的，电信诈骗牵涉的电信、金融机构应当以缴纳救济基金的名义，而不是以承担民事责任的名义向救济基金管理机构缴纳救济基金，缴纳的数额由救济基金管理机构根据电信、金融机构有无过失，以及过失程度进行确定。

救济基金参与对受害人救济的全过程，具有极其重要的现实意义和法治意义。第一，电信诈骗的行为人仍然是侵权行为的第一顺位责任人，只是追诉的权利由受害人转移给救济基金管理机构，受害人不仅能够得到补救，而且免于讼累。第二，在无法确定电信诈骗行为人时，无论电信、金融机构有无过失，受害人的损害均可以得到补救，受害人权利的实现不再取决于电信、金融机构过失认定的偶然，最大程度地保护了受害人的合法权利。第三，电信、金融机构根据自己有无过失及过失程度在合理的范围

---

① 张新宝，葛鑫. 基于个人信息保护的电信诈骗综合治理研究. 中共中央党校学报，2016 (5)：44.

内缴纳救济基金，有利于督促电信、金融机构加强自身的监督管理意识，进一步提高、完善大数据技术治理水平和能力。

电信机构与受害人之间成立电信服务合同，电信运营商负有向用户提供迅速、准确、安全、方便和价格合理的电信服务的义务；金融机构与受害人之间也存在服务合同关系，金融机构应尽提示、安全保障等义务；电信、金融机构、企业等个人信息处理业者收集、存储、利用公民个人信息，也负有相应的信息安全保障义务。如存在对前述义务的违反而导致电信诈骗得以实施，前述主体应当就其过错承担相应的民事责任。但在实践中，碍于行业压力和电信诈骗频发态势，在未有立法、司法解释明确前述主体的民事责任的情况下，法院不敢"为天下先"地认定前述主体的民事责任，往往只能驳回受害人的民事赔偿请求。电信诈骗相关主体民事责任的缺失，使得民众成为唯一受害方，前述主体加强电信诈骗防范技术和人力投入的经济驱动力自然不足。

（三）在其他侵权行为规制中的落实

大规模侵权的典型特征是众多受害人在侵权行为中遭受损害，各受害人在侵权中遭受的损害有多寡的不同、程度的区别：某些受害人或者全部受害人遭受的损害甚小，某些受害人或者全部受害人遭受损害甚大。即便是全部受害人遭受的损害甚小，但众多受害人的损害集合起来也将构成天文数字。如果侵权人无力承担赔偿损失的责任，便意味着受害人所遭受的损害无法得到补偿，为了让人民摆脱大数据背景下侵权行为所致损害，有必要对侵权行为人无力承担的赔偿以损害赔偿社会化的方式予以救济。因此，行为人无能力赔偿的大规模侵权案件是损害赔偿社会化落实的另一重要领域。

大数据的广泛适用，使互联网渗透到了社会生活的各个领域。据第48次《中国互联网络发展状况统计报告》提供的数据，截至2021年6月，中国网民规模已经达到10.11亿人，较2020年年末增加2 175万，互联网普及率达71.6％。手机网民达到10.07亿人，网民通过手机接入互联网的比例高达99.6％。电子商务在互联网发展中是最活跃的力量，2021年上半年，全国网上零售额61 133亿元，同比增长23.2％。《中国互联网络发展状况统计报告》还指出，近年来，随着电商行业的蓬勃发展，农村市场

电商需求不断释放，地域网络消费鸿沟进一步缩小，助力我国经济形成国内国际双循环发展新格局。

网络营销与实体营销有显著不同：第一，买方对商品的了解局限于商家对商品的宣传和介绍，而不是自己对实物的观察和体验。商家为了取得销售业绩不惜弄虚作假，夸大商品的优势，回避商品的劣势，加之监管机制不健全，消费者很容易被卖家误导，购买商品后发现商品有缺陷或瑕疵，甚至致身体损害。第二，买方不知卖家地处何方，网店被何人掌控，一旦发生产品造成损害的情形，买方除了通过网络系统主张权利，别无他法。总之，在网络销售中，买方处于弱势地位。卖方通过销售大规模侵权，致使众多消费者遭受财产损失，甚至人身损害时，卖方无力承担赔偿损失责任的，应当以救济基金或保险金向买方承担责任。

五、大数据侵权损害赔偿社会化与惩罚性赔偿的制度衔接

大数据侵权具有损害的微小性、分散性，侵权人及侵权行为的隐蔽性，以及侵权手段的变换性、多样性、技术性等特征。损害的微小性影响受害人维权的积极性和主动性；损害的分散性，以及加害人与侵权行为的隐蔽性加重了诉讼难、举证难，导致诉讼成本加大，诉讼成本与维权获益之间的巨大反差又严重制约了受害人维权的积极性和主动性；侵权手段的多样性、变换性、技术性令个人信息及权利被侵害而防不胜防。而诉讼法严格遵循的"不告不理"原则，又阻却了公权力司法救济的主动性，致使大数据侵权时时发生、人人受害，而损害却无法得到有效填补。侵权损害有效填补的概率达到了人类历史上前所未有的低的程度，侵权责任法补偿功能的实现效果遭遇了前所未有的巨大挑战。而改变这种状况的两种最佳方式就是惩罚性赔偿和损害赔偿社会化。

惩罚性赔偿，通过加大权利主体维权后的所得，激励他们维权的积极性和战斗力，最大限度地实现了侵权法的损害填补功能，同时，通过加重侵权人侵权行为的成本从而遏制侵权行为的再度发生。惩罚性赔偿制度赋予权利人的惩罚性赔偿请求权是大数据时代最具代表意义的公益性私权，它承载着维护大数据的生态环境，保护整个社会网络参与者的合法利益，

维持侵权责任法补偿功能、预防功能、惩罚功能的合理互动关系以及功能体系的协调等重大使命，同时又不妨碍大数据科技的健康发展。损害赔偿社会化则是通过分散损失的方式实现侵权法的损害填补功能。

惩罚性赔偿与损害赔偿社会化在大数据时代承担着共同的使命，即最有效地填补受害人的损害，但二者之间有一定界限：第一，侵权人主观恶意与否。侵权人主观恶意是惩罚性赔偿的首要前提，决定是否适用惩罚性赔偿，首先要对侵权人主观是否有过错，过错程度等进行审查。惩罚性赔偿数额的判定，其中主要的因素是侵权人的过错程度。而损害赔偿社会化不以侵权人的主观过错为要件，决定是否由救济金给予以补救，无须考察侵权人主观是否有过错。第二，受害人是否知悉侵权人。惩罚性赔偿的适用是由受害人作为原告通过向人民法院起诉的方式行使惩罚性赔偿请求权，"有明确的被告"是起诉能否成立的关键，而被告人应诉中最有力的对抗内容是证明自己与本案无利害关系，一旦证明成功，法院将驳回原告的诉讼请求。因此，适用惩罚性赔偿，被告人必须已经确定，而且确凿无疑。而侵权损害赔偿社会化无须受害人知悉被告人，受害人向救济基金管理机构提出的救济基金申请不以有明确的侵害人为要件。第三，有无可归责于相关监管机构的原因。惩罚性赔偿的直接承担者为侵权人，原告提出惩罚性赔偿的请求，法院只需对被告的主观过错、侵权行为、损害结果，以及侵权行为与损害结果的因果关系进行审查即可。而对于受害人向救济基金管理机构提出的救济基金申请，通常要审查负有监管职责的行政机关，以及电信、金融机构对侵权的发生有无可归责的原因，因为损害赔偿社会化的正当性理由之一即是对侵权的监管不力，在无法判定侵权人时，为了保护广大网民的共同利益，而由社会救济基金予以补救。第四，侵权行为是否导致众多人遭受损害。惩罚性赔偿不以大规模侵权为要件，只要受害人遭受损害，无论损害程度如何均可以请求惩罚性赔偿；而侵权损害赔偿社会化的前因通常是风险社会中的大规模侵权。有时，救济基金管理机构甚至可以主动向社会发布公告，通知在某事件中遭受损害的人向管理机构提出赔偿申请。

图书在版编目（CIP）数据

大数据时代侵权责任法的理论阐释与制度创新/马
新彦主编 . -- 北京：中国人民大学出版社，2022.03
（法学理念·实践·创新丛书）
ISBN 978-7-300-30030-6

Ⅰ．①大… Ⅱ．①马… Ⅲ．①侵权行为－民法－法律
解释－中国 Ⅳ．①D923.04

中国版本图书馆 CIP 数据核字（2021）第 245410 号

法学理念·实践·创新丛书
大数据时代侵权责任法的理论阐释与制度创新
主　编　马新彦
Dashuju Shidai Qinquan Zerenfa de Lilun Chanshi yu Zhidu Chuangxin

出版发行	中国人民大学出版社			
社　　址	北京中关村大街 31 号		**邮政编码**	100080
电　　话	010 - 62511242（总编室）		010 - 62511770（质管部）	
	010 - 82501766（邮购部）		010 - 62514148（门市部）	
	010 - 62515195（发行公司）		010 - 62515275（盗版举报）	
网　　址	http://www.crup.com.cn			
经　　销	新华书店			
印　　刷	唐山玺诚印务有限公司			
规　　格	170 mm×228 mm　16 开本		**版　　次**	2022 年 3 月第 1 版
印　　张	24.75 插页 1		**印　　次**	2022 年 3 月第 1 次印刷
字　　数	376 000		**定　　价**	88.00 元